한울지역연구시리즈

제주사회론

신행철 외 지음

1995

책을 엮으면서

　그동안 한국사회는 1960~70년대에는 경제적 산업화를, 1980년대에는 정치적 민주화를, 그리고 1990년대에 와서는 세계화와 지방화를 최고의 발전가치로 삼아 왔다. 세계화가 모든 국가가 하나의 삶의 단위이자 상호의존적인 단일 체계로 통합되는 과정이라면 지방화는 지역단위들의 자율성이 증대해 가는 과정이다. 따라서 세계화를 인류로서의 보편성을 추구하는 발전가치로 파악한다면 지방화는 지역단위가 삶의 과정 속에서 고유성과 특수성을 추구하는 발전가치가 될 것이다. 이러한 시대적 흐름 속에서 학문도 보편적 이론과 방법론에 기초하면서도 개별 지역에 관한 연구를 활발히 진행하는 방향으로 나아가고 있다.
　한편 제주도는 한국사회의 보편적 구성원리에 기초하고 있지만 다른 어떤 지역과도 구별되는 특이한 양상을 보여주는 지역연구 대상이라고 할 만큼 고유성을 지니고 있다. 또한 제주도는 사회·문화적으로 볼 때 1960년대 이후 비로소 본격적으로 한국 사회체계에 편입되었고 그 전에는 섬이라는 자연조건을 바탕으로 비교적 고유한 사회구성 원리를 유지해 왔다. 이 때문에 제주사회는 제주도에 살고 있는 사람뿐만 아니라 전국적으로 심지어 일본이나 미국에서도 사회과학적 비교연구의 대상으로 되어 왔다.
　이러한 시대적 흐름 속에서 우리들은 제주 지역사회에 관한 연구의 방향을 점검해 보고 활성화시키려는 뜻에서 그동안 제주사회에 관해 각자 시도했던 사회학적 연구들을 한자리에 모아 보기로 했다. 물론 처음부터 체계적인 기획 밑에서 각 영역을 연구하고 집필한 것이 아니라 개별적으로 이미 연구한 것을 선별적으로 모아 나중에 체계를 잡은 것이기 때문에 사회학적 연구로서의 포괄성이 부족하고, 어떤 영역들은 오래 전에 연구된 결과이기에 현재의 제주사회 상황과는 다소 거리가 있을 수도 있다. 그러나 이 책은 제주사회의 인구, 가족, 농촌, 도시, 계급, 권력, 산업, 노동, 문화, 사회운동 등의 다양한 영역을 다루고 있기 때문에 중요한 영역은 대부분 포괄하고 있다고 자부하며 동시에 이 책을 통해 제주사회 연구의 현황과 문제점을 독자에게 솔직히 드러내 보여주는 계기로 삼으려 한다.

  이 책의 필자들은 영남대학교 이창기 교수 한 분만 빼고는 모두 제주대학교 사회학과에 적을 두고 있다. 그러나 이 교수도 제주대 사회학과에 근무한 바 있고 옮긴 뒤에도 꾸준히 제주사회에 관한 연구를 하고 있어 사실상 필자 모두 제주도 현지 연구자들이라고 해도 좋을 것이다. 물론 이 책에 실린 글 말고도 다른 사회학자들의 제주사회에 관한 연구가 많이 있지만 이 모두를 망라하기에는 우선 양적으로 출판 여건이 허락되지 않아 이번에는 우리들의 연구만을 모아 보았다. 앞으로는 이 책을 발판 삼아 좀 더 깊이있는 연구성과를 보다 많은 연구자들과 유기적인 관계를 맺으며 함께 묶어 볼 생각이다. 아무쪼록 이 책이 빈약하나마 지역연구에 대한 관심을 불러일으키고 또한 관심있는 독자들이 제주사회를 이해하는 데 도움이 되었으면 하는 바람이다.

  이 책의 출판을 기꺼이 허락해 준 도서출판 한울에 감사하고 특히 편집과 교정에 힘을 기울이느라 고생하신 편집부 여러분께 진심으로 감사를 드린다.

1995. 5.
저자 일동

차례

서장 제주사회의 기본적 성격/ 신행철 7

제1부 제주도의 인구성장/ 이창기 17
인구 및 가족 제주도 가족제도의 특징/ 이창기 44

제2부 제주도 도시개발의 기본구조/ 조성윤 71
농촌과 도시 제주마을의 공동생활권으로서의 성격과 그 변화/
신행철 105
제주도 농촌의 계
-사회통합의 기제인가, 갈등의 기제인가?/ 김석준 133

제3부 제주시의 계급구조/ 정대연 171
계급과 권력 제주시민의 정치참여와 투표성향/ 정대연 191
제주 농촌지역사회의 권력구조/ 신행철 221
제주도민의 지방자치의식/ 신행철 251

제4부 제주사회변동론 서설
산업 및 노동 －개발정책과 산업구조의 변화를 중심으로/ 이상철 *273*
제주지역 노동시장의 구조와 특성/ 김진영 *312*
제주시 운수노동자의 노동실태와 의식구조/
　이상철 *343*

제5부 제주사람들의 문화적 정체감/ 유철인 *375*
문화 제주도의 사회문화적 특성과 환경
　－도전·적응·초월의 메커니즘/ 이창기 *398*

제6부 제주도 근대사회운동의 재조명/ 조성윤 *419*
사회운동 개발과 환경, 그리고 농촌공동체의 붕괴
　－제주도의 골프장 건설 반대운동을 중심으로/
　조성윤 *439*

서장
－제주사회의 기본적 성격－

신행철

1. 서언

　사람들은 동일한 시간적·공간적 생활환경을 더불어 경험하는 동안 그들 특유의 사고방식과 생활방식을 지니게 되며 그들 특유의 사회를 형성·유지·발전시켜 나아간다. 그 생활 경험은 물적 환경과 그에 대응하는 인간적 노력으로 요약할 수 있겠는데, 그 물적 환경과 그에 대응하는 인간적 대응 사이에는 상호 교호적인 관계가 성립하고 그 관계가 역사적으로 구조화되어 한 사회의 기본적 성격이 규정된다.

　따라서 제주사회의 기본적 성격은 제주사회가 갖는 물적 환경과 그에 대응하는 제주인들의 방식, 그리고 그들의 역사적 경험을 종합적으로 검토함으로써 규명해 볼 수 있을 것이다.

　이때 물적 환경의 의미와 범위, 역사적 경험의 내용이나 성격 등은 어차피 선택적일 수밖에 없다. 문제는 얼마나 정곡을 찌르는 선택인가에 있다. 여기에서는 제주사회의 물적 환경으로 지리적인 면에서의 도서성과 주변성, 화산회토의 농토 등을, 역사적인 생활환경으로서는 피억압적 역사성을 들고자 한다.

2. 도서성과 제주사회의 성격

　도서성은 지리적 고립성과 지역적인 한정성·협소성으로 특징지어진다. 제주섬은 바다에 의하여 고립되어 지역적으로 한정된 범위에서 제주인의 자족적인 생활권이 되었다. 제주인의 대부분의 생활은 섬 속에서 영위될 수밖에 없었는데, 이런 제약조건은 역사적으로 조선의 인조~순조(1600~1800) 연간 약 2백 년간의 출륙금지 조치에서 볼 수 있듯이, 출륙이 금지되는 정치적 조치와 결부되면서 더욱 상승작용을 하였다고 볼 수 있다. 아마도 '이어도'의 내력은 섬사람들의 외부세계에 대한 동경에서 나온 것일 것이며, 그리하여 재일교포나 출가 해녀에게서 볼 수 있듯이 해외 진출의 기회가 있을 때 제주사람들은 과감하게 섬을 떠나 자신들의 삶의 세계를 개척하게 되었을 것이다.
　한편 섬 내부에서 누대(累代)에 걸쳐 자족적으로 살아오는 동안 사회관계는 섬사회의 범위에 한정되는 경향을 낳았고 그리하여 비교적 동질적인 사회구조를 형성하게 되었다. 통혼권의 범위가 한정되어 사회구성원들간의 관계는 혈연적 친족관계일 가능성이 커졌고 따라서 친족의 호칭이나 생활모습에 있어서도 부계친(父系親), 모계친(母系親), 처가친(妻家親) 삼족(三族)이 모두 친족적 유대를 갖는 경향을 보이게 된다. 이에 따라 자연히 부계친의 결속은 상대적으로 약화되어 문중조직은 발전되지 못하였다. 그 결과 혈연적 요소보다 지연적 요소가 더 강조되는 경향이 있는데 같은 마을, 같은 동네, 이웃간의 생활은 친족관념 속에서 영위된다. 흔히 이웃의 부모뻘되는 어른은 '삼촌'으로 호칭되고 자식뻘되는 연소자는 '조카'라고 호칭되어 어색함이 없는 것은 이를 잘 설명해 주는 것이다. 관료조직 속에서도 이런 현상은 나타나는데 행정조직이나 학교 등에서 이루어지는 인간관계의 모습은 공적 지위의 형식적 관계 이외에 호형호제(呼兄呼弟)의 정의적(情誼的) 관계가 강조되는 경향이 또한 그러하다.
　제주섬이 태풍의 길목에 위치하고 있는 데다가 척박한 토지조건, 그에 따른 풍(風)·수(水)·한(旱) 삼재(三災)의 기후조건 속에서 제주인들은 그들의 생활을 유지하기 위해 고된 자연과의 싸움을 치룰 수밖에 없었으며 여기서 제주사람들은 초월자에 지향하는 무속적 생활태도를 지니게 되었다. 이것은 인간이 극한적 상황에 처했을 때 구세주를 찾는 원리와 같다고 할 것이다. 조선조 당 오백 절 오백(당 五百 절 五百)이 있었다고 하거니와 이는 바로 제주인들의 무속적 삶의 세계를 잘 설명해 주는 것이며 그리하여 어떤 사람들은 제주섬을 '신들의 고향' 혹은 '신들의 섬'이라는 말로 표현하기도 하였다. 이러한 무속적 분위기는 요즘 제주도의 동부지역에 더욱 현저하게 남아 있는 것으로 보이는데 제주의 동부는 역시 서부보다 전통적 농업환경에서 보아 열악한 조건을 지니고 있었던 것으로 보인다(물론 물적 환경 외에 동부는 서부보다 역사적으로 외래문물과의 접촉의 기회가 적었을 것이라는 점도 간과할 수 없다). 이러한 열악한 생활조건 속에서 제주사회는 삼무(三無)의 생활환경을 갖추게 되었다고 생각된다. 제주사회에 있어서는 전체적으로 자원이 제약되어 있고 열악한 생산조건 때문에 가진 자들이라 할지라도 남을 줄 만큼 여유있는 생활을 하는 것은 아니었고, 못가진 자들이라 할지라도 빌어먹을 필요가 없었다(걸무, 乞無). 가졌다 할지라도 남들이 탐낼 만한 가치물을 두드러지게 갖지 못했으며 못가졌다고 할지라도 도둑질할 만큼 어려운 것은 아니었다(도무, 盜無). 친족관념 속에서 이웃간의 협동적 생활원리를 터득하여 어려운 처지의 사람을 도와주고 남의 것을 탐내지 아니하고 지켜주는 분위기 속에서는 주거 공간을 차단할 필요가 없었다(대문무, 大門無).

3. 척박한 농토, 영농규모의 협소성과 제주사회의 성격

농업사회에 있어서의 영농환경은 그 사회의 성격을 규정해 주는 중요한 요인이 된다.

제주인들은 농토의 척박성과 협소성의 조건 속에서 전래의 유교적 영향에도 불구하고 소가족제도를 유지하여 왔고 농촌의 영농조직을 형성하였다. 원래 유교권 사회의 대가족제도는 가계계승(家系繼承) 관념과 더불어 대단위 영농규모에 적절한 생산단위로서의 성격을 갖는다. 뒤집어 말하면 영농규모가 크다는 것은 대단위 식구를 먹여 살릴 수 있는 생산을 할 수 있게 된다는 것이고 그리하여 그것은 대단위 직계가족제도의 형성과 관련되는 것이다.

그러나 영농규모가 작고 생산력이 저하된 상황 속에서 가족은 생산인구로서의 의미보다는 소비인구로서의 경제적 부담을 의미한다. 따라서 제주사회의 경우 장남 분가원칙에 입각하여 가족의 규모를 소규모화할 필요가 있었다고 생각된다. 소가족제도의 부부중심형 가족에 있어서는 부부관계에 대한 부모나 친족의 영향력이 약화되고 시집간 여성 곧 며느리의 발언권은 그만큼 강화될 개연성을 갖는다. 모중심적(母中心的) 가족구조가 여기에 관련된다.

친족의 구속력이 상대적으로 약화되고 부인의 자율성과 역할이 증대되는 것은 제주농업이 전작농업(田作農業)이며 바다를 낀 어업적 생산활동이 이루어지고 있기 때문이기도 하다. 전작농업에서는 답작농업(畓作農業)에 있어서보다 여자들의 노동력이 더 소용된다는 것이며, 해산물 채취에 있어서 해녀들의 역할은 경제생활의 막대한 부분을 차지하였기 때문이다.

처첩간(妻妾間)의 신분상의 차별이나 차이가 비교적 적은 것도 여자들의 강한 생활력에 따른 낮은 남성의존적 성향에 관련된다고 보이며, 전통사회에 있어서 첩에 대한 본처의 묵인은 본처에 대한 남편의 지배 약화를 의미하고 있는 것이기도 하다.

제주섬의 전작농업 체계는 육지부의 답작농업 체계와는 그 성격을 달리하고 있다. 비교적 넓은 경지 면적에 시간집약적으로 영농활동이 이루어지는 육지부 답작영농에 있어서는 모내기나 관개사업에서 보는 것처럼 일시에 보다 많은 노동력이 동원되어야 하며 남성들이 적극적으로 참여할 영역이 넓어진다. 두레나 농악 등 영농에 관련된 조직도 중요한 의미를 갖고 등장하였다.

그러나 제주의 전작영농에 있어서는 원시 농경양식과 유사한 형태를 지님으로써 이웃 상호간에 일을 돕는 소규모의 품앗이는 성행하였으나 그 범위는 한정적이고 대단위 영농형태는 형성되지 않았으며 남성과 여성이 서로 역할을 분담하여 영농활동에 참여하게 되었다. 남녀의 영농 참여 모습은 육지부에서 보는 것처럼 남성이 야외의 일을, 여성이 가사일을 전담하는 그런 경직된 분업체계가 아니라 여성은 김매기 등 가벼운 일을, 남성은 밭갈이 등 큰 힘을 필요로 하는 일을 맡아 처리하는 식으로 나타나게 된다. 말하자면 노동능력에 따라 노동활동 영역이 남녀 상호간에 광범위하게 허용될 수 있는 유연한 분업구조를 갖고 있다는 것이다.

한편 농토 면적의 제약은 지주제의 등장을 부정하였고 기껏해야 중소지주 직영의 영농이 간혹 있었을 뿐이다. 미개간 국유지가 많고 어업, 목축 등의 보조적 생계수단이 확보될 수 있는 기회가 많았기 때문에 지주예속적 지위의 소작농이 희소하였다. 완전한 무산자나 임노동자 또는 걸인이 없었던 것도 이런 환경 속에서 가능했으며 이렇게 해서 사회·경제적 차등화는 크지 않았다. 여기에 제주사회가 평등사회적 성격을 지니게 되는 한 단면을 엿볼 수 있다. 사회계층이론에 입각해서 보면 한 사회 성원들의 생계활동에 필요한 만큼의 분배가 이루어지고도 남는 잉여생산물이 많을수록 그 사회의 불평등이 심화되는 것인데 제주사회의 경우 그 자원의 부족, 특히 제한적 영농규모 때문에 잉여생산물이 크게 축적될 가능성이 적고 따라서 다른 사람보다 크게 많이 가진 사람도, 크게 적게 가진 사람도 없게 될 것이다. 제주에는 육지부에서 보는 바와 같은 만석꾼, 천석꾼하는 대지주가 없었고 소슬대문을 단 대저택도 발견되지 않는 점을 유의할 필요가 있을 것이다. 머슴제도는 있었으나 마름제도는 발달되지 않았으며 의식주를 중심으로 소위 양반문화가 결여되어 있고 노비제도는 미약하였던 것으로 보인다.

4. 주변성, 피억압적 역사성과 제주사회

제주사회는 주변부 사회이다. 주변부 사회는 중심부로부터 멀리 떨어져 있기 때문에 중앙집권적 통치질서 속에서는 매우 불리한 위치에 놓이게 된다. 왜냐하면 모든 사회적 가치와 기회가 중앙을 중심으로 배분되어 있어서 그에 접근할 기회가 적어지기 때문이다. 한편 중앙으로부터의 시혜(施惠) 또한 누출될 가능성이 크며 관리의 횡포도 그만큼 크다. 왜냐하면 탐관오리의 횡포에 대한 중앙의 감시가 적게 미칠 것이기 때문이다. 그리하여 제주사회는 중앙에 종속된 지위에서 저발전의 사회로 머물게 되었다.

역사적 기록에서 보면 제주사회는 대체로 관리의 횡포에 시달려 왔으며 그에 대해 저항적인 노력도 강력한 것이었음을 알 수 있다. 이때 제주인들은 지역 공동생활권을 단위로 하여 상호 결속하는 협동적 생활 체계를 형성하여 외부세력에 대처하였다. 이것은 생존권적 저항이기도 하고 자신들의 사회를 나름대로 건전하게 유지하려는 의지이기도 한 것이다.

이러한 상황은 사회생활에 있어서 혈연적 의미의 약화와 결부되면서 제주사회를 지연성이 강한 사회로 만드는 요인이 되었다고 생각된다. 또한 바다의 어장이나 목장 등 많은 지역자원들이 지역 공유제로 유지되었다는 점은 그 지역 단위에서 협동적으로 처리해야 할 일들이 많아지게 하였다. 이렇게 하여 지연적 조직이 중요한 의미를 갖게 된 것이다.

그 지연적 결속의 범위로 중요한 단위는 마을이라고 할 수 있을 것이다. 마을은 지역 공유제의 주체이며 사회조직의 중요한 기반이었다. 제주의 마을은 식수를 중심으로 비교적 큰 규모로 집촌을 이루어 형성되었으며 대체로 잡성촌(雜姓村)의 성격을 지녔다. 규모가 큰 것은 식수원이 희귀한 제주의 지형적 조건의 영향이기도 하지만 왜구의 침략 등에서 보는 바와 같이 어떤 공동의 외부 침입세력에 대처하려는 의미도 결부되어 있는 것으로 보인다.

잡성마을에서는 흔히 마을 내혼(內婚)이 이루어져 마을 주민들은 서로 혈족과 인척의 복잡한 관계를 이루어 결속하게 되었다. 목장이나 어장을 마을 공유로 운영하면서 자원 이용의 기회를 균등하게 나누어 갖는 생활질서를 유지하였다. 또한 마을마다 포제 등 마을제를 지내고 본향당을 두어 마을 공동의 조상을 설정하는 등 상징체계를 통하여 마을 단위의 지연적 조직을 강화하였다.

마을은 이와 같이 경제조직의 지역단위이며 신앙생활의 단위였을 뿐 아니라 자치적 의사결정 단위로서의 성격도 지녔던 것으로 보인다. 지연성이 강한 사회에 있어서 지역 단위의 문제를 그 지역주민들이 모여 의논하고 처리하게 되는 것은 너무나 당연한 것인데, 향회나 향약 등은 그 구체적인 장치이다. 대부분의 계조직이 마을 단위에서 이루어지는 점도 마을이 지역조직의 중요한 단위가 되고 있음을 말해 주는 것이라고 할 수 있을 것이다.

5. 결어

이제까지 논의한 내용은 대체로 전통적 제주사회의 모습을 선별적으로 서술한 것이다. 근래 공업화 과정 속에서 적지 않게 그 모습이 변화되어 가고 있다는 것은 말할 필요도 없다. 그러나 제주사회는 그 공업입지가 불리하기 때문에 도시화가 덜 되고 농업사회적인 성격이 강하게 남아 있다고 보며, 동질성이 유지되는 지역공동체적 성격이 강한 사회라고 할 수 있다.

이제 제주사회의 비교우위 부문인 관광개발이 가속화되고, 소위 환태평양 시대를 맞아 제주사회는 개방체계로 대전환을 하게 될 것이며 이는 앞으로의 제주사회의 성격에 현저한 변화를 초래케 할 것이다. 이 측면에 관한 논의는 다음 기회로 미루어 두고자 한다.

끝으로 부연코자 하는 것은 이 글의 성격에 관한 것이다.

이 글은 제주사회의 성격을 체계적으로 구명(究明)해 보려는 잠정적 시도로서의 성격을 갖는다. 그동안 제주사회에 관한 논의들이 없었던 것은 아니나 그 논의들은 대체로 부분적, 단편적 수준에서 이루어져 왔기 때문에 필자는 보다 체계적이고 총체적인 수준의 논의가 필요하다고 보고 있다.

또한 이 글은 필자가 그동안 보고 듣고 생각해 오던 사고의 편린들을 모아 정리한 형식의 것이다. 그렇기 때문에 어디까지나 이 글의 내용들은 사회과학적인 연구의 틀 속에서 보다 세련시켜야 할 가설적 성격의 것이다.

이 글의 구성에 있어서 나누어 놓은 각 부분적 요인들은 총체적, 종합적으로 제주사회의 성격에 작용하고 있는 것임은 물론이다. 그럼에도 불구하고 그런 구분을 지어 본 것은 필자의 서술적 편의에 따른 것임을 첨언하여 둔다.

제1부

인구 및 가족

- 제주도의 인구성장
- 제주도 가족제도의 특징

제주도의 인구성장

이창기

1. 서론

　인구는 일차적으로 특정지역에 살고 있는 사람의 수를 의미하지만 현실적으로 사회생활을 영위하고 있는 구체적인 인간집단을 표현하는 것이기에 여러가지로 속성을 달리하는 질적 내용을 포함하고 있으며 그 사회의 자연적·문화적·사회적·경제적 조건들을 반영하는 사회적 산물이다. 그렇기 때문에 인구는 나라와 사회에 따라 그 구조가 다르고 한 나라에 있어서도 지역에 따라 차이가 생긴다.

　인구현상은 또한 고정불변의 정태적 구조가 아니라 출생과 이동이라는 세 가지 요인에 의해서 부단히 변화하는 동태적 과정이다. 이러한 인구과정은 과거의 인구구조에 의해 영향을 받음과 동시에 사회적 변화에 민감하게 반응하기 때문에 인구현상은 사회적 산물일 뿐만 아니라 역사적 산물이기도 한 것이다.

　그러므로 인구분석은 한 사회의 사회구조를 밝히는 데 있어서 가장 기본적이면서도 필수불가결한 수단이 되는 것이며 그 사회의 역사를 이해하지 못하고서는 올바른 해석에 도달할 수 없는 것이다.

　인구성장은 출생·사망·이입·이출에 의해서 결정된다. 그러나 출생과 사망의 수준, 이동의 양과 방향은 그 사회의 사회경제적 여건의 영향을 받기 때문에 인구성장의 추세와 원인도 사회마다 각기 다른 것이다.

 필자는 본고에서 1955년 센서스 이후의 제주도 인구성장추세를 개관해 보고 그 원인을 밝혀 보고자 한다.[1] 이러한 작업은 앞으로의 제주도 인구에 대한 전망을 가능하게 할 뿐만 아니라 여타의 제주도사회연구와 각종 계획수립에 유용한 기초자료가 될 수 있으리라 생각한다.

 제주도는 한반도 최남단에 위치하여 육지와 멀리 떨어져 고립되어 있고 특수한 자연조건을 가지고 있어서 예로부터 독립적인 하나의 생활권을 형성하여 육지와는 상이한 사회적 관습과 사회제도를 유지해 왔다. 제주도의 특수한 자연조건과 생활양식은 제주도의 인구현상에도 크게 영향을 미쳤을 것으로 생각된다.

 제주도가 경험한 최근의 역사적 사실들도 또한 오늘의 제주도 인구에 직접적으로 영향을 미치고 있다. 일제시대의 대량 해외이출(특히 일본)과 1948년의 4·3사건은 아직까지도 제주도의 성별·연령별 인구구조에 반영되고 있으며 6·25동란시의 군인 및 피난민 이동과 1960년대 이후의 지역사회개발사업 및 산업화에 따른 이촌향도현상은 제주도의 인구변동을 촉진하였을 뿐만 아니라 그 양상을 매우 복잡하게 만들었을 것으로 짐작된다.

 이와 같은 여러가지 요인들에 의해서 제주도 인구는 육지와 매우 다른 인구학적 특성을 지니고 있다.

 본고는 1955년부터 1980년까지의 인구센서스 자료를 주로 사용하고 필요한 경우에는 센서스 이외의 자료나 기존 논문의 데이타로 보완하였다. 그러나 현존 자료들만으로써는 제주도의 인구현상을 충분히 설명하기에 부족한 점들이 많았다. 이러한 자료의 빈곤 때문에 무리를 무릅쓰고 자료를 재구성하거나 필자 나름의 추정을 시도하지 않을 수 없었음을 밝혀둔다.

---

1) 제주도 인구에 관한 지금까지의 논저는 다음과 같다. 석주명,「제주도의 생명조사서-제주도 인구론」, 서울신문사출판국, 1949; 고갑석·최영희,「제주도 인구의 특질」,《인구문제논집》제2호, 1966; 강상배,「제주도내의 인구에 대한 연구」,《제주교육대학논문집》제5집, 1975; 강상배,「제주시의 인구에 대한 연구」,《제주교육대학논문집》제7집, 1977; 강상배,「제주도의 지역별 인구증감에 관한 지리학적 연구」,《제주교육대학논문집》제8집, 1978.

한 사회의 인구현상을 보다 선명하게 파악하기 위해서는 비교고찰이 매우 유용한 방법이라 생각된다. 제주도의 인구를 분석하는 데 있어서도 육지의 농촌지역, 육지의 도시지역, 여건이 비슷한 타도 등 여러가지 비교대상을 생각할 수 있으나 본고에서는 주로 한국 전체의 통계치와 비교검토하기로 하였다.

2. 한국의 인구성장추세

해방 이후 한국의 인구는 크게 4단계를 거쳐서 변화해 왔다고 지적되고 있다.[2]
제1시기(1945~49)는 해방 직후 해외동포의 이입에 따라 연평균 약 5%의 높은 인구증가를 시현한 시기이다. 이 시기는 인구이동에 의한 사회적 증가가 매우 높게 나타나는 특징을 가진다. 이 시기의 해외이입 인구수는 약 2백만 명 전후로 추정되고 있으며 자연증가율은 2.9% 수준으로 보고 있다.
제2시기(1950~55)는 6·25동란으로 인한 막대한 인명손실과 출산율 저하로 인구의 자연증가가 매우 낮았던 시기이며 약 40만 명으로 추정되는 북한동포의 대량 남하가 이루어졌던 시기이다. 이 기간의 연평균 인구증가율은 1.45%[3]의 낮은 수준을 보이고 있다.
제3기(1955~60년대 초)는 휴전 후의 사회적 안정에 따라 남한인구가 비로소 봉쇄인구적 상태에 들어선 시기이며 출생률의 급격한 상승으로 연평균 2.88%의 높은 자연증가율을 보인 시기이다. 이때 출생한 자들이 최근 재생산기에 돌입함으로써 인구증가 억제에 큰 부담요소로 등장하고 있다.
제4기(1960년대 초 이후)는 사망률의 계속적인 저하에도 불구하고 출생률의 급격한 하락으로 인구증가율이 크게 둔화되는 이른바 '인구전환'의 3단계

---

2) 윤종주, 『인구학』, 인구문제연구소, 1973, 122~127쪽.
3) 1949년의 센서스 인구를 1955년 경계를 기준으로 조정한 수치이다. Tai Hwan Kwon, "The Population of Korea," *The Population and Development Studies Center*(S.N.U.), 1975. p.7.

에 들어선 시기이다. 그간의 다산(多産)으로 개개인이 무거운 인구압력을 느끼고 있었고 또 국가가 인구문제에 직접 관여해서 적극적인 인구정책을 시행하였기 때문에 비로소 인위적인 출산 억제에 의해서 출생력이 현저하게 저하하기 시작하였다. 이 기간 동안의 인구성장 추세는 최근 한국의 인구변동을 이해하는 데 매우 중요한 의미를 가진다.

<표 1> 인구센서스 자료에 의한 인구성장 추세

센서스연도	총인구[1]		연평균인구증가율[2]	
	전국	제주	전국	제주
1955. 9. 1	21,502,386	288,801	2.88	-0.50
1960.12. 1	24,954,290	281,304	2.71	3.15
1966.10. 1	29,159,640	337,052	1.90	2.02
1970.10. 1	31,435,252	365,137	1.98	2.42
1975.10. 1	34,678,972	411,486	(1.51)	(2.32)
1980.11. 1	37,406,815	462,609		

주 1) 외국인 제외, 일반가구와 준가구 포함.
　　2) $P_t = P_0(1+r)^t$
자료: 각년도 「인구센서스 보고서」.

<표 1>에 의하면 1950년대 후반에 2.88%의 고율을 보이던 연평균 인구증가율이 1960~66년에는 2.71%, 1966~70년에는 1.90%, 1970~75년에는 1.98%, 1970년대 후반에는 1.6% 이하로 하락하고 있다. 1970~75년 기간의 인구증가율이 실제로 그 전기인 1966~70년 기간보다 높았느냐에 대해서는 토론의 여지가 있지만[4] 대체로 1950년대 후반과 1960년 초반의 높은 인

---

4) 1970~75년의 연평균 인구증가율이 1966~70년보다 상승하고 있는 것으로 나타나고 있으나 이것은 1970년 인구센서스의 많은 조사누락에 기인한 것으로 지적되고 있다. 인구이동통계와 출생력에 관한 전국표본조사결과를 통해서 1966~70년의 실제 자연증가율은 2.2% 내외가 될 것으로 추정하고 있다(윤종주, 1973: 127). 1966~70년의 인구증가율을 2.20%로 가정한다면 1970~75년의 인구증가율은 1.74%가 될 것으로 보인다. 「1980년 인구 및 주택센서스 잠정보고」(전수집계결과)에 의하면 1975~80년의 연평균인구증가율은 1.51%가 되는 것으로 나타나지만 다른 여러가지 통계와 조사자료들을 비교해 보면 실제는 이보다 다소 높을 것으로 생각된다. 『한국통계연감』(경제기획원통계조사국, 1980)에 의하면 1979년의 인구

구증가율이 1960년대 중반부터 현저하게 둔화되고 있음에는 틀림이 없다.
　이러한 인구변동에 가장 큰 영향을 미친 인구학적 요인은 바로 급격한 출생률의 저하이다. 1960년부터 1975년까지 15년 동안의 조출생률(粗出生率)은 <표 2>와 같다.

<표 2> 조출생률의 추세(1960~75)

(인구 1,000명당)

연도	조출생률	연도	조출생률
1960	46.8	1968	33.1
1961	45.3	1969	32.5
1962	44.2	1970	31.4
1963	41.4	1971	31.5
1964	38.6	1972	31.8
1965	37.8	1973	31.3
1966	34.5	1974	29.5
1967	33.5	1975	28.1

자료: KDI, "Economic Development, Population Policy and the Demographic Transition in the Republic of Korea," 1978, p.17; 권태환·이해영 편, 『한국사회 I』, 인구및발전문제연구소, 1978, 30쪽에서 재인용.

<표 2>에 의하면 1960년에 인구 1,000명당 46.8명이던 조출생률이 계속 저하하여 1975년에는 약 40%가 감소한 28.1명으로 나타나고 있다. 그러나 이 동안의 출생률의 변화를 좀 더 자세히 살펴보면 전 기간을 통해서 변화의 속도가 동일한 것은 아니었다.

1960년부터 1962년에 이르는 3년 동안은 약간씩 출생률이 하락하고 있으나 아직도 휴전 후의 '베이비 붐(baby boom)'이 지속되어서 45명 전후의 높은 조출생률을 보이고 있다.

실제로 출생률이 급격하게 저하한 것은 1963년 이후이며 특히 1963년부터 1966년까지의 4년 동안이 가장 두드러진다. 이 기간은 정부가 본격적인 인구정책을 시행하기 시작한 시기에 해당된다.5) 그러나 아직 가족계획방법

　증가율을 1.58%로 추정하고 있다.

이 널리 보급되지는 못하였고 혼인구조의 변화와 인공유산에 의한 출산억제 효과가 매우 큰 비중을 차지하고 있다.

  1967년부터 출생률의 저하속도는 상당히 둔화되고 있다. 특히 1970~73년 사이에는 조출생률이 31.5명 전후에 거의 머물어 있다. 이것은 1966년까지 가속화하던 혼인연령의 상승이 1966년 이후부터 점차 둔화된 데서 그 일차적인 원인을 찾을 수 있다.6) 또 한편으로는 가족계획사업이 활발히 추진되고 있음에도 불구하고 다자녀가치관이 여전히 강하게 잔존하고 있다는 점을 지적할 수 있다. 인공유산이나 피임에 의해서 원하지 않는 자녀, 즉 '가외희망자녀수(加外希望子女數)'를 줄임으로써 인구증가 억제에는 어느 정도 기여했지만 아직도 3.9~3.7명의 높은 '이상자녀수(理想子女數)'를 유지하여 소자녀가치관(少子女價値觀)의 실현에는 이르지 못하고 있다.7) 여기에서 종전의 시술중심적인 가족계획사업에 대한 반성과 비판이 강하게 대두되었다.8)

  1973년부터 출생률은 다시 조금씩 낮아지는 경향을 보이고 있다. 1973년부터는 정부에서도 인구성장 억제에 대한 사회정책적 지원활동을 활발하게 전개하기 시작하였다. 인공임신중절의 제한적 합법화, 인구교육의 강화, 소득세 기초공제의 제한, 불임시술자에 대한 각종 혜택 등이 연이어 시행되었다. 한편으로는 지난 10여 년 동안의 가족계획사업의 파급효과가 자녀가치관과 출산행태에 많은 변화를 가져오게 되었다. 1960년대에 줄곧 3.9명을 유지하

---

  5) 1961년 국가재건최고회의가 가족계획사업을 국가중요시책으로 채택하고 이에 따라 보건사회부는 1962년부터 가족계획사업의 추진을 위한 조직에 착수함과 동시에 가족계획사업 10개년장기계획을 수립하였다.
  6) 최근 한국여성의 평균혼인연령을 살펴보면 다음과 같다.

1955년	1960년	1966년	1970년	1975년
20.5세	21.5	22.8	23.3	23.7

    자료: 권태환·이해영 편, 앞의 책, 43쪽.
  7) 이상자녀수에 관해서는 여러 사람들의 조사가 있으나 다음을 참조할 것: 윤종주, 앞의 책, 231쪽; 홍사원, 『한국의 인구와 인구정책』, 한국개발연구원, 1978, 22쪽.
  8) 대표적인 것으로는 한국사회학회, 「한국가족계획연구활동의 사회학적 평가」(1973년 3월 세미나 보고서)가 있다.

던 이상자녀수가 1971년에도 3.7명9)의 높은 수준을 보여주고 있었으나 1973년에는 3.1명10)으로 떨어지고, 다시 1976년에 2.8명,11) 1977년의 한 조사에서는 2.6명12)으로 계속 낮아지고 있다. 이것은 바로 소자녀가치관의 진전이라 볼 수 있을 것이다.

1960년 이후 한국의 출생률 저하에 직접적으로 영향을 미친 것으로는 결혼연령의 상승과 인공유산 및 피임법의 보급 등 크게 세 가지 요인을 지적할 수 있다.

<표 3> 합계출산력(TFR) 변동의 구성요인(1960~75)

	1960~65	1965~70	1970~75
총변화	-16.8%	-17.6%	-13.4%
피임	-1.7%	-9.5%	-5.9%
인공유산	-5.1%	-4.5%	-4.0%
결혼연령	-7.6%	-4.2%	-3.7%
사별·이혼	1.3%	0.5%	0.2%
기타	-3.8%	-	-

자료: KDI, op. cit., 1978; 권태환·이해영 편, 앞의 책에서 재인용.

이외에도 그간의 경제성장이나 도시화, 산업화, 여성의 지위향상 등의 여러 가지 요인들이 출산억제에 간접적으로 영향을 미쳤을 것이다. 이러한 요인들에 의해서 1970년대 후반에는 인구성장률이 1.6% 이하로 낮아지게 되었다.

그러나 아직도 남아선호의식이 잔존하고 있고 1950년대 후반과 1960년대 전반에 소위 '베이비 붐'을 타고 출생한 세대가 1980년대에 재생산기에 돌입함으로써 당분간 1.5%선 이하로 인구성장을 억제하기는 대단히 어려울 것으

---

9) KIFP, "Report on 1971 Fertility-Abortion Survey," 1973, p.18 참조.
10) 송건용·한성현, 「1973년 전국가족계획 및 출산력조사 종합보고」, 가족계획연구원, 1974, 31쪽.
11) 박병태·최병목·권호연, 「1976년 전국 출산력 및 가족계획 평가조사」, 가족계획연구원, 1978, 83쪽.
12) 정대연, "The Second Round of CBDC Consumer Survey in Korea," 대한가족계획협회, 1978, p.11.

로 전망된다.

3. 제주도의 인구성장추세

<표 1>에서 보는 바와 같이 제주도의 인구성장은 한국 전체의 인구성장 추세와 상당히 다른 경향을 보여주고 있다.

한국사회가 2.88%의 가장 높은 자연증가율을 기록했던 1955~60년 사이에 오히려 제주도의 연평균 인구가 감소를 기록하게 된 데는 두 가지 점에서 그 원인을 찾을 수 있다.

첫째는 1955년 인구조사와 1960년 인구조사의 집계방식의 차이를 들 수 있다. 1955년 인구센서스는 현지인구원칙에 의하여 군인 등의 특별조사구인구(特別調査區人口)를 부대소재지에서 집계하고 있으나 1960년 인구센서스부터는 상주인구원칙에 의하여 입대전 거주지로 환원집계하고 있다. 이로 인해서 1955년 제주도 인구에는 당시의 육군제1훈련소 장병들이 모두 포함되게 된 것이다.

둘째는 휴전 후 피난민의 귀향과 육군제1훈련소의 폐지에 따른 군인가족의 대량 이출을 지적할 수 있다.

이러한 두 가지 요인에 의해서 1955~60년의 제주도 인구는 감소경향을 보이게 된 것이다.

「1960년 인구주택국세조사보고」의 결과해설에 의하면 1955년 제주도 인구에 가산된 유동인구수를 약 3만 5천여 명으로 추산하고 있다. 이 수치는 준가구원수 35,981명(남자 35,440명, 여자 541명)과 근사한 것으로 보아 여기에 근거를 두고 산출한 것으로 보여진다.[13] 준가구란 보통가구 이외에 전혀 혈연관계가 없는 사람들끼리 모여 사는 가구를 말하는데 그 대부분은 군인일 것으로 짐작된다.

---

13) 「1960년 인구주택국세조사보고 1-1」(전국편), 176쪽.

한편 고갑석은 1955~60년의 제주도의 순이출인구수를 41,000명으로 추정하고 이것을 1955년 당시의 비정상적인 이입인구수로 간주하고 있다.14) 여기에는 군인뿐만 아니라 그의 가족 및 잔류피난민까지 포함되어 있다.

이러한 추정이 어느 정도 정확하다면 1955년의 정상적인 제주도 상주인구는 약 25만 명 정도로 볼 수 있고 1955~60년 기간의 자연증가율은 연평균 2.3~2.4% 전후의 수준이었을 것으로 짐작된다. 이 수준은 같은 시기 한국 전체의 자연증가율 2.9%에 비해 현저히 낮은 것으로 당시 제주도의 출생률이 상당히 낮은 상태에 있었음을 암시하는 것이다.

1960년 이후의 제주도 연평균 인구증가율은 1955~60년 기간과는 달리 전국평균치를 훨씬 상회하고 있다.

1960~66년의 제주도 연평균 인구증가율은 3.15%로서 전국의 인구성장률 2.71%보다 0.44% 높게 나타나고 있다. 이 기간의 제주도 인구증가는 출생률의 상승과 제주도개발사업의 진행에 따른 이입인구 초과현상에서 그 원인을 찾아야 하지 않을까 한다.

출생률과 인구이동에 대해서는 뒤에 다시 상론하겠지만 1960년 이전까지는 전국 평균치보다 훨씬 낮았던 제주도의 출생률이 1960년을 전후해서 현저하게 상승하기 시작하여 1970년대 초엽까지 고출생률이 지속되고 있다. 전국적으로 출생률이 급격하게 하락하던 이 기간 동안의 출생률 상승이 제주도 인구성장에 크게 기여했을 것으로 보인다.

한편 1960년대 초의 각종 건설사업과 관광개발사업에 따라 많은 육지인이 제주도로 몰려들게 되었고 이러한 인구이입이 또한 제주도의 인구성장에 큰 영향을 미친 것 같다. 1960년대 초의 제주도 인구이동에 관해서는 통계자료가 없어서 그 추세를 정확하게 밝힐 수는 없지만 당시의 출생력 수준을 고려할 때 1960~66년의 제주도 순이입인구는 약 9천 명 내외가 되지 않을까 한다. 1세미만아비율(1歲未滿兒比率)을 바탕으로 1960~66년의 제주도 자연증가율을 추정해 보면 동기간의 전국 자연증가율과 거의 비슷한 수준인 2.7%

---

14) 고갑석·최영희, 「제주도 인구의 특질」, 《인구문제논집》 제2호, 1966.

전후가 될 것으로 보인다(출생률 분석 참조). 따라서 사회증가율은 약 0.5% 전후로 볼 수 있고 1960~66년의 이입초과인구는 약 9천 명 정도라는 계산이 나온다. 고갑석은 1960~65년의 제주도 이입초과인구를 약 1만 7천여 명으로 추정하고 있으나[15] 당시의 제주도 출생력 추세로 보아 추정치는 너무 과장된 것이 아닌가 한다.

  1966년 이후의 제주도 연평균 인구증가율은 1970년과 1975년 인구센서스 자료에 의하면 1966~70년에 2.02%, 1970~75년에 2.42%로 나타나고 있으나(<표 1> 참조) 다음에 지적하는 바와 같이 해석상의 몇가지 문제가 발견되기 때문에 자료의 재검토가 필요한 것으로 보인다.

  우선 1966~70년의 연평균 인구증가율 2.02%는 전기인 1960~66년의 3.15%에 비해 무려 1.13%의 급격한 하락을 의미하고 1960~66년의 자연증가율 추정치 2.7%에 비해서도 약 0.7%가 낮은 수치이다. 만약 이 기간 동안 사망률이 갑자기 상승하지 않았다면 인구증가율 순화는 출생률의 급격한 저하나 대량 이출초과로 설명되어야 할 것이다. 그러나 출생률이나 인구이동에 관한 통계에서는 이러한 근거를 발견할 수가 없다. 1세미만아비율을 분석해 보면 1966~70년의 제주도 인구의 자연증가율은 그 전기인 1960~66년과 거의 비슷한 2.7% 수준이었을 것으로 추측되고(출생률 분석 참조) 인구이동에 있어서도 1970년 2천 8백여 명 정도의 이입초과를 보이고 있다. 자연증가율이 2.7% 정도의 높은 수준을 그대로 유지하고 있고 또 이입인구가 많은데도 불구하고 인구성장률이 2.02%에 지나지 않는다는 것은 분명히 납득이 가지 않는 일이다.

  한편 1970~75년의 제주도 연평균 인구증가율은 전기의 2.02%에 비해 0.4% 상승한 2..42%로 나타나고 있다. 이 기간 동안 사망률이 갑자기 저하

---

  15) 고갑석·최영희, 앞의 글. 고갑석은 이 논문에서 1960~65년의 제주도 연평균 인구증가율을 3.0%로 보고 자연증가율 2.3%, 사회증가율 0.7%로 추정하고 있다. 그러나 고갑석의 이러한 추정은 자연증가율을 전기인 1955~60년과 동일하게 간주한 데서 연유하는 것으로 보인다. 또 사회증가율을 0.7%로 본다고 하더라도 계산상 이입초과인구는 1만 명 정도에 지나지 않는다.

하지 않았다면 인구증가율 상승은 출생률의 상승이나 이입인구초과에서 그 원인을 찾아야 할 것이다. 그러나 1세미만아비율이나 모아비(母兒比)의 추세를 보면 동기간의 제주도 출생수준은 전기에 비해 크게 저하된 것으로 보이며(자연증가율은 약 2.3~2.4% 수준이었을 것으로 추측된다-출생률 분석 참조) 1975년 인구센서스의 5%표본조사추정치와 『제주통계연보』의 주민등록전출입신고에 의한 인구이동상황 등에 의하면 인구이동에 있어서도 이입초과가 아니라 대량 이출초과현상을 보이고 있다. 출생률이 현저하게 하락하고 있고 대량 인구이출이 발생했음에도 불구하고 인구성장률이 상승했다는 점도 역시 납득할 수 없는 일이다.

이와 같이 인구센서스 통계자료에 해석상의 모순이 발견되는 것은 앞에서도 언급한 바와 같이[주 4) 참조] 1970년 센서스에 많은 조사누락이 있었기 때문인 것으로 짐작된다.

1970년 센서스의 조사누락이 정확하게 어느 정도인지에 대해서는 공식적으로 밝혀진 바가 없지만 인구학자들은 경제기획원의 사후표본조사결과를 바탕으로 약 3% 정도의 조사누락이 있었을 것으로 추정하고 있다.

이러한 조사누락이 제주도 인구에도 동일한 비율로 발생했느냐 하는 점은 간단히 밝힐 수 있는 것이 아니지만 앞서 살펴본 바와 같이 1970년 센서스의 제주도 인구에 상당한 조사누락이 있었음에는 틀림이 없기 때문에 필자는 1966년과 1975년의 제주도 인구를 정확한 것으로 보고 1970년 제주도 인구의 조사누락률을 몇가지로 가정하여 1966~70년과 1970~75년의 연평균 인구증가율을 추정해 보기로 하였다.16) 다음 <표 4>는 1970년 센서스의 제주도 인구 조사누락률을 2.5%, 3.0%, 3.5%로 가정하여 연평균 인구증가율을 산출해본 것이다. 이러한 가정을 바탕으로 정확한 인구성장 추세를 밝힌다는 것은 대단히 어려운 일이지만 이것을 출생률 추세나 인구이동통계와 관련시켜 분석한다면 대체적인 인구성장 경향을 찾아보는 데 크게 무리가 되지는

---

16) 실제에 있어서는 1966년과 1975년의 제주도 인구에도 일정 수준의 조사누락이 있었을 것으로 짐작되기 때문에 결국 이 가정은 양 연도와 비교한 상대적 조사누락이 되는 셈이다.

않으리라 생각된다.

<표 4> 제주도의 연평균 인구증가율 추정치(1966~75)

1970년 센서스의 조사누락률 (가정)	연평균 인구증가율 추정치(%)	
	1966~70	1970~75
2.5% 누락	2.67	1.90
3.0% 누락	2.80	1.80
3.5% 누락	2.93	1.69

<표 4>에 의하면 1970년 인구센서스의 제주도 조사누락률을 2.5%, 3.0%, 3.5%로 가정했을 때 연평균 인구증가율은 1966~70년에 약 2.7~2.9%, 1970~75년에 약 1.7~1.9% 수준으로 나타나고 있다.

그런데 이 세 가지 경우 중에서 1970년 인구센서스의 제주도 조사누락률을 약 3% 정도로 가정했을 때의 인구증가율이 당시의 자연증가율 수준 및 인구이동상황과 크게 모순되지 않고 대체로 일치된 경향을 가지게 된다.

다음의 출생률 분석에서 보는 바와 같이 1세미만아비율을 바탕으로 제주도의 자연증가율을 추정해 보면 1966~70년에는 그 전기인 1960~66년과 거의 비슷한 수준인 2.7% 전후가 될 것으로 보이고, 1970~75년에는 1966~70년의 실제적인 전국 자연증가율 추정치 2.2% 수준보다 약간 높은 2.3~2.4% 정도가 될 것으로 짐작된다. 1970년 인구센서스의 제주도 조사누락률을 3%로 보고 당시 제주도의 자연증가율을 이와 같이 추정한다면 사회증가율은 1966~70년에 0.1% 전후, 1970~75년에 -0.5~-0.6% 정도가 된다. 이러한 사회증가율은 1970년 및 1975년 센서스의 인구이동통계와 대체로 일치한다.

즉 1966~70년 제주도의 사회증가율을 0.1% 전후로 본다면 이 기간의 순이입인구는 약 1천 4백 명 내외가 될 것으로 추산되는데, 이 속에 1965~66년의 1년간의 순이입인구가 제외되어 있다는 점을 감안하면 1970년 인구센서스의 10%표본조사에 의한 1965~70년의 순이입인구추정치 2,842명과 큰 차이가 없는 것으로 해석할 수 있다. 왜냐하면 1960~66년 기간에 제주도 인구는 대량 이동초과현상을 보였고, 1960년대 말에는 오히려 이출초과의 증후를 보이고 있는17) 당시의 인구이동 추세로 미루어 이입초과는 주로 1965년, 1966년, 1967년에 집중되어 있을 것으로 보이기 때문이다.

또 1970~75년의 제주도 사회증가율을 -0.5~-0.6%로 본다면 이 기간에 약 10,000~12,000명 정도의 순이출이 발생했다는 것을 의미하는데 이 수치는 1975년 인구센서스의 5%표본조사추정치인 13,992명보다는 다소 낮지만 주민등록증 집계에 의한 『제주통계연보』의 순이출인구 9,401명보다는 약간 높아서 실제와 크게 어긋난 것은 아닐 것으로 생각된다.

그렇다면 1970년 인구센서스의 제주도 조사누락률을 약 3% 정도로 가정하고 1966~70년의 제주도 연평균 인구증가율을 2.8%(자연증가율 2.7%, 사회증가율 0.1%) 전후로, 1970~75년의 연평균 인구증가율을 1.8%(자연증가율 2.3~2.4%, 사회증가율 -0.5~-0.6%) 전후로 보는 것이 비록 정확한 것은 아니라고 하더라도 크게 무리없는 추정이 아닐까 한다.

강상배는 『제주통계연보』의 연말상주인구조사 자료를 이용하여 1966~70년의 연평균 인구증가율을 약 3% 수준으로, 1970~74년의 연평균 인구증가율을 2.0~2.4% 수준으로 보고 있다.18) 이것은 필자의 추정치보다 약간 높은 수준이기는 하지만 연말상주인구조사 자료에 근거를 두고 있다는 점을 감안한다면19) 필자의 추정치와 대체로 비슷한 경향을 보이는 것이라 할 수 있겠다.

이상에서 필자는 1955년부터 1975년까지 제주도의 인구성장 추세를 개괄적으로 살펴보았다. 지금까지 검토된 제주도의 인구성장추세를 요약하면 다음 <표 5>와 같다.

---

17) 『제주통계연보』(1970, 1971)의 주민등록전출입신고 집계에 의하면 1969년에 2,405명, 1970년에 1,063명의 이출초과를 기록하고 있다.
18) 강상배, 「제주도내의 인구에 대한 연구」, 《제주교육대학논문집》 제5집, 1975.
19) 연말상주인구조사는 보통 읍·면·동의 공무원이 통반장이나 이장의 협조를 얻어서 작성하고 소위 '부재중인 상주자'(군인, 전투경찰, 재소자 등)를 본가에서 조사하기 때문에 취업이나 학업을 목적으로 장기간 집을 떠나 있는 비상주자까지 다수 포함될 가능성이 있어서 신속성에 문제가 많고 흔히 과다집계되는 경향이 있다.

<표 5> 제주도의 인구성장 추세(1955~75)

기간	전국의 인구증가율	제주도의 인구증가율		
			자연증가	사회증가
1955~60	2.88[1]	-0.50[1]	2.3~2.4	-2.8~-2.9
1960~66	2.71[1]	3.15[1]	2.7	0.5
1966~70	2.20[2]	2.80[4]	2.7	0.1
1970~75	1.74[3]	1.80[4]	2.3~2.4	-0.5~-0.6

주 1) 외국인 제외, 「인구센서스 보고서」.
2) 윤종주, 앞의 책, 127쪽.
3) 1966~70년의 연평균증가율을 2.20%로 가정했을 경우, 필자 계산.
4) 1970년 인구센서스의 제주도 조사누락률을 3%로 가정했을 경우, 필자 계산.
5) 출생률과 인구이동을 감안한 필자 추정치.

4. 제주도의 인구성장요인

인구성장은 출생, 사망, 이입, 이출의 네 가지 요인에 의해서 결정된다. 이 중에서 특히 최근 한국의 인구성장에 가장 중요한 영향을 미친 인구학적 요인은 바로 출생률의 변동이었다. 사망률은 최근에도 계속 저하하고 있기는 하지만 그 속도가 매우 미미하여 인구성장에 큰 영향을 미치지는 못한다. 국가간의 인구이동, 즉 이민도 수적으로는 그렇게 많지 않아 인구성장의 중요한 변수가 되지 못한다. 6·25동란 이후의 우리나라 인구변동은 출생률의 상승과 저하에 의해서 거의 결정되어 왔다. 그러나 제주도의 인구변동을 고찰하는 데 있어서는 앞에서도 살펴본 바와 같이 출생률의 변동뿐만 아니라 이입과 이출의 경향도 매우 중요한 요인으로 작용하고 있다.

여기에서는 제주도의 인구성장에 중요한 요인으로 작용하고 있는 출생률과 인구이동에 대해서 검토해 보고자 한다.

1) 출생률

인구의 자연증가율은 한 지역인구의 조출생률과 조사망률의 차로서 산출한다. 따라서 한 사회의 인구성장을 정확하게 측정하기 위해서는 출생률과 사망률에 대한 정확한 통계가 필요하다.

그러나 인구동태통계가 매우 불비한 우리 실정에서 공식적인 인구동태통계를 가지고 출생률과 사망률을 산출하기는 어렵다. 또 제주도를 대상으로 직접 출생률과 사망률을 조사한 자료도 현재로서는 거의 발견되지 않고 있다.

조출생률과 조사망률은 특정기간(보통 1년)의 통인구수(정확하게는 연중인구)에 대한 동기간의 출생아수와 사망자수의 비율로서 산출하지만 연도별 출생아수와 사망자수에 관한 정확한 통계를 구할 수 없기 때문에 본고에서는 사망률은 큰 변동이 없는 것으로 보고 1세미만아의 비율이나 모아비, 15세 이상 여자의 평균출생아수 등의 간접적인 자료를 통해 제주도의 출생력 추세에 대해서만 개괄적으로 살펴보고자 한다.

다음 <표 6>은 인구 1천 명당 1세미만아의 비율을 나타내는 것이다.

<표 6> 연도별 1세미만의 비율

(1,000명당)

	1955	1960	1966	1970	1975	1980
전국	38.82	37.89	28.92	25.96	20.14	20.17
제주	30.25	34.29	34.85	32.02	24.62	20.10

자료: 각년도 「인구센서스 보고서」.

<표 6>에 의하면 제주도의 출생력은 1960년까지 전국 평균보다 훨씬 낮은 수준을 유지하고 있었으나 1960년대 초부터는 반대로 전국 평균보다 훨씬 높게 나타나고 있음을 알 수 있다.

인구 1천 명당 1세미만아비율의 전국 평균은 1955년에 38.8명이던 것이 점차 낮아져서 1975년에는 약 절반에 해당하는 20명선으로 떨어지고 있다. 특히 1960~66년 사이와 1970~75년 사이에 두드러진 감소현상을 보이고 있다.[20] 이에 비해서 제주도의 1세미만아비율은 1955년의 약 30명선에서

---

20) 「1980년 인구 및 주택센서스보고」에 의하면 1980년 전국의 1세미만아비율이 1975년과 별 차이가 없다. 이것은 1950년대 이후 베이비 붐을 타고 출생한 세대

1966년의 약 35명선까지 점차 상승하다가 그 이후에 저하하기 시작하여 1875년에 24.6명을 기록하고 있다. 제주도의 출생력 변화추세에 특징적인 것은 전국적으로 가장 높은 출생수준을 유지하고 있던 1955~60년 기간에 제주도는 서서히 출생력이 상승하여, 전국적으로 현저한 출생률 저하를 기록했던 1960년 이후 1970년까지 높은 수준을 그대로 유지하고 있는 점이다. 제주도의 출생률 감소는 전국적인 경향보다 10년이나 늦은 1970년 이후에 두드러지게 나타나고 있다. 그렇다고 하더라도 1960년대 초 이후 제주도의 출생수준은 여전히 전국 평균보다는 훨씬 높은 경향을 유지하고 있다.

<표 7> 모아비와 15세 이상 여자의 평균출생아수

연도	모아비		평균출생아수	
	전국	제주	전국	제주
1949	696*	699*	-	-
1955	655	581	-	-
1960	776*	698*	3.95	3.70
1966	681	746	4.16	3.91
1970	591	735	3.12	3.30
1975	491	637	2.82	3.07
1980	385	434	-	-

주: * 고갑석·최영희, 앞의 글 인용.

$$모아비(CWR) = \frac{P_0 - 4}{f_{15} - 49} \times 1000$$

자료: 각년도 「인구센서스 보고서」.

제주도의 1세미만아비율을 전국 평균치와 비교해서 그 차이를 살펴보면 1955년에는 8.57명이나 낮았으나 1960년에는 출생률이 상승함에 따라 그 차이가 3.6명으로 줄어들고 있다. 그러나 1966년부터는 반대로 제주도가 전국 평균치를 훨씬 상회해서 1966년에 5.93명, 1970년에 6.06명, 1975년에 4.48명이 각각 높게 나타나고 있다.

1세미만아의 비율을 통해서 살펴본 제주도의 출생력 추세는 모아비와 15

가 재생산기에 돌입함으로써 가임여성인구의 절대수가 증가했기 때문인 것으로 볼 수 있다.

세 이상 여자의 평균출생아수에 의해서도 뒷받침되고 있다.

모아비는 15~49세 여성인구 1천 명에 대한 0~4세아의 비율을 의미하는 것으로 과거 5년간의 출생률 및 영아사망률과 여성의 연령별 인구구조에 영향을 받는다. 그러므로 모아비는 그것 자체로서 출생빈도를 표시하는 것은 아니고 영아사망률이나 여성의 연령별 인구구조의 영향이 크지 않다고 가정되는 경우 동일한 인구의 지역간 출생력 수준을 비교하는 상대적 척도로서 유용하다.

<표 7>에 의하면 한국 전체의 모아비는 1960년에 가장 높은 776명을 기록했다가 그 이후에는 매 센서스 기간마다 약 1백 명 정도씩 점차 감소하고 있는 데 비해 제주도의 모아비는 1966년과 1970년에 가장 높은 수준을 나타내고 있으나 1960년부터 1975년까지 전반적으로 고율을 보이고 있다. 1970년 이후에는 제주도의 모아비도 현저하게 감소하고 있으나 여전히 전국치에 비해서는 매우 높은 경향을 보이고 있다. 모아비가 과거 5년간의 출생률 동향을 반영하는 것이란 점을 감안한다면 이러한 모아비의 변화는 1세미만아 비율을 통해서 살펴본 출생률의 추세와 일치하는 것이라 하겠다. 1980년 인구센서스 자료를 바탕으로 산출한 모아비를 보면 1975년 이후에도 제주도의 출생률은 상당히 저하되었을 것으로 짐작된다.

15세 이상 여자의 평균출생아수는 과거의 누적적인 출생력을 반영하는 것이기 때문에 일시적인 출생률의 변동에 크게 영향을 받지는 않는다. 이런 점에서 단기간의 출생률 변화를 파악하기 위한 지수로서는 별 의미가 없다. 그러나 출생률이 장기간 동일한 방향으로 변화되었을 때는 평균출생아수에도 상당히 큰 영향을 미치게 된다. 제주도 여자의 평균출생아수가 1966년까지는 전국치보다 낮았으나 1970년 이후에 전국치보다 높게 나타난 것은 바로 1970년까지 제주도의 출생률이 고수준을 지속해 왔음을 의미하는 것이라 하겠다.[21]

그러면 1960년 이후 제주도의 출생률이 고수준을 지속하게 된 원인은 무

---

21) 1966년과 1970년의 제주도 여성의 평균출생아수에 큰 차이가 나타나는 것은 여성인구의 연령구조 변화로부터도 영향을 많이 받았을 것으로 생각된다.

엇일까?

제주도의 고출생률에 영향을 미친 중요한 요인으로서는 다음 네 가지를 지적할 수 있을 것으로 생각된다.

① 혼인구조의 변화
② 피임실천율
③ 인공유산경험률
④ 도시화의 정도

출생은 남녀의 성적 종합에 의해서 발생되기 때문에 혼인구조의 변화는 출생률의 변동에 중요한 영향을 미친다. 인위적인 생산억제가 광범위하게 시행되지 않는 경우에 혼인구조, 특히 가임연령층 여성의 유배우율(有配偶率)은 출생률에 결정적인 영향을 미치게 된다.

<표 8> 가임연령층 여성의 유배우율

(%)

연령	1955		1960		1966		1970		1975	
	전국	제주	전국	제주	전국	제주	전국	제주	전국	제주
15~19	14.3	6.71	7.03	2.48	3.81	2.40	2.84	3.37	2.59	3.05
20~24	75.0	69.51	64.79	55.13	47.65	46.79	42.29	48.46	37.22	45.33
25~29	89.7	79.23	93.11	88.34	89.80	89.82	88.38	89.45	86.79	88.62
30~34	89.8	78.25	91.73	83.42	93.89	90.27	94.56	91.86	94.42	92.71
35~39	87.0	75.99	88.15	76.12	89.21	82.42	91.95	87.80	93.22	89.89
40~44	81.3	69.19	82.07	70.55	82.74	69.98	84.81	76.70	88.22	83.74
45~49	73.6	64.17	75.96	52.01	75.24	65.15	76.85	64.68	79.08	70.78
15세 이상 여자 전체	63.27	54.14	62.51	54.58	60.04	55.06	59.09	56.37	57.06	55.56

주 1) 1960년 자료는 '세는 나이'로 집계되었기 때문에 1세를 조정하였음.
2) 만 45~48세의 통계임.
자료: 각년도 「인구센서스 보고서」.

<표 8>은 가임연령층 여성의 유배우율을 연도별로 정리한 것이다.

이 표에 의하면 1955년의 제주도 가임여성의 유배우율은 전 년도에 걸쳐서 전국치에 비해 현저히 낮은 모습을 보여주고 있다. 성별·연령별 인구구조와 배우관계에 대해서는 별도의 논문에서 좀 더 자세히 분석하고자 하지만

당시 제주도 여성의 낮은 유배우율은 여성의 만혼(晚婚)경향과 일제시 남자의 많은 해외이출(특히 일본), 1948년의 4·3사건으로 인한 많은 남성의 희생, 높은 이혼율 등에 원인이 있는 것으로 보인다.

전국 평균치에 비해 현저히 낮았던 제주도 여성의 유배우율은 1955년 이후 점차 그 차이가 축소되어 1966년에는 출생력이 가장 왕성한 20대 여성의 유배우율이 전국치와 거의 비슷한 수준을 나타내고 1970년 이후에는 오히려 더 높아지고 있다. 30대에 있어서도 1966년 이후에 전국과 제주간의 편차가 점차 축소되어서 1966년에는 30~34세층이 5% 미만의 차이를 보였으나 1970년에는 30~34세, 35~39세층이, 그리고 1975년에는 40~45세층까지 5% 미만으로 축소되었다. 특히 20대 여성의 유배우율을 연도별로 살펴보면 전국은 1960년부터 1970년까지 계속 증가하고 있다. 이것은 1960년 이후 전국적으로 여성의 초혼연령이 높아지고 있는 데 반해 제주도 여성의 초혼연령은 낮아지고 있음을 시사하는 것이라 하겠다. 다만 1975년에 30세 미만의 유배우율이 약간 하락하는 경향을 보이고 있어서 1975년을 전후해서 제주도 여성의 초혼연령이 다소 높아지기 시작하는 듯하다.

<표 9> 연도별 피임실천율

(%)

연도	1964	1965	1966	1967	1971	1973	1975	1976	1978
전국	9[1]	16[1]	20[1]	20[1]	25[1]	36[1]	-	44[3]	49[4]
제주	-	-	-	-	-	-	19.9[2]	-	36.3[2]

주 1) 송건용·한성현, 「1973년도 전국가족계획 및 출산력조사 종합보고」, 가족계획연구원, 1974, 85쪽.
2) 홍문식·박재빈·홍성열·박선규, 「가족계획보급극대화시범연구사업 중간평가보고」, 가족계획연구원, 1979, 60쪽.
3) 박병태·최병목·권호연, 「1976년도 전국생산력 및 가족계획 평가조사」, 가족계획연구원, 1978, 207쪽.
4) 하종화·고갑석, 「1978년 가족계획 및 출산력 실태조사」, 가족계획연구원, 1979, 281쪽.

이와 같은 혼인구조의 변화와 유배우율의 상대적 상승이 1950년대 말부터

1970년까지 제주도의 출생력에 상당히 큰 영향을 미쳤을 것으로 생각된다.

한편 피임실천율에 있어서도 제주도는 매우 낮은 상태에 있었던 것으로 보인다. 제주도의 피임실천율에 대해서는 1975년 이전의 연도별 통계가 없기 때문에 그간의 자세한 추세를 밝힐 수는 없지만 1976년부터 추자도를 제외한 제주도 전역을 대상으로 가족계획연구원이 실시한 「가족계획보급극대화시범연구사업」이 추진될 때까지 제주도의 피임실천율은 20% 미만의 낮은 수준이었음이 밝혀지고 있다.

1975년 제주도의 피임실천율 19.9%는 1976년의 전국치 44%에 비하면 절반에도 미치지 못하고 있다. 이것은 가족계획사업의 초기단계에 해당하는 1960년대 중엽의 전국 평균치와 같은 수준이다. 시범사업이 진행되던 1978년에는 괄목할 만한 상승을 보여 36.3%의 실천율을 보이고 있으나 아직도 전국치 49%에 비하면 매우 낮은 수준인 것이다.

가임연령층 여성의 유배우율이 상대적으로 상승하고 있는데도 불구하고 적극적으로 피임을 실천하지 않을 경우에 출생률은 자연히 높은 수준을 유지할 수밖에 없을 것이다.

<표 3>에 의하면 1960년 이후 한국의 출산억제에 인공유산의 영향이 매우 큰 것으로 나타나고 있다.

<표 10> 유배우 부인(15~44세)의 인공유산경험률

(%)

	1971	1973	1976	1978
전국	26	30	39	49
서울	40	44	50	58
기타시	34	33	41	47
농촌	19	24	29	38

자료: 하종화·고갑석, 앞의 글, 512쪽.

제주도에서도 상당수의 출산이 인공유산에 의해 억제되었으리라 생각되지만 제주도의 인공유산에 대해서는 현재까지 자료가 전혀 발견되지 않고 있기 때문에 실태를 제대로 파악할 수가 없다. 다만 제주도가 농촌적인 성격을 보다 강하게 띠고 있다고 생각되기 때문에 전국적인 인공유산경험률에 비하면 상당히 낮은 수준이 아닐까 추측될 뿐이다.

참고로 지역별 인공유산경험률의 변동추세를 보면 <표 10>과 같다.

제주도의 출생률에 관한 자료를 전국 평균치와 비교검토하는 데 있어서 한 가지 고려되어야 할 점은 <표 11>에서 보는 바와 같이 제주도의 도시화 정도가 한국 전체에 비해서 상당히 낮다는 점이다. 따라서 제주도의 출생수준은 다분히 농촌적 성격을 보다 많이 나타내고 있을 것으로 짐작된다. 시간과 지면의 제약으로 제주도의 인구성장과 출생률을 타 도 혹은 농촌부와 면밀히 비교검토하지 못한 것이 아쉬움으로 남는다.

<표 11> 연도별 시부(市部) 인구비율

(%)

	1955	1960	1966	1970	1975	1980
전국	24.9	29.9	33.6	41.1	48.4	57.2
제주	20.7	24.2	25.9	29.1	32.8	36.2

자료: 각년도 「인구센서스 보고서」.

지금까지 우리는 제주도의 인구성장에 큰 영향을 미쳤을 것으로 생각되는 출생력에 대해서 검토해 보았다. 그러나 제주도의 조출생률이나 자연증가율에 대한 정확한 통계를 구할 수 없었기 때문에 부득이 1세미만아의 비율이나 모아비 등을 통해서 간접적으로 제주도의 출생력 추세를 살펴볼 수밖에 없었다. 그래서 필자는 조잡한 방법이기는 하지만 1세미만아의 비율을 이용하여 조출생률과 자연증가율의 추정을 시도하여 보았다. 이것은 어디까지나 실험적인 작업에 지나지 않았음을 명기하여 둔다.

이 작업은 다음과 같은 몇가지 가정 위에서 착수되었다.

① 센서스 기간 동안 1세미만아비율은 산술급수적으로 변화되었다고 보고 양년간의 중앙치를 평균 1세미만아비율로 간주하였다.

② 1세미만 연령층은 인구통계상 조사누락이 비교적 많기 때문에 보정이 필요하다. 그러나 각 센서스 통계의 연령별 조사누락률을 확인할 수 없

기 때문에 전국의 1세미만아비율과 각종 조출생률 통계를 비교하여 센서스 기간별로 1세미만아비율에 대한 보정가중치를 결정하였다.
③ 사망률은 전국이 동일할 것으로 보고 각종 사망률 추정치를 참고하여 각 센서스 기간별 사망률을 추정하였다.

이러한 방법으로 전국의 자연증가율을 산출한 결과 인구센서스 자료를 이용한 수치와 매우 근사한 값을 구할 수 있었다. 같은 방법으로 제주도의 자연증가율을 산출하고 이것을 다시 센서스 자료 및 인구이동통계를 감안하여 <표 5>와 같이 제주도의 자연증가율을 추정하였다. 비록 조잡한 방법에 의한 실험적 시도이기는 하지만 각종 자료가 미비한 현시점에서 제주도의 자연증가율에 대한 대체적인 경향성을 파악하는 데는 크게 어긋나지 않으리라 생각된다.

<표 12> 1세미만아비율을 이용한 조출생률과 자연증가율 산출예

(1,000명당)

기간	구분	1세미만아비율	보정가중치	조출생률	조사망률	자연증가율	수정된 자연증가율
1955~60	전국	38.4	+5	43.4	14	29.4	28.8
	제주	32.3		37.3		23.3	23~24
1960~66	전국	33.4	+5	38.4	12	26.4	27.1
	제주	34.6		39.6		27.4	27
1966~70	전국	27.4	+4	31.4	10	21.4	22.0
	제주	33.4		37.4		27.4	27
1970~75	전국	23.1	+4	27.1	9	18.1	17.4
	제주	28.3		32.3		23.3	23~24

2) 인구이동

한 사회의 인구가 봉쇄인구적 성격을 갖지 않는 경우에 인구이동은 인구성장을 결정하는 중요한 인구학적 변수가 된다. 인구이동은 두 지역의 사회경제적 조건과 이동자의 생활양식, 가치관 등과 밀접히 관련되어 있어서 출생 및 사망과는 달리 매우 사회적인 사실이다.

따라서 인구이동의 분석은 이동의 양과 방향뿐만 아니라 이동인구의 인구학적 특성까지도 대상으로 할 때 더욱 의미가 큰 것이지만 본고에서는 인구성장과 관련하여 순이동량만을 분석하기로 한다.

최근 제주도의 인구이동에 관한 통계자료는 주민등록법에 근거하여 전출입신고를 집계한 것과 인구센서스에 의한 것이 있다. 전출입신고에 의한 인구이동통계는 1968년 주민등록법 개정 이후에 작성되기 시작한 것으로『제주통계연보』에는 1969년 자료부터 수록되고 있다. 인구센서스에 의한 인구이동통계는 사후표본조사를 통해 5세 이상 인구의 5년 전 거주지를 조사하여 이동인구를 추계한 것으로 1970년 센서스부터 작성되고 있다. 이 외에 고갑석은 자료의 출처를 밝히지 않은 채 1955~60년과 1960~65년의 인구이동상황을 그의 논문에 제시하여 분석하고 있다.[22]

<표 13> 제주도의 순인구이동량

	고갑석[1]	제주통계연보[2]	인구센서스[3]
1955~60	-41,193	-	-
1960~65	+17,472	-	-
1965~70	-	-	+2,842
1970~75	-	-9,041	-13,992
1975~80	-	-19,523	-3,188

주 1) 고갑석·최영희, 앞의 글(5세 이상).
    2) 제주도, 『제주통계연보』(1972~1981).
    3) 5세 이상, 5년전 거주지 조사: 65~70, 「1970년 총인구 및 주택조사 보고」(10% 표본조사추정치); 70~75, 「1975년 총인구 및 주택조사 보고」(5% 표본조사추정치); 75~80, 「1980년 인구 및 주택센서스 보고」(15% 표본조사추정치).

이상의 자료들에서 찾아볼 수 있는 제주도의 순인구이동량을 정리하면 <표 13>과 같다.

고갑석의 자료에 의하면 1955~60년에 제주도는 41,193명의 이출초과를 기록하고 있다. 이것은 앞서 지적한 바와 같이 일차적으로는 집계방식의 차이에 원인이 있는 것으로 보이지만 이들 유동인구의 대부분은 군인일 것으로

---
[22] 고갑석·최영희, 앞의 글.

짐작된다.

　1955년 센서스의 남녀인구와 1956년 연말상주인구(年末常住人口)의 남녀인구를 비교해보면 여자는 2,887명이 증가했지만 남자는 35,457명이 감소하고 있다.23) 이 숫자는 1955년 센서스의 준가구 남자인구 35,440명과 거의 일치하고 있다.24) 이로 미루어 1955년 센서스의 제주도 인구에는 약 3만 5천여 명의 군인이 포함된 것으로 볼 수 있고 이들의 대부분은 휴전 후의 부대재배치와 제1훈련소의 폐지에 따라 실제로 제주도를 떠났을 것으로 보여진다. 군인 이외에 군인가족과 잔류피난민이 다수 이출되었을 것으로 본다면 이 기간 동안의 순이출인구 4만 1천 명은 상당한 설득력을 준다. 고갑석의 이러한 추정을 어느 정도 정확한 것으로 본다면 1955~60년 제주도 인구의 연평균증가율 -0.5%는 자연증가율 2.3~2.4%, 사회증가율 -2.8%~-2.9%로 구성되어 있다고 볼 수 있다.

　1960~65년은 제주도가 대량 이입초과를 경험했던 시기이다. 고갑석은 이 기간의 이입초과인구를 17,472명으로 집계하고 있다. 자료의 출처를 밝히지 않아서 산출근거는 알 수가 없지만 당시 제주도의 출생수준을 감안할 때 이 수치는 너무 과다집계된 듯하다. 필자의 추정에 의하면 당시의 자연증가율을 2.7%로 가정할 때 1960~66년의 이입초과인구수는 약 9천 명 전후가 될 것으로 보인다(제주도의 인구성장 추세 참조).

　1965년부터는 이입초과현상이 현저하게 둔화되어서 1960년대 말에는 오히려 이출초과의 증후를 보이고 있다.25) 1970년 인구센서스 10%표본조사에 의하면 1965~70년의 이입초과인구는 2,842명으로 추정되고 있고, 자연증가율을 감안한 필자의 추정에 의하면 1966~70년에 약 1천 4백 명이 초과이입했을 것으로 보인다. 두 수치간에 차이가 있는 것은 필자의 추정치에 1965~66년의 초과이입인구가 빠져 있기 때문인 것으로 해석된다. 이러한 점으로 미루어 본다면 1960년대 후반은 1960년대 초의 각종 건설사업과 관광개발

---

　　23) 『제주통계연보』, 1957.
　　24) 「1955년 간이총인구조사보고」, 22~23쪽.
　　25) 주 17) 참조.

에 따른 과도한 이입초과에서 1970년대 초의 이출초과로 이행되어 가는 전환기로 볼 수 있을 것 같다.

1970~75년의 제주도 인구는 다시 대량이출초과를 나타내고 있다. 1975년 인구센서스의 5%표본조사에 의하면 이 기간의 순이출인구는 13,992명으로 추정되고 있다. 주민등록전출입신고를 집계한 『제주통계연보』에 의하면 9,041명, 필자의 추정에 의하면 당시의 자연증가율을 2.4%로 볼 때 약 12,000명 정도의 순이출을 보이고 있다.

1970~75년 제주도 이출인구의 전입지를 관찰해 보면 서울 46%, 경기 14%, 부산 11%, 경북 9%, 전남 6%, 경남 6%의 순으로 나타난다.[26] 서울과 서울 인근의 경기 및 부산지역에 약 70%가 집중되고 있는 데 비해 지리적으로 인접한 전남, 경남 등은 각각 6% 정도의 비교적 낮은 비율을 보이고 있다. 이것은 산업화에 따른 이촌향도(離村向都)의 경향을 반영하는 것으로 해석된다.

<표 14> 제주도 이출인구의 분포(1970~75)

이출인구계	서울	부산	경기	강원	충북	충남	전북	전남	경북	경남
34,048	15,685	3,685	4,686	706	484	1.181	352	2,108	3,094	2,067
99.99	46.07	10.82	13.76	2.07	1.42	3.47	1.03	6.19	9.09	6.07

자료: 「1975년 인구 및 주택조사 보고」(5%표본조사, 인구이동편), 5세 이상 인구.

1975년 이후의 제주도 인구이동에 대해서는 현재로서 무어라 속단하기 힘들다. 전출입신고를 집계한 『제주통계연보』에 의하면 대량 이출을 짐작케 하지만 「1980년 인구 및 주택센서스 보고」 15%표본조사 결과에 의하면 약 3천 명의 이출초과를 시사하고 있다. 전출입신고의 불확실성을 감안하더라도 1만 6천여 명의 차이는 납득하기 어렵다. 보다 정밀한 분석이 필요하다.

---

26) 「1975년 총인구 및 주택조사보고」(5%표본조사, 인구이동편).

5. 결론 — 요약과 전망

지금까지 필자는 1955년 이후의 제주도 인구성장 추세를 개관해 보았다. 여기에서는 이상에 고찰한 바를 요약해 보고 몇가지 전망과 문제점을 지적함으로써 결론에 대신할까 한다.

1. 제주도의 인구성장은 1955~60년 사이에 연평균 -0.5%의 인구감소를 경험하였지만 1960년대에는 전국적으로 인구증가율이 저하되어 가는 추세에 있음에도 불구하고 계속 전국 수준을 훨씬 상회하는 고성장을 지속하였다.

2. 제주도 인구의 자연증가율은 일반의 생각과는 달리 1960년 이후 매우 높은 수준을 지속하고 있다. 1950년대 말에는 전국 평균보다 현저히 낮았던 제주도의 자연증가율이 점차 상승하여 1960년대 초에는 전국 평균과 거의 같은 수준을 보이다가 1966년 이후에는 전국 평균을 훨씬 상회하고 있다.

3. 제주도의 높은 자연증가율은 혼인구조의 변화와 낮은 피임실천율로 인해서 전국 수준보다 높은 출생률을 지속했기 때문인 것으로 보인다.

4. 제주도의 인구이동은 인구성장에 매우 큰 영향을 미치고 있다. 그러나 이동의 방향과 이동량은 센서스 기간별로 매우 상이하기 때문에 인구성장을 이해하는 데 착란적 요소로 작용하고 있다. 1950년대 말의 인구감소와 1970년대 초의 낮은 인구증가율은 대량 이출초과의 영향으로 분석되며 1960년대 초의 높은 인구증가율에는 대량 이입초과의 영향이 큰 것으로 보인다.

이러한 제주도의 인구성장 추세는 앞으로의 제주도 인구현상에 관한 몇가지 전망을 가능하게 한다.

1. 「1980년 인구 및 주택센서스 잠정보고」(전수집계결과)에 의하면 1975~80년 제주도의 인구성장률은 2.32%로 나타나고 있다. 그러나 아직 최종결과가 발표되지 않은 상태이고 또 1975~80년의 인구이동 통계들 사이에 많은 차이를 보이고 있기 때문에 현재로서는 이 기간의 정확한 인구증가율을 단언할 수가 없다.

2. 1975년 이후 여성의 초혼연령이 상승하고 있는 증후가 보이고 출생력이 왕성한 30세 미만 여성의 유배우율이 약간씩 하락하고 있기 때문에 이러

한 혼인구조의 변화가 출생률 저하에 약간의 영향을 미칠 수 있을 것이다.

3. 1975년 이후 피임실천율이 현저하게 상승되고 있기 때문에 이러한 추세가 지속된다면 피임방법의 보급이 출생률 저하에 상당히 영향을 미칠 것으로 생각할 수 있다. 그러나 피임의 보급은 한계가 있는 것이고 또 가족계획운동의 초기단계에서는 가외희망자녀수를 줄이는 과정으로서 전파가 매우 급진적이지만 일정한 수준을 넘어서면 자녀가치관(이상자녀수, 남아선호도 등)과의 투쟁이기 때문에 제주도의 피임 보급이 어느 정도까지 계속 상승하게 될지에 대해서는 미지수이다.

4. 1960년 이후 소위 베이비 붐을 타고 출생한 세대가 1980년 이후에 일제히 재생산기에 돌입하게 된다. 이 연령층이 특별히 많이 이출하지 않는 한 혼인구조의 변화와 피임실천율의 상승이 출생률 저하에 어느 정도 기여한다고 하더라도 가임여성의 절대수 증가는 출생률 상승의 중요한 요인으로 작용할 수 있다.

5. 인위적인 출산 억제, 여성의 연령구조 및 혼인구조의 변화와 더불어 앞으로의 제주도 인구성장에 중요한 변수로 작용할 인구학적 요인은 바로 인구이동이다. 1975~80년의 제주도 인구이동 추세는 자료의 미비로 분석을 보류할 수밖에 없지만 이 점은 제주도 개발문제와 결부해서 검토되어야 할 중요한 연구과제라 생각한다.

본 연구를 진행하면서 가장 어려웠던 점은 무엇보다도 자료의 빈곤이었다. 경제개발계획에 착수하면서부터 한국사회의 인구문제에 대한 관심이 고조되었지만 그동안의 많은 조사연구는 거의가 전국적인 수준의 것들이었고 지방인구에 대한 연구는 양적으로나 질적으로나 매우 빈약하였다. 제주도에 관한 연구논문이나 통계자료는 더욱 미비하였다.

이러한 자료상의 난점들 때문에 필자는 때로 무리한 추정을 시도하기도 하였다. 이 점에서 본 연구는 많은 제약과 한계가 있음을 시인하지 않을 수 없다. 더 많은 연구가 축적되어야 이러한 한계는 극복될 수 있을 것으로 생각된다.

제주도 가족제도의 특징

이창기

1. 서론

　제주도의 가족제도는 조선 중기 이후의 전통적인 한국가족과는 적지 않은 차이점을 지니고 있다. 철저한 장남분가(長男分家), 재산상속(財産相續)의 균분경향(均分傾向), 부락내혼(部落內婚), 문중조직(門中組織)의 약화, 높은 이혼율(離婚率)과 재혼율(再婚率), 육지와 상이한 혼인의례(婚姻儀禮), 사혼(死婚)의 관습, 조상제사(祖上祭祀)의 분할(分割) 등 제주도 가족에서 나타나는 이러한 특징들은 가계계승과 부계친족집단의 조직화를 특징으로 하는 육지부의 전통가족과는 매우 상이한 모습들이다.
　그동안 여러 학자들의 노력에 의해서 제주도 가족의 특성들이 점차 밝혀지고 있지만, 제주도 가족에 대해서 학문적으로 관심을 가지게 된 것은 대체로 1970년 이후의 일로서 그 역사가 그렇게 오래된 것은 아니다.
　제주도 가족에 대해서 학문적으로 관심을 가졌던 학자로서는 먼저 현용준(玄容駿)을 지적하지 않을 수 없다. 제주도의 무속과 민간신앙 분야에서 의욕적인 현지조사를 진행하던 현용준은 가족제도에도 관심을 가져 가족형태, 분가와 상속, 친족관관계 등에 관한 조사보고(1970, 1973)를 발표하고 제주대 국문학과 학생들의 사회조사활동을 지도하여 부락단위의 조사보고(1972, 1973, 1974, 1975)를 연이어 발표하고 있다. 제주도내에서 이루어진 이러한 활동들이 아직은 미숙하고 단편적인 수준을 벗어나지 못하였지만 제주도 가족연구에는 중요한 디딤돌이 되었다. 같은 시기에 외부에서도 이광규(李光奎, 1973)와 사토오(佐藤信行, 1973)가 제주도 가족에 관심을 가지고 그 특성을 소개하고 있다.

1975년 최재석(崔在錫)이 제주도 가족연구에 참여함으로써 제주도 가족연구는 단연 활기를 띠기 시작한다. 그는 1975년부터 1978년까지 10여 편의 논문을 발표하고, 그 결과를 묶어 단행본(1979)으로 출간하여 제주도 가족연구를 질적·양적인 면에서 한 단계 성숙시키고 있다. 이 시기에 현용준(1977)은 제주도의 상제(喪祭)에 관한 논문에서 상제례(喪祭禮) 과정에서의 친족의 기능과 조상제사의 분할관행을 심도있게 분석한 바 있다.

1980년 이후에는 제주사회에 대한 다양한 관심들이 분출되기 시작하면서 가족에 관한 연구가 다소 침체되는 듯하였다. 그러나 가족관계(김혜숙, 1982, 1984, 1985, 1986), 가구구성(이창기, 1987, 1988, 1992a), 제사분할(竹田旦, 1984; 이창기, 1991, 1992b) 등의 분야에서는 활발한 논의가 전개되었다.

그동안의 제주도 가족에 관한 연구들은 학자들의 관심영역에 따라 가족제도 및 친족제도에 관한 연구, 가족관계 및 가족의 내부구조에 관한 연구, 가족의 외적 형태 및 가족유형에 관한 연구 등 크게 세 분야로 대별할 수 있다(이창기, 1988). 이 중에서 가장 많은 사람들의 관심을 집중시킨 분야는 역시 가족 및 친족제도에 관한 분야이지만, 나머지 분야에서도 상당한 연구업적들이 축적되어 제주도 가족제도의 특성에 대해서 어느 정도 윤곽이 잡혀가고 있다.

이에 필자는 지금까지의 연구업적들을 종합하여 제주도 가족제도의 특징을 정리해 보고 앞으로 제주도 가족연구의 지침으로 삼고자 한다.

2. 가구구성과 그 변화

1) 가구의 크기

제주도 가족에서 나타나는 제도적 특성들은 현실의 가족생활에까지 영향을 미쳐서 가구구성이 매우 단순하고 가구규모도 다른 지방에 비해 매우 작은 소규모 가구를 유지하게 되었다(이창기, 1987, 1988, 1992a).

우리나라에서 근대적인 인구통계가 작성되기 시작한 1925년부터 거의 매 5년마다 시행된 국세조사자료를 이용하여 제주도의 가구당 평균인원을 산출해 보면 다음 <표 1>과 같다.

<표 1> 가구당 평균인원

(인)

연도	1925	1930	1935	1940	1955	1960	1966	1970	1975	1980	1985
전국	5.24	5.26	5.30	5.34	5.45	5.57	5.49	5.27	5.04	4.55	4.16
서울	-	-	-	-	5.38	5.30	5.01	4.95	4.79	4.40	4.08
부산	-	-	-	-	-	5.37	5.11	4.95	4.77	4.44	4.12
제주	4.02	4.08	4.09	4.15	4.50	4.27	4.38	4.32	4.44	4.32	4.11

자료: 이창기, 1987, 184-185쪽.

<표 1>에 의하면 1925년부터 1970년까지 우리나라 전체의 평균가구원수가 5.24~5.57인 정도로 나타나는 데 비해 제주도는 이보다 1.0~1.3인 적은 4.02~4.50인 정도로 나타나고 있다. 이러한 제주도의 가구규모는 우리나라의 대표적 대도시인 서울이나 부산보다도 더욱 작은 수준이다. 그러나 1960년대 이후 급격히 진행된 산업화와 도시화에 수반해서 한국가족이 전반적으로 핵가족화됨에 따라 1970년대 중반부터는 제주도와 전국의 가구규모의 차이가 현저하게 축소되어 1985년부터는 거의 같은 수치를 나타내고 있다.

평균가구원수와 더불어 가구원수별 가구의 분포도 가구의 크기를 살펴 볼 수 있는 주요한 지표가 된다. 제주도의 가구원수별 가구분포를 1960년, 1975

년, 1985년의 센서스자료를 가지고 한국 전체와 비교해 보면 다음 <표 2>
와 같다.

<표 2> 가구원수별 가구분포

(%)

가구원수		1인	2인	3인	4인	5인	6인	7인	8인	9인	10인	11인 이상	계
전국	1960	2.3	7.1	11.8	14.7	15.9	15.3	12.7	8.9	5.4	2.7	3.0	99.8
	1975	4.2	8.3	12.3	16.1	18.3	16.6	11.7	7.7	2.5	1.3	1.0	100.0
	1985	6.9	12.3	16.5	25.3	19.5	12.4	4.2	1.9	0.7	0.3	0.1	100.1
제주	1960	9.0	15.3	17.4	16.9	14.1	11.1	7.5	4.5	2.3	1.2	0.8	100.1
	1975	12.2	11.9	13.0	14.4	15.0	13.9	10.0	6.4	1.9	0.8	0.5	100.0
	1985	12.7	11.8	13.9	19.6	18.9	14.4	5.0	2.3	0.9	0.3	0.2	100.0

자료: 이창기, 같은 책, 1987, 188쪽.

<표 2>에 나타난 제주도의 가구원수별 가구분포를 전국적인 경향과 비교해서 종합적으로 정리해 본다면 두 가지 특징을 뚜렷하게 찾아볼 수 있다(이창기, 1987, 1988).

첫째, 1970년대 중반까지 제주도의 가구원수별 가구분포는 4인 이하(1975년에는 3인 이하)의 소인수 가구의 비율이 전국보다 높고, 5인 이상(1975년에는 4인 이상)의 비교적 다인수 가구의 분포비율은 제주도에서 낮게 나타나고 있다는 점이다. 1970년까지 제주도의 평균가구원수가 전국에 비해 현저하게 적었던 것과 경향을 같이 하고 있다.

둘째, 소인수 가구 중에서 특히 1인가구(단독가구)의 비율이 제주도에서 두드러지게 높게 나타나고 있다는 점을 지적하지 않을 수 없다(김혜숙, 1985; 이창기, 1987). 전국적으로 1인가구의 비율이 꾸준하게 증가하는 추세에 있기는 하지만 전체 가구수의 2.3(1960)~6.9%(1985) 정도의 분포를 보여주는 데 비해 제주도는 9.0(1960)~12.7%(1985)나 차지하고 있는 것이다.

제주도에서 평균가구원수가 적고 소인수가구(특히 1인가구)의 비율이 이처럼 높게 나타나는 것은 장남까지도 분가하는 제주도 특유의 가족제도와 더불어 일제하의 과도한 인구이출과 4·3사건에 의한 과도한 남성인구의 결손이 크게 영향을 미치고 있음이 지적되고 있다(이창기, 1987, 1992a).

그러나 제주도의 가구원수별 가구구성의 변화를 시계열적으로 분석해 보면 전국적인 변화추세와는 매우 상이한 경향이 발견된다.

즉 1960년부터 1985년까지 전국적으로 소인수가구의 분포비율이 꾸준히 증가하고 다인수가구의 분포비율이 지속적으로 감소하는 일관된 경향을 보여주고 있는 데 비해, 제주도에서는 1975년까지 (단독가구의 증가를 예외로 한다면) 소인수가구의 비율이 감소하고 오히려 다인수가구의 비율이 증가하는 역현상을 보여주고 있으며, 1975년 이후에는 소인수가구가 감소하고 다인수가구가 증가하는 제주도 특유의 변화양상이 상당히 진정되고 있다. 다만 이 기간 동안에 제주도에서는 평균치를 둘러싼 4~5인가구의 비율이 약간 상승하고 7인 이상의 다인수가구가 시간이 경과함에 따라 점차 감소하는 경향을 보여주고 있을 뿐이다. 이리하여 1985년에 와서는, 단독가구의 비율은 제외하고, 오히려 제주도가 전국에 비해 5인 이하의 소인수가구의 비율이 낮고 6인 이상의 다인수가구의 비율이 높은 현상을 시현하게 되었다(이창기, 1992a).

제주도의 가구규모에서 나타나는 이러한 특징과 변화양상은 장남분가로 인한 핵가족화, 일제하의 과도한 인구이출과 4·3사건에 의한 남성인구의 결손, 남성인구 결손에 따른 무배우여성의 증가, 무배우여성의 증가로 인한 1960년대 초까지의 낮은 출생률, 1960년대 중반 이후의 출생률 상승, 1970년대 이후 결손인구층의 퇴조, 대학교육의 보급에 따른 젊은층의 단독가구화 등의 요인들이 시기에 따라 매우 복잡하게 작용한 결과로 해석된다. 이것은 제주도가 근대에 경험한 깊은 역사적 상흔을 반영하는 것이며, 점차 그 상처를 치유하고 일그러진 가구구성이 정상을 회복해 가는 과정으로 이해된다(이창기, 1992a).

2) 가구구성

가구의 구성형태는 가구원들의 세대구성과 결합형태 및 가구원의 범위 등을 분석함으로써 파악할 수 있다.
　제주도의 가구구성을 세대별로 분석해 보면 다음 <표 3>과 같이 1세대 가구의 비율이 전국수준보다 월등히 많고 2세대 이상 가구의 비율은 전국보다 상당히 낮다. 제주도에서 1세대 가구의 비율이 높은 것은 장남의 분가율과 단독가구의 비율이 높은 데 원인이 있는 듯하다. 그러나 전국적으로 핵가족화가 촉진된 1980년대에 와서는 전국과 제주도의 차이가 많이 축소되고 있음을 알 수 있다.

<표 3> 세대별 가구구성

(%)

	1966		1975		1985	
	전국	제주	전국	제주	전국	제주
1세대	7.9	16.5	10.9	19.1	16.8	20.7
2세대	66.1	62.7	68.9	65.7	68.1	67.9
3세대	23.5	15.8	19.2	14.2	14.7	11.1
4세대	2.5	5.0	0.9	1.1	0.4	0.3
계	100.0	100.0	99.9	100.1	100.0	100.0

자료: 이창기, 같은 책, 1988, 280-282쪽.

　가구구성을 좀 더 구체적으로 살펴 보기 위해서는 가구원의 결합형태를 분석할 필요가 있다. 제주도의 가구원의 결합형태 중에서 가장 많은 비중을 차지하는 것은 <부부+자녀>로 구성된 가구로서 전체의 약 절반을 차지한다. <편부모+자녀>로 이루어진 가구와 <단독가구>도 각각 10% 이상을 점하고 있다. 그 다음으로 비교적 많은 비중을 차지하고 있는 결합형태는 <자녀+부부+편친>으로 구성된 가구와 <부부>만으로 이루어진 가구, <기타 3세대 가구>로서 각각 5~6% 정도를 점하고 있다.
　이러한 가구원의 결합형태를 전국수준과 비교해 본다면 <부부>만으로 이루어진 가구와 <부부+자녀>로 구성된 가구의 비율이 제주도가 약간 낮기는 하지만 거의 비슷한 비율을 보이고 있는 데 비해 <편부모+자녀>로 이루어진 가구와 단독가구의 비율은 제주도가 높은 모습을 보여주고 있다. 그

외의 다양한 결합형태는 제주도가 전국수준보다 대체로 낮게 나타나고 있다 (이창기, 1988).

가구원의 결합형태를 이용하여 가구유형을 <단독가구>, <과도적 가구> (형제, 자매, 오누이 등 혼인관계를 포함하지 않는 가구), <부부중심가구>, <가구주의 부모 및 조부모를 포함하는 가구>로 분류해 보면 다음 <표 4>와 같다. 이들 가구유형은 각각 최재석의 <1인가족> <과도적가족> <부부가족> <직계가족>에 대응된다(이창기, 1988).

<표 4> 유형별 가구형태

(%)

	1975		1985	
	전국	제주	전국	제주
단독가구 (1인가족)	4.2 1.9 73.2 20.7	12.2 1.1 71.0 15.7	7.0 2.5 74.7 15.8	12.9 2.3 73.0 11.8
계	100.0	100.0	100.0	100.0

자료: 각년도 「국세조사 보고서」에서 필자가 재정리하여 계산한 것임.

<표 4>는 가구원의 결합형태에서 나타나는 제주도의 특성을 보다 선명하게 보여주고 있다. 제주도에서는 단독가구(1인가족)의 비율이 월등히 높은 대신 가구주의 부모나 조부모(또는 손자녀) 등의 직계가족원과 동거하는 비교적 복잡한 가족을 구성하는 경향이 적고 가구구성이 매우 단순하다는 것을 밝혀주고 있다.

3) 가족제도

(1) 장남분가

조선중기 이후 이념적인 전형으로서 보편화된 한국의 전통가족은 가계계승과 부계친족집단의 결속을 매우 중시하기 때문에 장남은 반드시 부모와 동거함으로써 가족의 창설과 확대, 축소, 해체의 과정이 분명하지 않고, 장남에서 장남으로 이어지는 직계가족의 형태를 취하게 된다. 부계·직계·장남에 의해 계승되는 한국가족의 구성원리는 현실의 가족생활 속에서 개인에 대한 집의 우위성, 가장의 권위 확립, 부계친족집단의 조직화, 재산상속에서의 장남 우대와 조상제사의 장남 봉사, 부녀자의 낮은 지위, 정조관념의 강화와 이혼·재혼에 대한 금기의식 등의 특성으로 나타난다(최재석, 1966: 653-666).

그러나 제주도의 가족은 이러한 한국의 전통가족과 비교했을 때 매우 상이한 특성을 지니고 있음을 발견할 수 있다. 그 중에서도 가장 두드러진 특성은 장남이 결혼한 후 부모가족과 동거하지 아니하고 독립된 생활을 영위한다는 점이다. 제주도에서는 차남 이하는 말할 것도 없고 장남까지도 결혼하면 특별한 사유가 없는 한 거의 분가를 하게 된다. 자녀를 모두 성출시킨 부모는 '몸을 움직일 수 있는 한' 자녀의 부양을 받지 아니하고 독립해서 생활한다. 그러므로 부모가족과 아들가족이 단일가구를 형성하는 경우는 매우 적다.

분가할 때 독립된 가옥을 새로 마련할 형편이 못되거나, 넓은 주거공간이 필요치 않는 홀어머니만 있는 경우에는 가끔 부모가족과 아들가족이 한 울타리 안에서 생활하기도 하지만, 이 경우에 있어서도 두 가족은 대개 '안거리(안채)'와 '밖거리(바깥채)'로 주거를 분리하고, 경작지를 나누어 따로 농사를 지으며 취사와 세탁 등 일상생활을 각기 독립적으로 영위해 나간다.

제주도에서도 혼인한 아들과 부모가 동거하면서 한살림을 하는 경우가 전혀 없는 것은 아니다. 그러나 이 경우는 아들이 결혼하여 분가할 때까지 일시적으로 동거하는 경우이거나, 부모(대개는 홀어머니)가 노동력을 완전히 상실하여 독립된 생활을 영위할 능력이 없을 때에 한한다.

1970년대 중반 제주도 동부의 한 부락을 대상으로 부락내에 부모나 조부모가 생존해 있는 기혼 장남이나 장손의 분가실태를 구체적으로 분석한 최재석은 거의 노동력을 상실한 70대 이상의 무배우자들(홀아버지, 홀어머니, 할머니)만이 아들이나 손자세대의 부양을 받고 있으며, 부부가 모두 생존해 있거나 부부 중 어느 일방이 사망했더라도 노동력이 있는 경우에는 좀처럼 아들이나 며느리의 부양을 받지 아니하고 독립된 생활을 영위하고 있음을 보고

하고 있다. 한 마을에 아들이나 며느리가 있는데도 독립해서 생활하는 자들 중에는 60~70대의 고령자들도 많이 포함되어 있었던 것이다(최재석, 1976).

제주도의 분가방식 중에서 또 하나 특이한 현상은 부모가 미혼자녀를 거느리고 이사를 나가는 경우가 매우 많다는 점이다. 이것은 조상의 영혼이 깃든 전래의 가옥과 토지 및 중요 가재도구(젯상이나 제기 등)는 장남에게 물려주어야 한다는 의식이 반영된 것으로 보인다. 이러한 원칙이 차남 이하에게까지 연장되면 부모는 아들의 수만큼 이사를 다녀야 하는 번거로움을 겪게 된다. 그래서 현실적으로는 아들 내외가 이사를 나가는 경우가 많지만 장남의 분가시에는 이 원칙을 지키려고 하는 경향이 강하다(최재석, 1976).

이러한 장남분가의 관행은 재산상속, 제사상속, 가족관계, 부부관계, 가족의식 등 가족생활의 모든 영역에 영향을 미쳐서 제주도 특유의 가족제도를 형성하게 된다.

(2) 혼인과 이혼, 재혼

전통적인 한국사회에서는 남녀의 사회적 접촉이 엄격하게 통제되어 이성간의 교제가 자유롭지 못하였기 때문에 중매혼이 일반화되어 있었다. 그러나 제주도는 육지에 비하여 남녀의 사회적 격리의식이 그렇게 강하지 않아 농촌사회에서도 이성교제가 꽤 개방되어 있고, 연애결혼의 비율이 퍽 높게 나타난다.

같은 부락내(혹은 인근부락)에서 혼인하는 비율이 매우 높은 것도 제주도의 혼인양식에서 나타나는 중요한 특징이다. 부락내혼은 육지의 농촌지방이나 다른 도서지역에도 존재하는 혼인양식이지만 제주도에서 특히 높게 나타난다. 부락에 따라 다소의 차이가 있기는 하지만 부락의 규모가 일정 수준을 넘고 각 성이 모여 사는 부락의 경우에는 절반 정도가 부락내혼을 한 것으로 보고되고 있다(김영돈, 1973; 최재석, 1977a). 동일 부락이나 인접 부락 사이에서 혼인하는 비율이 높다는 것은 부계친과 외가친족 및 처가친족이 가까이에서 함께 사는 비율이 높다는 것을 의미하며, 이들과의 사회관계가 매우 긴밀하게 이루어질 수 있음을 뜻한다. 그러므로 부계친만의 결속력은 그만큼 약화될 수밖에 없으며 문중조직도 발달할 수가 없는 것이다.

제주도의 혼인의례는 여러가지 면에서 육지의 전통적인 혼인절차와 매우 상이하다. 그 중에서도 전안례(奠雁禮), 교배례(交拜禮), 합근례(合卺禮) 등으로 이루어지는 초례의식(醮禮儀式)이 생략되어 있는 점, 신랑이 신부댁에서 첫날밤을 보내는 서류부가혼(壻留婦家婚)의 흔적이 보이지 않고 혼인 당일 신랑이 신부댁에 가서 곧바로 신부를 데려 와 신랑댁에서 첫날밤을 맞는 점, 여자와 외가친족이 상객으로 참여하는 점, 신부가 시부모에게 폐백(幣帛)을 드리는 현구고례(見舅姑禮)의 절차가 보이지 않는 점 등은 두드러진 차이점이라 할 수 있다(최재석, 1977c; 혼인의례에 관한 보다 구체적인 논의는 김혜숙, 1993 참조).

이혼율이 대단히 높고, 이혼을 기피하는 사회적 의식이 매우 약한 것도 제주도의 혼인제도에서 나타나는 중요한 특징이다. 1985년 국세조사자료에 의하면 15세 이상 인구 1,000명당 이혼자(이혼에 의한 무배우자로서 현재 재혼하지 않고 있는 자)의 수가 전국 평균 5.9명에 비해 제주도는 11.0명으로 약 2배에 가깝다. 성별이나 연령계급별로 나누어서 살펴 보더라도 남녀 구별 없이 거의 모든 연령층에서 제주도의 이혼자 비율이 월등히 높게 나타난다(이창기, 1988: 275-278). 이혼자의 재혼율도 제주도에서 높다는 점을 감안한다면 실제 이혼발생률의 차이는 이보다 훨씬 크리라 짐작된다.

이혼 발생의 비율은 이혼신고를 집계한 인구동태 통계를 통해서도 어느 정도 파악이 가능하지만(한삼인, 1985) 부락단위의 사례조사에서 더욱 선명하게 부각된다. 1970년대 중반 제주도 동부지역의 한 부락을 조사한 최재석은 남자 기혼자의 17.7%, 여자 기혼자의 24.1%가 이혼에 의해 초혼상태가 해체되고 있음을 보고하였고(최재석, 1977b), 1980년대 중반에는 김혜숙이 서부지역의 한 부락을 조사하여 기혼 남자의 9.5%, 기혼 여자의 17.9%가 이혼에 의해 초혼상태가 해체되고 있음을 보고하였다(김혜숙, 1986). 이러한 통계를 제주도 전체에 일반화시킬 수는 없다고 하더라도 제주도의 이혼율이 매우 높다는 것을 밝히는 유용한 자료가 될 것이다.

이혼율이 높고 이혼에 대한 사회적 규제가 약한 것과 마찬가지로 제주도에서는 재혼하는 비율도 높고 재혼을 꺼리는 사회적 관념도 대단히 미약하다. 그러나 사별자와 이혼자 사이에는 재혼에 이르는 양상이 크게 다르다. 남자는 사별과 이혼에 관계없이 고령자가 아닌 한 대체로 재혼을 하지만, 여자의 경우 사별자는 20% 전후만이 재혼을 하는 데 비해 이혼자는 80% 이상이 재혼을 하는 것으로 나타나고 있다(최재석, 1977b; 김혜숙, 1986).

(3) 가족관계

직계가족의 형태를 취하는 전통적 한국가족과는 달리 제주도에서는 장남까지도 분가시키고 노동력을 상실할 때까지 독립해서 생활하고자 하기 때문에 부부와 미혼 자녀들로 구성되는 부부가족 혹은 핵가족의 형태를 이루게 된다.

부부를 중심으로 하는 제주도의 가족은 개별가족의 독자성이 강하다. 부모가족과 장남가족이 한 마을에서 이웃해 살거나 때로는 한 울타리 안에서 살고 있는 경우라 하더라도, 이들 사이에 남들보다 더욱 긴밀한 협동이 이루어지기는 하겠지만, 기본적으로는 생산활동과 소비활동은 물론 일상생활의 가사업무에 이르기까지 상호의존하지 아니하고 독립해서 생활해 간다. 제주도의 노인들은 노동력이 있는데도 불구하고 자식의 부양을 받는 것을 오히려 수치로까지 의식하고 있는 것이다.

부모가족으로부터 독립성을 확보하고 있는 부부중심의 제주도 가족은 가족의 범위를 넘어서는 친족집단으로부터도 독립된다. 부락내혼으로 인해 부계친과 외가친족 및 처가친족이 동일 부락에 함께 거주함으로써 부계친족이 강하게 결속되지 못하고, 부부를 중심으로 독립해서 생활하고자 하는 의욕이 강하기 때문에 친족집단이 개별가족에게 강한 영향력을 행사할 수가 없는 것이다.

부부중심의 독립된 생활은 자연히 며느리에 대한 시어머니의 통제력을 약화시키고, 시누이와 올케 사이의 마찰 기회가 그만큼 줄어든다. 그래서 한국의 전통가족에서 흔히 심각한 문제로 지적되고 있는 고부 갈등이나 시누이·올케 사이의 불화도 제주도 가족에서는 그렇게 큰 문제거리가 되지 않는다

(김혜숙, 1984). 제주도의 부인들이 시어머니의 뜻에 크게 관계치 않고 비교적 자유롭게 친정을 드나들 수 있는 것이나, 시동생과 시누이에게 경어를 사용하지 않고 친동생에게처럼 평등어를 사용하는 것 등은 며느리의 지위를 엿볼 수 있는 좋은 예이다(최재석, 1977a).

부부중심의 가족생활은 부인의 자율성과 역할 참여의 증대를 가져오고, 부녀자의 사회적 지위를 높이는 데 기여한다. 집안의 중요한 일은 주로 남편이 결정하는 육지의 전통적 가족과 비교할 때 제주도의 가족에서는 남편의 결정권이 상대적으로 약하고 부부가 서로 의논해서 결정하는 일치형이나 자율형 가족의 비율이 비교적 높게 나타나고 있다(최재석, 1978c; 김혜숙, 1982, 1983).

제주도에서도 가사활동은 주로 여성의 역할영역으로 간주되고 있으며, 밭농사를 주로 하는 농업의 특수성 때문에 농사일에 여성의 노동력 투하가 특히 많다. 그러나 중요한 일의 결정이나 힘든 농사일은 여전히 남성의 역할로 간주되고 있다(최재석, 1978c). 흔히 제주도 가족을 모성중심이라거나(조혜정, 1982) 처우위형이라 표현하는 것은 여성의 사회적 지위가 비교적 높고, 가사활동 및 농업노동에 여성의 역할 참여가 매우 많다는 사실을 강조한 것이라 생각된다.

제주도 가족에서는 개인의 자주성과 독립성을 인정하고 존중하는 측면이 매우 강하다. 부인이 시집 올 때 지참하고 온 재산이나 스스로 벌어서 마련한 가축 등을 부인의 몫으로 인정하고 있으며, 자녀들이 벌어들인 품삯을 가계에 통합하지 않고 자녀들 몫으로 따로 관리하는 모습을 흔히 발견할 수 있다. 미혼의 아들이나 아직 분가하지 않은 아들부부에게 토지의 일부를 잠정적으로 할애하여 그 수확으로 아들이나 아들가족의 잡비를 충당하도록 하기도 한다. 길흉사시의 부조 특히 결혼시의 부조가 가족을 단위로 하지 않고 개인단위로 주고 받는 것은 개인의 자주성과 독립성이 강조되는, 따라서 개인주의가 발달되어 있음을 나타내는 좋은 증거가 될 것이다.

3. 재산상속과 제사상속

1) 재산상속

철저한 분가주의를 원칙으로 삼고 있는 제주도에서는 재산상속에 있어서도 제자균분(諸子均分)의 경향을 강하게 보이고 있다. 여러 아들들에게 한꺼번에 재산을 나누어 주는 것이 아니고 혼인해서 분가할 때마다 나누어 주기 때문에 그때 그때의 경제적 사정에 따라 장남이 더 많이 분배받을 수도 있고 때로는 막내가 더 많이 받을 수도 있지만, 주민들의 의식 속에는 모든 아들들에게 재산을 꼭같이 나누어 주어야 한다는 생각이 자리잡고 있다. 실제 사례를 보더라도 모든 아들들에게 비슷하게 재산을 나누어 주는 경우가 매우 많다(최재석, 1976).

그러나 지금까지의 조사보고가 대체로 균분상속의 경향을 강하게 전하고 있지만 제주도 전역에 균분상속이 보편화되어 있는 것은 아니고 지역에 따라 약간의 차이가 있다. 장남우대상속 혹은 장남단독상속의 전통을 지속해 오고 있는 집안이나 부락도 더러 발견되고 있으며, 조상전래의 가옥이나 토지[조상전(祖上田)이라고 한다]는 장남에게 물려주고 자기가 당대에 일군 재산은 아들들에게 고루 나누어 주는 지역도 있다(현용준, 1973; 이창기, 1992b).

제주도의 재산상속이 균분상속의 경향이 강하다고 하더라도 딸들에게는 결혼시에 혼수를 장만해 주는 것 외에 별도의 재산을 상속해 주지는 않는다. 다만 아들들에게 모두 재산을 분배하고서도 재산에 여유가 있거나 재산분급 후 상당한 재산의 증식이 있을 경우에는 딸들에게도 별급(別給)의 형태로 증여하기도 한다. 이때는 물론 딸뿐만 아니라 아들, 손자, 외손자 등이 대상에 포함될 수 있다.

자식들에게 재산을 나누어 줄 때에는 자신들의 노후생활을 위해서 반드시 재산의 일부를 남겨 두었다가 자녀들을 모두 분가시킨 뒤 노부부만의 생활자원으로 삼는다. 남편이 사망하고 부인만 생존해 있다고 하더라도 노동력이 있는 동안은 자식의 부양을 받지 아니하고 이 재산을 가지고 독립된 생활을 영위해 나간다. 그러다가 너무 늙어서 노동력을 상실하고 취사, 세탁 등 일상생활을 독립적으로 꾸려나갈 수가 없게 되면 비로소 이 재산을 아들에게 맡기고 부양을 받게 된다. 이 재산은 부부가 모두 사망한 후 그들의 제사와 묘소 관리를 위한 소분전(掃墳田) 또는 제월전(祭越田)이 된다.

2) 제사상속

제주도에는 장남이 조상의 제사를 전담하는 장남봉사(長男奉祀)와 직계자손들이 조상제사를 나누어 봉행하는 제사분할(祭祀分割)의 관행이 공존하고 있다(佐藤信行, 1973; 현용준, 1977; 竹田 旦, 1984; 이창기, 1991, 1992b).

필자의 조사에 의하면 북제주군 구좌읍에서 성산읍, 표선면, 남원읍, 서귀포시를 거쳐 안덕면의 일부 부락에 이르는 제주도의 동·남지역에는 장남봉사가 보편화되어 있으며, 북제주군 조천면 함덕리에서 제주시와 애월, 한림을 거쳐 모슬포에 이르는 섬의 서·북지역에서는 제사분할이 하나의 사회적 관행으로서 널리 행해지고 있었다(이창기, 1991).

장남봉사가 보편화되어 있는 지역에서는 장남이 결혼하여 분가하면 제사도 장남에게 이양하는 것을 원칙으로 삼고 있다. 그러나 장남의 분가와 더불어 일시에 제사를 장남에게 물려주는 경우도 있지만, 장남이 분가한 직후에는 아직 장남의 생활이 안정되지 못하였기 때문에 당분간 부모가 제사를 차리다가 장남의 살림이 점차 안정되어 감에 따라 단계적으로 조상제사를 물려주는 경우가 많다(최재석, 1978a).

제사를 이양할 때에는 반드시 그 제사에 딸린 소분전[掃墳田: 제주도의 서부지역에서는 이것을 제월전(祭越田)이라고 한다]도 함께 물려 주어야 한다. 소분전이 없는 제사는 이양과정에 여러가지 어려움에 봉착되기도 한다. 장남이 제사권을 계승하는 경우는 소분전도 장남에게로 이양되기 때문에 상속재산이 균분되었다고 하더라도 장남우대상속으로 비춰지기 쉽다. 실제로 이 소분전은 대개 종손명의로 등기를 하고 종손의 생활이 어려워지게 되면 임의로 처분하는 예가 흔히 있기 때문에 장남의 사유재산처럼 운용되는 경우도 많다.

제주도의 서북지역에는, 장남봉사의 원칙을 지켜오는 집안이나 부락도 많이 존재하지만, 조상제사를 직계자손들이 나누어 봉행하는 제사분할의 관행도 광범위하게 분포되어 있다. 그 중에서도 제주시의 서부에서부터 애월, 한림에 이르는 지역에 제사분할의 관행이 집중적으로 분포되어 있고, 가장 전형적인 사례도 이 지역에서 발견되고 있다(이창기, 1991). 제사분할의 관행은 전남 진도군, 경남 통영군, 강원도 삼척군 등지에서도 행해지는 것으로 보고되어 있지만 제사를 분할하는 양식과 분할된 제사를 계승해 가는 방식은 제주도와 다소 상이한 모습을 보여주고 있다(이창기, 1991, 1992b).

전남 진도나 강원도 삼척지방에서는 부(父)의 제사는 장남이, 모(母)의 제사는 차남이 모시는 것이 원칙이라고 하지만 제주도에서는 이와 같은 정형화된 규칙이 존재하지 않는다. 물론 제주도에도 장남이 아버지의 제사를 모시고 차남이 어머니의 제사를 모시는 경우가 많이 있지만 그것이 사회적으로 기대된 양식은 아니다. 때로는 장남이 어머니의 제사를, 차남이 아버지의 제사를 모실 수도 있고, 장남이 조부모나 그 윗대의 제사를 물려 받았을 경우에는 차·삼남이 부모의 제사를 봉행할 수도 있다. 누가 어느 조상의 제사를 담당할 것인가 하는 문제는 조상의 수와 직계 남자 자손의 수, 그리고 자손들의 사회경제적 상황에 의해 결정된다.

진도나 삼척지방에서는 기제사(忌祭祀)만 분할의 대상이 되고 있으나 제주도에서는 기제사뿐만 아니라 다례(茶禮)까지도 분할의 대상이 되고 있다. 기제사를 분할하면서도 다례는 장남이 전담하는 경우도 더러 있지만, 제사분할의 역사가 비교적 오래된 집안에서는 특정 조상 내외분의 다례를 담당할 봉사자를 명절별로 지정함으로써 대개 다례도 분할하고 있다. 그러므로 기제사와 다례의 봉사자가 상이한 경우가 흔히 있는 것이다.

조상제사를 직계자손들이 분할하면서 적절하게 분배하기 어렵거나, 고르게 분배하고도 남는 제사가 있을 경우에는 몇몇 자손들이 돌아가면서 그 제사를 모시는 수가 있다. 이러한 제사를 제주도에서는 '돌림제사'라 부른다. 조선 중기까지 사대부가(士大夫家)에서 널리 행해졌던 '윤회봉사(輪回奉祀)'의 전형적인 모습이 오늘날 제주도에 '돌림제사'의 형태로 남아있는 것이라 생각된다(이창기, 1991).

　일단 분할되어 배정된 제사는 대체로 그의 직계자손들에 의해 계승된다. 분배받은 제사에 자기 부부의 제사를 합하여 아들들에게 적절히 재분배하게 되는 것이다. 그러므로 일단 분배된 제사를 직계자손에게로 계승시키지 않고 방계친에게로 이양하는 예는 그리 흔치 않다. 그러나 특정 자손의 제사부담이 과중해지거나 사회경제적 상황에 변동이 생겨 제사를 재분할하는 경우에는 방계친에게로 이양되기도 한다.

　제주도의 제사분할은 균분상속을 경제적인 기반으로 하여 성립된 것으로 보인다(현용준, 1978; 이창기, 1991). 제사분할의 역사가 오래되었거나 분할이 보다 철저하게 이루어지는 가문에서는 재산을 균분상속하는 경향이 강하게 나타나기 때문이다. 그러나 장남우대상속 혹은 장남단독상속이 이루어졌는데도 제사를 분할하는 경우도 흔히 발견되고 있다. 이러한 경우는 대개 제사분할의 역사가 오래되지 않아 근대에 와서 제사를 분할하게 된 가문인 경우가 많다.

　제주도에 현존하는 제사분할은 크게 조선시대의 윤회봉사를 계승한 것과 장남봉사를 시행해 오다가 근대에 와서 새로이 제사를 분할하게 된 것으로 나눌 수 있다. 그러나 전자가 수효는 매우 적다고 하더라도 제사분할의 전형적 모습을 보여주고 있고, 새로운 제사분할의 준거틀이 되고 있다는 점에서 제주도 제사양식의 원형으로 간주될 수 있다. 필자는 이미 조선시대의 분재기의 확인을 통해서 제주도의 제사분할 역사가 1700년 전후까지 소급될 수 있음을 밝힌 바 있다(이창기, 1991).

4. 친족관계

1) 부계친족조직의 약화

　장남분가, 부부중심의 가족생활, 부락내혼, 균분상속과 제사분할의 전통

등을 특징으로 하는 제주도의 가족제도는 전통적인 한국가족에 비해 부계친족의 결합성과 조직력이 매우 취약한 모습을 보여주고 있다.

 일반적으로 한국의 동족집단에서는 결합범위에 따라 대소의 동족조직이 중첩적으로 결성되어 다양한 문중활동을 왕성하게 전개한다. 그러나 제주도에서는 특정 조상의 묘지 수축이나 비석 건립 및 족보 발간 등 특별한 사업이 있을 때 일시적으로 동족조직이 현재화되는 경우는 더러 있더라도 문중조직이 항시적으로 존재하면서 지속적인 문중활동을 전개하는 예는 두드러지게 나타나지 않는다.

 제주도에서 부계친족집단이 조직화되지 못했다는 것은 종손(宗孫)과 문장(門長) 및 유사(有司)의 존재가 뚜렷하게 부각되지 못하고 있다는 점에서도 찾아볼 수 있다. 한국의 동족집단은 종손과 문장을 중심으로 동족활동을 전개해 나가기 때문에 이들을 특별히 우대하고 존중한다. 그러나 제주도에서는 대외적으로 문중을 대표하고 대내적으로 동족성원을 통제하는 문장의 존재가 매우 희미하고 문중일을 처리하는 데 종손이 특별히 우대되지도 않는다. 종가나 종손을 도와 주어야 한다는 보종관념(補宗觀念)도 거의 찾아볼 수 없다. 다만 장남봉사의 전통을 가진 지역이나 가문에서는 조상제사를 종손이 전담하고, 소분전이 종손에게 귀속되며, 제사의례시에 항상 초헌(初獻)을 담당하는 등 제사와 관련해서 종손의식이 다소 선명하게 나타날 뿐이다. 지속적인 문중활동이 없기 때문에 동족집단의 실무 담당자인 유사의 존재도 공식화되지 못한다(최재석, 1977a).

 동족집단 중에서 가장 강한 결합성을 보이는 당내집단과 부락단위의 동족집단도 뚜렷한 집단의식이나 결합성을 보이지 않는다. 당내집단은 기제사를 함께 지내고 길흉사시의 부조를 남들보다 다소 많이 하는 정도로 관계의 친밀성을 표출하고 있으며, 부락단위의 동족집단은 중심 조상의 묘사시에 일시적으로 현재화될 뿐 여타의 조직적 활동은 거의 찾아보기 힘들다.

 이렇게 본다면 제주도의 부계친족집단은 조상제사나 벌초 등 조상숭배의식을 바탕으로 하는 비조직적인 의례활동을 통해서 어느 정도의 결합성을 보이고 있을 뿐 동족집단의 조직화나 그 조직을 바탕으로 한 지속적인 활동은 매우 약화되어 있다고 하겠다.

2) 외가친족 및 처가친족과의 긴밀한 관계

부락내혼을 많이 하는 제주도에서는 부계친족집단의 결속이 매우 약하고 조직화되지 못한 반면에 외가친족이나 처가친족과의 관계는 육지의 전통적인 가족에 비해 훨씬 긴밀하다.

한 부락내에 외척이나 처족이 함께 거주하고 있는 가족들의 친족관계를 조사한 최재석의 보고에 의하면 제사를 제외한 사교관계, 의례적 관계, 생산활동의 협조, 가사활동의 협조 등 생활의 전 영역에서 부계친과 외척(처족)의 차이를 발견할 수 없을 정도로 거의 동등하게 긴밀한 협동이 이루어지고 있었다(최재석, 1977a).

외가친족과의 긴밀한 관계는 결혼시의 상객구성에서 잘 나타난다. 상객은 혼주보다는 손아래이고 당사자보다는 손위인 남자 2명으로 구성되는데, 이 중 1명은 반드시 외가쪽 친족원이 맡는다. 보통 숙부와 형 중에서 1명, 외숙 중에서 1명이 선택된다. 남자상객과 함께 신부를 수행하기 위해 여자도 상객으로 참여하는데, 여자 상객이 2명일 경우에는 그 중 1명이 반드시 외가친족이 된다. 보통 숙모와 외숙모가 담당하는 것이 전형적이다(최재석, 1977a).

부모의 임종을 맞게 되면 장남이 맏상주로서 상례의 전 과정을 주관하지만 장례의 경비는 여러 상주들이 적절하게 분담하게 된다. 특히 딸의 시댁에서 장례일의 조반이나 점심식사를 담당하는 것이 관례화되어 있다는 것이 주목된다. 부락내에 거주하는 딸의 시댁에서 장례일의 조반을 준비하게 되면 상두꾼과 일보던 집안 친척 등 모든 사람들이 딸의 시댁으로 가서 식사를 하게 된다. 이때의 음식 준비와 접대 등 일체의 업무를 딸의 시댁 식구들이 담당하고 상가집 사람들은 거들지 않는다. 만약 장례일의 점심을 맡게 된다면 딸의 시댁 식구들이 음식을 준비하여 장지로 운반해 와서 상두꾼들과 문상객들에게 대접한다. 또 임종 후부터 성복 때까지 상주는 4촌 범위의 가까운 친족들이 쑤어 오는 죽을 먹어야 하는데, 특히 망인의 사돈은 반드시 죽을 한

허벅 쑤어 오지 않으면 안되도록 관례화되어 있다(현용준, 1977; 최재석, 1979: 320). 장례과정에서 나타나는 이러한 역할분담은 혼인으로 맺어진 친족과 긴밀하게 협동하는 제주도 친족제도의 한 단면을 보여주는 것이다.

　제주도 서부지역에서는 장례시에 상두꾼들을 대접할 떡을 가까운 친족들이 의무적으로 만들어 오도록 하는 '고적'이라는 관행이 있다. '고적'을 행하는 범위와 양을 살펴 보면 부계 사촌까지는 쌀 두 말분의 떡을 해 와야만 하고, 5촌부터 8촌까지는 쌀 한 말분의 떡을 해 오도록 관습화되어 있다. 외사촌, 고종사촌, 이종사촌도 친사촌과 마찬가지로 쌀 두 말분의 떡을 해 오도록 되어 있다(현용준, 1973, 1977). 고종사촌과 이종사촌에게는 강제성이 다소 완화되어 있다고 하지만 부계친 이외의 친족과도 부계친 못지 않게 긴밀하게 결합되어 있음을 보여주고 있다.

　이와 같이 제주도에서는 육지의 전통적인 한국가족에 비해 부계친족의 결합성이 매우 약한 반면 부계친 이외의 친족, 즉 외가친족이나 처가친족 및 인척과의 관계가 긴밀한 특징을 보여주고 있다.

5. 제주도 가족제도의 형성배경

　이상에서 살펴 본 바와 같이 제주도의 가족제도는 조선 후기 이후 우리 사회의 전통적 가족제도와는 여러가지 면에서 매우 상이한 모습을 지니고 있다. 장남분가와 재산의 균분상속 경향, 제사의 분할, 이혼과 재혼에 대한 사회적 규제의 약화, 부락내혼, 문중조직의 약화, 외가친족 및 처가친족과의 긴밀한 협동 등은 부계의 원리를 강조하는 한국의 전통적인 가족제도와는 공존하기 어려운 비부계적 요소들이다.

　그러나 다른 한편으로는 전통적인 한국가족의 특징으로 지적되고 있는 부계적 요소도 동시에 지니고 있다. 조상제사를 중시하고 제사를 담당할 아들을 선호하며 후사(後嗣)를 얻기 위한 축첩, 양자제도 등이 제주도 가족에서 광범위하게 행해지고 있다. 제주도 가족제도에서 특징적으로 나타난다고 알려진 사혼의 관행(최재석, 1978b)도 봉사손을 입양하기 위한 장치로서 부계적 원리가 반영된 것으로 해석된다.

이와 같이 제주도는 오랫동안 한반도의 문화권에 속해 있으면서도 가족제도와 친족제도에 관한 한 한국의 전통가족과 맥을 같이 하는 부분이 있는가 하면 전혀 원리를 달리하는 부분도 동시에 지니고 있다. 다시 말하면 부계적 요소를 지니고 있으면서도 동시에 비부계적 특성도 강하게 지니고 있는 것이다. 이러한 상반된 두 가지 모습은 일견 양립할 수 없는 상호 모순으로 비춰질 수도 있지만, 제주도에서는 오랜 세월 동안 공존해 왔다. 그렇다면 제주도의 가족 및 친족제도 속에 상호 양립하기 어려운 두 가지 원리, 즉 부계적 요소와 비부계적 요소가 공존하고 있는 이 현상을 어떻게 설명할 수 있겠는가?

문화전파론적 입장에 서는 사람들은 제주도의 지리적 입지를 고려하여 여러 경로를 통해서 유입된 문화가 혼재하는 문화적 이중구조로 설명할는지 모른다. 제주문화를 한국문화의 하위문화로 보는 사람들은 문화의 중심부와 주변부 사이에서 나타나는 문화격차로 설명할는지 모른다. 이러한 설명이 부분적으로는 매우 유용한 설명이 될 수 있음에 틀림이 없다. 그러나 필자는 가족제도나 가족생활의 양식도 문화의 일부분으로서 일차적으로는 그를 둘러싸고 있는 환경조건과의 상호작용을 통해서 형성된다고 보고, 제주도의 가족제도와 친족제도에서 공존하고 있는 상반된 두 가지 원리(부계적 원리와 비부계적 원리)는 열악한 환경에 대응하여 스스로의 삶을 영위해 가고자 하는 두 가지 생존전략, 즉 적응의 메커니즘과 초월의 메커니즘으로 설명하고자 한다(이창기, 1992c).

한국의 전통가족과 상이한, 그래서 보다 더 제주도적이라 인식되어 온 소위 비부계적 특성들은 열악한 환경에 합리적으로 적응하기 위한 제주인의 생존전략, 즉 적응의 메커니즘으로 이해될 수 있다. 빈약한 자원과 매우 열악한 기후풍토 속에서 가족노동을 효율적으로 조직화하여 최대한으로 투입하기 위해서는 가족구조가 단순하지 않으면 안된다. 현대 산업사회는 물론 자원이 극히 빈약한 사회에서 핵가족이 많이 발견되는 것은 환경에 대한 합리적 적응의 소산인 것이다. 한국의 전통사회에서도 삶의 여건이 열악한 지역이나 신분계층에서 핵가족적인 전통을 유지하고 있었음은 이를 반증하는 것이다. 특히 제주도의 농업생산방식은 수리시설의 공동이용과 집약적인 노동투입을 필요로 하는 수도작농업이 아니라 개별적인 노동투입이 용이한 전작농업이 중심이 되고 있으며, 전작농업과 나잠어업에 여성이 중심적인 역할을 수행하고 있기 때문에 가족성원의 수가 많고 구성이 복잡한 친자중심의 가부장적 직계가족보다는 남녀의 지위가 비교적 평등한 부부중심의 핵가족적 형태를 유지하기가 더욱 쉬운 것이다. 제주도의 장남분가와 핵가족화도 근본적으로는 이런 관점에서 설명되어야 한다.

합리적 적응이 강조되는 사회에서는 형식과 명분을 중시하기보다는 능률과 실질을 추구하게 된다. 따라서 규범체계도 형식적 의례에 충실하기보다는 실질과 능률을 좇아 형성되게 마련이며, 주민들의 사회관계도 부계친만의 폐쇄적인 결속을 고집하는 것이 아니라 친가, 외가, 처가를 구분하지 않고 다양한 사람들과 긴밀히 협동하고 결합한다. 이와 같이 실질과 능률을 추구하고 합리적 적응을 강조하지 않을 수 없는 제주인의 생활여건이 의식구조에 있어서는 합리주의, 실용주의, 개인주의를, 생활태도에 있어서는 소박하고 근검절약하는 태도를 형성시키게 하였으며, 가족제도에 있어서도 전통적인 한국가족과 상이한 소위 비부계적 특성들을 유지하게 된 것으로 보인다.

그러면 전통적인 한국가족과 매우 흡사한, 어떤 점에서는 오히려 더욱 강화된 소위 부계적 특성들은 어떻게 설명할 수 있는가? 필자는 인간의 힘으로 극복할 수 없는 거대한 자연의 힘 앞에서 무력한 인간의 한계를 절감하고 초자연적인 힘에 의존하여 현실을 극복하고자 하는 초월의 메커니즘으로 해석하고자 한다.

초자연적인 힘에 의존하고자 하는 인간의 의지는 신앙의 형태로 표출된다. 자원이 빈약하고 토질이 척박하며 기후의 변화가 매우 심한 제주도의 환경조건은 인간으로 하여금 적응의 한계를 절감케 하였을 뿐만 아니라 삶의 고통을 한층 가중시키게 한다. 제주도가 안고 있는 이러한 환경조건은 한편으로는 합리적인 적응을 강요하는 조건이 되면서 다른 한편으로는 절대자에 의탁하여 현실의 고통으로부터 벗어나고자 하는 원초적 동기를 자극시키게 된다.

제주도에 각종 민간신앙이나 무속이 성행하는 것은 바로 이러한 인간의지가 바탕이 되는 것이며, 조상신을 숭경하고 제사를 중시하는 것도 같은 맥락에서 이해될 수 있다. 조상은 단순히 '먼저 살다간 자'가 아니라 자손의 길흉화복을 주재할 수 있는 절대자로서 신격화된다. 명당을 찾아 조상을 안장하고 후히 제사 지냄으로써 조상의 음덕이 자손의 현실생활에까지 미치기를 간절히 바라는 것이다. 그러므로 조상제사를 담당할 아들의 획득이 중요시되지 않을 수 없고, 그를 위한 축첩, 양자, 사혼 등의 관행이 널리 행해지게 되었다. 그럼에도 봉사손을 확보하지 못했을 때는 '외손봉사'나 '까마귀 모른 식개'를 통해서라도 제사를 거르지 않으려고 노력한다.

조상을 숭배하고 제사를 중시하는 관행은 한국사회의 공통적인 문화현상으로 볼 수도 있다. 그러나 한국의 전통가족에서 행해지는 조상제사가 부계의 가계계승 의지를 핵심원리로 하는 것이라면 제주도의 조상제사는 초자연적인 힘에 의존하고자 하는 동기가 핵심을 이루고 있다는 점에서 구별될 수 있다. 통과의례 중에서 출생과 관련된 돌, 생일, 회갑 등이 별로 중요시되지 않고 혼인의례가 매우 간소화되어 있는 데 비해 유독 장례와 제사만이 중시되고 있는 것도 그 때문이며, 형식적인 유교문화가 쉽게 수용되지 않으면서도 장제례의 의례절차에 있어서만은 유교적인 형식이 쉽게 수용될 수 있었던 것도 이런 맥락에서 해석해 줄 수 있는 것이다.

이런 점에서 제주도 가족제도에서 나타나는 두 가지 상이한 원리는 열악한 환경에 대한 인간의 두 가지 대응양식—적응의 메커니즘과 초월의 메커니즘—으로 설명할 수 있다. 그것은 모순된 원리의 양립이 아니라 상호 보완적인 두 가지 원리의 공존인 것이다. 그것이 모순으로 비춰지는 것은 부계의 가계계승을 핵심원리로 하는 한국의 전통가족을 보는 시각으로 제주도 가족을 이해하려고 하기 때문이다.

참고문헌

김영돈. 1966, 「제주도민의 통과의례」(상·중·하), 《제주도》 32, 33, 34, 제주도.
_____. 1973, 「통과의례」, 『제주도 문화재 및 유물 종합조사보고서』, 제주도.
김혜숙. 1982, 「부부간의 의사결정에 관한 연구(I) - 제주도 농어촌 가정을 중심으로」, 《대한가정학회지》 20-3, 대한가정학회.
_____. 1983, 「제주시 가정의 부부간 의사결정에 관한 연구: 농어촌 가정과의 비교를 중심으로」, 《한국가정관리학회지》 창간호, 한국가정관리학회.
_____. 1984, 「제주도 가족의 고부관계에 대한 연구」, 『제주대논문집』(사회과학편) 17.
_____. 1985, 「제주도의 일인가족연구」, 『제주대논문집』(사회과학편) 20.
_____. 1986, 「제주도의 이·재혼 연구」, 『제주대논문집』(사회과학편) 22.
_____. 1992, 「가족의 성격을 통해 본 제주인의 의식구조: 여성을 중심으로」, 『제주대논문집』(인문·사회과학편) 34.
_____. 1993, 「제주도 가정의 혼인연구」, 성신여자대학교 대학원 박사학위논문.
이광규. 1974, 「사회」, 『한국민속종합조사보고서』(제주도 편), 문화재관리국.
이창기. 1987, 「제주도 가구의 크기」, 《탐라문화》 6, 제주대탐라문화연구소.
_____. 1988, 「제주도의 가구구성」, 《인문연구》 9, 영남대인문과학연구소.
_____. 1991, 「제주도의 제사분할」, 『한국의 사회와 역사』(최재석교수 정년퇴임기념논총), 일지사.
_____. 1992a, 「제주도 가구구성의 변화: 1960~85」, 《인문연구》 14-1, 영남대 인문과학연구소.
_____. 1992b, 「제주도 제사분할의 사례연구」, 《민족문화논총》 13, 영남대 민족문화연구소.
_____. 1992c, 「제주도의 사회문화적 특성과 환경 - 도전·적응·초월의 메커니즘」, 《제주도연구》 9, 제주도연구회.
제주대 국문과. 1972, 「사회배경(창천리)」, 《제주대국문학보》 4.
_____. 1973, 「가족(우도)」, 《제주대국문학보》 5.

_____. 1974, 「가족·가옥(가파도)」, ≪제주대국문학보≫ 6.
_____. 1975, 「사회배경(중문리)」, ≪제주대국문학보≫ 7.
제주대 학도호국단. 1978, 『해촌생활조사보고서』.
제주도. 1982, ≪제주도지≫.
_____. 1993, ≪제주도지≫ 제2권.
조혜정. 1982, 「제주도 해녀사회 연구」, 『한국인과 한국문화』, 심설당.
_____. 1992, 「제주 잠녀사회의 성체계와 근대화」, 전경수 편, 『한국어촌의 저발전과 적응』, 집문당.
최재석. 1966, 『한국가족연구』, 민중서관.
_____. 1975, 「제주도 잠수가족의 권력구조」, ≪동양학≫ 5, 단국대 동양학연구소.
_____. 1976, 「제주도의 장남가족」, ≪아세아연구≫ 19-2, 아세아문제연구소.
_____. 1977a, 「제주도의 부락내혼과 친족조직」, ≪인문논집≫ 23, 고려대학교.
_____. 1977b, 「제주도의 이·재혼제도와 비유교의 전통」, ≪진단학보≫ 43, 진단학회.
_____. 1977c, 「제주도의 혼인의례와 그 사회적 의의」, ≪아세아여성연구≫ 16.
_____. 1977d, 「제주도 농촌가족의 현실적 유형」, ≪농촌문제≫ 3, 이화여대 농촌문제연구소.
_____. 1978a, 「제주도의 조상제사와 친족구조」, ≪행동과학연구≫ 3.
_____. 1978b, 「제주도의 사후혼」, ≪한국학보≫ 13, 일지사.
_____. 1978c, 「제주도의 자생적 핵가족」, ≪세계의 문학≫ 겨울호.
_____. 1978d, 「제주도의 첩제도」, ≪아세아여성연구≫ 17.
_____. 1978e, 「제주도의 양자제도」, ≪인문논집≫ 23, 고려대학교.
_____. 1979, 『제주도의 친족조직』, 일지사.
한삼인. 1985, 「이혼에 관한 연구(II): 제주도에 있어서의 이혼율과 재판상리혼에 관한 실태분석」, ≪사회발전연구≫ 창간호, 제주대 사회발전연구소.
현용준. 1970, 「제주도 해촌생활의 조사연구(I)」, ≪제주대논문집≫ 2.
_____. 1973, 「가족」, 『제주도 문화재 및 유물종합조사보고서』, 제주도.
_____. 1977, 「濟州道の喪祭」, ≪민족학연구≫ 42-3.

천정일. 1966, ≪濟州道≫, 동경대출판회.
佐藤信行. 1973, 「濟州道の家族」, 中根千枝 編, 『韓國農村の家族と祭儀』, 동경대출판회.
竹田 旦. 1984, 「韓國における朝鮮祭祀の分割について」, ≪民族學評論≫ 24, 大塚民俗學會.

제2부

농촌과 도시

- 제주도 도시개발의 기본구조
- 제주마을의 공동생활권으로서의 성격과 그 변화
- 제주도 농촌의 계
  －사회통합의 기제인가, 갈등의 기제인가?

제주도 도시개발의 기본구조

조성윤

1. 머리말

이 글은 1970년대 이래로 급속히 진행되고 있는 제주도의 도시개발과정이 지니는 사회학적 의미를 따져 보려는 것이다. 제주도에서는 지난 10여 년 동안 관광산업의 놀랄 만한 성장과 인구 증가에 따라 제주시와 서귀포시를 중심으로 도시개발이 매우 빠른 속도로 진행되어 왔으며, 특히 국가의 관광개발정책과의 밀접한 관련 속에서 개발이 계획되고 추진되는 특징을 보여주고 있다. 그러므로 제주도의 도시개발과정을 분석하기 위해서는 도시 내적인 사회과정과 공간구조의 변화뿐만 아니라 전국적인 수준의 정치적·경제적 변동과 연결시켜, 개발과정에서 국가와 각 사회계급 또는 이익집단들이 수행하는 역할 및 이해관계의 갈등을 설명하고, 나아가 이러한 도시개발이 제주도 사회구조를 어떤 방향으로 바꾸어 놓는가를 평가해 보아야 할 것이다.

이와 같은 종류의 주제는 도시 연구에 관한 한국 사회학계의 일반적인 연구 동향과 비교할 때 매우 낯선 주제임에 틀림없다. 한국의 도시사회학 연구는 주로 인구이동 및 인구성장과 관련된 도시성장, 도시생활 및 도시문화, 도시가족, 도시빈민지역 실태, 도시빈민의 고용구조 등의 주제를 중심으로 이루어져 왔다(권태환, 1984: 3-26). 크게 묶어 보면 도시의 사회문화적 측면에 연구가 집중된 반면, 경제적·정치적 측면에 관한 분석-도시 정치구조, 도시

경제와 주민집단의 관계 따위-은 매우 소홀히 다루어져 왔음을 알 수 있다. 따라서 한국 도시사회학 연구를 좀 더 체계적으로 발전시키려면 이제부터라도 정치적·경제적 측면의 분석에 관심을 기울여야 하리라고 본다. 이런 점에서 이 글은 제주시와 서귀포시라는 구체적인 사례를 분석함으로써 도시의 경제적·정치적 측면에 관한 연구의 방향을 모색해 보는 작업이 될 것이다.

2. 이론적 배경

서구 사회학계의 동향을 살펴 볼 때 1960년대 후반부터 그 전까지 주류를 이루던 도시생태학과 지역연구(community study) 흐름이 서서히 쇠퇴하는 대신에 도시연구에 정치경제학적 관심을 도입한 신맑스주의 이론(Neo-Marxist Theory)이 빠른 속도로 확산되고 있다. 이 때문에 기존의 사회문화적 측면을 주로 연구하던 흐름의 영향력이 줄어들면서, 그동안 소홀히 다루어지던 정치적·경제적 측면의 분석이 활발히 진행되고 연구성과가 축적되고 있다. 따라서 우리가 한국도시의 정치적·경제적 측면을 중심으로 분석하려 할 때 이 정치경제학적 관점을 적극적으로 받아들여 적용해 보고 검토해야 하리라 생각한다. 그러나 아직까지 한국 사회학계에서는 이에 관한 연구가 거의 나오지 않고 있다. 유기숙과 서규석의 이론 검토와 서관모의 간단한 서평이 있을 뿐이다.1) 그러므로 여기서는 정치경제학적 관점의 핵심을 이 글의 주제와 관련되는 범위 안에서 간략히 정리하도록 하겠다.

---

1) 유기숙, 「도시성장에서 국가와 이익집단들의 역할-한국 도시문제에 대한 정치경제학적 관점의 적용을 위하여」, ≪사회조사연구≫ 3(1), 부산대학교 사회조사연구소, 1984, 61-64쪽; 서규석, 「구조주의 도시사회학의 비판적 연구」, ≪연세사회학≫ 7, 연세대학교 사회학과, 1986, 171-192쪽; 서관모, 「도시사회학의 새로운 방향: Manuel Castell와 David Harvey」, ≪한국사회학연구≫ 6, 서울대학교 사회학연구회, 1982, 209-217쪽.

1) 국가와 도시정책

　도시에 대한 정치경제학적 관점은 주로 카스텔(M. Castells)과 하비(D. Harvey)가 주도하고 있다.2) 이 관점에 따르면 도시의 성장 및 쇠퇴과정은 그 도시가 속해 있는 사회의 계급들 사이의 관계에 의해 지배된다. 그리고 계급들 사이에서 발생하는 갈등의 영역에 국가가 개입하는데, 국가는 도시정책을 통해 특수한 계급들의 이익을 반영하면서 직접·간접으로 도시구조의 형성과 성장과정에 참여한다. 그러므로 도시는 겉으로 드러난 사실만 놓고 볼 때는 비농업 인구의 집중 거주지역이지만, 보다 본질적으로는 자본의 축적기능이 지역공간적으로 나타난 형태, 곧 자본주의적 생산의 총과정 – 생산·유통·소비 – 을 꿰뚫고 있는 규모와 집적의 이익이 공간적으로 표현된 형태라고 할 수 있다. 바꾸어 말하면 자본주의 사회의 도시는 자본의 회전율을 가속화시키고 자본이 생산적으로 사용될 수 있는 기간을 늘리기 위해 생산의 간접비용 및 유통과 소비에 들어가는 경비와 시간을 줄이려는 필요성 때문에 출현하였고, 또 계속 성장하고 있는 것이다(Lojkine, 1976). 따라서 자본의 활동과 밀접히 관련될수록 도시는 급속히 성장하고 개발되지만, 자본의 활동과 관계가 멀어질수록 정체·쇠퇴한다는 논리가 성립된다.

　도시의 집합적 소비수단(collective consumption), 곧 도로·공항·항만과 같은 교통 설비, 공공운송 수단, 통신·상하수도 시설, 주택·공원·교육 및 각종 문화시설의 건설·관리활동은 이런 점에서 자본의 활동과 밀접한 관계가 있다고 본다(Castells, 1977: 459-462). 그러나 집합적 소비수단은 자본의 회전속도가 느리고 수요가 지속적으로 이루어지지 않는 경우가 많아 자본주의적 사회 구성체 전반의 재생산에 필요하면서도 개별 자본가들의 이윤 형

---

2) 대표적인 글은 다음을 볼 것: Manuel Castells, *The Urban Question*, London: Edward Arnold, 1977(프랑스어 판은 1972); Manuel Castells, *The City and the Grassroots*, Berkeley: University of California Press, 1983; David Harvey, *Social Justice and the City*, 1973, 최병두 역, 『사회정의와 도시』, 서울: 종로서적, 1983.

성, 특히 독점적 초과 이윤의 창출이라는 기준에서 볼 때 수익성과는 별로 관계가 없는 부분이다. 그러므로 이것의 건설 및 관리활동은 사회의 이데올로기적 결합뿐만 아니라 경제적 재생산도 책임지고 있는 정치적 기관, 곧 국가의 임무가 된다(Lojkine, 1976, 27-28, 35).

국가는 사회적 자본 지출과 사회적 비용의 지출을 통해 도시구조를 형성하는 각종 공공시설을 생산하고 관리하는 역할을 수행한다(O'connor, 1973). 이러한 국가의 역할 수행은 도시정책, 보다 구체적으로는 토지이용정책, 주택정책, 교통정책과 같은 형태로 실현되고 있다. 도시정책이란 전체 사회구성원들로부터 거두어 들이는 조세를 경제적 기반으로 삼아 생산과 직결된 각종 시설뿐만 아니라 생산의 일반적 조건으로서의 집합적 소비수단을 건설하고 관리하는 것을 말한다. 이와 같은 맥락에서 까스뗄은 도시계획이 지배적 생산양식의 재생산을 보장해 주고 지속시키기 위하여 정치권력이 도시체계에 간섭하는 경우라고 규정한다(Castells, 1977, 263). 따라서 도시개발의 성격은 기본적으로 해당 지역 경제활동의 주된 방향이 어떻게 설정되는가에 따라 달라진다고 할 수 있다. 일정한 지역에서 제조업을 중심으로 자본의 활동이 전개될 경우에는 도시개발과정에서 공장 부지 및 시설은 물론 도로, 철도, 상하수도 시설, 주택, 병원, 기타 공공시설이 제조업활동과 밀접한 관련을 맺으면서 배치·건설될 것이며, 관광산업을 중심으로 자본의 활동이 전개될 경우에는 이에 따라 도시개발이 이루어질 것이다. 말하자면 도시개발의 일반적인 성격은 해당 도시지역 및 주변지역 공간을 무대로 전개되는 경제활동의 방향과 깊은 연계 속에서 분석할 때 밝혀질 수 있는 것이다.

2) 도시개발과 개발이익

하비에 따르면 일반적으로 도시정책은 도시의 공간형태를 변화시키는 정책과 도시의 사회적 과정에 영향을 미치는 정책을 담게 되는데, 이상적으로는 공동사회목적(coherent social objective)을 달성하기 위해서 이들 정책을 조화시켜야 한다(Harvey, 1973: 32-33). 특히 자본주의 사회에서의 도시정책은 토지의 사적 소유와 이용의 결과 발생하는 도시의 무정부적인 팽창을 가능한 한 억제하기 위해 토지의 점유와 운용에 국가가 개입하여 조정하는 것으로서 그 주된 형태가 도시계획으로 나타난다. 따라서 도시계획의 목표는 도시의 성장과정에서 발생하는 각종 사회문제와 갈등을 해결하고, 도시를 구성하는 사회집단들에게 골고루 이익을 재분배하는 것이 된다. 그러므로 도시계획의 성패를 가늠해 보려면 계획이 공동사회목적에 얼마나 가깝게 세워졌으며, 또 실제로 집행되었는가를 검토해 보아야 한다. 그러나 여기에는 문제가 있다. 왜냐하면 '공동사회목적'이라는 말이 과연 무엇을 뜻하며, 이익의 재분배가 어떤 식으로 이루어져야 하는가는 어디까지나 윤리적인 판단의 문제이기 때문이다. 그럼에도 불구하고 이것은 도시체계에 관한 정책을 수립할 때 당연히 전제되어야 할, 그리고 정책과 정책에 따른 개발과정이 주민들에게 어떤 의미가 있는가를 따져 볼 수 있는 중요한 윤리적 판단이다. 하비는 이러한 윤리적 판단을 받아들여 가능한 한 객관적인 기준에 따라 도시계획과 개발과정을 분석할 것을 제안하고 있는데, 이때 중요한 분석도구가 이익재분배 메커니즘이다(Harvey, 1973, 34-35).

그렇다면 도시개발과정에서 발생하는 개발이익이란 과연 무엇이며 어떤 방식으로 재분배되고 있는가는 생각해 보자. 라마르쉬의 설명을 빌면 어떤 제한된 지역에 상점을 집중시키면 매상고가 올라간다는 것은 잘 알려진 사실이다. 상점 중심지가 사무실지역이나 주거지역에 지리적으로 가까울수록 다양한 고객을 많이 확보할 수 있어 경제적으로 성공하는 것이다. 이와 비슷하게 행정관리 부문의 효율성 역시 부분적으로 은행이나 신용금융기관 같은 특정 서비스 시설, 자본활동에 필수적인 정보망과 통신시설과의 근접성에 따라 달라진다. 이러한 상업·금융·행정 관리활동의 효율성을 높이기 위해서는 각종 기능과 인구가 집중·집적되는 도시공간에 입지하는 것이 가장 유리하다(라마르쉬, 1986: 50).

상업·금융·행정 관리활동의 효율성을 높이기 위해 공간을 계획하고 정비를 담당하는 자본을 부동산자본(property capital)이라고 부른다. 부동산자본가는 일반적으로 건설산업이 생산한 건물을 사들여 이를 판매, 임대 또는 운영함으로써 이익을 얻는다. 뿐만 아니라 부동산자본가는 토지가격의 상승을 통해서, 곧 환경에 의해 얻을 수 있는 이익을 이윤으로 반영하여 가격을 높임으로써 최대한의 이윤을 추구하는 것이다. 만약 이러한 이익이 공간적으로 동일하게 분포되어 있지 않을 경우, 특정 장소에 집중되어 있고 다른 장소에는 거의 존재하지 않을 경우 부동산자본가는 더욱 더 높은 가격을 요구할 수 있을 것이다(라마르쉬, 1986: 49-59).

도시계획이 마련되고 도시개발이 추진되면 기존의 도시공간이 재개발되거나 도시 주변의 농토나 임야가 도시로 편입되어 새로 개발된다. 이때 개발주체는 국가로서, 국가는 조세를 바탕으로 도로의 신규 개설이나 확장과 같은 공공투자 행위를 하게 된다. 그 결과 도로 개설 및 확장을 위해 토지를 수용당하는 소유자들은 시가에 훨씬 못미치는 보상가만을 받으면서 다른 곳으로 이주해야 하는 반면,. 도로 주변의 토지소유자들은 개발 이후 지대가 급속히 상승하게 되어 개발이익을 사유화함으로써 막대한 이익을 얻게 된다. 도로뿐만 아니라 상하수도·공원·의료기관과 같은 도시 기반시설이 이루어지고 주위에 은행·시장·우체국 등이 들어서게 되면 특정 지역의 입지상의 이익 때문에 차액지대가 토지소유자의 주관적인 의도나 행위와는 상관없이 오르는 것이다.3)

---

3) 도시공간에 대한 소유권으로부터 생기는 이윤은 지대의 형태로 나타난다. 지대는 두 유형으로 구분할 수 있다. ① 차액지대 I: 부동산의 입지에 의해 발생하는 이익으로서 소유자의 활동과는 상관없는 지대이다. 입지상의 이익이 전체 공간에 균등하게 분포되어 있지 않기 때문에 차액(differential)이라고 한다. 차액지대 I 은 민간 투자가들의 개발과정에서 발생하기도 하지만 대부분 공공투자에 의해서 가능하다. 가장 분명한 보기가 도로 따위의 교통시설에 대한 공공투자이다. 개발업자의 부동산이 새로 뚫리는 길 근처에 있을 경우 교통이 편리해지고 주위에 상가나 공공시설이 들어서기 때문에 지대가 올라간다. 그러므로 차액지대 I 의 크기는 집단시설에 대한 공공투자의 양에 비례한다고 할 수 있다. ② 차액지대 II: 토지사용자 또는 부동산 거주자들의 특성과 관계있는 이익으로서, 부동산에 거주하는 임차인들 사이의 근접(proximity)에서 생기는 이익의 부분이다. 상업지구나 사무실지구의 경우 다양한 임차인들의 활동이 서로에게 유리하게 작용하여 상호이익을 얻게 되는데, 이때 발생하는 것이 바로 차액지대 II이다. 보다 상세한 설명은 라마르쉬, 1986, 61-64쪽을 볼 것.

그러므로 토지와 관련된 계획의 수립과정에서 계획에 따라 막대한 부의 손실 또는 증대가 가능하기 때문에 사실상 토지계획에 따른 공간구조의 변화에 이해관계가 직접 얽혀 있는 해당 지역 토지소유자들뿐만 아니라 부동산소개업자·건축업자·부동산자본가들이 토지계획과정에 깊은 관심을 표명하면서 저마다 계획의 결정과정에 영향력을 행사하려고 하는 것이다. 따라서 도시개발계획의 결정과정에 밀고 당기는 운동과 압력이 작용하게 되고 이러한 것을 막기 위해서 철저한 비밀주의가 초래된다. 결정의 내용을 미리 탐지하고 정보를 빼낼 수 있으면 자신이 입을 손실을 피할 수 있음은 물론 투기로 엄청난 이익을 얻을 수도 있는 것이다. 이때 계획과정에의 접근가능성은 대체로 권력의 소유여부와 밀접한 관련을 맺고 있다. 권력 배경이 있는 집단일수록 접근이 쉬운 반면 권력이 없는 일반 주민들은 결정과정에서 배제되기 마련이다.

자본가들은 도시계획과정에 영향을 미침으로써 자본활동에 유리하도록 해당 지역사회의 공간구조를 변화시키고 집합적 소비수단을 배치하도록 만드는 한편, 도시계획에 관한 정보를 미리 입수하여 개발이익을 독점하기도 한다. 일반 주민들은 앉은 채로 국가기구가 수행하는 도시개발로 나타나는 온갖 변화를 수동적으로 받아들이는 경우가 일반적이지만, 때때로 도시공간의 변화를 자신들에게 유리하게 이끌도록, 곧 개발이익을 재분배받기 위하여 도시사회운동을 전개하기도 한다. 도시사회운동은 도시 주민들이 국가와 자본의 활동에 대항해서 도시 형성에 자신들의 집단적 의사를 관철시켜 가는 운동이다. 주민들은 운동의 승리를 통해서 직접 도시를 창조하기도 하지만, 운동의 좌절이 끼치는 영향을 통해서도 간접적으로 도시를 형성하기도 한다. 말하자면 비록 사회운동이 실패하더라도 그 운동의 발생과 전개가 사회적인 충격으로 받아들여지게 되면, 운동을 통해서 표출된 요구들을 국가가 정책에 상당 부분 반영하게 되는 것이다(Castells, 1983: Introduction).

3. 제주도의 개발정책과 경제발전

앞에서 자본주의 사회의 도시정책과 도시개발과정은 해당 지역의 경제활동의 주된 방향이 어떻게 설정되는가에 따라서 달라진다고 지적하였다. 한국사회에서 국가는 경제성장을 촉진시키기 위해 정책적으로 제공하는 각종 특혜와 보호조치를 주로 대기업과 국제자본에 집중시켰고, 대자본의 자본축적활동이 순조롭게 진행되도록 '국토종합개발계획'을 수립하고 실시해 왔다. 건설부에서는 10년 단위로 실시하는 이 계획은 국토의 지역공간과 자원을 국민의 복리 향상을 위해 효율적으로 이용한다는 취지에서 수립된 것인데, 국가가 경제성장을 최우선정책으로 밀고 나가면서 제조업 중심의 자본활동 기반을 조성하는 지역정책, 특히 공업단지 개발 및 각종 지원기능의 확보를 주축으로 하는 정책으로 나타났다(유우익, 1983). 이 시기의 도시개발정책은 이러한 전국을 단위로 하는 '국토종합개발계획'의 테두리 안에서 하위계획으로 전개된 것이다.4)

이와 같은 도시개발의 일반적인 경향과는 달리 제주도의 경우는 3차 산업, 특히 관광을 중심으로 하는 일련의 서비스 산업의 활동을 중심으로 경제개발이 진행되었으며, 이에 따라 도시화가 이루어지고 도시공간이 지역적으로 확대되어 갔다. 여기서는 먼저 제주도의 도시개발과정에 커다란 영향을 미치면

---

4) 1962년 울산시가 공업지역으로 지정·개발되기 시작한 이래, 서울의 구로동, 인천, 부평 등의 수출산업공단, 1970년대 초의 마산, 이리의 수출자유지역, 포항, 구미, 창원 공업기지가 잇달아 개발되었는데, 이러한 변화에 따라 주변지역에서 도시개발계획이 수립·집행되었다. 1976년에는 반월 신공업단지 및 도시계획이 마련되어 실시되었는데, 이 결과 반월 공업단지와 함께 안산시라는 새로운 도시가 형성되었다. 물론 과천이나 대전처럼 행정적 기능을 중심으로 도시개발이 진행된 예외적인 경우도 있지만, 서울, 부산, 대구 같은 대도시는 물론 새롭게 성장한 중소도시의 전반적인 도시개발과정을 검토해 볼 때, 한국사회에서의 도시개발의 방향은 국가의 수출공업화정책을 뒷받침하기 위하여 인구와 생산설비를 일정한 지역에 집중시키고 도로, 주택, 상하수도, 위락시설 등 기반시설을 정비·제공하는 쪽이었다고 할 수 있다. 유기숙, 앞의 글, 56-58쪽; 김의원, 『한국국토개발사연구』(V편), 서울: 대학도서, 1982를 볼 것.

서 관광산업을 중심으로 진행되어 온 제주도의 경제개발과정과 개발정책을 간략히 검토하도록 하자.

1960년대까지 전통적으로 제주도의 산업구조는 농업을 중심으로 짜여져 있었다. 곡물 위주의 농업생산과 수산업, 축산업이 제주 경제의 핵을 이루고 있었으며, 유통을 담당하는 소규모 상업활동이 존재할 뿐이었다. 1960년대 중반에 시작된 제주도의 산업개발은 도로, 항만, 공항, 용수(用水)와 같은 기반시설을 확충하는 한편, 농지 이용도 증대를 위한 기본대책과 '중산간개발계획'(1968), '제주도수산개발3개년계획'(1966~1968)이 수립되면서 농업, 수산업, 축산업을 중심으로 진행되었다. 특히 중산간 일대의 목초지를 대상으로 한 축산진흥정책이 추진되면서 국가로부터 금융특혜가 대자본에게 주어지자 대규모 기업목장이 급속히 늘어났으며, 한편 감귤농장이 점차 확대되면서 곡물생산 위주의 농업구조가 특수작물 중심으로 바뀌어 갔다(강남규, 1985: 163-166).

1970년대로 들어서면서 제주도 경제활동의 기본방향은 국가 주도로 대전환을 경험하게 된다. 1차 산업 중심의 개발계획이 3차 산업 중심으로 바뀌게 된 것이다. 1973년 청와대 관광기획단이 제주도를 국제수준의 관광지로 개발한다는 목표 아래 '관광종합개발계획'을 작성하였고, 1975년 관광개발을 위한 사업계획이 나오면서 본격적으로 관광산업을 중심으로 하는 개발이 진행된 것이다. 계획이 외국인 관광객의 적극적인 유치로 경제발전에 기여하도록 외화 수입을 증대시키는 데 있었기 때문에 개발사업도 이에 맞추어 진행되었다.[5] 16.45km^{2}에 달하는 중문지역을 국제 위락관광지로 지정하여 개발하기 시작하였고, 국제공항의 확장, 제주와 시모노세키(下關)의 '카페리호'의 취항, 제주항 이외에 3개 항구의 하역시설 확충사업 등이 본격화되었으며, 'KAL호텔'을

---

5) 제주도 관광개발의 목표를 국내 관광에만 둔다면 이국적인 자연경관 때문에 국내 최대의 관광지로서의 위치를 쉽사리 확보할 수 있다. 그러나 국제 관광을 목표로 한다면 제주도의 매력이 상대적으로 떨어지게 되므로 외국 관광지와의 경쟁에서 이길 수 있는 관광환경 조성이 필요하게 된다. 곧 외국 관광객의 기호에 맞추어 대규모 현대식 시설의 집중개발이 필요하며, 이는 대자본의 투자에 의해서만 가능하다. 제주도, 「특정지역 제주도종합개발계획-계획의 기조 및 요약」, 1985, 37쪽.

포함한 대규모 호텔이 세워졌다(제주도, 1985: 4-5). 결국 1차, 2차 산업 개발을 위한 각종 투자가 뒤로 밀려나고 모든 자원이 3차 산업 중심으로 재편되었으며, 공공투자의 기반시설 정비와 금융지원에 힘입어 육지부의 대규모 자본이 관광개발에 투자된 것이다.6) 1980년대로 들어서면서 이러한 경향은 더욱 확대되어 3차 산업이 제주도 산업구조의 중심을 차지하게 되었다. 그리고 국제 관광지 조성계획은 한 단계 발전하여 제주도를 태평양지역의 자유무역항 겸 금융중심지이자 동시에 국제관광지로 개발하려는 보다 확장된 야심적인 계획으로 변경되었다. 1983년에 나온 「특정 지역 제주도종합개발계획(안)」을 보면,2001년까지 4단계로 2조 원 규모의 예산을 들여 제주도 남쪽에 관광단지로 개발하고 있는 중문단지와 안덕면 화순리 사이에 66만m²(20만 평) 규모의 자유무역항을 만들고, 외국 자본의 유치를 위한 100% 외국인 단독투자의 허용, 관광시설 토지의 외국인 소유규제 완화, 각종 조세 감면으로 여건을 조성한 다음, 반도체·컴퓨터·광통신과 같은 첨단과학산업과 시계·보석 등의 정밀산업, 그리고 국제적인 대형은행을 유치해 복합기능의 자유지역을 조성한다는 것이다(제주도, 1983: 15-42; 고남욱·고창훈·유철인, 1985).

그러나 이러한 계획안은 국제적인 상황의 불투명함, 국제자유지역으로서

---

6) 1970년대의 산업구조와 취업인구의 재편성은 다음표를 통해 쉽게 이해할 수 있다.
<부표> 제주도의 산업별 생산액 및 취업인구

연도 산업별	1971		1976		1981	
	생산액 (백만원)	취업인구 (명)	생산액 (백만원)	취업인구 (명)	생산액 (백만원)	취업인구 (명)
농림수산업	86,737 (50.22)	129,858	129,989 (49.0)	143,415	139,469 (34.9)	134,460
광공업	10,278 (5.9)	4,775	5,534 (2.1)	5,816	17,311 (4.3)	5,913
사회간접자본 기타서어비스업	75,858 (43.9)	24,860	129,591 (48.9)	30,955	252,414 (60.7)	46,987
총계	172,873 (100.0)	159,430	265,114 (100.0)	180,186	399,194 (100.0)	187,371

주: ( ) 안의 수치는 %임.
자료: 제주도, 『통계연보』, 1982; 경제기획원, 『주요경제지표』, 1982.

의 지역조건에 대한 의문제기, 막대한 자본소요 때문에 경제기획원에 의해 일단 축소조정되었다. 그 결과 자유항계획은 1991년 이후로 연기되고, 국민관광에 초점을 한정시킨 '특정 지역 제주도종합개발계획'이 1985년에 확정되

<표 1> 특정지역계획의 투자계획(1981~1991)

	계	중앙정부	지방정부	공공기관	민간
총계	654,836 (100.0)	178,436 (27.2)	59,108 (9.0)	94,825 (14.5)	322,467 (49.2)
관광개발	350,309 (53.5)	11,971	10,836	13,280	314,222
교통·통신시설 (도로, 항만, 통신)	208,211 (31.8)	112,326	14,340	81,545	-
용수공급 및 처리시설	64,333 (9.8)	32,823	29,898	-	1,612
수산업 육성	20,223 (3.1)	16,368	3,855	-	-
초지조성 및 조림사업	11,760 (1.8)	4,948	179	-	6,633

주: ( ) 안은 백분율.
출처: 제주도, 1985, 308-309쪽.

<표 2> 도종합계획의 투자계획(1985~1991)

	계	중앙정부	지방정부	공공기관	민간
총계	679,606 (100.0)	80,522 (11.8)	39,404 (5.4)	161,439 (23.8)	410,241 (59.0)
관광개발	44,577 (6.6)	-	175	-	44,402
지역개발	305,369 (44.9)	15,156	6,016	93,620	190,577
기반시설	82,694 (12.2)	2,006	11,210	67,400	2,078
산업개발	193,570 (28.5)	25,805	5,911	419	161,435
사회복지 및 문화시설	53,396 (7.8)	37,555	13,092	-	2,749

주: ( ) 안은 백분율.
출처: 제주도, 1985, 312쪽.

어 현재 진행되고 있다(고남욱·고창훈·유철인, 1985).

이 계획은 제주도 사회구조의 변동에 매우 커다란 영향을 미치는 것이므로 계획의 작성과정과 투자내용을 통해 성격을 간단히 살펴보도록 하자. 제주도종합개발계획은 국가계획인 특정 지역 건설종합계획을 골격으로 지방계획인 도건설종합계획을 종속적으로 복합시켜 국가적 특수개발지역계획으로 규정하고 중앙정부의 조정과 통제 아래 두는 것으로 하고 있다. 또한 이 계획은 공간적으로 제주도 전 지역을 대상지역으로, 시간적으로 1982~2001년까지 20년을 계획기간으로 삼아, 크게 지역개발계획, 관광개발계획, 국제자유지역조성계획의 3개 부문으로 짜여져 있다. 계획은 1982년 9월부터 1983년 10월까지 8개 중앙부처의 '제주도 종합계획조정 실무반'과 연구수행기관으로서 국토개발연구원 주관 아래 국내의 2개 업체(미국의 벡텔사와 벡켈사, 일본의 퍼시픽사)가 참여하여 입안·설계하였으며, 국제자유지역조성계획을 연기하고 국민관광 중심으로 개편하는 수정·보완 작업은 1984년 8월부터 1985년 초까지 국토개발연구원이 전담하였다(제주도, 1985: 6-7).

다음 투자내용을 보면, <표 1>과 <표 2>에서 보듯이 특정지역계획과 도종합계획에서 공공투자(중앙정부, 지방정부, 공공기관을 합친 것)와 민간투자의 비율이 각각 50.8%와 49.2%, 41%와 59%로 설정되어 있다. 그리고 공공투자는 주로 도로, 항만, 통신, 에너지, 용수 공급 및 상하수도 시설의 확보와 관리에 집중되는 반면, 민간투자는 실질적인 관광 부문에 대한 투자, 말하자면 중문·성산 관광단지 안의 각종 숙박·위락시설, 민속촌 건설, 그밖에 각종 관광지구 시설과 호텔, 골프장, 수렵장, 음식점의 건설, 그리고 도시지역의 택지 개발 및 주택 건설에 집중되는 것으로 짜여 있다. 이와 같은 투자 배분은 국가가 사회적 자본의 지출을 통해서 관광산업이 활성화될 수 있도록 하부구조를 다지고 기반시설을 정비하고, 이 바탕 위에서 민간자본이 실질적인 관광산업활동을 전개하도록 계획된 것이라고 할 수 있다. 특히 민간투자의 경우 두 계획 투자액을 합치면 관광개발에만 3,586억 원이나 되는데, 이와 같은 대규모 투자는 제주도 안의 중소자본으로는 불가능한 규모로서, 주로 국내 대자본과 국제자본의 유치·투자활동을 주로 염두에 두고 짜여졌음을 쉽게 알 수 있다.

이상 살펴 보았듯이 제주도종합개발계획은 국가 주도로 입안·작성되었으며, 국가가 기반시설을 정비하고 그 위에서 국내 대자본과 국제자본의 활동을 중심으로 관광산업을 발전시키는 것이다.

말하자면 이 계획은 제주도의 관광자원이라는 잠재력을 국내 대자본과 국제자본의 활동을 통해 개발하여 국가 주도의 경제성장에 이용하기 위하여 추진된 것이다. 만성적인 경상수지의 적자를 줄이기 위해 국가기구는 외자 유치정책을 차관 도입에서 직접투자를 장려하는 쪽으로 전환하고 외환 부족을 타개하는 돌파구로 외화가득률이 높은 관광산업을 전략산업으로 지목하였는데, 이때 경주지역과 함께 제주도가 관광산업 개발가능성이 가장 높은 지역으로 선정된 것이다.7)

따라서 이와 같은 국가 주도형의 하향식 개발이 이미 진행되고 있는 현재의 상황을 놓고 볼 때, 제주도의 지역공간이 관광산업화에 맞추어 재편성·이용되고 토지의 상당 부분이 외부 자본의 소유로 넘어가고 관광 수익의 주요 부분이 도외로 빠져 나가는 현상은 점점 심화되리라 예상할 수 있을 것이다.

---

7) 국가가 관광산업을 적극적으로 개발·육성하는 이유는 일반적으로 다음과 같이 세 가지로 분석되고 있다. 첫째, 관광산업을 개발하게 되면, 관광산업에서 발생하는 이익이 공업화의 촉진에 금융지원을 하는 결과를 가져올 것이다(전경수, 「관광경제와 관광문화의 종속 유형-국제 관광의 인류학적 고찰」, 『한국사회연구 4』, 서울: 한길사, 1986, 95쪽). 둘째, 국제적 수준의 관광지를 개발하게 되면 이를 통해 국가적 이미지를 세계적으로 선전할 수 있다는 정치적 측면의 효과도 얻을 수 있다(론 오그라디, 『제3세계의 관광 공해』, 서울: 민중사, 1985, 59-64쪽). 또한 투자자본의 입장에서 볼 때 관광개발은 관광사업이라는 새로운 투자영역을 개발함으로써 거대한 양의 자본의 이용가능성을 높이는 것이며, 임금소득자와 노동계급의 소비의 다양화, 서비스의 상품화 추세에 발맞추어 관광 서비스를 상품화함으로써 그들에게 배분된 잉여의 일부를 다시 거두어 들이는 효과를 얻는 것이 된다(Ernest Mandel, *Late Capitalism*, 1975, 이범구 역, 『후기 자본주의론』, 서울: 한마당, 1985, 제12장, 특히 378-385쪽을 볼 것).

4. 도시개발정책의 분석

1) 제주시

제주시는 우리나라의 다른 일반적인 도시와 마찬가지로 오랫동안 배후 농촌의 중심지로서 종합적인 기능을 보유하는 도시의 역할을 담당해 왔다고 할 수 있다. 탐라국 시대 이래로 오랜 역사 속에서 섬의 관문으로 육지부와의 연결을 담당하면서 교역 상권의 지역중심을 형성하고 행정적 관리기능이 자리잡고, 이에 따라 도지역 사회의 선도적인 도시의 위치를 유지해 왔다. 해방 후에는 도청 소재지가 되었고, 1955년에 읍에서 시로 승격되었는데, 당시만 해도 제주시는 산업구조와 기능면에서 조선시대와 별로 다를 바 없었고, 인구 3~5만 정도 규모의 도시였다(제주시, 1985: 385). 이러한 제주시가 급격히 변화한 것은 1970년대로서 몇차례의 도시계획의 수립·재정비과정을 거치면서였다.

<표 3> 제주 도시계획의 변화

연도	명칭
1952	제주도시계획
1973	개발제한구역의 지정 고시
1974	제1차 도시재정비계획
1976	제2차 도시재정비계획
1984	제주도시기본계획

출처: 제주시, 1985, 384-402쪽.

<표 3>에서 보듯이 모두 다섯 차례의 도시계획이 발표되었는데, 계획은 1970년대에 집중되고 있다. 1952년의 계획은 제주시를 대상으로 한 최초의 도시계획이라는 의미 이상은 갖지 못한 채 실제 도시구조의 변화를 별로 가져오지 않은, 종이 위의 계획에 그치는 것이었다. 그리고 1985년에 발표된 기본계획은 1970~1980년대의 변화 방향을 그대로 따르면서 확대 추진하는 성격을 보여준다. 반면에 1973, 1974, 1976년의 도시계획은 관광산업을 중

심으로 하는 경제성장과 밀접히 연결되도록 제주시의 공간구조와 사회과정을 크게 변화시키는 방향으로 작성되었고 또한 강력히 시행되었다. 그러므로 제주시의 도시개발과정을 이해하기 위해서는 1970년대의 도시계획 발표내용과 그 시행과정을 집중적으로 분석해 보아야 할 것이다.

최초의 도시계획은 정식으로 시로 승격되기 이전인 1952년 제주읍 시대에 세워졌다. 이 계획은 1951년을 기준연도로 삼고 1981년을 목표연도로 삼는 장기계획이었지만, 계획인구 85,000명에 도시계획구역 면적도 19,245km^{2}에 지나지 않아 1970년대의 재정비계획과 비교해 보면 매우 적은 인구를 대상으로 한 좁은 지역이었으며, 그것도 주거지역을 지정하는 데서 그쳤지, 실질적인 변화를 가져온 것은 아니다(제주시, 1985: 385-386). 이 계획은 1950년대는 경제성장이 가속화되기 이전 시기였으며 도시화도 매우 느리게 진행되고 있었다. 따라서 도시개발에 대한 사회적 요구가 별로 심각하지 않았다고 볼 수 있다.

1973년에 있었던 제주시 개발제한구역(Green Belt)의 지정 고시는 제주시 자체의 내적 요구라기보다는 당시 급팽창하던 서울의 도시계획과정에서 제기된 개발제한구역 설치안을 지방의 주요 도시에 확대적용하면서 나온 것이다. 곧 인구가 폭발하던 서울시의 도시계획 경험에 근거해서 각 지방도시에서 앞으로 도시 팽창이 진행될 때 발생하리라 예상되는 혼란과 무질서를 미리 계획하여 막는다는 취지에서 실시된 것이다(김의원, 1982: 852-858). 이에 따라 1952년에 세워진 계획의 틀은 거의 손대지 않은 채 기존 도시계획구역 바깥으로 그 면적의 4배가 넘는 82.6km^{2}의 개발제한구역이 지정되었다(제주시, 1985: 386-387).

1974년 제1차 제주 도시재정비계획이 수립되었다. 이것은 1952년에 수립된 도시계획을 전면적으로 재조정하고 확대한 것으로 이때부터 실질적인 의미의 도시개발이 시작된다고 말할 수 있다. 재정비계획의 기본방향은 "제주 관광전역의 중심핵을 이루고 있는 제주시를 관광이 특화된 중추관리기능의 복합도시로서 그 기능을 원활히 수행할 수 있도록 도시 기반시설을 정비한다"는 것으로, 목표는 ① 항만 및 공항시설의 확장 및 정비, 관광 기반시설의 확충, 관광산업의 육성, ② 기존 불량 건축물의 정비, 상하수도 시설의 확충, 도시공해 방지, ③ 원활한 교통 소통을 위한 도로 확장, 가로망의 재정비, 에너지의 개선, ④ 교육·문화시설의 적정 배치, 유원지 개발, 시민복지시설과 건전시설의 확충, ⑤ 도시 생활권의 광역화 및 기존 시가지의 인구집중 억제 등으로 제시되었다(제주시, 1985: 387). 기본방향과 계획목표에서 알 수 있듯이, 도시재정비계획의 핵심은 제주시를 당시 본격적으로 추진하기 시작한 국가가 주도하는 관광산업 개발을 뒷받침할 수 있도록 제주시의 공간구조와 사회과정을 재편성하는 데 있었다.8) 그리고 이에 따라 제주시를 제주 관광권의 중심핵 도시로서 계획인구 22만, 관광객 20만을 수용할 정도로 규모를 늘리고 관광·상업기능을 집중적으로 확대하는 것이었다(제주시, 1976: 36).

이와 같은 도시계획의 전면적인 재조정 작업은 1973년부터 시작된 청와대 관광기획단의 '관광종합개발계획'을 뒷받침하기 위해 급작스럽게 이루어진 것이었다. 특히 계획구역 면적 전체를 대상으로 용도지역과 지구를 조정하는 토지이용계획을 수립하여 공간수요를 기능별로 배치하면서9) 기존 시가지를 관광·상업기능을 중심으로 재개발하기 시작하였다.

그러나 1974년부터 시작된 도시개발은 본격적인 개발사업이 막 실시되던

---

8) 계획의 핵심은 세 가지로 제시된 도시재정비계획의 필요성에도 잘 나타나 있다. ① 도시계획이 1952년에 수립된 후 불과 14년이 지난 1966년에 제주시의 인구가 이미 계획인구를 넘어 87,000명에 이르렀다. ② 기존 계획구역 안의 시가지에는 용도가 다른 건축물들이 마구 섞이면서 건설되어 상호간에 능률을 저해할 뿐만 아니라 도시환경을 악화시키고 있으며, 시가지가 무질서하게 평면적 확산을 계속하고 있다. ③ 제주도의 관광개발 열기가 높아지고 1973년에 제주도관광종합개발계획이 수립되면서부터 외부 자본의 집중적 투자에 의한 사회적 시설 규모의 확대 및 이에 부수된 각종 수요에 응할 조건을 현재 제주시의 도시구조는 전혀 갖추지 못하고 있다(제주시, 1985: 387). ①과 ②는 전부터 계속 존재해 온 제주시 자체의 내적 요구를 반영하는 것이며, ③은 국가 주도 아래 제주시 전역을 국제관광지화하려는 계획의 실질적인 거점도시로 제주시를 개발하려는 외적 요구를 반영하는 것인데, ①과 ②보다는 ③이 계획 추진의 실질적인 동기라 할 수 있겠다.
9) 주거지역, 상업지역, 공업지역과 같은 용도지역과 방화지구, 임항지구, 고도미관지구, 보존녹지지구, 자연환경보존지구 등의 용도지구가 설정되었다(제주시, 1976: 388).

초기의 1976년에, 말하자면 불과 2년 만에 다시 전면적인 수정을 거치게 된다. 수정 계기는 전국적인 차원에서 34개 시를 대상으로 실시된 '농지보전을 위한 도시계획 재정비'라는, 외부로부터 주어진 것이었다. 이 지시에 따라 제주시도 기존 토지이용계획 가운데에서 주거·상업·공업지역 면적을 축소하고, 자연녹지지역을 확대하는 수정작업을 실시하였다(제주시, 1976: 388-389). 그런데 이 수정계획안에 매우 중요한 사항들이 추가되었는데, 추가사항이란 다름아닌 신시가지건설계획이었다. 1974년의 도시재정비계획이 기존 제주시 중심부를 관광·상업기능을 확대하는 방향으로 재개발하도록 짜여진 것인데, 1976년의 수정작업에서는 기존 도심지역의 재개발사업을 축소하면서 도심에서 상당히 떨어져 있는 변두리에 신시가지를 건설함으로써 관광·상업기능을 신시가지를 중심으로 확충하도록 바꾸어 놓은 것이다. 이것은 1976년에 결정 고시된 제2차 도시재정비계획을 통해 구체화되었고, 1977년부터 연동지역의 2백만 평의 토지를 대상으로 하는 신제주 건설로 나타나게 되었다.[10]

  이러한 계획 수정의 이유는 무엇일까? 어째서 기존 시가지를 재개발하려던 계획을 신시가지를 건설하는 방향으로 바꾸었는가? 이 점을 설명하려면 드러난 목표와 감추어진 목표를 구별해 보아야 할 것이다. 먼저 계획안이 제시한 드러난 목표를 보면, "신시가지를 건설함에 있어서 무엇보다도 제주도적 현실과 지역적, 지세적 특성을 고려, 건설의 목적을 안정된 시범관광도시로서 지역간 균형발전을 도모하여 지역격차를 해소함은 물론, 기성 시가지의 지가 상승을 억제하고 주요 행정기관을 비롯한 업무시설을 유치함으로써 도시기능을 최대로 증진시키고, 저렴한 택지 공급으로 주택난 해결을 꾀함과 동시에 지역특성을 살리면서 도시공간의 조화있는 개발로 전원형 도시를 조성하는 데 두었다"고 밝히고 있다(제주시, 1976). 다시 말해서 신시가지는 관광도시 건설이라는 목표를 달성하기 위한 하나의 방법으로 채택된 것이다. 특히 신시가지 건설은 기존 시가지에서 멀리 떨어진 변두리를 도시로 개발함

---

  10) 이 보고서는 제주시가 의뢰하여 대지종합기술공사가 작성·제출한 것이다(제주시, 1976).

으로써 지역격차를 해소할 수 있고, 땅값이 싼 지역에 주택지를 조성하면 주택난을 해소할 수 있는 장점이 있다는 것이다. 그리고 이 신시가지를 활성화시키기 위해 주요 행정기관을 기존 시가지로부터 옮겨 온다는 방안이 추가되어 있다.

그렇다면 신시가지 개발의 감추어진 목적은 무엇일까? 여러가지로 생각해 볼 수 있지만 근본 동기 가운데 하나는 투자의 효율성을 높이려는 것으로 생각된다. 국가와 투자자본이 이미 생활공간으로서 다양한 기능이 혼재되어 있는 기존 시가지를 관광위락 중심도시로 재개발하려면 막대한 투자비용이 필요하므로, 투자비용을 가능한 줄이고 값싼 토지에 관광위락기능을 대규모로 집중·집적시키기 위해 기존 시가지 재개발 대신에 변두리의 값싼 토지를 중심으로 신시가지를 개발하려는 것이라고 생각된다. 기존 시가지를 재개발하여 관광산업이 요구하는 대규모 관광객을 수용할 숙박시설, 도로 교통망의 확장은 물론 그밖의 각종 기반시설을 충분히 확보하고, 쾌적한 분위기를 조성함으로써 국제수준의 관광도시로 만들기 위해서는 기존 시가지 건물의 상당한 부분을 철거하고 그 위에서 사업을 진행시켜야 하므로, 우선 땅값이 높기 때문에 투자비용이 클 뿐만 아니라 사적 토지소유를 법적으로 규제·수용할 때 발생하는 민간 소토지 소유자들과의 심각한 갈등이 커다란 장애요인으로 등장하여 많은 어려움을 겪게 된다. 그렇기 때문에 관광산업 관련 투자가들은 기존 시가지 토지소유자들과의 갈등을 피하면서 동시에 값싼 토지를 사들여 관광관련 시설을 건설하면 적은 자본의 투자로 높은 이익을 창출할 수 있음을 내세워 기존 시가지 개발보다 신시가지 개발을 선호하게 되며, 국가는 이러한 투자자본의 선호를 받아들여 정책에 반영하게 된 것이다.

신제주 개발사업은 모두 4단계로 구분되어 있는데, 그 가운데 1977년 3월부터 1978년 12월까지 1단계 사업이, 1979년 1월부터 1982년 12월까지 2단계 사업이 진행되었다. 사업을 위해 총면적 63만 평에 사업비 95억 5백만 원이 들었다.[11] 사업내용은 토지구획 정리와 도로, 상하수도, 공원, 전기, 전화

---

11) 투자된 사업비를 세부적으로 보면, 도로 개설 49.8km에 1,274백만 원, 도로 포

시설 같은 도시 기반시설로 구성되었다. 이 위에 도청과 같은 행정기관과 우체국, 전신전화국, 방송국 등의 공공기관이 221억 원을 투자하여 들어섰고, 호텔을 비롯한 각종 관광관련 시설과 상업활동체 등의 민간시설이 760억 원을 투자하며 들어섰다.

뿐만 아니라 신제주에는 기존 시가지에서는 찾아보기 어려울 정도로 상하수도, 공원과 같은 기반시설이 충분히 확보되었고, 도로폭을 넓히고 도시 설계에 따라 각종 건축물에 규제를 가해 향토색을 부각시키고, 대지 최소면적을 80평으로 규정하여 기존 시가지에서 보던 밀집현상을 없애며, 전기·전화 케이블선을 지하에 매설하고, 화단을 조성하여 깨끗하고 푸른 시가지가 되게 함으로써 전원 관광도시로서의 분위기를 조성하였다.

현재 신제주에는 제주도청을 비롯한 9개의 공공기관과 23개의 단체가 있으며, 그랜드·남서울·로얄·마리나의 4개 관광호텔과 8개의 일반 호텔, 30여 개 여관 등의 관광 숙박시설과 3백여 동의 상가가 들어서 있다. 특히 제주시 내 유흥음식점 57개 가운데 60%가 넘는 35개가 신제주에 밀집되어 있다. 반면에 주택은 수용계획 인구 2만 4천 명의 절반 수준인 1만 2천 명 정도만이 상주할 수 있는 1,179동의 단독주택과 54동(358세대)의 연립주택, 그리고 24동(825세대)의 아파트가 세워졌을 뿐이다(≪제대신문≫ 1985. 10. 31).

결과적으로 신제주 건설을 중심으로 하는 제주시의 개발은 도시공간 구조의 엄청난 변화를 가져왔다. 신제주는 국가가 적극적으로 개발사업을 주도하여 도시 기반시설을 정비하고 전원적인 분위기를 갖추는 한편, 공공기관을 기존 시가지로부터 옮겨 와 행정지원 기능을 갖춘 가운데 외부 민간자본의 대규모 투자로 관광호텔, 일반 호텔, 여관과 같은 숙박시설과 음식점, 술집, 유흥오락시설이 들어서서 관광산업활동을 전개함으로써 쾌적한 관광도시의

장 28km에 3,244백만 원, 인도 포장 6.4km에 310백만 원, 하수도 75km에 2,127백만 원, 상수도 40km에 514백만 원, 공원시설 9곳에 122백만 원, 그밖에 보상비와 용역비 및 전기·전화시설에 1,914백만 원이 들었다. 사업비는 체비지 매각비로 9,137백만 원, 국비 141백만 원, 지방비 2억 원, 그밖에 27백만 원을 충당함으로써 신제주지역의 토지구획 정리와 기반시설 정비에 필요한 토지비용을 대부분 체비지를 매입하는 토지소유주들에게 전가하였다.

건설이라는 목적에 걸맞는 지역공간이 형성되었다고 할 수 있다. 반면 또 다른 목적, 곧 저렴한 택지를 공급하여 주택난을 해소하고 도시인구를 분산시켜 지역간의 균형발전을 도모한다는 주민들의 생활공간 확보의 목적은 결코 충족되지 못하였다. 주택투자 부진으로 현재 계획인구의 절반 정도만이 살고 있으며, 주민들이 보여주고 있는 부정적인 반응에서 알 수 있듯이(≪제대신문≫ 1985. 10. 31), 신제주가 주민들의 생활공간으로서는 부적합한 지역이 되었다고 할 수 있다.

나아가 이러한 변화는 다른 한편으로는 기존 시가지(구제주)의 환경의 질을 향상시키는 데 필요한 재원과 행정능력이 신시가지 건설에 투자됨에 따라 기존 시가지의 발전이 상대적으로 늦어졌다는 점과, 신제주의 주요 상가지역 토지 및 건물의 소유와 각종 관광 설비투자가 주로 외부 자본에 의해 이루어지고 운영됨으로써 관광산업의 결과 발생하는 이익의 대부분이 섬 밖으로 빠져 나가고 있다는 점에서 부정적이다.

2) 서귀포시

1970년대의 제주도 도시개발이 제주시를 중심으로 진행되어 왔다고 한다면 1980년대에는 서귀포시로 점차 중심이 옮겨 가고 있다고 할 수 있을 것이다. 서귀포시는 제주도 제2의 도시라고는 하지만 도시로서의 역사는 매우 짧은 편이다. 조선시대까지만 해도 평범한 어촌에 지나지 않던 곳이 일제시대에 도제(島制)를 실시할 때 제주면에 도청을 설치하면서 서귀면에는 지청(支廳)을 두어 7개 면을 관찰하는 중심지가 됨으로써 성장하기 시작하였다(남제주군, 1986: 310). 당시 서귀포 개발은 일본 제국주의의 기존 중심지인 대정(大靜)과 정의(旌義)의 세력을 약화시키기 위한 정책적 대안이었던 셈이다. 해방 이후에는 1956년 제주읍이 시로 승격되자 곧이어 서귀면도 1958년 읍으로 승격되었다(남제주군, 1986: 315). 또한 1960년대부터 감귤농업이 활발해지면서 어업기지로서 뿐만 아니라 감귤 유통의 집산지로서도 기능하게 되어 서귀포는 꾸준히 발전을 거듭해 왔다. 그러나 이처럼 행정과 감귤 유통의 중심지로 자리를 잡으면서도 1970년대 중반까지만 해도 제주시와 비교할 때 사실상 서귀포의 도시적 발전은 매우 느리게 진행된 셈이다.

그러나 1970년대 중반부터 제주도 관광종합개발계획에 따라 중문관광단지가 개발되기 시작하고, 그밖에 천지연폭포를 비롯해 서귀포 주변 곳곳의 관광지가 정비되면서 서귀포시는 점차 관광개발을 지원하고 시설을 관리하는 기능을 담당하는 도시로 탈바꿈하기 시작하였다. 이러한 변화는 제주시가 그랬듯이 몇차례에 걸친 도시계획의 수립·재정비과정을 통해 표현되었다.

<표 4>에서 보듯이 모두 네 차례의 도시계획이 수립·발표되었으며, 제주시와 마찬가지로 1970년대에 집중적으로 도시계획안이 제시되었다. 그러나 제주시와는 달리 1974년과 1975년의 두 차례의 도시계획재정비안은 1965년에 발표된 서귀포 최초의 도시계획과 별로 다를 바 없이 도시구조를 크게 변화시킬 정도로 강력히 추진되지는 못했다. 이는 1970년대 제주도 관광산업과 관련된 도시개발 투자가 주로 제주시에 집중되었음을 말해주는 것이다. 오히려 서귀포 도시개발은 1980년대부터 본격화되었으므로 1985년에 발표된 도시기본계획을 집중적으로 분석해 보기로 하자.

<표 4> 서귀포 도시계획의 변화

연도	명칭
1965	서귀포 도시 계획
1974	서귀포 도시 계획 재정비
1975	서귀포 도시 계획 재정비
1985	서귀포 도시 기본 계획

자료: 서귀포시, 1985.

1970년대의 두 차례에 걸친 도시계획 재정비의 기본방향은 서귀포가 행정도시이면서 감귤 유통의 집산지이자 동시에 어업기지로서의 기능을 담당하는 도시로부터 관광산업의 중심도시로서의 기능을 확대시켜 나아가는 방향으로 전환하는 것이었다. 이 재정비계획은 서귀포가 아직 시로 승격되기 이전의 것이었고 그리 적극적으로 추진된 것은 아니었지만, 점차적으로 관광산업을 지원하는 방향으로 진행되어 갔으며, 이에 따라 도시공간 구조도 기존 시가지를 중심으로 동심원의 형태를 띠면서 외연적으로 확장되면서 변해 갔다.

1981년 서귀읍이 시로 승격되었는데, 이때 중요한 특징은 시 행정구역이 대폭 확장조정되었다는 점이다. 기존 서귀읍과 서귀읍에서 서쪽으로 멀리 떨어져 있는 중문면을 통합하면서 중간지역을 모두 시 행정구역에 편입시킴으로써 총면적이 264km^{2}으로 확대되었는데, 이는 총면적 254km^{2}인 제주시보다도 오히려 더 넓은 면적이었다. 그리고 계획구역도 기존 계획에서는 49km^{2}이던 것이 105km^{2}로 확대되어 두 배 이상 넓어졌다(서귀포시, 1985: 5). 서귀지역과 멀리 떨어져 있는 중문지역이 서귀포시로 편입됨에 따라 시 행정구역이 서귀읍 당시와는 전혀 다른 공간적으로 확대된 형태를 취하게 되었고,12) 이에 따라 도시계획도 전면적으로 다시 수립하게 되었다. 이에 따라 도시계획도 전면적으로 다시 수립하게 되었다.

도시기본계획은 서귀포시 당국이 1981년 7월 대지종합기술공사에 용역을 맡겨 1982년 6월에 완성하여 공청회를 거쳐 확정되었는데, 투기사건이 발생하자 대지종합기술공사와의 용역계약이 취소되면서 동양기술개발공사가 이어받아 약간의 수정을 거쳐 1985년 5월 완전한 보고서를 내놓았다(서귀포시, 1985). 계획안은 이미 정부당국이 확대설정해 놓은 시 행정구역과 개발방향의 테두리 속에서 짜여졌다. 계획내용을 보면 기존 서귀포 시가지와 중문지역을 동시에 개발하려는 것인데, 두 지역이 지나치게 멀리 떨어져 있어 상호연계나 연담 도시화의 가능성이 거의 없기 때문에 결국 중간쯤에 신시가지를

---

12) 행정구역을 중문까지 포함시켜 서부지역으로만 집중적으로 확장시킨 것은 서귀포지역은 물론 남제주군 주민 대부분에게 전혀 예상 밖의 행정조치로 받아들여졌다. 왜냐하면 1970년대까지의 서귀포 도시계획이 모두 기존 시가지를 중심으로 동심원을 그리며 외연적으로 확장되는 형태를 띠고 있었으며, 서귀지역 주변에서 도시화가 이미 상당히 진행되어 있고, 주민들이 서귀포시로 편입되기를 강력히 희망하던 지역은 오히려 위미를 포함한 동부지역이었기 때문이다. 또한 문화적 전통을 고려해 볼 때도 서귀지역은 중문 쪽인 서부지역보다는 조선시대 이전부터 정의현에 속하던 동부지역과 좀 더 동질적이었다.

개발하여 3핵 체제로 도시를 개발정비하는 것으로 되어 있다. 그래서 서귀지구는 교육·문화·관광기능을, 중문지구는 관광·위락기능을, 신시가지는 행정관리기능을 각각 담당하는 지구별 기능분담 체제를 갖추어 상호기능적으로 의존하게 만든다는 것이다(서귀포시, 1985: 43-55).

그렇다면 이렇듯 1980년대로 들어서면서 서귀포가 시로 승격되고 기존 행정구역의 몇배가 되는 광대한 지역(제주시보다 오히려 더 넓은 지역)을 대상으로 도시개발을 급속히 추진하게 된 동기는 과연 어디에 있을까? 나아가 기존 서귀읍의 도시공간을 주민의 내적 요구에 따라 중심지대로부터 외연적으로 자연스럽게 확대시켜 가지 않고, 기존 시가지로부터 멀리 떨어져 있는 중문지역을 일단 시 행정구역 안에 편입시켜 놓고 이에 맞추어 도시개발을 추진한 이유가 무엇일까? 그 설명을 위해서는 중문관광단지로 눈을 돌려야 할 것이다. 중문단지는 1970년대 중반부터 청와대 관광개발계획단이 작성한 제주도 관광종합개발계획의 핵심사업으로 개발이 시작된 곳이다. 앞에서 보았듯이 국가는 제주도 관광개발의 목표를 국제수준의 관광지 조성에 두고 있었기 때문에 대규모 현대식 시설을 일정한 지역에 집중적으로 건설할 필요를 느끼고 있었다. 그 대상지역으로 중문이 선정된 것이다. 그러나 그 뒤 추진과정에서 부분적인 계획 변경이 있었으며, 초기에 예정했던 단계별 사업들이 정부 지원사업의 부진과 민간자본의 투자 부진으로 상당한 어려움을 겪게 되었다. 현재는 국제관광공사가 맡아 개발사업을 계속 추진하고 있는데 개발기간을 수정하는 등 여러가지로 진통을 겪고 있다고 할 수 있다(제주도, 1985: 90-91).

이러한 점과 연결시켜 볼 때 1982년에 나온 도시계획은 국가가 중문지역을 관광단지로 개발하면서 부딪히고 있는 어려움을 타개하기 위하여 서귀포시 당국을 중문관광단지 개발을 지원하고 관리할 담당자로 세우려는 의도를 반영한 것으로 생각할 수 있다. 말하자면 서귀포시가 갖고 있는 인적 자원, 관리능력, 재정을 사용하여 중문단지 개발사업을 성공적으로 추진하려는 생각이 주요 동기가 되었다고 보는 것이다.

이제 기본계획의 내용을 좀 더 구체적으로 검토해 보자. 우선 계획된 사업은 2000년까지 모두 4단계로 나뉘어 추진된다. 1단계(1982~1986)에는 관광단지의 확충과 관광지구 개발의 착수, 도시 기반시설의 정비에 중점을 두는데, 사실상 중문지역 개발에 주된 목표를 두고 있다. 2단계(1987~1991)와 3단계(1992~1996)에는 신시가지를 집중적으로 개발하면서 부차적으로 중문지역과 기존 서귀지역 시가지를 재개발하는 데 중점을 두고 있다. 4단계(1991~2001)에는 3핵을 서로 연결시키며 도시·세력권을 더욱 확대한다는 목표를 제시하고 있다(서귀포시, 1985: 43-44). 말하자면 계획의 핵심을 1단계에는 중문지역에, 2·3단계에서는 신시가지를 집중개발하는 데 두었다고 할 수 있다.

<표 5> 서귀포 도시기본계획의 투자계획(1982~2001)

(단위: 백만원)

	합계	시당국	중앙정부	민간투자
총투자액	825,581	224,667	101,774	499,140
도시기반시설 (시가지, 정비, 개발, 도로 교통망, 통신·항만시설)	181,581	99,650	46,251	35,680
산업진흥 (농수산업, 상업, 공업, 관광)	191,115	50,710	33,325	107,080
* 중문관광단지	159,550	31,910	31,910	95,730
생활환경 (주택공급, 상수도, 하수도 및 청소, 에너지)	415,467	48,327	13,500	353,640
공원·녹지	12,620	10,320	2,300	-
사회개발 (의료·보건, 복지시설, 교육, 문화, 체육시설)	18,050	13,850	1,660	2,540
재해방지대책 (소방서, 소방장비)	1,330	-	1,330	-
도시행정 (시청, 동사무소)	5,218	1,810	3,408	-

출처: 서귀포시, 1985, 194-193쪽.

<표 5>는 서귀포 도시개발의 투자예정액인데, 공공투자(시당국과 중앙정부의 투자)와 민간투자의 비율이 각각 39.5%와 60.5%로 민간투자가 훨씬 큰 비중을 차지한다. 그러나 민간투자는 주택과 중문관광단지 시설의 건축에만 집중될 뿐이고, 도시기반시설, 상·하수도, 공원·녹지는 대부분 공공투자로 정비·건설된다. 여기서 생각할 것은 투자의 대부분이 이미 시가지가 형성되어 있는 서귀지역이 아닌 중문지역과 신시가지 개발지역에 소요된다는 점이다.

이상 간략히 검토해 본 서귀 도시개발계획은 이제 개발 초기단계에 있기 때문에 그것이 실제로 서귀포시의 공간구조를 어떻게 변화시켰는가를 평가하기에는 아직 이르다. 그러나 이 도시계획에는 주민들의 내재적인 욕구보다는 국가와 투자자본가들의 관광개발을 추진하려는 욕구가 훨씬 강하게, 우선적으로 반영되고 있다. 도로 교통망, 상·하수도, 공원 등 기반시설이 주민들의 생활에 편리한 형태로 갖추어지기보다는 관광객의 편의를 도모하고, 그들을 수용할 숙박·위락시설에 적합한 형태로 갖추어지며, 은행·우체국·시장도 주민의 생활보다는 관광객들이 이용하기 유리하게 공간적으로 배치되는 것이다. 서귀지역을 뒷전에 미루어 놓고 중문지역과 신개발지를 중심으로 도시개발을 추진한다는 사실 자체가 이러한 변화방향을 말해주는 것이다.

5. 개발이익의 분배구조

앞에서 도시계획의 목표는 도시의 성장과정에서 발생하는 각종 사회문제와 갈등을 해결하고, 개발이익이 각기 이해관계를 달리하는 계급, 또는 사회집단들에게 골고루 돌아가도록 재분배하는 데 있다고 지적한 바 있다. 그러나 제주시와 서귀포시의 개발과정을 검토하면서 이미 도시정책의 방향부터 특정계급에게 유리하게 설정되었음을 알 수 있었다. 제주도 도시개발정책의 기본방향은 관광산업을 중심으로 하는 산업구조의 개편과정에서 관광산업을 활성화하기 위해 필요한 각종 기반시설을 제공하고 관리하는 쪽으로 설정되었고, 이에 따라 도시개발이 이루어져 왔다. 이러한 개발방향은 제주도 주민들의 내재적인 욕구가 구체화되면서 정해진 것이라기보다는 제주도지역을 관광산업 발전의 최적지로 생각하고 있는 국가와 투자자본의 요구가 주로 반영되면서 설정된 것이었다. 이 때문에 제주도 도시개발은 주민들의 삶의 질을 향상시키는 방향으로의 변화를 제한하면서 투자자본가들이 관광산업에 지속적으로 자본을 투자하고 개발이익을 거두어 가기에 유리하도록 도시 기반시설을 정비·관리하고 도시공간 구조를 변화시키는 방향으로 진행되어 온 것이다.

이와 같이 도시개발정책에서 나타나는 근원적인 도시개발이익의 불평등한 분배구조 말고도 우리가 주목해야 할 또 하나의 현상으로 흔히 토지투기라고 부르는 현상이 있다. 토지투기란 공공투자가 이루어지면서 특정한 도시공간의 사회적 가치가 상승할 때, 해당 토지의 대량 매입을 통해서 상승하는 사회적 가치, 곧 개발이익을 소수의 부동산 자본가들이 독점하는 현상을 가리킨다.[13] 전국적으로 도시개발과정에서 흔히 발생하고 있는 토지투기 현상은 신제주 개발과 서귀포 도시개발과정에서도 예외없이 나타났고, 그것도 투기과열로 인식될 정도로 심각한 것이었다.[14] 이 때문에 도시개발과정에서 발생하는 개발이익이 도시의 소 토지소유자나 중간 이하의 소득층에게는 거의 분배되지 않았고, 주로 외부의 대규모 부동산 자본가들과 일부 도내 상층 주민들의 토지 독점을 통해 전유된 것으로 평가되고 있다.

이 장에서는 이러한 토지투기를 통한 개발이익의 독점현상을 검토하려고 한다. 개발이익을 독점하려면 자신이 소유하고 있는 토지에 유리한 방향으로 도시계획안이 결정 또는 변경되도록 영향력을 행사하거나, 아니면 도시계획의 내용을 발표되기 전에 미리 탐지하여 필요한 정보를 빼내야 한다. 그러나

---

13) 한국사회에서의 토지투기 현상에 관한 자세한 논의는 황명찬, 『토지정책론』, 서울: 경영문화원, 1985를 참조할 것.
14) 제주도에서의 토지투기 현상은 이미 1960년대부터 감귤농장, 목초지 등을 대상으로 광범위하게 진행되어 온 것으로서, 투기과정에서 빚어진 주민들과의 갈등이 여러 차례 표면화된 바 있다. 상세한 내용은 강남규(1985)를 참조할 것.

일반적으로 도시계획이나 실제 집행과정에서 벌어지는 각종 이권 개입의 양상, 또는 도시계획안이 사전에 흘러나가는 경로는 대부분 베일에 싸여 있기 마련이며, 이와 관련된 자료 역시 남아 있지 않거나 일반 연구자들이 접근하기 어렵게 되어 있다. 그러므로 이미 공개되어 있는 자료만을 바탕으로 분석하게 되면 피상적인 관찰에 머물기 십상이며, 설령 비공개 자료나 증언을 수집하였다 하더라도 얼마나 글로 써서 발표할 수 있을지 또한 의문이다. 이러한 한계를 가능한 한 극복하면서 토지독점 현상을 설명하기 위한 일환으로 서귀포시 개발과정에서 발생한 이정식사건(일명 대지공사 토지투기사건)을 검토하려고 한다. 이 사건을 보기로 선택한 이유는 비교적 단순하다. 그것은 이 사건의 내용이 신문 지상에 이미 발표되어 자료에 대한 접근가능성이나 공개적으로 취급할 수 있는 정도가 다른 보기들보다도 훨씬 높기 때문이다. 물론 서귀포 도시개발과정에서 미리 정보를 입수하여 토지를 대량 매입한 자본가들은 많이 있다. 이정식의 경우는 그 일부에 지나지 않는다. 그러나 이 사건을 통해서 개발이익의 분배구조를 결정짓는 요인을 일부나마 검토할 수 있을 것으로 생각한다.

이미 알고 있듯이 1984년 7월 2일 신문에 의해 공개되고 사회적으로 문제화된 이정식사건은 서귀포 도시개발기본계획의 기술 용역을 맡은 대지공사 대표 이정식이 계획안의 정보를 이용하여 미리 개발 예정지를 사들여 개발이익을 독점한 사건을 가리킨다. 서귀포 도시기본계획의 작성작업은 국가로부터 권한을 위임받은 지방관료, 곧 서귀포시 행정관료들에 의해서 전문적인 도시계획 용역업체에게 주어졌는데, 수의계약 형식으로 대지종합기술공사가 1981년 7월 용역을 맡았다. 대지종합기술공사는 당시 국내 197개 기술용역 회사 가운데 상위에 속하는 대형업체로서, 1977년의 반월, 창원, 여천공단 도시 설계, 서울시의 2000년대 대도시 기본계획, 1978~1979년 과천 신시가지 설계를 비롯한 주요 설계사업과 서울 가락지구 구획정리 사업들을 맡아 왔으며, 제주에서는 1977년의 신제주건설계획은 물론 오랫동안 한림, 남원, 대정, 성산지역 기본계획과 같은 수십 가지의 용역을 거의 독점해 오고 있었다.[15] 이러한 높은 계약실적과 대표인 이정식의 활발한 정치참여 경력,[16] 그리고 퇴직한 시·도청 간부들을 다수 고용한 사실17)들을 연결시켜 볼 때, 대지종합기술공사는 용역주문을 받는 과정에서 정치권력의 도움을 받았음을 쉽게 추측할 수 있다.

도시계획안은 계약 1년 뒤인 1982년 6월에 제출되었다. 제출된 계획안은 모두 4개의 시안으로서, 이 가운데에서 서귀포시 당국이 공청회 등을 통해 여론을 수렴하여 최종안을 결정하도록 되어 있었다. Ⅰ안은 서귀지역을, Ⅱ

---

15) 《조선일보》(1984. 7. 26)에 밝혀진, 국세청이 발표한 대지종합기술공사의 설계 용역 수주상황은 다음과 같다. 표에 나타난 계약실적과 도급순위로 미루어 볼 때 이정식이 공화당 정권과 유착관계를 형성하고 있었고 그 때문에 1979년대에 계속 선두자리를 유지해 왔지만 1980년대로 들어서면서 새로운 정권이 등장하자 점차 하강곡선을 긋는다고 유추해 볼 수 있다.

연도	총계약 실적			(주)대지종합기술공사 계약 실적			구성비	
	업체수	건수A	금액B	건수a	금액b	도급순위	건수 a/A	금액 b/B
1973	58	498	1,139,886	40	211,422	1	8.03	18.55
1974	79	851	2,615,130	74	333,577	1	8.69	12.75
1975	92	1,533	5,650,236	72	606,264	1	4.70	10.73
1976	123	2,127	8,574,384	54	442,128	3	2.54	5.16
1977	121	2,683	15,239,867	75	1,582,200	2	2.80	10.38
1978	132	3,263	28,941,984	73	1,673,049	2	2.25	5.78
1970	161	3,579	46,947,334	84	2,589,023	2	2.34	5.51
1980	163	3,395	95,073,932	81	3,460,024	6	2.38	3.14
1981	165	3,597	72,532,024	17	1,187,270	17	0.47	1.64
1982	124	3,554	74,580,916	32	1,118,997	23	0.90	1.50
1983	175	3,662	87,223,873	36	716,787	26	0.98	0.82

16) 《제주신문》 1984. 7. 9; 《조선일보》 1984. 7. 10.
17) 현재까지 밝혀진 이정식(李正植, 56세)의 학력·경력·정치활동 내용은 다음과 같다. 고향은 경북 성주군, 대구사범대학교 출신, 건국대 정외과와 연세대 대학원 정외과를 거쳤고, 서울대 행정대학원 발전개발과정 졸업. 6·25를 전후해 장교로 입대했다가 대위로 예편. 국회의원 비서관을 지냄. 5·16 후에 예비역 장성이자 내무부장관을 역임한 Y씨의 비서관을 거쳐 토지개발공사에서 잠시 일하다 1965년 현재의 대지종합기술공사를 설립함. 대한기술용역협회 회장과 세계만국박람회(엑스포 70) 한국기업대표단 단장 역임. 1972년과 1978년 서울 마포구에서 1, 2대 통일주체국민회의 대의원으로 피선, 서울시 운영위원을 지냄. 1980년 10월 국보위 입법의회 의원으로 임명됨. 1984년 당시 평화통일자문회의 부의장을 지냄(《조선일보》 1984. 7. 10; 《서울신문》 1984. 7. 10).

안은 중문지역을 중심으로 개발하는 계획이고, Ⅲ·Ⅳ안은 서귀지역과 중문지역 중간쯤에 신시가지를 개발하는 계획이었다.18) 6월 26일 개최된 공청회에는 도와 시당국 관계 공무원, 대지공사, 대지공사측이 서울에서 초빙한 교수 2명, 그리고 서귀포 주민대표들과 학계 인사들이 참석하였다. 서귀포시 주민대표와 제주대 교수들은 신시가지 개발안에 반대, Ⅰ안에 가까운 기존 서귀지역을 발전적으로 확대하면서 개발하는 방향으로 주장하였다. 반면 대지공사측과 서울에서 내려온 대학교수들은 Ⅳ안, 곧 고근산 서남쪽 신머들 일대를 신시가지로 개발하는 방안을 강력히 주장하였다. 이러한 대립은 결국 국가 및 투자자본가들이 설정한 관광중심의 개발방향과 부차적으로는 미리 대량의 토지를 매입해 놓고 가격상승을 기다리는 이정식을 포함한 부동산 자본가들의 욕구가 결합하여 서귀포 주민들의 서귀지역을 중심으로 하는 개발 욕구와 부딪히면서 표면화된 것이었다. 이러한 대립의 표면화에도 불구하고 서귀포시 당국은 Ⅳ안을 별다른 수정없이 최종안으로 결정하여 건설부의 승인을 받고 말았다.19)

1982년 4월 이정식의 장남 이근승은 서귀포시 정방동으로, 큰딸 이현자와 둘째 아들 이상헌은 남제주군 남원읍 위미리 토지 매입을 위해 각각 위장전입하였다. 이들은 서호동 신시가지 개발 예정지구의 토지는 물론, 법환동·강정동 일대의 토지를 현지유지들과 중개인을 앞세워 토지개발계획안 축소도면을 들고 다니며 대량 매입하였다.20)

---

18) 《동아일보》 1984. 7. 4.
19) 네 가지 계획시안의 상세한 내용은 서귀포시, 1985, 48-53쪽을 볼 것.
20) "당시 공청회에서는 서귀포 주민대표와 제주대학 교수를 비롯해서 이 곳 실정을 잘 아는 사람들이 △신시가지를 조성하면 기존 시가지가 슬럼화할 우려가 있다. △신구시가지가 저지대를 사이에 두고 있어 연결이 잘 안되고 거리도 너무 멀다. △현시가지로도 20만 인구 정도는 포용할 수 있으므로 신시가지를 만들면 농경지만 상실한다. △서울 등지의 땅투기꾼이 농간을 부릴 우려가 있다는 등의 이유로 한결같이 반대했다는 것이다. 그런데도 당시 이씨의 영향을 받은 것으로 보이는 서울의 대학교수 2명이 △중문지역 주민의 소외감을 해소하기 위해 신시가지 조성이 불가피하다. 중문을 관광단지로 실효성 있게 키우기 위해서는 신시가지를 조성해야 한다. △서귀포 일대를 전원도시로 만들어야 한다는 등 현실성 없는 주장

<표 6>은 1984년 7월에 사건이 공개되었을 때의 것이므로, 표에 발견된 토지는 그 전에 이미 매입했던 토지 가운데 상당한 부분을 매각한 나머지일 가능성이 높다. 따라서 이정식이 실제로 토지투기를 통해 거두어들인 이익은 공개된 것보다 훨씬 많았을 것이다. 그리고 남아있는 토지 가운데 시청사 건립 예정지역 일대의 토지가 포함되어 있다는 것은[21] 토지를 매입할 때 지가 상승률이 가장 높게 예상되는 지역의 토지만을 정확한 정보를 근거로 매입하였음을 말해준다.

<표 6> 이정식의 제주도 부동산 매입 상황

지역	지목	면적(m^2)	매입시기	사고
서귀포시 서호동*	-	2,971	1982. 4. 21	신시가지 개발 예정 구역임(이 가운데 시청사 건립 예정지역이 포함되어 있음).
〃	임야	1,497	1982. 5. 14	
〃	과수원	2,049	1982. 5. 14	
〃	임야	2,714	1982. 6. 21	
강정동	임야	11,374	1982. 7	
〃	임야	3,241	1982. 7	
소계**		23,846		
서귀포시 법환동	과수원	4,321	1982	민속촌 개발 대상 주변지역임.
남제주군 표선면 가시리	임야	17,609		
		337,421		
소계		359,351		
합계		383,197		

주 1) * 서귀포시 서호동 일대의 부동산 소유 면적은 합계가 9,231m^2인데 ≪동아일보≫(1984. 7. 10)에는 26,351m^2로 조사되어 있다.
   2) ** ≪조선일보≫(1984. 7. 26)에 따르면 당시 국세청 공식발표는 61,426m^2 (18,614평)임.
자료: ≪제주신문≫ 1984. 7. 2; ≪동아일보≫ 1984. 7. 9.

또한 표에 나타난 토지의 대체적인 가격변화를 보면, 1982년 당시 과수원

을 내세워 대지종합기술공사에 의한 신시가지 조성계획을 찬성하고 나섰다는 것이다. 결국 이씨의 토지투기사건이 표면화되자 당시 주민들의 의사와 동떨어진 신시가지 조성계획을 확정한 관계당국과 이씨에 대한 비난이 빗발치고 있다"(≪동아일보≫ 1984. 7. 10).
21) ≪동아일보≫ 1984. 7. 9; ≪제주신문≫ 1984. 7. 2, 7. 9.

평당 평균 5천~1만 원, 임야 2~3천 원이던 것이 1984년에는 과수원 4~5만 원, 임야 2~3만 원으로 급상승하고 있다.22) 이는 불과 2년 동안에 과수원은 5~8배, 임야는 10배 정도씩 가격이 오른 것으로써, 도시개발과정에서 발생하는 개발이익을 독점하는 이와 같은 경우가 아니면 쉽게 찾아보기 어려운 현상이다. 이러한 급속한 재산증식은 다른 한편으로는 전에 토지를 소유하고 있으면서도 정보에 어두워 자신의 토지를 팔아버린 소토지 소유자들에게 주어질 개발이익을 가로챈 결과임을 지적해야 할 것이다.23) 기생적 투기적 성향의 부동산 자본의 활동이 활발해질수록 파편화되어 있으면서 가장 폭넓게 존재하는 소토지 소유권자인 쁘띠 부르주아지들이 차지하게 될 개발이익의 분배몫은 점점 줄어드는 것이다.

이상 불충분하지만 이미 발표되어 있는 자료를 근거로 하여 이정식의 토지투기 행위에 관해 간략히 정리해 보았다. 앞에서도 지적했듯이, 이것은 여러 경우 가운데 하나에 불과하다.24) 다만 이를 통해서 전체적인 불평등한 분

---

22) ≪조선일보≫ 1984. 7. 26.
23) ≪조선일보≫ 1984. 7. 26.
24) 이와 관련하여 매입방법을 살펴보자. 우선 대부분의 토지를 현지 중개인, 또는 유지들을 앞세워 사들이면서 자신의 신분을 감추었으며, 농지보호법상 외지인의 소유가 불가능한 과수원을 매입하기 위해 가족들이 1982년 4월 위장전입했다가 땅매입이 끝나자 서울로 주민등록을 옮겼다(≪제주신문≫ 1984. 7. 2; ≪동아일보≫ 1984. 7. 9). 또한 꼭 필요한 토지가 있으면 외곽지대의 토지를 모두 사들여 통행로를 막아 억지로 팔게 하거나, 앞으로 개발될 토지의 주인에게 변두리의 더 넓은 땅을 주고 맞바꾸는 방법 등을 이용하기도 하였다(≪서울신문≫ 1984. 7. 11). 이 점을 공개적인 자료를 통해 파악하기란 현재로서는 불가능하다. 그러나 서귀포시에 거주하는 오○○(50세)와의 면담에 의하면, 신시가지 개발예정 지역의 토지 가운데 적어도 50% 이상이 원래 토지소유자로부터 대규모 부동산 자본가에게 소유권이 넘어간 상태라고 한다. 그는 특히 고위층 육○○씨 집안이 중요한 토지를 10만 평 이상 소유하고 있다고 주장하였다. 또한 ≪동아일보≫(1984. 7. 10)를 보면, 1981년 말 이미 서귀포시에서 서울의 부동산 자본가들이 토지를 대량 매입하기 시작하였다. 이때 제주도 당국이 조사에 나선 결과, 대지종합기술공사의 도시계획안이 사전 누설된 사실을 밝혀냈으나, 서귀포시 도시과장만 감봉·좌천시키고 그 이상 조사를 하지 않은 채 덮어버렸다. 이는 이정식 이외의 다른 투기자들을 가리키는 것으로 권력에의 접근가능성이 높은 자본이 도시계획안을 제공받아 토지를

배구조를 추론할 수 있을 뿐이다.

6. 맺는말

지금까지 제주도의 도시개발정책과 개발이익의 분배구조를 분석함으로써 도시개발의 기본논리를 설명해 보았다. 이러한 작업을 통해 밝혀보려고 했던 내용은 한국사회에서의 도시변동이 정치적·경제적 요인에 의해서 어떻게 규정되는가, 구체적으로는 각 계급 사이의 이해관계의 대립·갈등관계가 도시변동에 어떤 방식으로 작용하며, 동시에 도시변동이 각 계급에게 어떠한 차별적인 영향을 주는가 하는 것이었다. 물론 이러한 문제의식이 실제 분석과정에서 충분히 반영되었다고 보기는 어려울 것이다. 선행 연구가 거의 없다는 점은 물론 정책 결정과정이나 토지소유 상황 변동을 분석하는 데 필요한 자료들이 대부분 접근하기 어려운 상태에 있었기 때문에 자료의 제약은 연구의 진전을 가로막는 중요한 요인이었다. 그러므로 이 글은 제주도 도시개발에 관한 심층적 분석이라기보다는, 앞으로의 본격적인 연구를 위해 포괄적으로 윤곽을 제시하는 수준에서 그친 것이라고 할 수 있겠다. 다만 도시개발에 관한 사회학적인 연구가 이제 시작되는 단계임을 감안할 때 조금이나마 의의를 찾을 수 있으리라 생각한다.

이제 이 글에서 미처 다루지 못한 문제점을 지적해두기로 하자. 먼저 도시계획안의 내용을 중심으로 도시개발의 방향을 분석했을 뿐, 실제로 나타나는 도시공간 구조의 변화와 이에 따른 사회과정의 변화 양상은 분석해보지 못했기 때문에 유기적인 파악을 못했음을 들 수 있다. 그러므로 논의 자체도 가설적인 성격이 짙다. 이 점을 극복하려면 현지 답사와 관계 인사들과의 면담을 통한 자료수집 작업이 반드시 필요하다. 다음으로 도시개발과정과 개발이익의 분배구조를 분석하면서 계급구조와 적절히 연결시켜 설명하지 못한 점

매입했다고 볼 수 있을 것이다.

을 들 수 있다. 이는 특히 개발이익의 분배구조를 분석할 때 부동산 자본가들의 토지 독점을 통해 불평등한 분배구조의 한 측면만을 설명함으로써 나타난 문제점이다. 특히 하위계급 주민들이 도시개발로 불이익을 받게 되는 과정, 주민들의 생활상태의 변화를 추적분석하고, 일반 주민들의 주체적 대응문제를 검토해 보아야 한다. 물론 조직적인 도시지역운동이 표면화된 경우를 발견할 수 없었기 때문에 다루지 못한 것이기는 하지만, 운동이 조직화되지 못하고 있는 구조적 원인을 찾는 일을 비롯해서 다양한 노력이 요구된다. 이 작업이 진전되어야만 개발이익의 분배구조가 명확해질 것이다.

참고문헌

강남규. 1985, 「제주도 토지투기 실태」, 『현장 3 - 삶의 터전을 지키기 위하여』, 돌베개.
고남욱·고창훈·유철인. 1985, 「한국사회에서의 도서와 육지간의 접합에 관한 연구 - 제주도의 경우」(미발표 원고).
권태환. 1984, 「한국사회학에 있어서의 도시연구」, 《한국사회학》 18집(여름).
남제주군. 1986, 『남제주군지』.
서귀포시. 1985, 「서귀포 도시기본계획」.
유우익. 1983, 「한국 지리학에서의 지역정책의 쟁점」, 《지리학논총》 10호, 한울.
제주도. 1983, 「특정지역 제주도종합개발계획(안) 제6권 - 계획의 집행과 관리」.
_____. 1985, 「특정지역 제주도종합개발계획 - 계획의 기조 및 요약」.
제주시. 1976, 「제주도시재정비계획」.
_____. 1985, 『제주시 30년사』.
Castells, M. 1977, *The Urban Question*, London: Edward Arnold(프랑스어 판은 1972).
Harvey, D. 1973, *Social Justice and the City*, 최병두 역, 1983, 『사회정의와 도시』, 종로서적.
Lamarche, F. 1976, "Property Development and the Economic Foundations of the Urban Question," 조성윤·이준식 역, 1986, 「부동산개발과 도시문제의 경제적 기초」, 『도시지역운동 연구』.
Lojkine, J. 1976, "Contribution to a Marxist Theory of Capitalist Urbanization," C. G. Pickvance(ed.), *Urban Sociology: Critical Essays*, London: Tavistock, 조성윤·이준식 역, 1986, 『도시지역운동 연구』(제1장), 세계.
O'connor, J. 1973, *The Fiscal Crisis of the State*, New York: St. Martin's Press.

제주마을의 공동생활권으로서의 성격과 그 변화

신행철

1. 서론

1) 연구의 목적 및 필요성

이 연구는 제주도 농촌지역사회의 생활권을 마을 단위에 관련지어 논의함으로써 한국에 있어서의 전통적 생활터전인 마을의 생활권으로서의 의미를 규명하고 오늘날 개발과정을 거치면서 그 성격이 어떻게 변화되었는지를 살펴보려는 데 그 목적이 있다.

지역사회학에서 지역사회(community)라고 하면 지역사회 주민의 공동생활의 지리적 범위 곧 지역생활공동체를 말하는 것인데 그것은 사람들이 "가정을 유지하고 생계비를 벌고 자녀를 양육하고 대부분의 활동을 수행하는 장소라고 할 수 있다"(Poplin, 1985: 23). 농촌사회학에 있어서 지역사회 연구는 생활권이론의 입장을 취하게 되고(松原治朗, 1981: 7-9) 이때 지역사회는 맥이버(MacIver, 1917, 1949)의 개념인 '공동생활의 일정 권역'이라는 개념에 기초해서 농촌주민의 공동생활권역으로 보게 되는데, 이 연구에 있어서 공동생활권은 바로 이런 의미로 쓰고 있다.

한국농촌에 있어서 보면 농민들은 일정의 지역단위에서 공동생활을 영위·유지하여 왔다. 그 생활의 지역단위는 지역사회 주민들이 그들의 생활에서 필요로 하는 기본 수요를 충족시킬 수 있는 생활의 장으로서 농민들의 일상적이고 가장 기본적인 생활의 공간단위라고 볼 수 있을 것이다. 이를 농촌의 공동생활권이라고 하거니와 이러한 생활권의 기초단위로서 우리는 일차적으로 마을이라는 생활공동체를 들 수 있을 것이고 이 마을 공동체의 단위를 넘어 어떻게 그 생활권이 확대되고 있는가에 따라 보다 큰 이차적 생활권을 생각해 볼 수 있을 것이다. 만일 농촌 마을에서 공동체적 생활권이 그 의미를 상실하고 있다면 한국의 전통적 농촌은 해체 국면을 맞는 것이 될 터이고, 그대로 남아 있다고 하더라도 그 생활권 단위에서의 공동체적 삶의 모습과 내용은 달라져 있을 것이다.

제주도의 경우 1985년부터 1991년까지 7개년 동안 제1차 종합개발계획에 의거한 개발이 가속화되어 왔고 이에 따라 제주도민의 생활 터전이 상당한 정도로 변화되었을 것으로 여겨진다. 그러나 그러한 사회적 변화에 대한 연구가 전무한 상태이다. 이에 이 연구는 그 사회적 변화의 내용을 생활권의 개념을 중심으로 구명하여 보려 한다.

주지하듯이 한국에 있어서 마을은 전통적으로 한국농촌의 사회·문화적, 심리적, 경제적으로 중요한 생활권의 단위가 되어 왔다. 말하자면 우리나라에 있어서 전통농촌은 자치적 지역집단으로서의 마을공동체(최양부, 1985: 129)인 것이며 한국의 농촌사회에 있어서 이 마을공동체는 '자족적인 사회적 통일체로서의 생활권'인 것이다. 외부와의 다양한 관계를 맺고 외부로부터 영향을 받는 도시화·개방화의 상황 속에서도 직접적이고 피부에 와닿는 생활경험의 대부분은 마을이라는 지역단위 수준에서 이루어지고 있다고 하겠다. 따라서 마을의 생활원리를 밝히는 것은 전통농촌을 이해하는 데 중요한 의미를 갖는 것이다. 근래 개발과정에서 광역생활권이 형성되고, 도시-농촌 종합적인 농촌지역 종합개발방식의 도입과 더불어 '정주생활권' 개념이 도입됨으로써 마을의 생활 공간으로서의 의미는 크게 달라지고 있으리라고 생각된다. 이러한 상황에서 생활 공간으로서의 전통적 중요성과 의의를 지니고 있는 마을단위에 대한 학문적 접근은 중요한 의미를 갖는 것이라고 생각한다. 한편 농촌개발전략을 위한 방안을 모색하고자 할 때, 그리고 지방자치 하위권역을 합리적으로 재편성하려 할 때 생활권에 관련한 이러한 연구는 중요한 의의를 갖는 것이며 따라서 이 연구의 필요성이 있다고 본다.

 2) 연구방법

 농촌 지역집단에 대한 고전적인 연구방법으로는 농촌지역공동체에 대한 연구의 경우, 공동생활권을 중심지의 입장에서 중심지의 세력권으로 파악코자 하는 방식을 취함으로써 농촌 중심지(village)의 상품이나 서비스 공급자를 면접하여 거래하는 농가의 중심지로부터의 거리와 위치를 묻거나 농가를 대상으로 그 시설 이용 중심지명과 그 위치를 물어서 지도상에 그 권역을 표시하는 식의 보다 큰 농촌지역공동체에 대한 연구방법이 있고, 농민들이 상호 방문하는 권역으로서의 지역집단인 근린집단(이웃) 연구의 경우, 누구를 근린으로 보는가를 묻거나 자기 근린의 지명을 묻는 방법이나 공통된 활동 혹은 관심에 의하여 확인하는 방법을 사용하였다.[1]
 종래의 연구들은 중심지를 중심으로 그 주변 지역과의 관계를 연구하는 경우가 대부분이었고 주변지역의 주민측에서 접근하는 생활권의 연구는 많지 않았다(전경숙, 1987). 말하자면 그 연구의 경향은 대체로 중심지 중심의 농촌지역공동체의 범역을 알아 보고자 하는 중심지 세력권 연구였다.
 이 연구에서는 종래의 연구 입장과는 반대로 주변 지역의 입장에서 공동생활권에 접근한다. 그리하여 주변지역에 해당하는 농촌의 마을 주민들에게 일상생활의 여러 측면에 걸쳐서 자신이 거주하는 마을내에서 자신들의 생활 욕구를 얼마나 충족하고 있는지를 묻고 그에 대한 주민들의 대답을 백분율로 통계처리하고 이 백분율에 의해 주민들의 마을내 생활밀도를 파악하고, 그들의 지역 중심지(읍·면소재지와 시 지역)와의 기능적 연계 정도를 따져 봄으로써 마을이라는 지역공동체의 공동생활권적 성격을 밝혀 보고자 한다. 말하자면 마을 주민들의 그들 마을내에서의 생활밀도, 즉 주민생활에 관련하여

---

 1) 보다 자세한 논의는 최재석(1975: 1장 1절)을 참고할 것.

마을 구심성의 정도를 백분율로 환원하여 이 백분율을 가지고 마을의 공동생활권의 지표로 삼고자 하는 것이다.

이는 마을 주민들이 제반 생활영역에 걸쳐 어느 정도 자신의 마을내에서 자신들의 생활욕구를 해결하고 있는지를 백분율 지표에 의해 파악한다는 입장인 것인데, 그 백분율은 곧 마을내 생활밀도를 나타내는 것이면서 마을 구심성의 정도를 나타내는 것이다. 이 백분율을 척도화함으로서 마을간 비교기법으로 사용하고자 한다. 이 기법을 '백분율 척도기법'이라 할 수 있을 것이다. 그리하여 여러 생활영역에 걸쳐 성립하는 공동생활권마다 '마을○○권율 척도'(예: '마을통혼권율 척도')가 만들어지고 이 척도상에 연구대상 마을들을 그 마을마다의 마을내 생활 백분율에 따라 배열하고 비교분석하게 된다.

마을 공동생활권의 변화를 알아보기 위하여서는 1985년의 시점과 1992년의 시점에서의 마을 구심성의 정도, 즉 마을 공동생활권율(백분율)을 비교하는 방식을 택하였는데 이 두 시점을 택하게 되는 이유는 이 두 시점 사이에 제주도에서는 전국 최초이며 유일하게 '특정지역 제주도종합개발계획'을 수립·실시함으로써 제주 전체 지역사회가 현저한 변화의 계기를 맞을 가능성이 있는 것으로 보았기 때문이다.2) 1985년의 시점은 우리나라에 있어서 고도 경제성장기 후기에 들어서는 시점으로서 생활권적 의미에서 보면 이 시점에서 5일 시장과 같은 정기시장이 잔존하면서도 그 기능이 약화되고 도시시설이 마을 주민들의 생활행태의 중심으로 되는 '도시적 혼합시스템'3)이 성립한다(전경숙, 1987: 54-55). 양 시점에서 비교하는 방식은 시간적 간격을 두고 같은 마을을 재조사하여 변화의 경향성만을 밝히는 동일집단 반복조사의 방식을 택하였다. 다만 통혼권(혼인권)의 경우만은 1992년 현재 조사 시점에서 응답자의 생활경험을 묻는 횡단적 접근방식을 택하였다.

---

2) '특정지역제주도종합개발계획'에 대한 종합적인 간략한 검토·평가는 김종기 외 (1989: 23-25)에 의해 이루어진 바 있다.
3) 전경숙(1987: 47-53)은 전라남도 지역의 공동생활권을 중심지의 측면에서 접근하여 그 중심지의 변화 단계를, 1940년(광복 전) '농촌(정기시)시스템'의 단계, 1965년(경제성장기) '정기시적 혼합시스템'의 단계, 1985년(고도 경제성장기 후기) '도시적 혼합시스템'의 단계 등 3단계로 나누었다.

연구의 경험적 자료는 현지 표본조사에 의해 수집하였는데 그 절차와 내용은 다음과 같다.

① 제주도 일원에 걸친 168개 행정단위 마을(행정리)을 모집단으로 하였는데 제주도 전역을 남북군 경계를 횡축으로, 제주시와 서귀포시를 잇는 선을 종축으로 하여 4등분하고 나서,
② 4등분된 각 지역단위별로 중산간 마을과 해안 마을4)에서 각각 1개 마을씩 각 지역단위별로 2개 마을, 전체 8개 마을을 무작위 표집하였으며,
③ 이렇게 표집된 조사대상 마을에서 질문지 면접조사를 실시하였는데 면접대상은 가구주로 하고 그 가구주는 체계표집하여 정하였다.
④ 질문지의 구성은 구조화된 형식의 질문을 주로 하고 자유응답형 질문을 부수적으로 하였다.
⑤ 4등분된 지역별로 표집된 마을과 피면접자의 수는 다음과 같다(조사대상 마을은 1985년에 표집된 마을인데 이 연구의 입장에 따라 1992년에도 같다).
  동북지역 – 중산간 마을: 구좌읍 송당리(85년 70, 92년 73)
          해안 마을: 조천면 북촌리(85년 78, 92년 86)
  동남지역 – 중산간 마을: 표선면 성읍리(85년 72, 92년 83)
          해안 마을: 남원읍 위미 1리(85년 116, 92년 138)
  서남지역 – 중산간 마을:5) 안덕면 85년 상천리(31), 92년 서광서리(39)
          해안 마을: 대정읍 영락리(85년 83, 92년 68)
  서북지역 – 중산간 마을: 한림읍 금악리(85년 50, 92년 65)
          해안 마을: 애월면 금성리(85년 55, 92년 52)

이 연구의 현지 조사는 1985년과 1992년 두 차례 실시하였는데, 1985년도의 조사는 그 해 11월부터 1986년 1월 사이에 실시되었고 1992년의 조사는 그 해 12월에 실시되었다. 이들 조사기간 외에도 자료의 보완·보충을 위하여 때때로 현지 방문하여 정보를 수집하였다.

---

4) 해안마을은 제주도 해안 일주도로에 인접하여 위치하는 마을이고 중산간 마을은 보다 내륙쪽으로 전개되어 위치하는 마을을 일컬음이다.
5) 여기서 조사대상 마을이 1985년과 1992년의 경우 서로 다른 것은 92년 조사시 현지의 어려움 때문인데, 이 두 마을은 이웃해 있으면서 서로 비슷한 성격의 마을이기 때문에 이 연구에 별 지장이 없을 것으로 판단되었다.

2. 제주의 마을과 공동생활권의 여러 영역

1) 제주의 마을

제주도의 경우 마을은 대체로 5백 년 전쯤 조선왕조 초기에서 3백 년 전쯤 임진란이나 병자호란이 일어난 당시 사이에 형성되었다. 그러니까 탐라 땅이 조선의 속현이 되면서 육지로부터 많은 사람들이 이주해 옴으로써 점차로 생기기 시작해서 나라가 어지러울 때 육지 사람들이 몰려 들어와서 커진 것으로, 모두 잡성부락이며 가구수도 많다(김홍식, 1987: 189). 안전하면서도 샘과 경작지가 가까운 중산간 지대에 마을이 형성되었고 이런 조건을 갖춘 곳이 드물었으므로 자연히 마을의 규모가 크게 형성된 것이다(김홍식, 1987: 191). 해안 일주도로에 인접하여 위치하는 마을은 농가가 밀집되어 있는 집촌마을의 경향이 뚜렷하고6) 내륙으로 가면서 농가의 밀집도는 상대적으로 저하되어 해발 200m상의 고도에 위치하고 있는 산간 마을은 그 정주형태상 산촌형태를 취하고 있다. 전자를 해안 마을, 후자를 산간 마을이라 하고 그 중간지대의 마을들은 중산간 마을이라고 부르게 되는데 이 중산간 마을은 역사적으로 제주도의 중핵 마을로 여겨져 왔다. 그러나 역사적인 변동과정에서 마을의 배치나 성격이 상당한 정도로 변화하게 되면서 오늘에 이르게 된다.7) 그런데 제주도 인구 90% 이상이 해발 200m 이하의 해안지대에 거주하고 있어서(국토개발연구원, 1985: 132) 산간마을은 그 수에 있어서나 기능에 있어서 비중이 매우 적기 때문에 이를 고려에 넣는다면 제주도의 전체 마을은 해안 마을과 중산간 마을로 나누어지게 된다. 마을의 산업적 기능으로 보았을 때 중산간 마을은 전작농업마을이고 해안 마을은 어업을 다소 겸하고 있는 전작 농업마을이다. 그리고 대체로 잡성마을인 제주의 마을은

---

6) 제주도의 마을 분포를 보면 0~100m 68%, 100~200m 22%, 200~300m 6%, 300~400m 2%, 400~500m 0.6%, 500~600m 0.3%, 600m 이상 0.6%이다 (송성대, 1993: 489 <표> 참조).
7) 제주도의 마을에 관한 추가적 논의는 신행철(1989: 67-68) 참조.

문중조직이 형성·강화될 기반이 약화되고 있어서 육지 마을과는 달리 제주 사람들에게 있어서 친족보다는 마을공동체가 더 중요한 역할을 한다. 근처혼 (近處婚)이 행하여지고 있는 제주마을에 있어서는 문중조직을 넘어서는 모든 친척을 포괄하는 '궨당'개념이 있어서 마을은 궨당공동체이면서 지연공동체 가 된다(유철인, 1993: 1259). 그리하여 마을은 더욱 그 지역단위 결속력이 강화되는 것이며 공동생활권으로서의 성격 또한 강화된다고 볼 수 있다.

이 연구에서는 행정리 단위를 마을로 규정하고, 제주 군지역 농촌의 행정 리를 그 논의의 대상으로 삼고 있다. 행정리 단위를 마을로 규정하는 데 대 하여서는 서로 다른 견해들이 있을 수 있지만(최재석, 1975: 54-76, 1987: 178-179; 윤여덕 외, 1984: 12-16; 최양부·정기환, 1984: 4-12) 행정리가 설치된 지 이미 한 세기에 가까운 시간이 경과되면서 그동안 각종의 정치적, 경제적, 문화적 집단이 그 지역단위에 누적되어 왔기 때문에 오늘날 상당히 강력한 사회적 통일성을 이루어서 어떻게 보면 자연마을8)이나 다를 바 없는 지역단위가 되고 있다고 할 것이다(최재석, 1975: 68).

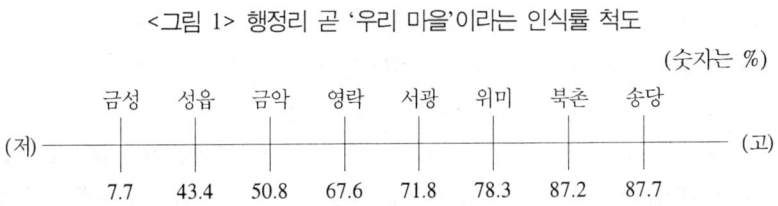

<그림 1> 행정리 곧 '우리 마을'이라는 인식률 척도

이 연구의 현지조사에서도 행정리가 '우리 마을'로 인식하는 응답자의 비 중이 65.2%로 나타나고 있는 것으로 보면 제주 농촌주민들의 인식의 세계 속에서도 행정리는 곧 마을이 되고 있음을 알 수 있다. 이웃을 마을로 인식 하거나 자연마을을 마을로 인식하는 비율은 각각 16.7%에 그치고 있다. 마

---

8) 필자는 자연'마을'이라는 용어를 자연'부락(部落)'에 대신하는 용어로 쓰고 있다. '부락'이라는 용어의 왜색성(倭色性) 때문이다. 이에 대한 논의는 다른 글에서 다 루고저 하거니와, 전경수(1992), 홍승면(1978) 등의 글이 참고가 될 것이다.

을별로 보면(<그림 1> 참조) 행정리를 '우리 마을'로 보는 인식률은 금성리가 비정상적으로 매우 낮으나(7.7%) 대부분의 마을들에서 50% 이상의 높은 인식률을 보이고 있다.

2) 공동생활권의 여러 영역과 그 변화

공동생활권은 그 지역 주민이 사회적 상호작용이 일어나는 지역 범위로서 그 상호작용의 내용에 따라 여러 생활영역으로 분류하여 이름지어 볼 수 있을 것이다. 그러나 그 여러 영역을 몇가지로 한정하여 분류하고 제시하기란 쉽지 않다. 종래에는 경우에 따라 공동생활권의 영역을 잠정적으로 설정 혹은 암시하고 논의하여 왔다(김영모, 1966; 최재석, 1975; 이만갑, 1981; 국토개발연구원, 1985; 김일철, 1991 등).

공동생활권은 지역집단이 사회적 결속을 이룸으로써 성립되는 것이라고 보면 그 결속 요소가 무엇인가 하는 것이 공동생활권을 분류하는 데 중요한 의미를 갖는다고 할 수 있을 것이다. 우리나라의 경우 그 결속 요소로 지리적 인접성이나 혈연관계가 중요한 것은 물론이지만, 종교·교육·사회활동·경제활동을 결속요소로 들 수 있는 것이다(김영모, 1968: 121). 국토개발연구원(1985)에서는 제주도 종합개발계획을 수립하면서 공동생활권을 중심지 세력권으로 보고 교육, 의료, 구매, 행정권의 영역으로 분류하여 논의한 바 있다. 한편 지리학적인 입장에서의 한 연구(이한방, 1987: 165)는 생활권의 지표로서 시장권, 통학권, 통혼권, 공공서비스권, 신문구독권, 의료행동권 등을 들고 있다.

인간생활의 기본적 욕구를 충족하기 위한 일상활동의 영역이 생활권이라 할 때, 생활권의 여러 영역은 기본적으로 기본적 생활욕구의 영역을 따져 봄으로써 이해할 수 있는 것이지만 무엇이 기본적 생활욕구인지를 판별하는 것은 매우 어려운 일로 지적되기도 한다(김일철, 1991: 69). 그러나 그린(Green, 1979: 29-30; 김태보, 1985: 136에서 재인용)은 물질적인 요소 이외에 비물질적인 요소 및 생산적인 것까지를 포함하는 광의의 기본수요[9]로서 ① 일상생활의 의식주에 필요한 개인 소비 영역, ② 주민 복지를 향상시키고 개인의 생산능력을 높여주는 의료, 보건, 교육 등 공공서비스 영역, ③ 기초적인 재화 및 용역을 제공하는 데 필요한 생산수단에의 접근을 높여주는 물적·인적 및 기술적 하부구조의 영역, ④ 보수를 확보케 하는 고용기회의 영역, ⑤ 사업의 집행 및 의사결정 단계에서의 참여 등을 위한 제도적 영역 등 다섯 개의 영역을 들고 있다.

이 연구에서는 이러한 기본수요의 영역과 몇몇 선행 연구들에서 발견되는 생활권의 범주들을 고려하면서 공동생활권의 여러 영역으로, 거래권(시장권), 통혼권(혼인권), 사회조직활동권, 신앙권(종교권), 교육권(통학권) 등을 들어 논의하고, 최소행정권인 마을권이 이들 여러 생활권 범주들로서의 성격을 어떻게 지니고 있는 것인지 규명해 보고자 하는 것이다.

3. 거래권(시장권)과 그 변화

한국에 있어서 지역사회(community)를 교역권 곧 시장권의 차원에서 접근한 최초의 사람은 브루너(E. de S. Brunner)라고 한다(김영모, 1966: 44). 그는 한국에 있어서 미국의 교역권에 맞먹는 것이 시장권이라고 하면서 한국에 있어서 시장촌(market town)이 농촌주민들에게 상업적 서비스를 해주는 지역 범위를 시장권으로 보았던 것이다. 시장촌은 5일시장이 개설되는 마을로서 주로 경제적 거래관계가 이루어지는 곳이다. 그러니까 시장권이라고 하면 시장촌에서 거래관계를 맺는 사람들의 흩어져 사는 주거지역 범위가 되는 것이다.

시장 마을과 몇개의 마을로 그 범위가 정해지는 5일시장권은 우리나라 전통 농촌 모형에 있어서 농민들의 생활의 장이었다(최양부, 1985: 125). 김영

---

9) 기본수요란 "품위있는 인간생활에 필수적인 최소 욕구"라고 정의된다(Mathiason, 1978: 1; 김태보, 1985: 135에서 재인용).

모(1968: 137)는 "우리나라에서는 5일 마다 열리는 장을 중심으로 한 농민들의 공동생활의 교역권을 농촌공동체의 범위로 생각하는 것이 좋으리라고 생각한다. 왜냐하면… 그 시장에서 물건을 사고 파는 상업적" 거래가 이루어지고 있을 뿐 아니라 그 곳은 "친지를 만나고 여가를 즐기며 소식(사회적 정보)을 듣고 전할 수 있는 장소가 되기 때문이다"라고 지적하고 있다.

적어도 조선시대 말까지는 농촌마을은 잉여생산이 극히 낮아서 마을주민들의 시장경제에 대한 의존도는 매우 낮았고 주로 일정 지역권내의 정기시장에서 거래가 이루어지고 있었다(한상복, 1980: 164). 교통수단이 발달하지 못했기 때문에 농촌 주민들은 하루 안에 걸어서 왕복할 수 있는 거리의 5일시장을 중심으로 생활권을 형성하였던 것이다. 전통적으로는 시장권의 중심에 5일장이 있고 거기에 출입하는 사람들 중에는 비경제적 목적으로 출입하는 사람도 적지 않았다는 것인데, 그 시장의 규모가 크면 클수록, 그리고 교통이 편리할수록, 사회적·행정적 기능이 큰 시장촌일수록 그 곳에 출입하는 농촌주민의 참여도가 높고 시장권은 넓었다. 5일시장의 "권역은 대개 8~12km를 기준으로 존재하여 왔다"(유철인, 1993: 1266)고 지적되기도 한다.

그러던 것이 농업생산이 자급적 소생산으로부터 상업적 생산으로 변하고 생산과 소비가 장소적으로 분리됨으로써 유통거리는 증가하였으며 농민들의 공간적 사회·경제활동 영역이 확대되어 5일시장권의 의미는 감소되었다.

마을의 입장에서 보면 "일용품 구매에 있어서 마을내에 상업센터가 있는 경우는 70.0~95.5%의 가구가, 상업센터가 없는 경우는 10.0~30.0%의 가구가 마을 안에서 구입한다. 생산되는 산출물의 판매에 있어서는 상업센터가 있는 경우 30.0~70.0%의 가구가, 없는 경우는 10.0~30.0%의 가구가 마을 안에서 판매한다"(최재석, 1975: 81)고 지적되기도 하는 터이지만, 만일 어떤 마을주민의 상거래가 그 마을단위에서 이루어지고 있다면 그 마을권은 곧 거래권(시장권)이 되는 것이다.

그러나 시장권 혹은 교역권이라는 용어는 중심지를 염두에 두는 개념이기 때문에 이 연구의 입장과 같이 마을주민 중심으로 거래가 이루어지는 지역범위를 논의하는 경우에는 거래권이라는 용어가 보다 적합할 것으로 본다. 이

때 마을내 거래가 이루어진다는 의미로 마을거래권은 성립하게 된다.

우리의 연구에서는 면접 대상자들이 '필요한 물건을 주로 거래하는 지역'을 알아봄으로써 거래권의 전체적인 양상에 접근하고자 하였으며, 마을 외부에의 출입빈도와 그 이유를 알아봄으로써 거래내용에 따른 거래권의 양상을 규명해 보고자 하였다.

1985년의 경우에는 자신의 마을을 거래지역으로 지적한다는 응답자가 555명 중 35명으로 6.3%였다. 따라서 마을의 거래권으로서의 의미는 극히 미약한 것이다. 거래지역이 읍·면소재지라고 하는 응답자의 비율은 56.9%(316명)에 이르고, 서귀포시와 제주시는 각각 23.8%와 14.0%였다. 따라서 읍·면소재지는 마을주민들의 가장 중요한 거래지역이며 농촌주민에게 있어서 거래권의 중심이 되고 있다.

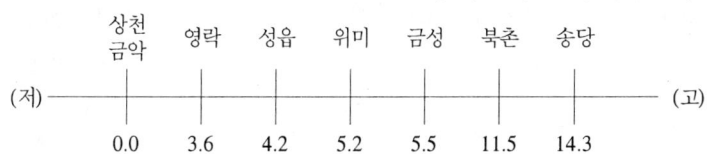

<그림 2> 마을거래권율 척도('85)

(숫자는 마을권내 거래율 %)

마을별로 마을의 거래권으로서의 의미를 살펴보면(<그림 2> 참조) 동북부 마을인 북촌(11.5%)과 송당(14.3%) 등 두 마을을 제외하면 마을권내 거래는 매우 적으며 특히 상천과 금악은 전무하다.

그로부터 7년 뒤(1992년), '특정지역 제주도종합개발계획'기간이 끝난 후의 시점에서는 마을권 거래율이 16.6%(604명 중 100명), 읍·면소재지 47.1%(284명), 서귀포시 19.9%, 제주시 11.4%이다. 85년도에 비하면 마을거래권은 활성화된 반면 읍·면소재지는 여전히 가장 중요한 거래지역으로 존재하고 있으나 그 상거래 중심성의 정도는 시권과 더불어 약화되었다. 이것은 아마도 계획기간 중에 마을 단위 지역에 상거래시설이 확충되었음을 뜻하는 것이 아닌가 한다. 이 점은 다음의 마을별 마을권 거래 양상에서 확인될 수 있다(<그림 3> 참조).

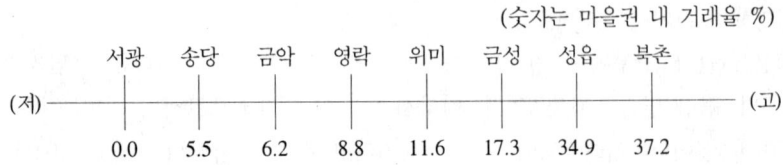

<그림 3> 마을거래권율 척도('92)

<그림 3>에서 보면 마을권 거래가 전혀 이루어지지 않은 것으로 나타나고 있는 서광에서부터 그 거래가 활발한 성읍(34.9%)과 북촌(37.2%)까지 마을에 따라 그 정도의 차이가 크다. 이것은 마을내 상권이 형성되어 있는 정도에 따라 나타나는 현상으로 보이는데 서광의 경우는 상권 형성이 미약한 마을이고 성읍은 민속관광지로 개발되어 상권이 비교적 발달되어 있는 마을이다. 성읍을 제외한 중산간 마을인 서광, 송당, 금악 등은 도시적 개발이 이루어지지 않아서 상권 형성이 미약한 마을들이고 해안 마을들은 어느 정도 상권이 형성되어 있다. 특히 북촌의 경우는 관광 낚시터가 되고 있다.

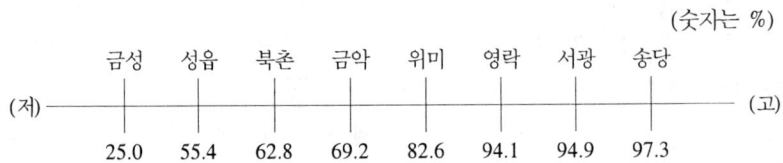

<그림 4> 5일시장 이용률 척도('92)

전통적인 시장권의 중심인 정기시장(5일시장)에 관련하여 살펴보면 1992년 이 연구의 조사대상 마을에 있어서 5일시장 이용률은 최저 25.0~최고 97.3%의 범위에서 마을간 편차가 크다(<그림 4> 참조). 성읍, 서광, 영락, 금악, 송당 등 5개 마을은 읍·면소재지에 개설되는 5일장을, 위미는 이웃해

있는 서귀포시의 5일장을, 북촌은 같은 면의 다른 마을 5일장을 이용하고 있다. 제주시와 읍·면소재지의 5일장을 이용하는 금성을 제외하면 모든 마을에서 약간씩의 예외는 있으나 그 주민들이 같은 5일장권에 속하고 있다. 대체로 보면 금성의 경우는 예외이나 모든 마을들이 50%를 초과하는 이용률을 보이고 있어 아직도 제주도에서는 5일시장권이 강세를 보이고 있음을 알 수 있다. 이것은 제주도가 농업 중심의 일차산업 중심의 산업구조를 유지하고 있어서 일차산업형 상거래 제도인 5일시장의 필요성이 크기 때문인 것으로 생각된다.

4. 통혼권(혼인권)과 그 변화

통혼권이란 혼인권이라고도 하며 남녀가 배우자를 선택해서 혼인이 이루어지는 지역 범위와 집중도를 일컫는 것으로 한 사회의 사회적 관계를 측정하는 지표가 된다(최재율, 1975).
최재석(1979: 142-143)은 제주도의 마을 내혼 경향에 관련하여 다음과 같이 지적하고 있다(아래 인용에 있어서 마을은 출전의 부락에 대신하는 것임).

① 육지보다는 지리적으로 고립된 섬에 있어서 마을 내혼율이 높다.
② 같은 육지에 있어서도 농촌보다는 해안에 위치한 어촌 마을의 내혼율이 높다.
③ 같은 촌락 내에 있어서도 과거 양반의 자손보다 그렇지 못한 상민이나 천민 자손의 내혼율이 높다.
④ 대체로 육지의 어촌보다는 섬주민의 마을 내혼율이 높은 편이다.

이어서 제주도는 섬으로서 다른 섬과 마찬가지로 마을 내혼율이 높아서 5개 리의 조사 결과 30~50%에 이르고 있지만, 한 마을만 있는 외딴 섬의 경우보다는 제주도와 같이 여러 마을이 있는 큰 섬의 경우 마을 내혼율은 줄어들 것이라고 한다.

 다른 연구에서 보면 제주도 마을의 경우 마을내의 혼인인 마을 내혼과 이웃마을끼리 혼인하는 것을 포함하는 근처혼(近處婚)이 많이 이루어졌다. 그 이유 중의 하나는 제주의 마을은 잡성마을이며 그 인구나 가구수에 있어서 규모가 크다는 것이다(유철인, 1993: 1258). 그렇기 때문에 마을내에 그리고 근처 마을을 범위로 해서 배우자 선택의 기회가 많아지는 것이다.

 1973년의 남제주군 표선면 성읍리의 한 조사에서 그 마을 부녀자 263명의 친정을 조사한 결과에 따르면 마을 내혼이 66%에 이르고 있다(김영돈, 1993: 850). 이와 같이 마을 내혼율이 높으면 부계친의 관념은 약화되지만, 그 마을 단위 내에 궨당 관계, 즉 성친, 외친, 처가친 등 3개친의 친족적 유대가 강화되어 마을은 그 공동생활권으로서의 성격을 보다 강하게 띠게 될 것이다.

 김혜숙의 연구(1993: 161-166)에 따르면 제주도에 있어서 1950년대까지는 촌락 내혼율이 거의 40%를 상회했으나 1960년대를 기준으로 하여 촌락 내혼율이 급격히 떨어지고 있다고 한다. 조부세대에서 자세대까지 4대에 걸쳐 촌락 내혼율을 종합적으로 보면 청수리 27.0%, 고내리 32.4%로서 육지의 경우보다 높은 비율인데 이는 제주마을이 그 규모가 크고 마을 단위에 특정 성씨가 집중적으로 거주하지 않기 때문이라고 보고 있다. 통혼권의 변화를 고내리의 촌락 내혼율을 들어 살펴보면, 조모세대 50.0%, 모세대 45.4%, 본인 34.8%, 며느리 17.0%로 그 비율이 급격히 떨어지고 있음을 알 수 있다.

 이 연구에서는 결혼 당시의 배우자의 본댁이 어디였는지를 묻고 응답자 604명 중 현재 거주하고 있는 마을이 고향인 520명의 응답을 분석하였는데, 이들 중 배우자의 본댁이 같은 마을이었다고 응답한 사람이 42.8%, 즉 마을 내혼율 42.8%이다. 22.5%는 같은 면내에서, 16.1%는 같은 군내에서, 13.7%는 제주도내에서 통혼하였으며, 다른 도와 통혼한 경우는 5.0%에 불과하다. 따라서 제주도는 마을 내혼이 지배적이었음을 알 수 있고 마을이 상당한 정도로 통혼권의 구실을 하였다고 할 수 있을 것이다. 그리고 도외 통혼율(5.0%)이 극히 적은 점으로 보아 거의 모든 혼인이 도내혼이었음을 알 수 있다. 한국의 다른 농촌지역의 경우도 통혼권이 대부분 도를 경계로 하여 이루어지고 있다는 사실이 지적되고 있다(한경혜·이정화, 1993: 227). 그런데 이 연구의 조사대상 마을에 거주하는 육지부 출신자(42명)의 경우를 보면 제주도는 특히 마을 내혼의 경향이 뚜렷함을 알 수 있다. 육지부 출신자의 마을 내혼율은 27.5%이며, 도외 통혼율이 37.5%에 달하고 있다.

통혼권의 변화를 알아보기 위하여 결혼을 한 시기별로 통혼권을 살펴 보기로 한다. 1950년대 이전의 경우, 마을 내혼율 51.8%, 같은 면 24.1%, 같은 군 14.9%, 제주도의 다른 시·군 7.7%이고, 50년대 이전 결혼 해당자 195명 중 단 3사례(1.5%)만이 도의 범위를 넘어 통혼하였다. 1960년대의 경우를 보면 마을 내혼율이 46.4%이고, 같은 면 24.2%, 같은 군 18.3%, 제주도의 다른 시·군 9.8%, 해당자 153명 중 2명(1.3%)만이 도외혼을 하였다. 1970년대의 경우는 마을 내혼율 36.2%, 같은 면 26.6%, 같은 군 18.1%, 도의 다른 시·군 13.8%이고 해당자 94명 중 5명(5.3%)이 도외혼을 하였다. 80년대 이후의 경우를 보면 마을 내혼율이 19.8%이고 같은 면 17.8%, 같은 군 18.8%, 도의 다른 시·군 29.7%이며 도외혼은 80년대 이후 결혼 해당자 101명 중 14명(13.9%)이었다.

<그림 5> 마을통혼권율 척도

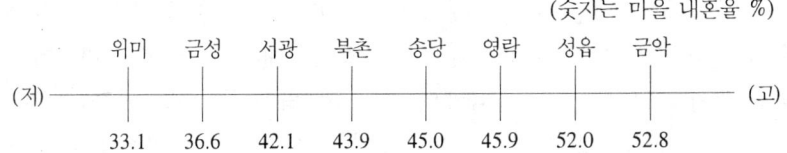

이상의 통혼권의 변화 양상에서 우리는 마을 내혼율이 50년대 이전 51.8%에서 60년대 46.4%, 70년대 36.2%, 80년대 이후 19.8%로 빠른 속도로 하락하고 있음을 알 수 있다. 그럼에도 불구하고 아직도 마을 내혼의 경향은 적지 않게 남아 있으며 도외혼의 경향이 현저하게 증가하고 있긴 하지만 제주도라는 지역 범위가 통혼권 범위로서의 성격을 분명히 나타내고 있다. 그리고

통혼권이 전체적으로 마을권을 넘어서 확대되고 있음을 알 수 있다. 마을별로 현재 주민들의 마을 내혼율을 비교해 보면 앞의 <그림 5>와 같다.

<그림 5>의 척도에서 보는 것처럼 마을 내혼율은 마을별로 편차가 있어서 최저 위미마을의 33.1%에서부터 금악마을의 52.8%까지 걸쳐 있다. 마을 내혼율이 50% 이상으로 높은 마을(성읍, 금악)은 중산간 마을이고 반대로 그 비율이 30%대로 비교적 낮은 마을(위미, 금성)은 해안 마을이다. 대체로 보아 해안 마을의 영락과 중산간 마을의 서광의 예외는 있으나 해안 마을은 마을 내혼율이 낮고 중산간 마을은 그 비율이 높다고 할 수 있다. 해안 마을의 경우 중산간 마을보다 그 개방성의 정도가 높은 마을이라는 데서 그 이유를 찾아볼 수 있을 것이다.

연대별로 마을별 내혼율을 보면, 50년대 이전의 경우 최저 40.0%(금악)에서 최고 66.7%(성읍)까지 걸쳐 분포되어 있다. 그리고 북촌(한 사례), 송당(두 사례)의 한두 사례를 제외하고는 그 통혼권이 도의 범위를 넘어서지 않고 있는데 이것은 제주도의 도서적 조건 때문일 것이다. 60년대에 있어서는 마을 내혼율이 최저 22.2%(서광)에서 최고 78.9%(성읍)에 걸쳐 그 편차가 크게 나타나고 있다. 중산간 마을인 성읍과 금악의 예외(이들 마을은 내혼율이 오히려 높아짐)는 있으나 마을 내혼율은 대부분의 마을에서 50년대 보다 그 비율이 낮아지고 있다. 도외 통혼은 송당과 서광의 각각 한 사례가 있을 뿐 도의 지역 범위를 넘어서지 않고 있다. 70년대에는 최저 14.3%(성읍)에서 최고 66.7%(송당)까지 분포되고 있어서 60년대와 마찬가지로 마을에 따라 큰 편차를 보이고 있으나 대개의 마을(8개 마을 중 5개 마을)에서 마을 내혼율이 낮아지고 있다(서광, 북촌, 송당 등 3개 마을은 그 비율이 높아지고 있음). 도외혼의 경향은 역시 극히 저조하다(북촌 2사례, 송당과 금성 각 1사례가 있음). 80년대 이후에 있어서는[10] 마을 내혼율 최고 37.5%(송당)이고,

---

10) 금성과 금악의 경우는 응답자 중 80년대 이후 혼인한 사례수가 각각 2사례, 3사례로서 극히 적기 때문에 다른 마을과 같은 차원에서 논의하는 것이 무의미하다고 생각되어 논외로 한다. 그리고 논외로 하는 금성과 금악은 80년대 이후 혼인한 응답자 중 마을 내혼과 도외혼이 한 사례도 없었다.

서광과 같이 한 사례도 없는 마을들도 나타나고 있다. 송당을 제외하면 마을 내혼율은 모두 25.0%(북촌) 이하이다. 그리고 영락을 제외한 모든 마을에서 도외혼이 이루어졌으며 그 율은 6.3%(송당)에서 33.3%(성읍과 북촌)까지 이르고 있다.

5. 사회조직활동권과 그 변화

마을은 농가들의 사회적 관계가 조직되고 통제되는 사회적 공간(최양부, 1985: 127)으로서 농민들의 공식·비공식 조직활동이 이루어지는 지역 범위가 되어 왔다.

오늘날 농촌에서의 노동력의 부족현상은 농업노임의 상승을 초래하고 이것은 전통적인 마을 단위에서의 품앗이와 같은 교환노동의 성격을 지닌 전통적 조직의 와해를 가져왔다. 이것은 영농·경제관계의 조직의 변화를 말해 준다.

마을공동체의 활동 중에서 두레나 품앗이 등 종래 조직화가 가장 잘 이루어지던 생산활동부문의 조직은 오늘날 기계의 이용과 현금 임노동이 등장하면서 약화 일로에 있지만 "각종 계조직을 통하여 마을사람들의 공동체적 협동관행은 지금도 여전히 끈기있게 계속되고 있다. 혼례나 장례시의 상호부조는 조선시대로부터 일제시대를 거쳐 해방 후 오늘에 이르기까지 끊임없이 계속되는 협동관행"이라고 지적(한상복, 1980: 168)되고 있다. 그러나 농촌주민들의 전통적인 협동형태인 계도 오늘날 이해관심사에 따라 다양한 기능집단들이 조직되면서 그 존재의의가 약화되고 있다. 한편 교통이 편리하여 도시 왕래가 쉬워졌고 대중매체의 보급으로 정보 전달이 빠르고도 쉽게 됨으로써 마을 단위를 넘어서는 각종 사회조직이 면·군·도 단위로 구성되어 마을에 침투하게 되었다(김일철, 1985: 121-122).

이 연구에서는 마을 단위 조직(모임)에 얼마나 많은 주민들이 참여하여 활동하고 있는지를 통하여 마을권의 조직활동권으로서의 의미를 파악해 보기로 하였다.

1985년의 조사에서는 348명(응답자의 62.7%)의 주민이 마을내의 어떤 조직이나 모임에 참여하고 있는 것으로 나타나고 있다. 이들 중 갑장회, 동창회, 의형제회, 전우회 등의 친목조직에 235명(67.5%)의 주민이 참여하고 있고 작목반, 해녀회, 목장조합, 영농회, 영농후계자 모임 등 영농·경제관계 모임에는 79명(22.7%)의 주민이 참여하고 있었다. 상부상조의 계모임이나 종친회 등 친족모임, 청년회, 부녀회, 노인회, 조기축구회, 방범조직 등을 포함하여 기타 여러 성격의 모임에 참여하고 있는 주민들이 또한 비교적 많이 있어서 222명(63.8%)이었다. 그런데 마을의 범위를 넘어서는 조직에 참여하는 사람들은 60명(10.8%)의 수준에 머물고 있어서 마을수준의 조직 참여율에 훨씬 못미치고 있다. 그러고 보면 마을 농촌주민들의 사회조직활동권으로서 마을이 중요한 의미를 갖는다고 할 수 있을 것 같다.

마을내 조직 참여율을 마을간에 비교를 해 보면(<그림 6> 참조), 최저 서광의 35.5%에서 최고 금악의 82.0% 사이에 분포되어 있다.

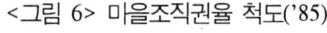

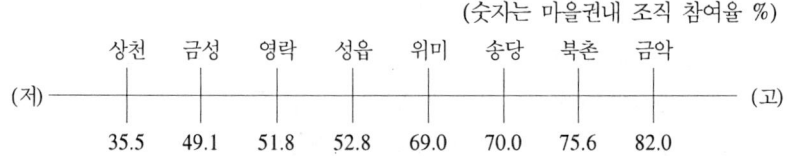

금성의 예외는 있으나 제주의 북부권 마을들이 남부권 마을들보다 그 참여율이 높다. 그것은 제주의 북부권 마을들은 남부권 마을들보다 마을내 대인관계가 자발적 조직체를 통하여 형성되고 있음을 나타내 주는 것으로 볼 수 있을 것이다.

그러면 이상 1985년도의 마을 사회조직활동권의 양상이 1992년의 시점에서는 어떻게 달라졌는지를 1992년의 현지조사 자료의 분석을 통하여 살펴보기로 한다.

92년의 현지조사 자료를 분석해 보면, 응답자의 78.3%(473명)가 마을내 조직에 참여하고 있는데 이들 중 62.4%(295명)가 친목조직에, 32.6%(154명)가 영농·경제관계 모임에, 9.7%(46명)가 마을 운영·행정관련 모임에, 3.0%(14명)이 건강·취미활동 모임에, 그리고 63.0%(298명)가 청년회, 노인회, 부녀회 등 연령별, 성별 모임 및 기타 모임에 참여하고 있다. 이를 85년을 기준(100)으로 하여 전체적으로 비교해 보면, 마을내 조직에 참여하는 비율이 92년에 125%로 증가하였는데 이는 마을의 조직활동권으로서의 성격이 강화된 현상인 것이라 볼 수 있다. 그런데 마을 밖의 조직 참여율은 15.1%(91명)으로 85년에 비해서 140%로 증가세를 보이고 있어서 마을내 조직활동의 증가세를 상회하고 있다. 그러니까 농촌 주민들의 조직활동의 권역은 넓어지고 있으면서 동시에 마을내 조직활동의 필요도 커지고 있다고 할 수 있을 것 같다.

조직의 유형11)별로 비교해 보면 92년도 친목조직에의 참여율은 85년을 기준(100)으로 하였을 때 92.4%로 다소 하강세이고, 영농·경제관계 모임 경우는 92년에 143.6%로 크게 증가하였으며 85년의 경우 극소하였던 취미·건강관계 모임과 마을 운영관계 모임의 경우는 각각 500%와 692%로 매우 큰 증가세를 보이고 있으며, 기타 모임의 경우는 그 참여율이 비슷하다. 이런 양상은 마을 단위에 있어서 그 주민들의 조직활동의 영역은 단순한 친목적 성격의 모임에서 경제적·행정적·여가활동적 성격의 모임으로 그 비중이 옮아가고 있음을 말해주는 것이라고 할 수 있고, 이는 다시 마을의 조직활동권으로서의 의미가 강화되고 있는 것은 전인격적 수준의 관계 형성의 차원이 아니라 특수한 합목적적 관계 형성의 수준, 다시 말하면 표출적 관계의 수준이 아니라 수단적 관계의 수준의 조직활동이 강조되어 가고 있는 변화 양상의 단면인 것으로 생각된다. 결국 마을의 공동생활권으로서의 성격이 강화되고

---

11) 조직의 분류는 마을내 조직(모임)의 경우 친목조직(모임), 경제·영농관계 모임, 건강·취미활동 모임, 마을 운영 관련 모임, 기타(봉사, 친족 모임 포함) 모임 등으로 하였는데, 이는 현지 조사를 통해 구체적으로 발견되는 것들을 그 목적이나 기본취지를 기준으로 하여 동일한 것끼리 모아, 목적이나 취지를 포괄적으로 나타낼 수 있다고 생각되는 명칭을 부여하여 이루어진 것이다.

는 있으되, 사회조직활동권으로서의 마을공동생활권은 점차 이해관계를 중심으로 한 도시적 지역공동체의 성격이 강화되어 가는 전환기적 국면을 맞고 있다고 할 수 있을 것이다.

마을내 조직 참여율을 마을끼리 비교해 보면(<그림 7> 참조) 최저 32.7~최고 94.9%로서 그 비율이 예외적으로 낮은 금성의 경우를 예외로 한다면 모든 마을이 60%를 넘어서는 높은 마을내 조직참여율을 보이고 있다.

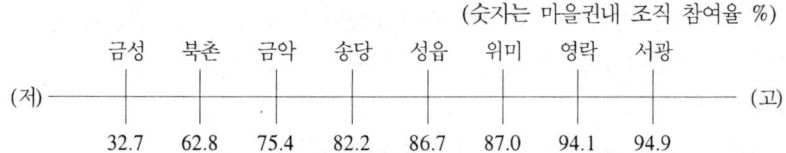

<그림 7> 마을조직권율 척도('92)

85년의 경우와 비교해 보면 금성, 북촌, 금악 등 3개 마을은 그 비율이 감소하였고 그 이외의 다른 5개 마을은 증가하였다. 제주의 남부권 마을들(서광, 영락, 위미, 성읍)의 경우 마을내 조직 참여율이 증가하였고, 송당을 제외한 북부권 마을들(금성, 북촌, 금악)의 경우는 감소하였다. 이런 마을간의 차이에도 불구하고 전체적으로는 그 비율이 크게 증가하였음을 엿볼 수 있다. 따라서 마을권은 사회 조직활동권으로서의 의미가 증대되었다고 할 수 있을 것이다.

6. 신앙권(종교권), 교육권(통학권)과 그 변화

1) 신앙권(종교권)

근대적 종교에 있어서는 동일한 지역의 동일한 종교단체에 참여하여 신앙생활을 하는 신자들이 거주하는 지역단위를 종교권이라 할 수 있는 것이지만 마을의 전통적인 무속적 신앙의 경우에 있어서는 어느 지역 주민들이 "동일 당신(堂神)을 그들의 수호신으로 섬길 때 우리는 그 집단을 동일 신앙집단 혹은 동일 신앙권이라"(고광민, 1989: 59) 부르게 된다. 종교권과 신앙권은 엄밀하게 말하여 상이한 개념으로 볼 수 있는 것이지만, 근대 종교에 있어서도 그 생활의 본질은 신앙에 있는 것이므로 신앙권을 종교권을 포함하는 보다 포괄적인 개념으로 사용하고자 한다. 동일 신앙권에 속하게 되면 사람들은 혈연집단 이상의 끈끈한 관계를 맺고 동질감을 형성하면서 호혜적 관계를 유지하게 되므로 농촌마을의 지역단위가 동일한 신앙권을 형성하고 있다면 그것은 마을의 공동체로서의 성격을 강화하는 요인이 될 것이다.

이 연구에 있어서 1985년의 경우를 보면 응답자의 43.4%(241명)의 사람들이 종교(신앙)을 가지고 있었는데 이들 중 45.2%(109명)가 마을내 종교(신앙)시설을 이용하고 있었다. 24.6%의 사람들은 같은 읍·면의 다른 마을에, 11.6%는 읍·면소재지에, 14.5%는 시 지역에, 그리고 4.2%는 다른 읍·면 지역에 출입하고 있었다. 여기서 보면 마을권은 신앙권으로서의 성격을 강하게 지니고 있다고 할 수 있을 것 같다. 읍·면 소재지나 시 지역은 신앙상의 구심력이 없으며, 이것은 종교시설들이 그 신자들을 찾아 농촌 마을로 분산배치된 때문이라고 할 수 있을 것이다. 이제 마을별로 마을내 신앙생활 비율을 비교해 보면 <그림 8>과 같다.

<그림 8> 마을신앙권율 척도('85)

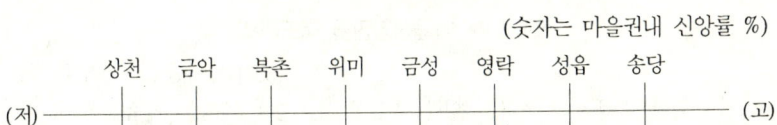

(숫자는 마을권내 신앙률 %)

상천을 제외한다(상천은 마을내 종교시설이 없는 마을로서 다른 마을과 같은 차원에서 비교하기가 어려운 것이기 때문에 논외로 한다) 하더라도 마을권에서 신앙생활을 하는 사람들의 비율이 최저 11.5%(금악)에서 최고

93.5%에 이르기까지 큰 편차를 보이고 있다. 성읍과 송당은 그 마을권이 하나의 신앙권으로서의 강력한 구심력을 가지고 있고, 영락, 금성, 위미 등 3개 마을은 신앙권으로서의 구실을 어느 정도 하고 있는 것으로 보이나 금악과 북촌은 그런 구실을 거의 못하고 있는 것으로 보인다. 종합적으로 말하여 위미는 서귀포시가, 북촌은 읍·면소재지가, 상천, 금성, 금악은 다른 마을이 더 중요한 신앙 중심지역이 되고 있다. 금악의 예외가 있으나 중산간 마을은 대체로 신앙권으로서의 성격이 뚜렷하고 해안 마을들은 비교적 약하다고 할 수 있겠다.

1992년의 시점에서는 종교를 가진 사람들이 응답자의 55.0%(332명)가 되는데 이들 중 56.6%(188명)가 마을내의 시설에서 신앙(종교)활동을 하고 있다. 13.6%는 같은 읍·면내의 다른 마을에, 4.8%는 읍·면소재지 마을에, 14.4%가 시 지역에, 9.9%가 다른 읍·면의 지역에 다니고 있다. 이는 85년도에 비해서 마을내 종교시설 이용률이 현저히 증가한 것으로써 그만큼 마을권이 신앙(종교)권으로서의 성격이 강화되었음을 말해 주는 것으로 볼 수 있을 것이다. 이와 같이 마을권이 신앙권적 성격을 띠고 있는 것은 마을내 기존 시설에서의 교세 확장의 노력이기도 하겠지만, 종교시설이 없었던 마을이 종교시설이 있는 마을로 바뀌거나(서광의 경우) 전통적인 무속적 신앙생활이 주로 마을내 본향당 중심으로 이루어지고 있다는 데 보다 큰 이유가 있는 것으로 보인다.

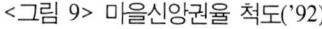

<그림 9> 마을신앙권율 척도('92)

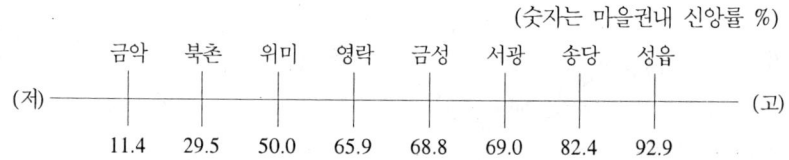

마을 단위로 각 마을이 신앙권으로서의 구실을 어느 정도 하고 있는지를 마을내 종교시설 이용자 비율을 통하여 살펴보면(<그림 9> 참조) 최저

11.4%(금악), 최고 92.9%(성읍)로서 대체로 보아 85년의 수준에 머물고 있다고 할 수 있으나 그 마을별 내용에서는 차이들을 엿볼 수 있다. 즉 서광의 경우는 예외적인 사례로서 논외로 하고 보면, 금악이 마을권내 신앙률에 변함이 없고 송당이 다소 감소하였으나 그 외의 모든 마을들은 그 비율이 현저하게 증가함으로써 금악과 북촌12)을 제외한 모든 마을이 하나의 신앙권으로서의 성격을 띠게 되었다고 볼 수 있을 것 같다. 그리고 여전히 성읍과 송당은 마을권 신앙률이 가장 높은 마을이며 금악은 가장 낮은 마을이다. 금악을 예외로 하고 보면 중산간 마을은 해안 마을보다 신앙권으로서의 성격을 더 지니고 있다고 할 수 있을 것이다. 이것은 아마도 중산간 마을의 경우 외부와의 교통사정이 좋지 못하기 때문에 다른 지역의 종교시설을 이용하는 불편 때문이 아닌가 생각된다.

2) 교육권(통학권)

여기서 교육권이란 마을주민들이 자신들의 취학 적령기의 자녀들을 학교에 보내는 지역 범위를 말하는데 실질적으로는 학교가 위치해 있는 소재지와 그 곳에 통학하는 학생들이 사는 지역 범위를 일컫는다. 따라서 이를 통학권이라고 해도 좋을 것이다. 우리나라에서는 서당교육이 이루어지던 시대가 지나 근대 교육제도가 도입되면서 교육권은 마을권을 넘어서 면 단위 혹은 그 이상으로 확대되었다고 하지만(김영모, 1966: 48) 제주도의 경우는 일반적으로 마을규모가 크고 따라서 그 취학 아동의 수가 많아서 그 학교 특히 국민학교가 제주 전역에 걸쳐 분산되어 있다. 우리의 연구에 있어서는 학구제가 적용되고 있고 거의 모든 가정에서 적령기의 자녀들을 취학시키고 있는 국민학교와 중학교에 국한하여 교육권을 살펴보고자 한다.

1985년의 경우를 보면, 국민학교의 경우 해당 자녀를 가진 응답자(320명)

---

12) 금악은 읍·면소재지 아닌 다른 마을의 종교시설을 이용하는 비율이 상당히 높고 (68.6%), 북촌은 제주시(31.8%)와 읍·면소재지(22.7%)를 이용하는 비율이 높게 나타나고 있다.

의 98.1%(314명)가 마을내의 학교에 아동을 보내고 있어서 마을은 곧 교육권이 되고 있다. 이것은 모든 마을에 국민학교가 소재하고 있는 까닭이다. 중학교의 경우, 마을내 취학은 해당 응답자(287명)의 20.2%에 그치고 있고 자신의 마을이 속하는 읍·면의 다른 지역에는 76.0%가 취학하고 있어서 대체로 마을의 통학권으로서의 성격은 강하지 못하며 읍·면 단위가 통학권의 성격을 갖고 있다고 볼 수 있다. 마을별로 살펴보면 위미는 자신의 마을에 중학교가 있어서 마을권이 곧 교육권이고 그 이외의 마을들은 모두 읍·면 단위의 교육권을 형성하고 있다.

1992년의 시점에서도 위 1985년의 양상과 다름이 없다. 결국 교육권은 그 교육시설이 위치하는 지역과 그 존폐에 의해 전적으로 결정되는 것인데 비교하는 양 시점 사이에 교육시설의 소재지에 변함이 없으므로 교육권 또한 변함이 없는 것이다.

7. 결론

이 연구는 기존의 연구들에 대한 종합적인 검토를 바탕으로 하여 그 공동생활권의 영역을 거래권(시장권), 통혼권(혼인권), 사회조직활동권, 신앙권(종교권), 교육권(통학권) 등 5개 영역으로 구분하고 그 구분된 영역별로 사회조사의 경험적 자료에 의해서 제주 마을공동생활권에 대하여 고찰하였다. 그 결론을 요약 정리하면 다음과 같다.

① 마을의 거래권으로서의 성격은 종전보다 강화되는 경향이지만 그 거래권으로서의 구심력은 강하지 못하다. 마을 밖 왕래 경향을 분석해 보면 물건의 거래지역으로는 시 지역보다 읍·면 소재지가 큰 비중을 차지하고 있다.

전통적인 시장권인 5일시장권에 관련해서 보면 모든 마을에서 5일시장 이용률은 50% 이상의 높은 비율을 나타내고 있어서 5일시장권의 의의가 아직도 큰 것으로 보인다.

② 마을의 통혼권으로서의 성격을 보면 마을 내혼율 42.8%로서 마을은

통혼권으로서 중요한 구실을 했던 것으로 나타나고 있다. 그런데 연대별로 통혼 사례를 집계분석하여 그 변화 추이를 보면 50년대 이전 51.8%에서 60년대 46.4%, 70년대 36.2%, 80년대 이후 19.8%로서 빠른 속도로 마을 내 혼율은 떨어지고 있다.

③ 마을내 조직에 참여하는 주민 비율에 의해서 마을의 사회조직활동권으로서의 성격을 살펴보면, 그 참여율이 높으며 종전보다 더 그 비율은 증가하고 있다.

이는 마을의 사회조직활동권으로서의 성격이 강화되고 있음을 말해 주는 것이라고 생각할 수 있다. 그러나 그 내용에 있어서는 친목적 성격의 모임에서 경제적, 행정적, 여가활동적 성격의 모임으로 그 비중이 옮아가고 있는 경향을 보이고 있다. 즉 표출적 관계의 차원이 아니라 수단적 관계 차원의 조직활동이 그 중요성을 더해가고 있다는 것이다.

④ 신앙권에 관련해서 보면, 마을권내 신앙(종교)활동의 비율이 높게 나타나고 있어서 마을은 신앙권으로서의 성격이 강한 것으로 나타나고 있다. 그리고 마을의 신앙권으로서의 성격은 종전보다 더 강화되고 있다.

⑤ 교육권(통학권)에 있어서 보면, 국민학교의 경우는 마을은 교육권 그 자체가 되고 있고, 중학교의 경우는 마을이 교육권으로서의 성격이 거의 없으며 읍·면 단위가 중학교 교육권 구실을 하고 있는 것으로 보인다.

종합적으로 말하면 마을권은 거래권이나 통혼권으로서의 성격은 약화되어 있긴 하나 그대로 존속되고 있으며 사회조직의 지역단위가 되고 있고 신앙활동이 이루어지는 신앙권이며 여가생활권으로서의 구실도 하고 있다. 따라서 제주사회에 있어서 마을은 공동생활권으로서의 성격을 아직도 상당한 정도로 지니고 있다고 할 수 있을 것 같다. 그 변화의 경향을 보면 사회조직활동권과 신앙권에 있어서는 마을은 공동생활권으로서의 성격이 강화되는 경향이며 그 외의 거래권, 통혼권에 있어서는 그 성격이 약화되고 있다.

그리하여 제주사회에 있어서는 마을이 그 공동생활권적 성격이 많이 약화되어 있고 그 내용도 변해가고 있는 것은 틀림 없으나 전통사회의 생활권으로서 산업사회의 생활권 단위인 소도읍을 중심으로 하는 정주생활권과 더불어 중요한 의미를 갖는다. 도서환경에 적응하면서 터득한 마을공동체적 생활의 원리가 전통사회 혹은 산업화 이전의 제주사회에서만 중요했던 것이 아니라 현재의 제주사회에도 여전히 의미있게 작용한다고 볼 수 있을 것이다.

도시화에 따라 아무리 생활권이 확대되었다 할지라도 아직도 전통적 생활공동체로서의 마을단위 지역은 상당한 정도로 사회적 통합을 이루고 있으며, 여전히 생활의 대부분은 이 마을 속에서 영위되고 있다. 마을은 오늘날 자족적인 공동생활권으로서의 성격을 상실하였다고 하지만 적어도 근린 지역집단으로서 그 지리적 한계를 그을 수 있고 그 주민들 사이에는 어느 정도 친밀한 관계가 유지되며 마을 정체의식을 갖고 하나의 단위로서 특정의 행위를 하는 그런 생활 단위로서 존재하고 있음은 틀림이 없다고 하겠다.

결국 마을이 존재하는 한, 마을의 생활공동체로서의 성격은 잔존한다고 보아야 할 것이며, 개별 농촌의 기본생활권으로서의 마을권은 그 자리를 계속 유지하게 될 것으로 보아야 할 듯하다. 지연적인 결속은 생활공동체의 기반으로 작용할 것이기 때문이다. 다만 그러한 성격이 약화·변질되고 있는 것이다.

■ 참고문헌

고광민. 1989, 「행정권과 신앙권」, 제주도연구회, ≪제주도연구≫ 6집.
국토개발연구원. 1985, 『특정지역 제주도종합개발계획』 3권, 「정주·산업 및 사회개발계획」, 제주도.
김영돈. 1993, 「혼례」(제주도편), ≪제주도지≫ 3권, 제주도.
김영모. 1966, 「농촌주민의 공동생활권의 측정을 위한 기초연구」, 한국사회학회, ≪한국사회학≫ 2집.
김일철. 1968, 「지역집단」, 한국농촌사회연구회 편, 『농촌사회학』, 민조사.
_____. 1985, 「농촌사회의 구조적 전환과 농민의 가치관」, ≪사상과정책≫ 2권 2호, 경향신문사.
_____. 1991, 「농촌생활의 변화-생활권, 생활구조, 사회조직」, 『한국사회와 재구조화 과정』, 서울대출판부.
김종기 외. 1989, 『제주도 종합개발계획의 재검토』, 한국개발연구원.
김태보. 1985, 「기본수요 접근에 의한 농촌 소도읍의 개발전략: 제주권 서부지역을 중심으로」, 제주대 탐라문화연구소, ≪탐라문화≫ 4호.
김혜숙. 1993, 「제주도 가정의 혼인 연구」, 성신여대 대학원 박사학위논문.
김홍식. 1987, 「제주도의 집과 마을」, 『한국의 발견: 제주도』, 뿌리깊은나무사.
송성대. 1993, 「가옥과 취락」(제주도편), ≪제주도지≫ 1권, 제주도.
신행철. 1989, 『제주 농촌지역사회의 권력구조』, 일지사.
_____. 1985, 「최양부의 '한국사회의 산업화와 전통농촌의 해체: 한국농촌에 대한 인식의 틀을 위한 하나의 시론'에 대한 논평」, 한국사회학회, ≪한국사회학≫ 19집 겨울호.
유철인. 1993, 「마을」(제주도편), ≪제주도지≫ 2권, 제주도.
윤여덕·민상기·주동완. 1984, 「마을 발전의 사회적·경제적 요인에 관한 연구」, 한국농촌경제연구원, ≪연구보고≫ 78.
이만갑. 1981, 『한국농촌사회 연구』, 다락원.
이한방. 1987, 「농촌지역 통혼권의 구조와 변화과정」, ≪지리학논총≫ 14호.
전경수. 1992, 「제주연구와 용어의 식민지화」, 『제주도언어민속논총』, 현용준박사 화갑기념논총간행위원회.
전경숙. 1987, 「전라남도 지역의 생활권 및 중심지체계의 변화」, 대한지리학회, ≪지리학≫ 36호.
최양부. 1985, 「한국사회의 산업화와 전통농촌의 해체: 한국농촌에 대한 인식의 틀을 위한 하나의 시론」, ≪한국사회학≫ 19집 겨울호.
최양부·정기환. 1984, 『마을종합개발의 계획적 접근』, 한국농촌경제연구원.
최재석. 1979, 「부락내혼과 친족조직」, 『제주도의 친족조직』, 일지사.
_____. 1975, 「지역집단」, 『한국농촌사회 연구』, 일지사.
_____. 1987, 「자연부락의 성격과 그 변화」, 한국문화인류학회, ≪문화인류학≫ 19.
최재율. 1975, 「농촌 통혼권의 성격과 변화」, ≪호남문화연구≫ 7집.
한경혜·이정화. 1993, 「농촌지역의 통혼권 변화에 관한 연구」, 한국농촌사회학회, ≪농촌사회≫ 3집, 일신사.
한상복. 1980, 「한국인의 공동체의식에 관한 연구」, 한국정신문화연구원 사회연구실, ≪한국의 사회와 문화≫ 3집(한국현대사회의 문화전통).
홍승면. 1978, 「일본가」, 한배호 외, 『현대일본의 해부』, 한길사.
松原治朗. 1981, 『コミュニティの社會學』, 東京大學出版會.
Green, R. H. 1979, "Basic Human Needs as a Strategic Focus," in San Cole & Hanry Lucas(eds.), Models, *Planning and Basic Needs*, Pergamon Press.
MacIver, R. M. 1917, *Community: A Sociological Study*, Macmillan & Co.
MacIver, R. M. & Charles H. Page. 1950, *Society: An Introductory Analysis*, Macmillan & Co.
Mathiason, J. R. 1978, "Measurement of Basic Minimum Needs," Workshop on Improving the Method of Planning for Comprehensive Regional Development, UNCRD, Nagoya, Japan, June, 1978.
Poplin, D. E. 1985, *Communities*, 홍동식·박대식 옮김, 『지역사회학』, 경문사.

제주도 농촌의 계
―사회통합의 기제인가, 갈등의 기제인가?―

김석준

1. 서론

　계는 두레, 품앗이와 더불어 한국 농촌의 전통적 협동양식 가운데 하나이다. 그간의 사회변동과정에서 두레는 흔적만 남아있고 품앗이도 원형을 찾기 힘들 정도로 변질되어 버렸지만 계는 그렇지 않다. 우리 농촌사회의 해체과정이라 평가해도 좋을 그동안의 변화 속에서도 계는 꾸준히 적응하면서 가장 전형적이고 보편적인 농촌결사체로 남아있다. 계는 특정 지역을 기초로 하거나 이를 초월하면서 어떤 이해 또는 일련의 이해를 공동으로 추구하기 위해 구성되는 일종의 자원적 결사체(voluntary association)라 할 수 있다.[1]
　농촌계를 대상으로 한 우리의 연구주제를 둘러싸고 많은 연구자들이 접근을 시도해 왔다. 그러한 연구자들이 농촌계의 사회적 성격에 관해 논의한 결과는 크게 통합론과 격리론이라는 두 가지 관점으로 나누어 정리된다(김석준, 1988: 119-122). 전자는 농촌주민들의 계에 대한 참여가 활발할 경우 마을내에서 여러 계에의 교차가입과 연결망의 중층화(重層化)가 기대되며, 이로 인해 주민간의 사회적 유대는 전반적으로 강화되고 마을의 사회통합도 높

---

[1] 이렇게 계를 정의하는 것은 계의 성격 규정에 관한 두 견해, 곧 계공동체론[대표적으로, 김삼수(1964)]과 계결사체론[최재석(1969), 김필동(1989)] 중 후자의 입장에 동조함을 뜻한다.

은 수준에 이를 것이라 예견한다(대표적으로 伊藤亞人, 1982). 반면 후자(예를 들어, 최은영, 1984)는 계 참여 자체가 특정의 사회경제적 기준으로 주민들을 격리시키는 기제로 작용하며, 때문에 높은 통합이나 사회적 유대의 강화는 마을 전체적으로가 아니라 주된 참여자들만의 구획적 현상일 것이라 예측하여 전자에 대립한다. 따라서 전자의 주장은 농촌의 계를 사회통합의 기제로, 후자는 갈등의 기제로 서로 달리 파악하고 있는 셈이다. 연구자의 선행 연구 중 특히 1988년의 연구는 후자인 격리론을 지지하는 결과를 얻었거니와 여기서의 논의는 다름아닌 이 문제에 관한 보다 심층적인 재검토를 겨냥한다.

그러나 본 연구는 연구자의 선행 연구들과는 적어도 중요한 두 가지 점에서 구별된다는 의의와 성격을 지닌다. 그 중 하나는 선행 연구들이 모두 양적 방법을 동원한 것인 데 반해 본 연구는 질적 방법에 의존한다는 방법론상의 차이 때문에 있게 된다. 이는 우리의 주제에 보다 깊이 접근하려는 연구자의 의도에 기인하는 것으로 이에 대해서는 다음 장에서 더 서술하겠다. 다른 하나는 기왕에 택한 질적 방법의 장점을 살려 양적 방법으로는 접근하기 어려웠던 변인들의 도입을 본 연구에서는 모색한다는 점이다. 지금 도입될 변인들은 농촌사회의 변화과정을 포착가능하게 하는 것들로서 특히 이촌의 문제에 초점이 맞추어질 것이다.[2] 이는 위의 통합론과 격리론이 농촌의 계에

---

[2] 연구자는 이와 관련된 추론을 몇몇 문헌을 참조하면서 다음과 같이 제시한 바 있다: "…공리적 계는 그간의 농촌개발조직이나 정부가 주도한 하향적 운동조직들(가령 새마을운동의 하부조직들)이 그 기능의 적지 않은 부분을 흡수·병합해 버렸을 뿐만 아니라, 계의 구성과 기능수행의 방법이 대체로 성원들의 노동력 결집을 기초로 이루어지기 때문에 다량의 이촌·이농이 발생하면 자연히 구성기반을 잃게 되어(최재석, 1987) 쇠퇴할 수밖에 없었을 것이다. 또 농촌이 이촌자에 대한 배후지 내지는 후생지원지로 전락함(김춘동, 1983)과 동시에 상업화한 농업은 자금의 계속적 동원을 요구하며 일반적으로 중시되는 전통적 의례에 충당해야 할 자금 등은 다른 자금원이 확보되지 않는 한 영리적 계의 구성을 항상 필요로 할 것임도 짐작할 수 있다. 그리고 이촌과 이농이 몰고 온 농촌사회의 해체위기는 역으로 주민들의 반작용을 유도해내어 쇠약해가는 인간관계의 연결망을 더욱 돈독히 하고 상호간의 유대를 강화할 수 있도록 표출적 계의 확산을 가져왔을 것이다"(김석준,

부여하는 존재의미를 정태적이 아닌 동태적인 관점에서 재조명해 본다는 의의가 있을 것이다.

2. 연구방법과 범위

사회과학의 성격을 규정하기 위한 인식론적 논쟁에 있어서 실증주의와 반실증주의의 대립은 화해하기 어려울 만큼 뿌리가 깊다(Burrel & Morgan, 1980: 1-9). 이 맥락에서는 양적 방법과 질적 방법간의 교류나 통합은 양자가 지식의 근거에 관해 서로 다른 가정에 기초해 있는 탓에 거의 불가능한 것처럼 간주되기 쉽다. 그런 시도는 선택된 인식론적 입장과 실제의 연구기법은 상응해야 한다는 패러다임론적 견해(예로 Filstead, 1979)에 어긋나기 때문이다.

하지만 본 연구에서는 그러한 패러다임론의 교조적 자세를 고집하지 않고 연구기법이란 연구의 목적과 문제에 따라 선정될 필요가 있다는 실용적 입장을 계승하려고 한다. 이는 패러다임론의 적극적 비판자인 브라이만(Bryman, 1992)이나 덴진(Denzin, 1970) 등이 주장하는 방법론적 다원화 전략(strategies of multiple triangulation)을 수용하여 양적 방법에 의한 연구자의 선행 연구결과를 질적 방법으로 반복 관찰함으로써 연구의 타당성을 높이기 위한 것이다. 따라서 이 글은 다원화 전략의 여러 형태 가운데서도 특히 방법간 다원화 전략(between or across method triangulation)의 이점을 취하는 셈이 된다.[3)]

구체적으로 본 연구는 특정 사례에 대한 참여관찰의 기법을 동원하여 자

1988: 118-119). 이런 추론은 본 연구에서도 유효한 가설로서 검토해볼 만할 것이다.
3) 다원화 전략의 주요 형태로는 이론적 다원화, 자료의 다원화, 분석단위의 다원화, 연구자의 다원화, 방법의 다원화 등이 있다. 이에 대한 간략한 정리는 김경동·이온죽, 1986, 587-595쪽을 볼 것.

료를 수집했다. 사례로서 선택된 연구 대상은 제주도의 중산간지역에 위치한 S리인데 이 마을은 연구자의 1988년의 연구에서 조사대상 중의 하나였다. 다음 장에 상술하겠지만, 이 마을은 조사 당시 약 75가구의 자연마을로 참여관찰에 적당한 규모를 지니고 있었고 주민들의 계 참여도 비교적 활발한 것으로 선행 연구와 예비답사에서 나타났기 때문에 선택됐다. 예비답사는 1989년 7월 11일에,[4] 1차 본조사는 1990년 2월 13일부터 21일까지, 그리고 2차 본조사는 1990년 4월 12일부터 5월 2일까지 이루어졌고, 이 2차 본조사의 기간 중 4월 22일부터 5월 2일까지의 기간에는 조사마을에 거주하면서 관찰을 했다. 그 후에도 수차례 마을을 방문하면서 조사가 진행됐음은 물론이다.

조사기간 중 연구자는 우선적으로 마을주민들이 소장하고 있는 계문서의 수집과 계에 관한 주민들의 담화를 집중적으로 채록하고[5] 계의 구성과 관련된 사회적 연결망의 확인에 주력했다. 동시에 마을내 다른 사회조직들, 예컨대 친족관계와 문중조직, 그리고 부녀회, 청년회 등의 공식조직과 행정조직 등에 대해서도 요구되는 자료들을 수집해 나갔다. 또한 모임이 있을 때는 직접 참여하여 관찰도 함으로써 질적 접근의 효율성을 높이고자 했고 주민들의 생애사와 가족사에 대해서도 소홀치 않으려 했다.

결국 본 연구는 이러한 관찰결과에 의존하여 변화하는 농촌사회 속에서 계와 마을주민들의 인간관계의 형성이 어떤 연관이 있는지에 관련한 내용과 의미들의 분석에 치중하게 될 것이다. 이를 위해 본 연구는 첫째, 마을내에 형성된 계의 유형과 존재방식을 사례분석하면서 그 변화상과 다른 사회조직

---

4) 실제로는 이때의 예비답사가 3차 예비답사였다. 이 마을에 대한 예비답사를 하기 전인 1988년 1월에 제주도의 4개 농촌마을을 답사하고, 6월에 그 중 2개 마을을 다시 조사한 적이 있다. 그러나 답사결과 연구의 진행에 몇가지 어려운 문제가 있어서 그 마을들을 포기하고 이듬해에 S리를 조사지로 삼게 된 것이다.
5) 본 연구가 택한 연구방법의 성격상 앞으로 논의를 진행하면서 주민들의 담화를 직접 인용해야 할 필요가 있을 것이다. 이럴 때에는 채록된 제주도 방언을 그대로 인용하지 않고 될 수 있는 한 그에 가까운 표준어로 번역해서 제시하겠다. 이는 논의를 간결히하고 관심있는 연구자와 연구결과를 용이하게 소통·공유하려는 방편이다.

과의 관계를 드러내 보인 후, 둘째로 계가 과연 마을주민간의 사회적 관계의 유지와 존속에 어떤 의미-통합의 기제인가 아니면 갈등의 기제인가-를 지니는지를 해석해낼 것이다. 그리고 이에 더해 이촌과 같은 농촌사회의 변동이 계의 존재와 그것의 의미에 어떤 변화를 일으키고 있는가라는 변동론적 문제에 대해서도 다루어 볼 것이다.

3. 조사대상 마을 개관

S리는 제주시에서 서쪽으로 약 20km쯤 떨어져 있는 중산간 마을이다.[6] 행정구역상으로는 북제주군 A읍에 속한다. 이 마을에서 해안쪽으로 약 8km쯤 내려가면 읍출장소와 단위농협이 있는 H리가 나오고 여기서 S리의 기초적인 행정업무와 농협관련 업무들이 대부분 이루어진다. H리는 제주시 경계 밖에 위치한 해안 마을이지만 제주도를 일주하는 도로가 지나고 제주시의 시내버스가 이 곳을 서부종점으로 삼고 있어서 S리에서 이 곳까지 나오면 시내 출입도 비교적 손쉬운 편이다.

S리는 인근에 두 개의 중산간 마을을 끼고 있다. S리 마을 입구 갈림길에서 H리로 가는 북동쪽 약 2.5Km 지점에 중산간 도로와 교차하는 J리가 있고, 갈림길에서 동남쪽으로 들어서서 약 2.5km를 가면 K리를 만난다. 이 세 마을은 서로 근접해 있는 덕택에 J리를 중심점으로 하여 주민간의 왕래도 적지 않다. 이는 J리에 보건진료소와 세 마을의 학생들이 다니는 국민학교가 있는 것과도 관련이 있다.

마을 남쪽으로 한참을 가면 리경계내에 제주시와 모슬포를 잇는 서부산업도로가 관통해 있고 최근 들어 그 주변에 법무부 산하의 소년원과 시멘트 및 석재 가공공장인 G기업, 승마공원, 자동차면허시험장 등의 비교적 규모가 큰

---

6) 제주도에서 해발 200~600고지에 위치한 목축과 밭농사를 주업으로 삼는 마을들을 통칭할 때 중산간 마을이라 부르는 경우가 많다. 제주도의 중산간 마을에 대한 개략적 소개는 김석준(1986)을 볼 것.

시설들이 설립되어 있다. 이들이 들어선 지역은 원래 S리 공동목장지역 중 일부였지만 이들과 마을주민간의 연결은 아직까지는 그리 크지 않다고 한다.

S리의 북쪽 마을입구로 들어서면 마을 남쪽에 나즈막한 동산(명덕동산)과 멀리 한라산을 배경으로 가옥들이 모여 있는 것이 눈에 들어 온다. 약도에 나와 있는 것처럼 가옥들은 마을을 순환하듯 돌아간 마을 안길을 따라 그 양편으로 들어서 있다. 1990년 당시 연구자가 직접 조사한 결과로는 마을의 가구수가 65호였지만 공식적인 자료에 의하면 농가 65호, 비농가 10호이고 인구는 남자 143명, 여자 145명 총 288명으로 나타난다. 이런 차이는 리경계내에 있는 각종 시설들이 공식통계에는 잡혀있기 때문이라 할 수 있다. 매우 제한적이긴 하지만 수집된 자료(김봉옥, 1980)에 의하면 S리의 인구는 계속적인 감소 추세에 있다. 1780년에 33가구에 남자 113명, 여자 151명이던 것이 1928년에는 133가구, 남자 252명, 여자 260명으로 늘었다가 1978년에 와서는 95가구, 남자 183명, 여자 200명으로 감소한다. 현재의 75가구도 1978년에 비하면 20가구가 줄어든 것이다. 이는 이 마을의 이촌과 이농현상이 매우 심각함을 반영한다.

마을 전체는 5개반으로 나뉜다. 그러나 주민들은 마을내의 구역을 못골, 동골(알동네), 섯동네, 한질동네 등으로 구분하는 데 더 익숙하다. 흥미로운 것은 연못이 있다 해서 마을 서북쪽 구역을 못골이라 부르는데 이 마을의 11가구 제주 양씨 중 한 가구를 제외하고는 모두 여기에만 몰려 산다는 점이다. 과거에는 다른 성씨가 이 구역에 와서 살면 잘 안되고 양씨들만 잘 된다는 말이 있어서 그렇게 되었다고 한다.7) 11가구의 제주 양씨 이외에 마을의 주요 성씨로는 제주 고씨 12가구, 풍천 임씨 10가구, 수원 백씨 9가구가 있고 제주 부씨 4가구 외에 기타 성씨가 나머지를 구성한다.

---

7) 그러나 이는 단순히 지역을 구분하는 것만은 아니다. 여러 성씨가 이 마을에 거주하지만 양씨와 다른 성씨간의 사회적 구분과 거리를 반영한다고도 할 수 있다. 이는 뒤에서 재차 음미해 보겠다. 참고로 각 성씨별로 이 마을에 거주한 기간은 고씨가 25대, 양씨가 20대, 백씨가 15대, 부씨 12대, 임씨 9대라는 자료(≪제남신문≫ 1979. 2. 19, 「제주의 향사」)도 있다.

마을의 동북쪽 길에서 약간 들어간 곳에는 주민들이 비념을 드리는 할망당이 오래된 팽나무와 수목으로 에워싸여 있다. 마을 안에 다른 종교기관이 없어 주민들에게 이 할망당은 중요한 종교활동 대상이 된다. 마을 안에는 개인에게 임대된 부녀회 구판장이 한 군데 있어서 마을의 수퍼마켓 역할과 주민간의 각종 연락사항을 주고 받는 장소로 이용된다. 이 구판장은 또 농사일을 하기 힘든 여자 노인들이 앉아 소일하거나 밭일을 마치고 간단히 술자리를 가지며 대화를 할 수 있는 주점의 구실도 하고 있다. 마을 남쪽 끝에는 1974년에 지은 23평 규모의 마을회관이 있고 마을내 여러가지 공식적 회합이 여기서 이루어진다. 회관내에는 마을문고도 설치되어 있다.

마을회관 뒤편의 동산에 오르면 마을 전체가 다 보이고 멀리 북쪽에 바다까지도 시야에 들어온다. 동산에서 내려다 본 마을은 가옥과 가옥 사이에 감귤과수원이 여러 곳에 조성되어 있으며 마을 주위의 농경지는 이 마을의 주작물이 밭작물(주로 참깨, 보리, 콩)과 감귤임을 말해주고 있다.

이 동산에는 또 오래된 유적인 석관(石棺)이 있고 곡반제단(哭班祭壇)이라는 작은 돌비석이 하나 있다. 이 곳은 과거 국상을 당했을 때 선비들이 모여 북향사배하고 슬퍼하던 장소라고 한다. 이 동산의 유래가 그렇듯이 S리는 제법 오래된 설촌역사를 가진다. 제주도 전역을 유린했던 1948년의 4·3때 마을의 주요 기록들이 소실되어 버렸지만 전하는 말로는 480~500여 년 전까지 그 역사가 거슬러간다고 한다. 1백여 년 전만 해도 인근의 J리와 합쳐져 동정리(同井里)라 했는데 그 후 행정적으로 두 마을로 분리됐다고 한다.

제주도의 여러 중산간 마을들도 그랬지만 4·3때 이 마을은 완전히 소각되고 주민들은 해안 마을로 이주된 적이 있었다. 그 후 어느 정도 상황이 호전되면서 주민들은 인근 J리에 임시수용됐다가 1950년부터 마을복구를 하여 지금에 이르렀다. 그러나 이 과정에서 S리는 결코 가볍지 않은 사회적 변화를 맛본다. 마을의 주요인사들이 다수 다치거나 사망하고, 이주한 후 마을로 귀환하지 않은 주민도 여럿 있었다.[8] 이로 인해 주민들의 기존 사회적 관계

---

8) 주민들이 제보한 사례 중 몇을 들어본다. <사례 1> "과거에 고풍○이라고 지금

는 와해되고 그것의 재구성은 물론 우리의 관심사인 계를 포함한 생활양식 전반에 걸친 재구조화가 요구됐다. 4·3은 S리의 마을사에도 커다란 분기점으로 작용한 것이다.

마을주민들은 감귤과 밭작물뿐만 아니라 축산에서도 소득을 얻고 있다. 주로 소를 키우는데, 마을 남쪽에 있는 약 35정보에 이르는 공동목장에서 봄부터 가을까지 방목을 한다. 원래 이 마을에는 공동목장지가 세 구역으로 나뉘어 각기 다른 주민조직에 의해 운영됐으나 그 중 두 구역은 마을일을 하면서 매각해 버리고 한 구역만 남아 있다. 그래서 마을 외부에는 현재의 공동목장 조직이 'S리공동목장조합'이라고 알려져 있지만 내부에서는 목장계라 호칭하기도 하고 주민 전체가 아닌 계원 중심으로 운영된다고 한다.

이상에서 보면, S리는 축산과 감귤, 밭농사를 주업으로 삼는 전형적인 제주도의 중산간 마을 중 하나라고 할 수 있다. 4·3의 피해를 크게 입은 것 역시 그러하다. 또 현재의 한국 농촌사회가 전반적으로 겪고 있는 이촌과 이농의 경험도 이 마을주민의 생활상에 무시할 수 없는 변화를 가져오고 있음에 틀림없을 것이다.

의 면장직엔가 있었다. 그는 당시 이 마을 최고 권세가였는데 그의 장남 고○흠씨가 4·3때 산사람에게 끌려가서 사망한 후 대가 끊겼다." <사례 2> "현재 비어 있는 집인 이 집은 원래 고성○씨가 살던 곳이다. 그는 4·3때 제주시로 이주해 살다가 2십여 년 전에 사망했고 자녀들도 다 이 곳을 떠나 살고 있다. 그가 이주한 후 백○호씨가 대지를 매수해서 집을 새로 짓고 살다가 27~28년 전에 사망하고 그의 처 고○행씨가 3남매를 거느리고 살다가 제주시로 이주한 후 빈집이 되었다." <사례 3> "4·3 당시 이장이었던 양○선씨는 경찰측에 사상을 의심받아 서울 영등포구치소에 수감되었다. 그 후 6·25사변 때 북괴군이 남침하여 형무소 문을 연 후 소식을 모른다."

<그림 1> 조사대상 마을의 약도

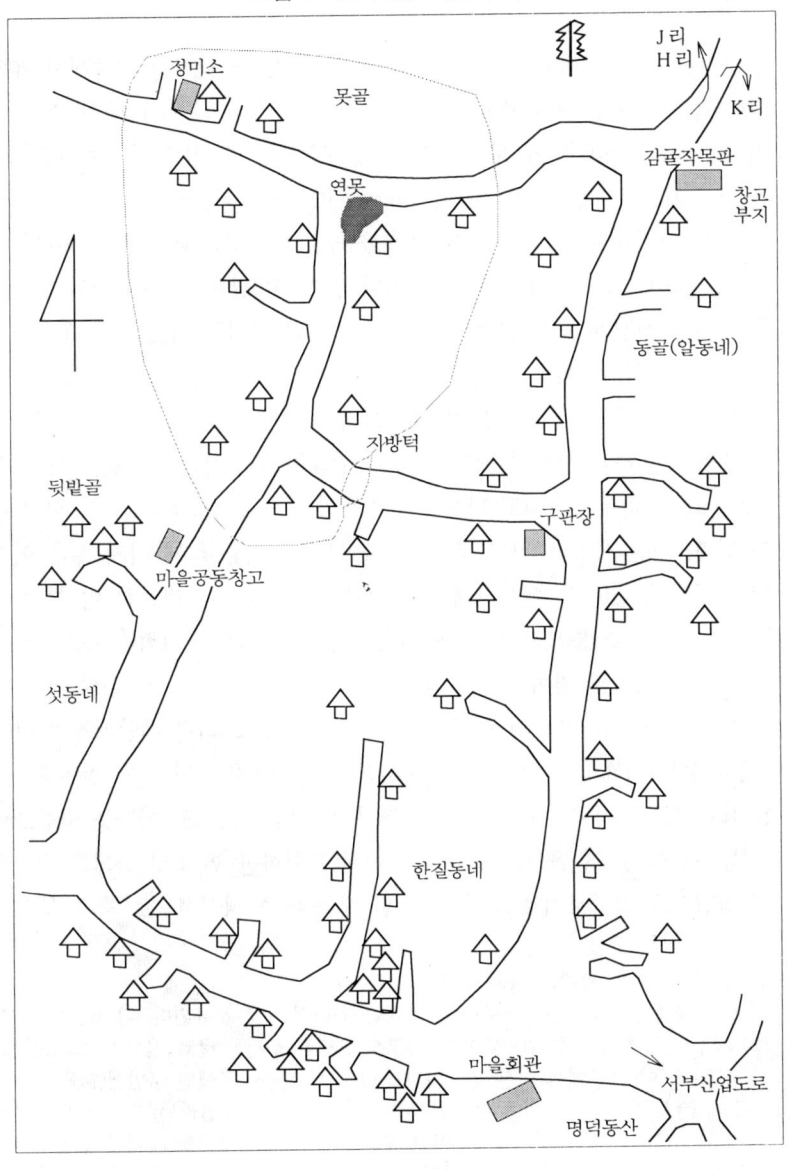

4. 계의 유형과 운영방식

연구자는 계를 다음과 같이 분류한 적이 있다. "일반적인 수준에서 계의 다양한 목적과 기능을 분석적으로 나누자면 표출적(expressive)인 것과 도구적(instrumental)인 것 두 가지로 크게 구분지을 수 있고, 후자는 다시 영리적(lucrative) 계와 공리적(commonweal) 계로 세분할 수 있다. 표출적인 계에는 자기표현과 인간관계의 유지를 목적으로 하는 대개의 친목계나 그와 유사한 형태의 것들이 속하고, 돈계나 쌀계[9]와 같은 영리적 계와 상호부조를 위한 혼상갑계 또는 산업관련계, 동계 등의 공리적 계는 모두 도구적인 것들이다"(김석준, 1988: 118).

하지만 현실 속의 계는 정도의 차이일 뿐 대부분 표출적인 측면과 도구적인 측면을 겸비하는 사례가 많다. 게다가 원래는 도구적인 목적을 위해 결성된 계가 그 목적이 달성되고 나서는 표출적인 것으로 전환되거나 그 역의 경우도 있다. 이런 사실은 위의 분류방식을 그대로 적용할 때 적지 않은 어려움이 야기될 수 있음을 예상하게 한다. 이는 위의 분류가 다분히 이념형적인 목적으로, 그리고 통시적(diachronic)인 분석보다는 공시적(synchronic) 비교를 위해 제안된 것이기 때문에 피하기 힘든 문제라고 생각된다. 그러므로 위의 분류도식을 우리의 연구대상에 적용하자면 그러한 제안배경과 한계를 먼저 수용·이해하고 그 맥락 안에서만 작업하지 않으면 안될 것이다.

S리의 계들은 비교적 다양하다.[10] 조사된 계의 대표적인 기능을 중심으로 그 기능수행의 정도만을 드러내는 수준에서 유형화한 후 몇몇 사례를 대상으로 운영방식을 살펴보기로 한다. 조사된 계 중에는 명시적으로 특정 목적을

---

9) 육지부의 경우 쌀계는 영리적 계로 분류되지만 제주도 농촌에서는 그와 같은 명칭의 쌀제가 상호부조를 주목적으로 하는 공리적 계로 분류된다. 뒤의 논의 참조.
10) 제주도 농촌의 계를 간략하지만 비교적 상세히 소개한 글로 진성기(1975)를 들 수 있다. 이 논문에서는 본 연구자가 S리에서는 찾지 못했던 무반계(武班契), 문인계(門人契), 불칸상역[火災常役] 등의 계도 소개되며, S리의 계에서 나타나는 직책과 다른 것들도 언급된다. 이런 부분들은 앞으로 제주도내 다른 농촌지역의 계에 대한 역사적 고찰을 수행하여 비교·보완할 필요가 있을 것이다.

언급하는 사례도 있고 그렇지 않은 것도 있다. 전자의 경우에도 그렇지만 후자의 경우에는 특히 수집된 계문서에11) 나타난 활동과정을 판독하고 계원들이 자신들의 계활동에 실제로 부여하고 있는 의미를 해석하여 분류·검토하도록 하겠다. 그러나 계는 우리가 분류기준으로 삼는 기능이나 목적에 따라 그 명칭이 붙여지는 경우가 많고, 연구자들에게 일반적으로 알려진 계의 형태나 명칭은 주로 육지부의 계를 준거로 하고 있는 한편 제주도 농촌에는 그와 대조해볼 만한 특유의 계의 형태와 명칭이 있다는 점 때문에도 분류에 앞서 S리에서 조사된 계의 명칭부터 일별할 필요가 있다. 이는 계의 유형화와 운영방식에 대한 논의를 무리없이 이끌어내기 위해서도 갖추어야 할 순서라고 본다.

1) 계의 명칭과 유형

글머리에서 밝힌 대로 제주도의 다른 농촌과 같이 이 마을주민들도 계를 부를 때 '계' '제' '접' '회(會)'라는 용어들을 혼용한다. 이러한 용어의 혼용은 계원끼리는 물론 계원이거나 그렇지 않은 주민간의 일상 대화 속에서도 두드러지지만 계문서 곧 계좌목에서는 거의 '계' 또는 '회'만이 사용된다. 수집된 계좌목 중 마을 아주머니 7명이 하는 '칠인계'는 좌목의 내용 중에 자신들의 계를 '쓰레트제'라고 명기한 단 하나의 예외이다. 이처럼 일상적 대화에서와는 달리 좌목에는 보다 표준화된 용어를 사용하는 것이 주민들에게는 일반화되어 있다. 이는 계운영의 공식화(formaliztion)를 의미하는 것으로 해석할 수 있을 것이다. 여기에 추리를 더한다면, 이런 공식화에는 특정 계의 구성원 간에만 공식적 계약이 존재한다는, 곧 계내(契內)와 계외(契外)의 경계구분에 대한 강조가 은연중에 깔려있다는 추론도 가능하다고 본다.12)

---

11) S리에서는 계의 명칭과 계원명부 그리고 계규약 등을 정리한 문서를 계좌목(契座目)이라 부른다.
12) 계내와 계외의 경계구분은 연구자가 좌목을 포함한 계문서를 수집하는 과정의 대화에서도 감지할 수 있었다. 계문서를 좀 볼 수 있겠느냐는 연구자의 요청에 가

또한 주민들은 마을내의 계를 그릇제(혹은 계), 천막제, 화단(花丹)제, 가마제, 낙인(烙印)제, 목장계(조합), 좁쌀제, 나락제, 쌀제, 돈제, 산담접, 친목계(제 또는 회) 등으로 부른다.13) 이는 각 계의 기능이나 목적을 나타내는 보통명사화된 명칭으로 계를 지칭하는 방식이다. 그러나 유사하거나 동일한 목적의 계가 여럿일 경우에는 특정의 기준을 가지고 계를 구별하여 지칭하기도 한다. 이 때에는 계를 구성하게 된 동기나 배경, 또는 특정 계 스스로 붙인 계명(契名)이 기준이 되기도 하고, 계의 성격에 따라서는 특정 지명이나 문중의 성씨, 경조사 때 상호부조하는 양곡의 양(量)이나 계원의 수가 계를 구분하는 데 사용된다.

예컨대 '쓰레트제'로 통하는 앞서 소개한 아주머니 7인의 '칠인계'가 계 결성의 배경이 명칭화한 예이고, 계 자체의 계명이 명칭이 된 예는 '신성협동계(新成協同契)'라 불리우는 산담접이라 할 수 있다.14) '쓰레트제'는 초가지붕을 쓰레트로 개량하는 사업을 공동으로 하고 나서 남은 돈을 자본금으로 삼아 그 공동사업에 참가했던 부인네들이 성계(成契)를 한 배경 때문에, 그리고 산담접은 계좌목에 '신성협동계'라는 이름이 명기되어 있어서 그렇게 부

장 의례적인 반응은 "뭐 이런 걸 보시려고 하느냐, 잘 몰라서 제대로 기록한 것도 없고 그냥 부끄럽기만 한데…"였다. 그러나 이런 의례적인 응답과는 달리 "이거 계원들에게 물어보고 나서야 하지 제 마음대로 하기가 좀 그렇다"는 공개를 꺼리는 반응에서는 그러한 외부인에 대한 경계구분의 의미와 함께 더 나아가서 계 자체가 계원들만을 '우리'로 하는 일종의 비밀스런 영역 또는 결사인 것처럼 인식됨을 볼 수 있었다. 주요 정보제공자였던 양○만씨(53세)의 "거 좌목은 잘 보여주려고 하지 않을 겁니다. 제가 말은 잘 해보겠지만…"이라는 도움말에도 그런 인식의 일단은 내비친다.

13) 열거된 계 가운데는 몇가지 해설이 더 요구되는 것들도 있다. 그것들은 제주도 농촌의 생활양식과 관련해서만 이해될 수 있는 계인 경우라 할 수 있다. 예시하면, 화단제, 낙인제, 좁쌀제, 나락제, 쌀제, 목장계와 산담접 등을 들 수 있다. 이들에 대해서는 앞으로 논의를 더 진행해 나가면서 요구될 때마다 설명을 가하려고 한다.

14) 그러나 '신성협동계'보다는 산담접이라고 지칭되는 경우가 더 많다고 한다. 이는 이 계가 마을내에 하나밖에 없는 산담접이어서 식별을 위한 다른 고유명칭이 구태여 필요없기 때문이라 할 수 있다. 곧이어 재론하겠지만 산담접은 제주도 특유의 묘지제도와 관련된 계의 하나로서 육지부에서는 보기 힘든 형태의 것이다.

르게 된 것이다.

또 지명이 계명에 등장하는 사례는 목장계에서,15) 성씨의 경우는 문중계에서 볼 수 있다. 앞의 3절에서 언급했지만, 이 마을의 목장계는 원래 셋으로 나뉘어져 있었다. 즉 각 목장계는 마을내의 동네별로 구성되어 마을의 공동 목장지를 세 구역으로 구분하여 운영되어 온 것이다. 그래서 당시에는 목장계가 각각이 담당하는 목장지의 명칭에 따라 '소동이동산계(쇠접)' '개여목계(쇠접)' '맹단이계(쇠접)'로 불리웠다는 것이다. 문중계의 예는 'S리양씨문중친목계'를 들 수 있는데, 원래 좌목상의 공식적 명칭은 '제주양씨○○파S리문중회'라고 되어 있다. 이 계는 이 마을 출신의 문중성원으로만 계를 구성한 S리의 유일한 사례이기도 하다.

그리고 양곡의 양으로 구분되는 계는 좁쌀제, 나락제, 쌀제 등으로서 계원 한 사람이 얼마 정도를 고조(顧助)16)하느냐에 따라 한말계, 닷되계 등으로 부른다. 이 중 좁쌀제와 나락제는 이미 없어졌지만, 쌀제의 경우 닷되계는 보통 20명 정도를 계원으로 해서 구성되는데 한 사람이 닷되[大升二斗]씩 모이면 고조의 양이 한 가마가 된다. 계원수에 따른 명칭은 친목회 또는 친목계에서 흔히 볼 수 있다. '7인친목(회, 계)' '5인친목(회, 계)' 등이 그 예이다.

요컨대 이 마을주민들은 계를 식별하기 위해 일차적으로는 보통명사화한

---

15) 목장계를 '쇠접'이라고도 한다. 이는 목장이 주로 소를 방목하기 위해 이용되기 때문이다. 그러나 요즈음은 쇠접보다는 목장조합이나 목장계라는 명칭이 주로 통용된다. 연구자가 쇠접도 있느냐고 주민에게 질문하자 "아 목장조합 말이오? 요새는 목장조합이라든가 목장계라고 부르지요"라고 답했다.

16) 주민들은 고조(顧助)와 부조(扶助)를 구분한다. 전자는 계에서 하는 것으로 계원들이 돌아가면서 균등하게 혜택을 받을 수 있도록 약정되어 있지만 후자는 개인적인 것으로 성의껏 하는 것이라 한다. 가령 어떤 쌀제에서 고조를 백미 한 가마로 규정한다면 계원들이 경조사 때 한 번씩 백미 한 가마를 받을 수 있는데 이미 받았을 경우 또 경조사가 생기더라도 계원 모두가 한 번씩 고조받기 전에는 다시 받을 수 없다. 그러나 부조는 경조사 때마다 받을 수 있다고 한다. 이래서 순전히 상호부조 곧 고조만을 목적으로 구성되는 공리적 계는 고조가 일회전되고 나면 해체되는 수가 많다. 뒤에 더 논의하겠지만 고조와 부조를 구분짓는 것은 계의 변화를 살필 때 중요하다.

명칭을 사용하고, 더 분명한 구별이 요구되는 상황에서는 고유명사화시켜 각각을 분간한다고 할 수 있다. 그러면 이제 위와 같은 명칭으로 분별되는 이 마을의 계들은 우리의 분류도식에 의하면 어떻게 유형화될 것인지를 거론해 보기로 하자.

우선 공리적 기능의 계에는 그릇제, 천막제, 화단제, 가마제, 목장계, 낙인제, 산담접 등과 쌀제가 포함된다. 이 계들은 ① 계원과 마을주민들의 대소사와 산업활동에 필요한 물품과 설비를 마련하거나, ② 비용을 상호부조하기 위해서, 또는 ③ 집합적인 노동이 요구되는 일을 치르기 위해 결성되었다. 계의 실제적인 목적과 활동이 많은 부분 중첩되기는 하지만 얼마간 단순화시켜 열거된 계들을 세분한다면 ①의 목적은 그릇제, 천막제, 가마제가, 그리고 ①과 ③을 위해서 목장계, 낙인제, 화단제와 산담접이, 쌀제는 ②와 ③을 주된 목적으로 삼는다 할 수 있다.

예를 들어 그릇제는 '부녀자들이 자기집에 일이 났을 때를 대비해 만든 것'으로 '15명이 계원인데 각종 식기와 보온병, 가스솥, 교자상 같은 것을 장만해서' 계원에게는 무료로, 비계원에게는 2만 원에 빌려준다는 점에서 주로 ①의 목적을 위한 것이다. 천막제는 천막과 야외용인 큰 나무탁자를 구비해서 계원과 주민에게 대여한다. 그리고 가마제는 육지부의 관대계(冠帶契)와 유사한 것으로 전통혼례식에 사용하는 가마와 관복 등을 갖추고 계내와 계외에 사용할 수 있게 한다.

①과 ③을 위한 목장계는 소를 방목할 수 있는 초지를 공동소유하고 이를 계원들이 공동으로 관리하면서 주민들의 축산업을 돕는다. 이런 배경에서 목장에 방목하는 소에 이 마을 소유임을 표시하는 낙인을 찍기 위한 도구를 구비하고 집단적으로 그 일을 수행하는 낙인제가 필요했다고 한다. 그래서 목장계의 계원 중 일부가 낙인제를 만들게 되었다. 화단제는 제주도의 상여계(喪輿契)이다.[17] 이 계에서는 화단 곧 상여를 마련해 있고 마을의 장례 때

---

17) 4·3 이전에 이 마을에는 화단제가 둘이었다고 한다. 당시에 이 둘은 '큰 화단제' '작은 화단제'로 구분됐는데, 전자는 4·3을 견디지 못해 없어지고 후자가 현재의 화단제로 이어졌다고 한다. 다음 절에서 구체적으로 분석하겠지만 '작은 화단제'도

계원들이 화단을 운반한다. 산담접은 제주도 특유의 묘제와 관계가 있다. 이 계의 계원들은 도구를 공동으로 구입한 후 묘지 주변에 산담(묘역 경계를 나타내면서 분묘를 보호하기 위한 돌담)을 협동해서 쌓는 일 외에도 밭의 돌담, 가옥의 돌담을 쌓는 일도 한다.18)

위에서 언급했던 대로 쌀제는 보통 10명이나 20명을 계원으로 해서 성계된다. 이렇게 해서 한 계원이 쌀을 한 말이나 닷되씩 모아 쌀 한 가마를 계원의 관혼상제 때 고조하는 것이다. 그리고 그 때에는 계원들이 가서 여러가지 일을 나누어 해주기 때문에 ②와 ③이 쌀제의 주목적이자 기능이 된다. 이는 육지부의 혼상갑계(婚喪甲契)에서의 상호부조와 대동소이한 것이라 할 수 있다.19)

다음으로 이 마을에서 영리적 계로는 돈제를, 표출적인 것으로는 친목계 또는 친목회를 들 수 있다. 돈제는 몫돈을 마련하기 위한 목적에 거의 충실한 사금융적인 계로 주민들 중에도 다수가 가입해 있는 것으로 보였지만 공개하기를 극히 꺼렸다.20) 친목계(회)는 명칭처럼 친목도모를 중시한다. 그런데 "쌀제는 이제 하기 힘들다. 사람수가 10명, 20명 되기도 그렇고…. 그래서 이제는 친목회가 많이 생겨나고 있다. …친목으로 하면 대부분 임시 임시 큰 일 있을 때나 고조하고 일 도와주고 하면 된다. 친목회는 일시적인 것이다" 라는 주민의 말은 이 친목회가 단순한 친목만이 아니라 쌀제의 상호부조의

4·3의 유린을 완전히 피할 수는 없었다.
18) 이러한 일에 계원 모두가 나와 노동력을 제공하는 것을 출역(出役)이라 하고 그에 대한 기록을 출역기(出役記)라 한다.
19) 이런 점에서 쌀제의 표준어가 쌀계이지만 이 마을의 쌀제와 육지부의 쌀계는 동일하지 않다. 육지부의 농촌에서 쌀계는 나락계, 돈계와 함께 주민의 경제적 필요에 의해 구성되며 영리적 계로 분류될 수 있다. 그러므로 앞에 인용한 본 연구자의 계 분류도식에서 영리적 계로 포함·언급된 쌀계는 육지부의 경우로 한정시켜야 할 것이다. 이는 이 마을에서는 이미 사라졌지만 나락제(나락계)의 경우에도 적용된다. 육지부의 쌀계와 나락계에 관한 비교적 상세한 보고는 전북 임실군의 한 마을을 사례연구한 최재석(1987: 120-121)을 참조할 것.
20) 이로 인해 본 연구에서는 돈제에 대한 더 진전된 분석이 사실상 불가능하다. 이는 본 연구가 부담해야 할 한계 중의 하나이다.

기능을 대체하는 계로도 선호되고 있음을 알 수 있다. 그리고 그 이유 중 하나가 사람을 모으기 힘들어서 그렇다는 데서 이러한 선호가 이촌의 영향임도 추측가능하다. 그렇다면 이는 뒤의 논의에서 더 깊이 다루어야 할 사항임은 물론이겠다.

2) 계의 운영방식과 변화

앞 절의 논의를 토대로 여기서는 이 마을 계의 일반적인 운영방식을 살펴보기로 한다. 검토는 첫째 계가 어떤 배경의 주민들로 구성·형성되었고 그 변화의 과정은 어떠한지에 대해, 둘째는 계내의 직책과 직무수행의 방법, 그리고 계의 재산형성과 그 종류를 다루며, 셋째로는 상호부조의 관행과 변화를 추적하는 방식으로 진행하겠다. 그러면서 우리는 농촌사회의 변동과 계를 통한 주민들의 사회적 관계가 여기에 어떻게 어울려 있는지도 점검해 보아야 한다. 이는 주로 수집된 계좌목과 주민들과의 담화에 의존해서 이루어질 것이다.

(1) 계의 형성과 계원 구성의 변화

이 마을에 현존하는 계 중에서 비교적 역사가 오랜 것으로는 가마제, 화단제, 목장계를 들 수 있다. 그러나 성계한 연도가 분명한 것은 가마제뿐이고 나머지 둘은 정확치 않다. 가마제는 좌목에 1901년 주민 7명이 모여 성계한 것으로 기록되어 있지만 화단제와 목장계는 원좌목이 일부 훼손되어 남아있는 내용만으로 오래됐음을 추정해야 했다.[21] 화단제의 좌목에는 가장 오래된

---

21) 이 중 가마제와 화단제의 좌목은 매우 온전하게 보관·승계된 편이다. 4·3때 다른 계의 좌목들은 소실 또는 분실되어 버렸지만 두 계의 것은 계원 중의 한 사람이 항아리에 넣어 땅에 묻어두어서 지금까지 남아있다고 한다. 하지만 양자 중 화단제보다는 가마제의 것이 더 잘 보전되어 있다. 목장계의 좌목은 직접 입수해서 분석하지 못하고 주민(목장계의 재무)이 보관하고 있는 것을 잠깐 동안 열람했을 뿐이다. "계원들의 허가를 받아야 하는데 이것 때문에 다 소집할 수도 없다"는 이유에서였다. 목장계의 계원은 이촌한 상당수를 포함 64명이나 되었다. 따라서 그에

기록이 "소화십구년구이월일계중개좌목(昭和十九年舊二月日契中改座目)"으로만 되어 있다. 즉 1944년 음력 2월에 계의 좌목을 개정했다는 기록만이 있는 것이다. '개좌목(改座目)'이란 계원의 변동이 있을 때 작성하는 것으로 이를 보면 이 화단제가 그 이전에 결성됐음을 쉽게 납득할 수 있다. 목장계의 경우도 소화13(1938)년의 기록이 남아 있다.

그런데 아주 최근에 결성된 계를 제외하고는 성립 당시의 계원 모두가 현재까지 그대로 남아있는 사례는 거의 없다. 여러가지 사정으로 계원은 계속 다른 사람으로 교체되기 마련이다. 이럴 경우 개좌목이 만들어지는데, 계원의 유고시에 대신 입계하는 사람은 대참자(代參者)라 하고 전혀 새로 입계하는 이는 신참자(新參者)라 한다. 대참은 계원자격의 상속을 뜻하며 원칙상 계원의 직계후손에게 주어지나 여의치 않을 때에 한해 드물게는 가까운 친족이 상속하는 수도 있다. 통상적으로 대참은 별도의 입계조건이 필요치 않지만 신참은 계에 따라서 계자금에 대한 일정액의 분담금을 내든가, 고조의 수혜를 제한받든가 등의 조건과 제약을 받기도 한다.22)

그러면 각 계의 계원 구성과 그 변화과정을 들여다 보기로 하자. 가마제의 1901년도 최초 계원의 성씨 구성은 양(梁)씨와 백(白)씨가 각각 2명, 임(任)씨, 고(高)씨, 김(金)씨가 각 1명으로 이 마을의 주요 성씨 중 부(夫)씨를 제외한 주요 성씨들이 다 망라되어 있다. 그 후 해마다 2명씩 신입계원(백씨 1명과 고씨 3명)을 받아들여 계원수가 1903년에 11명이 된다. 1903년 이래의 계원수의 변동은 1931년에 12명으로(김씨 1명 입계) 증가했다가 다시 1937년에 임씨 1명이 탈계해 11명이 되고, 1943년에 와서 전에는 없던 성씨인 박(朴)씨가 1명 입계해 12명으로 늘어난다. 이러한 계원들의 성씨 구성은 1964년에 고씨 1명이 탈계해 11명으로 감소한 후 지금까지 유지되고 있다.

  대한 상세한 내용분석은 대단히 제한적일 수밖에 없다.
22) 낙인제에서의 1985년 예를 들어 본다. 신참자는 고조시에 지출한 적이 없으므로 고조에서 제외시키고, 신입비는 계자금을 계원수 만큼 15등분한 3천 1백 60원을 내도록 하고 있다. 이에 따라 신참자는 고조시에 계미(契米)를 내지 않으나, 그 외의 일에 있어서는 "가입 이후로 다른 계원과 동등한 권리를 부여한다."

이와 같은 가마제의 계원 구성과 변화에서 우선적으로 드러나는 것이 있다. 그것은 좌목상의 기록만으로는 명확한 이유를 알 수 없지만, 애초부터 지금까지 부씨는 입계해 있지 않다는 점이다. 이는 마을주민 전체가 가마제의 기능을 필요로 하는 것임에도 불구하고 계원 구성에 있어서 마을내의 주요 성씨를 모두 포괄하지 않고 특정 성씨를 배제한 것으로 어쨌든 주목해둘 만하다.23) 또 한 가지 새겨두어야 할 사항은 좌목상으로는 11명이지만 이 가운데 재촌자는 4명에 불과하다는 사실이다. 이는 가마제의 운영과 유지에 이촌의 영향이 적지 않을 것을 예상하게 한다.

가마제에 비할 때 화단제는 좌목상으로도 이 마을에 대한 4·3의 피해가 어떤지를 뚜렷이 가늠할 수 있게 한다. 1944년 당시 화단제 계원은 23명으로 양씨 6명, 박씨와 고씨 각 5명, 김씨 3명, 진(秦)씨 2명, 백씨와 임씨 각 1명으로 구성되어 있었다. 그러나 4·3 이후인 1952년의 개좌목에는 양씨 5명, 고씨 4명으로 각 1명씩 줄고, 박씨는 2명이 감소해 3명, 3명이었던 김씨는 한 사람도 없고 나머지 성씨만이 그대로 유지되어 계원수는 16명으로 감소한다.24) 이 중 1944년 당시에도 계원이었던 사람은 11명뿐이고, 대참된 계원은 5명, 좌목에서 사라진 이가 12명이나 된다. 이들이 다 그런 것은 아니지만 4·3때 사망하거나 타지로 갔다가 미귀환한 자들이 다수여서 이렇듯 계의 규모가 축소된 것으로 풀이할 수 있겠다.

이후 화단제의 계원수는 1963년에 고씨 1명이 신규로 가입해 17명이 됐다가 1965년에 다시 두 명이 탈계해 15명으로 된 후 현재는 양씨와 박씨 각 4명, 고씨 3명, 백씨와 진씨 각 1명, 임씨 2명으로 총 15명으로 되어 있다. 가마제와 동일하게 이 계에도 부씨가 한 명도 없음이 다시 눈길을 끈다. 그러나 다행히 화단제의 계원 중 이촌자는 단지 2명이고 나머지 13명이 재촌해 있어서 가마제에 비해 이촌의 영향을 그리 크게 받지 않은 것 같다.

여기서 사회적 연결망의 중층화와 관련해 앞의 가마제의 계원이 이 화단

---

23) 가마제를 성계할 당시 계원인 임씨가 이 마을에 들어온 것이 부씨보다도 나중이었다는 자료를 상기해 볼 것. 앞의 주 8) 참조.
24) 좌목상의 기록도 1944년과 1946년의 것 이후에 1952년으로 뛰어넘고 있다.

제의 계원인 경우를 헤아려 볼 필요가 있다. 이를 보면, 그런 계원이 1944년에(가마제는 1943년의 개좌목)는 2명이고 그 후는 수차례에 걸친 비슷한 시기의 두 계의 개좌목을 비교해도 그런 사례가 없다가 최근의 1983년(가마제는 1985년)에 이르러 1명이 겹친다. 이는 두 계의 계원간에 중층적인 관계가 매우 미미함을 의미하는 것이라 생각된다. 두 계가 주활동영역(혼례와 장례)은 다르지만 둘 다 마을 전체 주민의 생활양식에 필수적인 활동이고, 또 역사도 오래된 점을 고려하면 그에 함축된 바는 우리의 관심사와 연결지을 때 쉬 간과되어선 안되리라 본다.

다음은 비교적 근래에 결성된 산담접인 '신성협동계'와 낙인제, '7인친목회'의 사례를 보기로 한다. 먼저 산담접은 1966년 계원 13명으로 구성됐다. 이 산담접을 성계할 때의 계원의 성씨 구성은 고씨 3명, 임씨·이씨·김씨·부씨 각 2명, 양씨와 박씨 각 1명으로 13명이었다. 그러다 1972년에 임씨 1명이 탈계하고 고씨 1명이 입계한 후 1978년에 다시 임씨 1명이 입계해서 14명이 되어 현재에 이르고 있다.

그런데 이 산담접은 계원들 중에 못골에 거주하는 이는 양씨 1명뿐이고 나머지 전계원이 마을의 다른 동네 거주자들임이 특이하다. 앞의 3장의 마을 개관에서 못골은 이 마을의 양씨들이 주로 거주하며, 못골 이외의 동네에는 양씨가 1가구뿐임을 보았다. 만일 이를 마을구역 또는 동네와 마을내 문중 구성원들의 분포가 중첩된 현상이라 본다면, 산담접의 계원구성은 그런 분포가 사회적 연결망의 형성에 반영된 것일 수 있다. 이 점 앞으로의 논의에서 유념해 보도록 하자.

산담접의 계원이면서 앞의 두 계에도 속한 사람은, 1966년의 산담접 좌목에서는 1965년도에 화단제의 계원인 사람이 3명으로 나타나고, 1972년의 산담접에서는 1969년 화단제 계원이 3명, 산담접 1985년에는 1983년 화단제 계원이 여전히 3명이다. 하지만 가마제와는 비슷한 시기의 계원 명부상에 동일 계원이 없다가 최근인 1985년에 와서야 1명이 나온다. 이는 산담접과 화단제간에는 약간의 중층화가 있지만 가마제와는 거의 없음을 말해준다. 그리고 산담접의 현계원 중 대부분은 재촌해 있고 3명만이 이촌해 있음도 확인된다.

　산담접에서 나타난 이러한 특징들은 낙인제로 가면 더 두드러진다. 낙인제는 1966년에 15명의 주민에 의해 성계됐다. 이 계의 구성원은 모두 이 마을의 목장계(조합)의 계원들이라는 공통점이 있다. 계원의 구성을 보면, 1966년 당시 임씨 4명, 박·김·백·부·고씨 각 2명, 이씨 1명으로 15명이었다. 그 후 1985년에 와서 고씨가 1명 더 가입해 16명이 됐지만 여기에는 양씨가 한 명도 가입해 있지 않다. 이는 산담접보다도 더 양씨 문중이 배제된 경우이다. 그리고 낙인제는 좌목에 계원의 명단이 1966년과 1985년에 두 번 나오는데, 다른 계와 겹친 계원수는 성계 당시의 1966년에 같은 해의 산담접과 8명, 비슷한 시기의 화단제(1965년)와는 4명이고 가마제(1964년)와는 없다. 1985년에 와서는 산담접(1985년)과 8명, 화단제(1983년)와 2명, 가마제(1985년)와 1명이 겹친다. 이런 사실은 산담접과 낙인제간은 계원의 중층화가 높으며, 가마제와는 산담접이 그런 것과 마찬가지로 상대적으로 낮은 중층화의 정도를 보여주는 것이라 하겠다.

　이상은 모두 공리적 계의 계원 구성에 대한 사례분석의 결과이다. 종합과 비교를 위해 표출적 계인 '7인친목회'의 경우는 어떠한지 들여다 보자.25) 1963년에 구성된 이 친목회 계원들은 모두 재촌자라는 특징이 있는데 성씨 구성은 박·김씨 각 2명, 임·부·고씨 각 1명으로 총 7명이다. 이들은 1명만을 제외하고 못골 이외의 지역에 살며, 못골에 사는 사람도 양씨가 아니라 박씨이다. 낙인제처럼 전적으로 양씨가 아닌 주민으로만 구성된 것이다. 다른 계와의 중층화 정도는 낙인제(1966년)와 5명, 산담제(1966년)와 4명, 화단제(1963년과 1977년)와는 3명, 가마제(1975년)와는 1명이다. 즉 낙인제, 산담제, 화단제와는 중층화가 어느 정도 이루어져 있지만 가마제와는 중층화가 미약하다.

　그런데 이런 중층화의 정도를 이 친목회 계원들이 개인적 수준에서 가입

---

25) 이 '7인친목회'는 운영방식이나 조직의 형태가 독특한 측면이 있어서 다른 계들과 비교해볼 만하다. 이에 대한 것은 뒤로 가면서 계속 이어질 것이다.

해 있는 계의 수를 가지고 점검해 보면 흥미로운 점을 더 찾아 볼 수 있다. 이는 위에서 사례분석한 5개 계에만 한정되는 것이지만, 계원 7명 중 4명은 3개의 계에, 1명은 1개에만, 또 다른 1명은 2개의 계에, 그리고 나머지 1명은 현재 모든 계(5개)에 입계해 있다. 다른 이들보다 이 5개의 계에 다 속해있는 사람의 배경이 궁금해짐은 당연하겠다.

그의 배경은 이렇다. 이름은 박ㅇ식으로 현재 63세인데 슬하에 4남 1녀를 두었으나 결혼 후 모두 이촌해서 산다. 그는 과거에 이장을 역임한 적이 있어서 박이장이라고 호칭된다. 마을내의 여러 곳에 그가 소유한 과수원과 밭이 있고, 그의 동생 중 하나는 제주시 근교에서 큰 목장을 하고 있다. 그리고 그의 조부는 이 마을의 대단한 유지 중의 하나였다. 마을회관 앞의 정자나무와 그 집 뒤의 큰 나무도 다 그의 조부가 심은 것이라고 한다. 그래서 그는 유지였던 조부의 뒤를 따라 가마제와 화단제, 목장계에 대참·입계해야 했던 것이다. 또한 주민들에게는 아직도 조부 때의 일이 그를 통해 기억되고, 이제는 거의 이촌해 버려 마을내에 3가구뿐인 박씨 집안의 연장자라는 것이 그로 하여금 이 마을 박씨문중의 대표자격인 위치에 있게끔 하고 있다. 게다가 그는 못골이 아닌 곳에 살고 있기도 한 것이다. 결국 이러한 배경이 목장계를 모체로 한 낙인제와, 비못골 거주자들의 친목회, 그리고 산담접에 그가 입계하게 된 사정과 무관하지 않은 것이다. 그렇다면 이는 개인이 마을내에서 차지하는 또는 인정받는 사회경제적 지위가 계에의 가입과 참여의 수준에 직결된다는 하나의 예증으로 간주되어도 좋을 것이다. 그런 관계 역시 우리의 관심영역에 포섭됨은 덧붙일 필요가 없겠다.

이상을 마무리지으면서 우리는 계원 구성과 그 변화에 있어서 사례분석된 계들이 어느 정도 일정한 경향을 드러냄을 알 수 있다. 이어질 분석을 위해 정리해두자면 첫째, 화단제에서 보았듯이 4·3은 이 마을의 계에도 커다란 변화를 요구했음이 틀림없고, 둘째로 계에 따라서는 이촌이 끼친 영향은 다르지만 가마제의 경우 재촌자가 극소수여서 그 운영과 앞으로의 유지는 지금 그리 낙관적일 수 없다. 그리고 셋째로, 역사가 오랜 계에서는 물론 최근에 결성된 계에서도 마을내의 특정 성씨를 배제시킨 사례가 적지 않으며, 계에 특정인이 가입하는 데는 개인적 수준에서 그의 사회경제적 지위가 일종의 배경이자 조건으로 작용함이 부분적이지만 드러난다. 그런 즉 우리의 연구주제와 관련시킬 때 이러한 경향들은 아래의 항목들에서 더욱 긴밀히 따져 보아야 할 과제가 아닐 수 없다.

(2) 계내의 직책과 재산

소수를 예외로 하고는 이 마을의 계들은 대부분 계장(契長), 공원(公員), 소임(所任)의 직책을 두고 있다. 이 가운데 계장은 계원 중 최연장자의 몫이고, 공원은 그 다음 연장자가 맡아 계의 일을 좌목에 기록할 때 서명을 함으로써 일종의 감사(監事)와 같은 직무를 수행한다. 그리고 소임은 좌목을 포함한 계의 관련문서들을 기록·보관하고 계원간의 연락과 계자금의 관리를 맡으며, 계원들이 돌아가면서 1년 또는 2년씩 담당하도록 되어 있다. 이러한 직책들은 특별한 사유가 없는 한 분담을 원칙으로 하는 것이 일반적이다.

예외적인 사례의 하나는 '7인친목회'이다. 여기서는 계장과 회장이라는 직명이 혼용되어 사용되고, 공원이라는 직책도 없으며 소임 대신 그 역할을 하는 재무(財務)만이 있다. 그래도 재무의 임기는 다른 계와 마찬가지여서 계원들이 1~2년씩 윤번제로 담당하며 분담을 원칙으로 한다. 따라서 우리가 주목해야 할 것은 그러한 소임 또는 재무직의 윤번제 담당과 직책의 분담이 정상적으로 지켜지는지 여부이다. 그것이 정상적이든 비정상적이든 그 이유가 무엇인지를 밝히는 것이 계의 운영방식과 변화를 이해하는 데 중요하기 때문이다.

간결한 분석을 위해 이에 대한 결론부터 미리 이끌어내자면, 재촌자가 많은 계일수록 그러한 원칙들이 잘 지켜지지만 이촌자가 많을수록 그 반대의 현상이 나타난다는 것이 된다. 앞에서의 계원 구성의 변화를 기억한다면 이런 명제에서는 후자의 예로 가마제를, 그리고 전자에는 나머지 계들을 소속시켜도 무리가 없을 것이다. 사실상 분석된 결과는 이를 뒷받침하거니와 일단 가마제에 초점을 맞추어 이를 분석·토론해 보기로 한다.

가마제에서 계원간의 직책분담이 제대로 지켜지지 않은 것은 1970년대 이후부터이다. 특히 1~2년 마다 계원 중에서 윤번제로 담당하는 것이 당연한 소임직은 1975년에 그 직을 맡은 한 계원이 1981년까지 6년 정도를 계속해서 그대로 소임인 채로 남아 있다. 그러다가 1987년부터는 계원 한 사람이 공원과 소임을 겸직하는 사태가 목격된다. "맡을 사람이 없는데 어떻게 하느냐. 다 나가 버리고 사람이 없다"라는 한 계원의 설명이 그렇듯이 이는 이촌의 영향임에 의심의 여지가 없는 것이다. 이러한 상황이 70년대 후반부터 초래됐다는 점에서 우리는 이 마을에서의 이촌이 이 때를 전후해 집중적으로 발생했을 가능성도 짐작해 볼 수 있다.26)

그렇다면 이런 어려운 상황 속에서도 가마제가 지속되는 이유, 곧 계원들이 계를 유지시키려고 애를 쓰는 이유가 무엇인지가 아연 궁금해진다. 과거에는 계원들이 집단적으로 품을 팔아 계자금을 축적하여 계에 필요한 일이나 재산증식에 사용하기도 했지만 많은 계원들이 이촌해 버린 지금은 그런 활동도 할 수 없고, 가마제를 구성하게 된 혼례용품의 공동이용이라는 공리적 목적도 전통적 혼례식이 사라진 터에 그 목적만으로는 더 이상 계를 존속시킬 필요성이 없어졌다는 데서 그런 의문은 더해진다.

하지만 이에 대한 해답은 비교적 분명한 것 같았다. 즉 계에서 1916년에 매입해 현재도 계자금의 증식원이 되고 있는 토지가 있고27) 아직 계원들 모두에 대한 고조가 끝나지 않았기 때문이라는 것이다. 말하자면 계원의 이촌

---

26) 이런 추측은 '회의시 참석치 아니한 자는 연초배급(煙草配給)을 중지함'이라는 벌칙이 규정되어 가마제의 좌목에 처음 기재된 것이 1979년이라는 데서도 부분적으로 뒷받침될 수 있다. 이 벌칙은 강도가 약한 것 같지만 재촌계원보다는 이촌한 계원들의 불참률이 높은 데 대한 상징적 제재의 의미가 크다고 본다.

27) 계원들의 출자와 단체로 품을 팔아 받은 돈, 혼례용품의 대여금을 모아 구입한 이 토지에서는 목재로 쓸 수 있는 나무가 제법 많아 최근에는 일부를 판매해서 계자금을 증식시켜 주는 원천이 되고 있다. 그래서인지 좌목 중에는 때때로 계자금의 일부를 계원들이 일정액씩 배분받은 기록도 나온다. 이외에도 가마제의 재산은 비교적 많은 편이었다. 예시하자면, '관복일건 부일건 부괴일건 항일개(冠服壹件 釜壹件 釜槐壹件 缸壹介)'란 재산목록이 1930년도의 좌목에 올라 있다. 그러나 오래전에 전통적인 혼례식이 사라지면서 그런 물품들은 빌어 쓰질 않아 지금은 그 목록도 정확치 않고, 현재의 소임은 보관상태가 어떤지조차 잘 모르고 있었다.

여부에 상관없이 계자금의 증식이 가능하고, 그와 마찬가지로 이촌 여부에 상관없이 계원들의 의무이자 권리로서 공평하게 수혜받아야 할 고조가 끝나지 않은 데다가 그런 방식으로 계자금이 증식될 수 있는 한 고조는 물론 계의 유지가 가능하기 때문이라고 할 수 있다. 요컨대 이는 원래의 공리적 목적이 상황의 변화로 더 이상 유명무실해지자 그 목적을 달성하기 위한 수단이었던 토지라는 계재산과 부차적인 목적으로 간주될 수 있는 계원에 대한 고조가 이제는 목적으로 전환된 것이라 할 수 있다. 그런 점에서 이는 이촌과 혼인제도의 변화라는 사회적 환경의 변화로 공리적 계에서 야기된 공리성의 상실이며 일종의 목적-수단 전치(means and goals dispacement)현상이라 해석될 수 있을 것이다.

이러한 가마제의 상태는 그와 유사한 공리적 계인 화단제와 명확히 대조적이다. 가마제와 동일하게 화단제의 직책에도 계장, 공원, 소임이 있다. 그러나 가마제에서와는 달리 최근까지도 소임직을 계원들끼리 2년씩 윤번제로 담당해 오고 있다. 이러한 차이는 화단제의 계원 15중 이촌자가 단지 2명 뿐인 데 기인하는 것이라 할 수 있다.28) 즉 같은 공리적 계임에도 가마제와는 다르게 이촌의 영향을 덜 받고 있다는 것이다. 그 결과 화단제는 계재산이 단지 화단과 이를 보관할 움막, 그리고 화단을 이동하는 데 필요한 도구밖에 없음에도 불구하고 충분히 존속될 수 있는 것이다. 게다가 지금도 장례를 위해 화단이 계속 사용되고 있다는 점이 이 계를 존속시킬 중요한 요인이 됨은 물론이다.

가마제와 화단제의 이같은 대비로 우리는 적어도 두 가지 사실을 파악할 수 있다. 하나는 공리적 계의 목적의 유지와 계 자체의 존속에 이촌과 같은 사회적 환경과 생활양식의 변화는 매우 결정적인 요인으로 작용한다는 것이고, 다른 하나는 그러한 변화가 강요될 때 계의 존속과 계원들의 결집을 위해 소극적이지만 유용한 방안으로 토지와 같은 재산의 획득이 추천될 수 있다는 사실이다.

---

28) 화단제의 좌목에는 고조기가 전혀 없어서 이에 대한 분석은 보류할 수밖에 없다.

실제로 이 마을의 계 중에는 계원들의 공동 출자나 공동 노동에 의한 수입 등으로 토지를 매입한 사례가 제법 있었다. 한 예로 '7인친목회'를 들 수 있다. 이 계에서는 1963년 성계할 당시 1인당 1백 원씩 모아 계자금으로 삼았는데, 그 위에 계원들이 집단적으로 품을 팔아 얻은 수입을 덧붙이면서 식리를 하여 증식시켰다. 그러다 늘어난 자금으로 1965년에 6백 평 가량의 토지를 매입하고 그 후는 이를 공동경작해서 수확물을 처분해 이 또한 계의 자금으로 축적한다. 때에 따라서는 계원 중 1인에게 1년 동안 이 밭을 경작토록 하고 그 수확 중 일부를 계에 내도록 하기도 한다. 그러나 계의 자금이 어느 정도 되면 더 축적을 하지 않고 일부를 계원들의 의복이나 구두를 공동 구입해 분배하면서 친목도모라는 목적에 충실하고 있다. 그러므로 이 '7인친목회'에서는 계재산인 토지가 계의 목적 달성에 매우 쓸모있는 수단으로서 그 기능을 다하고 있을 뿐만 아니라 이러한 것이 사회적 변화에 대한 대응과 계 자체의 존속을 위해서도 튼튼한 기반인 것은 의심의 여지가 없겠다. 여기에 이 '7인친목회'는 계원 모두가 현재 재촌해 있음을 상기시키면서 계의 형성도 가마제와 화단제와는 달리 1960년대 초의 비교적 근래의 것이라는 점을 다음의 분석을 위해 강조해 두어야겠다.

(3) 계원간 상호부조

이 마을의 계에서 상호부조의 일반적 형태는 현물 또는 현금에 의한 고조와 부조, 그리고 계원들의 집단적 노동력 부조의 세 가지이다. 이러한 상호부조의 형태와 그 변화 역시 앞에서부터 우리가 추적해 온 문제에 대한 해답을 나름대로 담아내고 있다. 앞의 분석과정에서 대략 시사되었듯이 그러한 해답은 구태여 여러 사례를 검토하지 않고 가마제와 '7인친목회'만을 가지고도 윤곽을 그려낼 수 있을 것 같다.

먼저 가마제를 보자. 좌목을 보면 1901년 계를 구성할 당시에 고조를 '백미오승소목일발(白米五升燒木一發)'씩 하기로 결의하고 있다. 어떤 경우에 고조하느냐를 약정한 내용은 명시되어 있지 않지만, 고조기의 내용을 보면, 1950년대 이전까지는 계원의 부모상(父母喪)에 한해서만 이루어지고 백미와 소목(장작) 이외에 '백지일권초석일엽촉일봉(白紙一卷草席一葉燭一封)'도 같이 고조하고 있다. 그러다가 그 후의 1950년대 후반부터는 계원의 결혼, 계원의 가옥신축 등에 대해서도 범위를 넓혀 고조를 한다. 고조의 양도 뒤로 갈수록 증가해 1956년에 이르러서는 '백미구육두이승화목십지(白米舊六斗二升火木十枝)'씩 하기로 재결의되고, 가장 최근인 1986년에 와서는 계원 모친상 때 '백미(대승)사두화목(백)지상[白米(大升)四斗火木(百)枝上]'이란 기록이 보인다. 고조의 양과 범위가 점차 많아지고 넓어진 것이다.

그런데 이러한 고조의 범위 확대와 양의 증가보다도 더 관심을 가질 만한 부분이 있다. 그것은 고조할 때 미수(未收)한 계원에 관한 기록이 1950년대 이전에는 간혹 보이다가 50년대 후반부터는 꾸준히 나온다는 사실이다. 계원의 설명에 의하면 이는 주로 계원이 이촌한 탓으로서, 그럴 경우 연락이 쉽지 않은 데서 오는 어쩔 수 없는 현상이었음을 알 수 있다. 그렇다면 이는 다름아니라 가마제에 대한 이촌의 영향이 이 시기부터 시작됐음을 알리는 징후일 수 있을 것이다. 만일 이를 받아들인다면, 그리고 가마제에서의 직책과 직무분담에 대한 앞서의 분석결과를 이에 결합시킨다면 가마제에 대한 이촌의 영향은 1950년대 후반 이후 차츰 증대되다가 1970년대에 이르러 가속화된 것으로 추론해 볼 수 있다.

그러면 이러한 것이 가마제에 대해서만 선별적으로 발생한 변화인지 아니면 이 마을 전반적으로 경험한 변화인지를 판단해 보아야 한다. 이를 위해 '7인친목회'의 결성배경과 상호부조의 특징을 제시해 보기로 하자. 재론하지만 이 친목회는 쌀제의 대안으로 결성됐다. 인용했던 "쌀제는 이제 하기 힘들다. 사람수를 10명, 20명씩 묶기도 그렇고, 그래서 이제는 친목회가 많이 생겨나고 있다"는 주민의 담화는 그런 배경을 해명해 준다. 이는 곧 이촌에 대한 반작용과 적응양식의 하나로 '친목회'라는 다소 색다른 계가 선호됨을 지적하는 것이다. 그러면서 1963년에 결성된 이 '7인친목회'의 계원이 "우리 친목회는 이 마을에서 빨리 결성된 편"이라고 한 것으로 미루어 이 마을에 그러한 이촌의 영향이 지금처럼 심각하기 이전이거나 그럴 즈음에 이 친목회가 구성됐음을 일단 시사받을 수 있다. 그리고 이러한 것만으로도 가마제에서

드러난 이촌의 진행과정이 가마제의 특수사례가 아니라 이 마을 전체의 과정임을 더 분명히 파악할 수 있게 된다.

그럼에도 이 친목회가 색다르다는 것을 좀 더 음미해 봐야 한다. 이는 바로 위에 인용한 담화로 볼 때 변동하는 농촌사회의 모습이 이 '7인친목회'에 축약된 듯하고, 이런 해석이 가당하다면 계의 변화상과 그 방향을 그에 대한 분석으로부터 일정하게 도출할 수도 있을 것이기 때문이다. 우선 계원 구성에서 보면 다른 계는 예외없이 10명 이상을 계원으로 하고 있지만 "친목회는 5인 친목, 7인 친목" 등이 있거니와 이 '7인친목회'는 7명만을 계원으로 한다. 계의 목적도 "회원상호간의 친목을 도모함"이 가장 일차적이고 그런데서 "단체적 사업에 열중하여 기금수집을" 하되, "상혼관재(喪婚官災)시에 고조키로" 하고 있다. 게다가 임원도 계장 또는 회장과 재무가 있을 뿐이다.

또한 고조는 계원 경조사 때 백미 한 가마로 규정하고 있는데, 다른 계와 달리 한 번 고조를 받으면 다른 계원이 다 고조를 받은 후에야 다시 받을 자격이 생기는 것이 아니라 경조사가 있으면 언제든지 받고 있는 것으로 좌목상에 기록되어 있다. 고조의 범위도 넓어 부모와 조부모상은 물론, 자제의 결혼, 심지어 계원 삼촌의 대상(大祥) 때도 고조가 이루어진다. 이에 더하여 규정과는 달리 경조사의 성격에 따라서는 고조의 양도 다르다. 1973년 이전에는 계원 부모상과 묘를 이장할 때 백미 한 가마이지만, 조모상과 삼촌 대상 때는 '소주일통(燒酒一桶)'을 하고 있다. 그리고 나서 1985년 이후의 계원 자제의 결혼식에서는 백미 한 가마와 소주 두 통의 액수 만큼 현금으로 고조한다.

그러나 이에 대해 한 계원은, 이러한 것이 좌목상에는 모두 다 고조로 기록되어 있는데도, "(우리 친목회에서는) 한 사람이 고조로 백미 한 가마를 받으면, 다른 경조사 때는 받질 못한다. 그런 때에는 남자들이 술 두 상자 하다가 요즘은 세 상자를 해주고 부인들이 쌀 한 말씩 가져다 준다. 이것은 고조가 아니라 부조다"라는 설명을 붙인다. 하지만 그렇다 하더라도 어쨌거나 이는 다른 계에서는 보기 힘든 형태의 것이라 할 수 있다. 즉 기록상으로는 고조지만 실제의 내용에 있어서는 계에서 고조도 하고 부조도 하고 있다는 것이다. 따라서 이러한 변화는 약정된 고조만을 하는 종래의 다른 계에서보다 훨씬 친밀한 인간관계를 이런 친목회가 담보해낼 가능성을 그만큼 높여주는 것이라 할 수 있겠다.

언뜻 보기에 이러한 성격의 친목회는 극심해지는 이촌의 압력하에서 종래의 쌀계와 같은 계의 운영방식으로는 감당하기 어려워진 상호부조를 계원수를 줄이면서 계속하려는 시도에서 비롯된, 그래서 어쩔 수 없는 적응양식으로 선택되는 것처럼 여겨진다. 그러나 이런 유의 친목회의 등장과 활성화가 가져올 결과의 실상은 그보다는 한결 더 복잡한 것 같다. 예시하면, 이촌에 대한 적응으로 계원수를 줄이면서 계내의 친목을 최우선으로 하겠다는 친목회의 목적은 그 반대급부로 계내와 계외를 포괄하는 전범위의 공리적 활동을 부수적이거나 불가능한 것으로 만들 수 있다. 이러한 공리적 활동의 부수화는 비단 이촌의 효과만은 아니고 가마제에서 보듯 의례와 생활양식의 변화와도 관련이 있겠지만, '7인친목회'에서처럼 표출적 측면의 강화가 계의 재산이 일정액 이상이 되면 주로 계원들의 의복과 같은 일상용품의 구입에 소모하는 방식으로 행해진다면 그런 공리적 활동에 투하할 수 있는 여력이 계 내부로부터 벌써 상당량 차단되는 탓에 초래될 수도 있는 것이다. 더욱이 소수인들만의 계내로 집중된 친밀도의 증가는 계내의 결속과 계외와의 거리감이라는 일종의 파당(clique)의 성격으로 전화하면서 계 참여자들만의 통합과 그렇지 않은 주민들에 대해서는 격리의 효과만 조장할 우려도 있는 것이다.

어쨌든 다음 장에서 이상의 추리를 포함, 지금까지의 분석을 보완·종합하면서 우리의 관심사를 더 충실히 만족시켜 보도록 하자.

5. 계: 통합의 기제인가, 갈등의 기제인가?

1) 계에 반영된 사회적 관계

우리의 주제인 마을주민들의 사회적 관계와 그에 연관된 계의 존재의미는 S리에 대한 여태까지의 분석과 논의에서 적어도 두 가지 토론해 볼 만한 경향으로 드러난다.

 하나는 가마제나 화단제처럼 역사가 오랜 계에서는 물론이고 최근에 결성된 낙인제와 '7인친목회' 같은 계에서도 계원의 구성에 있어서 마을내의 특정 문중을 배제시키고 있다는 사실을 들 수 있다. 전자의 두 계에서는 부씨 문중을, 후자들은 양씨문중을 계원으로 입계시키지 않고 있는 것이다. 이 중 가마제나 화단제, 낙인제는 계내(계원)와 계외(주민 일반)의 일상생활에 요구되는 공리적 목적의 계라는 데서 이들이 특정 문중을 배제한다는 것은 계원간의 표출적 욕구의 충족을 위한 친목회의 그것에 비해 더 큰 의미를 지닐 수도 있다.

 하지만 부씨 문중이 배제된 이유에 대해서는 토론할 수 있는 정도의 자료가 지금은 없다. 그러므로 이들은 계에서 특정 배경의 집단을 일정하게 배제·격리시킬 수 있다는 증거의 하나로 삼을 수 있는 것만으로 족하다고 본다. 그럼에도 이들이 제외된 계들이 마을 전체의 공익을 위해 결성됐고, 마을내 주요 집단 특히 문중집단을 대표한다고 할 수 있는 사람들을 거의 망라하고 있었다는 측면은 여전히 주목된다.

 그에 비하면 양씨 문중은 상대적으로 논의할 거리가 적지 않다. 앞에서 검토했지만 이 마을은 마을내의 구역, 곧 동네와 문중집단의 사회적 관계가 겹쳐진 특징이 있다. 말하자면 양씨 문중은 못골, 그 외의 성씨들은 마을내의 못골이 아닌 여러 동네에 거주하고 이러한 관계가 계의 계원 구성에도 반영된다는 것이다. 이런 관계에서 양씨 문중이 배제된 위의 낙인제와 '7인친목회'간에 나타난 제법 높은 수준의 계원들의 중층화는 두 계의 성원들이 서로는 가까운 거리를 유지하지만, 이것은 양씨 문중과 두고 있는 사회적 거리의 역방향에서 이루어짐을 뜻할 것이다. 그리고 앞서 지적했듯이 마을내에서 양씨 문중만이 유일하게 문중친목회를 조직하고 있는 것도 그런 사회적 관계의 존속과 무관치 않다고 본다. 여기에 양씨 문중의 사람들은 마을내 타 성씨와 자신들이 구별된다는 점을 서슴없이 이야기하지만 타 성씨의 주민에게서는 그런 담화가 쉽게 채록되지 않는다는 것도 그렇다. "지방턱29)이 못골과 다른 동네의 경계로 지방턱 안쪽에 양씨가 아닌 사람이 들어와서 살면 잘 되지 못한다"라거나 "마을의 이장직을 양씨들은 거의 다 맡아 봐서 이제는 맡을 사람이 없다"라는 이야기 등이 그러한 예들이다. 이러한 것들은 양씨 문중이 고립적이면서도 내부적으로는 나름의 자기중심주의적 결속이 존재함을 표징한다 할 수 있겠다.

그러나 양씨 문중의 배제와 고립이 어떤 원인에 의한 것인지는 불분명하다. 양씨 문중의 성원이 참여하고 있는 가마제와 화단제가 해방 전부터의 오래된 계이고 불참해있는 낙인제와 '7인친목회'는 근래의 것이어서 이는 그리 멀리 거슬러 갈 문제는 아닐 수도 있다. 반면에 "지방턱은 4·3 전의 이야기"라는 담화로는 그런 배경이 더 오래 전의 것일 수도 있음을 암시한다. 물론 그 배경과 원인이 어떻든, 현재의 상황은 농촌사회에서 특정의 집단을 배제·격리하는 기제로 계가 작용할 수 있고, 그 결과는 배제하는 집단과 피배제의 집단 양자의 내부적이고 구획적 결속의 증대임을 부인치 못하게 한다는 사실이 우리에겐 중요하다.

다음으로 확인된 또 하나의 경향은 개인적 수준에서 볼 때 계에의 가입과 참여의 정도는 특정인이 마을내에서 차지하거나 인정받는 사회경제적 지위와 관련된다는 부분이다. 이는 앞에서 사례분석을 하면서 검토했거니와 위의 첫번째 경향과 어울려 글머리에서 소개했던 통합론과 격리론의 두 관점 중 후자의 관점으로 우리를 이끌어 간다. 요컨대, 계 참여 자체가 특정의 사회경제적 기준으로 주민들을 격리시키는 기제로 작용하며, 때문에 높은 통합이나 사회적 유대의 강화는 마을 전체적이 아닌 주된 참여자들만의 구획적 현상일 것이라는 예측이 그것이다.

그렇다면 이러한 계와 주민들의 사회적 관계는 변화하는 농촌사회 속에서 다시 어떤 모양새로 드러날 것인가? 특히 이촌과 같은 농촌사회의 문제가 이

---

29) 지방턱은 앞의 약도에 나와 있듯이 못골에서 구판장으로 가는 길에 있다. 지방턱은 큰 바위가 마치 문지방의 턱처럼 못골과 마을내의 다른 동네를 분리해 준다해서 붙여진 이름이다. 이 큰 바위로 인해 비가 와도 빗물이 못골로만 흐르고 마을 아래로는 내려가지 않았다고 한다. 그러나 수년 전에 마을 안길을 포장하면서 이 바위도 포장되어 버려 지금은 지명만 남아있다 한다.

와는 어떻게 결부되며, 계의 변화는 어떻게 전망될 수 있는가를 풀어 보도록 하자.

2) 이촌과 계의 변화

이 마을의 이촌은 50년대 후반부터 시작되어 60년대에 점증하다가 70년대 후반에 오면서 가속화된 것으로 보인다. 이는 계의 형성과 운영방식이 변화한 과정을 따져 볼 때 확인이 된다. 가마제는 이촌의 영향으로 운영방식이 크게 바뀐 적절한 사례였다. 이에는 전통적 생활양식의 변화로 인한 영향도 결코 무시할 수 없었다. 전통적 혼례가 사라져 버려 가마제는 그 일차적 목적을 상실하게 되고, 이촌은 가마제의 임원직 분담을 흔들어 놓았다. 하지만 가마제는 매우 소극적이긴 하지만 나름대로 그러한 변화에 대응하고 있었다. 그것은 현재도 수익을 올릴 수 있는 토지라는 계재산의 보유와 그에 의존하는 방식으로 전개된다.

사실 이촌의 영향력은 계에 따라 차별적으로 발휘된다. 가마제는 그나마 소극적인 대응이라도 하고 있지만, 10명 또는 20명의 계원을 묶어야 성계되던 쌀제는 거의 해체되고 그것의 재생산도 불가능해졌다. 그런가 하면 화단제나 산담접, 낙인제 같이 아직은 그 영향을 크게 받지 않는 것도 있었다. 그럼에도 이촌은 특히 공리적 계의 유지와 존속에 부정적인 효과를 가져왔음에 틀림이 없다. 1장에서 예견했듯이 대개의 공리적 계는 그 구성과 기능수행의 방법이 성원들의 노동력 결집을 기초로 이루어지기에 다량의 이촌은 구성기반의 상실을 가져오기 때문이다. 또 이촌은 다수의 성원이 있어야 결성될 수 있는 쌀제와 같은 계의 존립에도 위협적일 수밖에 없다.

이러한 상황에서 이촌에 대한 가장 적극적인 반작용은 '7인친목회'에 전형화된 친목회 유형의 계의 구성이라 할 수 있다. 친목회는 쌀제의 상호부조적 기능을 계승하면서도 계원간의 친목도모라는 표출적 기능에 주된 목적을 둔다는 점에서 대안으로 등장한 계로 볼 수 있다. 그런데 이 친목회는 이촌에 대한 대응전략으로 소수(5명 또는 7명 등)로도 구성가능하게 됐지만, 이러한 전략의 친목회는 계내의 보다 밀접한 사회적 관계의 유도를 모색하는 한편에서 계 자체를 일종의 파당으로 전화시킬 개연성도 없지 않다. 이런 개연성은 친목회의 등장이 이촌과 같은 사회적 변화에 대한 적응양식의 확산이라는 긍정적 의미에 머물지 않고 오히려 친목회를 통해 표면화될 수 있는 마을내 인간관계의 집단별 분산화와 집단간 파편화를 더 우려하게끔 한다. 다시 말해 친목회의 목적과 활동이 계내의 결집과 통합에 집중되어 그를 증진시킬 수 있겠지만 그것이 증진되는 만큼 의도된 또는 의도하지 않은 결과로서 계외에 대한 배제와 격리도 강화될 수 있지 않겠냐는 것이다.30) 이는 사회경제적 지위가 상대적으로 높은 사람이 개인적 수준에서 계에의 가입과 참여율이 높다는 것과, 이 마을에서 그러한 사람들은 '7인친목회'에 다수 몰려 있었다는 앞서의 분석과 연결지으면 그리 설득력이 없는 추론은 아니라고 본다.

결국 이촌은 한편으로는 공리적 계의 존속과 재생산을 위협하면서 그의 소멸과 해체를 그리고 다른 한편에서는 표출적 계의 반작용을 결과하거니와, 농촌마을의 사회 통합과 관련할 때 표출적 계의 대두와 활성화는 지금의 조건하에서 새로운 갈등의 기제로 작용할 가능성이 높아 마냥 낙관적일 수만은 없다고 전망된다.

6. 결론

이제 앞 절의 토론과 정리로 우리가 목적했던 과제에 대한 마무리가 일단 지어졌다. 5장에 정리된 바는 연구자의 선행 연구 중 특히 1988년의 것과 거의 일치한다. 즉 농촌마을에서의 계와 주민들의 사회적 관계는 격리론의 입

---

30) 예컨대 친목회에서 표출적 측면에 집착할 경우 그 활동으로 관광과 유람 등이 선택될 수 있다. 이러한 것이 계원들의 친목 강화와 견문을 넓혀주는 긍정적 효과가 있지만 농촌사회에서는 그런 활동이 주민간의 긴장과 갈등의 빌미일 수 있다. 그런 것이 농촌사회의 "실정에 비추어 상당한 낭비"(최재석, 1987: 19)라는 다른 주민들의 비판이 그 예이다. 따라서 이런 것 또한 그런 추론의 연장선상에 놓을 수 있을 것이다.

장에서 해명될 때보다 타당하다는 것이다. 그런 입장에서 우리는 이촌문제로 표현되는 농촌의 사회 변동이 계의 형성과 존속에 끼칠 영향도 전망해 보았다. 이러한 것들이 방법론적 다원화 전략, 곧 연구자의 선행 연구에서와는 달리 양적 방법이 아닌 질적 방법에 의해 접근·분석됐다는 부분에도 일정한 의의를 부여할 수 있을 것이다. 그리고 그러한 의의는 우리의 주제를 다루는 과정에서 현재까지는 드문 제주도의 계에 관한 사례분석 결과들을 제공할 수 있었다든지, 제주도의 쌀제와 육지부 쌀계의 차이를 규명한 것, 또 제주도의 4·3과 계의 변화를 목격할 수 있었던 것 등에 의해 더 보강될 수 있을 것이다. 다름아닌 질적 방법의 장점이 이를 가능케 했기 때문이다.

그러나 이 글이 안고 있는 한계와 부담까지 이상의 논의에서 해소된 것은 아니다. 이를 밝혀 차후 연구의 출발점으로 수용하면서 결론을 대신하겠다.

첫째는 연구를 위해 수집·분석한 자료의 대표성문제이다. 이는 특수하고 예외적인 사례를 분석하여 일반화를 어렵게 만들 수 있다는 염려와 관련이 있다. 이 문제는 조사대상 마을의 선정부터 계문서의 수집은 말할 것도 없고 만나서 면접과 관찰을 한 주민에 이르기까지 여러 수준·단계에 걸쳐 점검되지 않으면 안된다. 연구자는 이 모든 경우를 고려했지만, 무엇보다 조사대상 마을의 선정과 수집·분석한 계문서의 대표성문제가 가장 핵심적이라고 본다. 조사된 마을은 제주도의 전형적 농촌성을 보유하고 있는지와 조사의 가능성 여부를 기준으로 추려졌지만 이것이 대표성을 보장하는 데는 일정한 제약이 뒤따를 것이다. 그리고 분석된 계들은 이 마을의 계를 완벽히 파악한다는 것이 실제로 가능한 일이 아님을 전제로, 마을주민들에게 어떤 계가 있느냐고 질문했을 때 가장 흔히 열거되는 것들이었음을 알려둔다. 곧 분석된 계들은 마을주민들에게 그 마을에서 대표적이라고 인식되는 또는 중요시되는 것들이라는 것이다. 그런데도 이 문제는 전적으로 해결된 것은 아니라는 것이 본 연구를 한계짓는다.

둘째는 계와 주민들의 사회적 관계를 보다 명료하게 조명하기 위해 가족과 친족관계에 대한 자료도 수집해 나갔지만 이에 대한 분석은 아직도 매우 미진하다는 것이 연구자의 판단이다. 이는 지금의 과제에 보다 더 구체적으로 접근하기 위해 보완되어야 할 사항임은 물론이겠다. 이 역시 차후의 또 다른 연구과제로 남겨두겠다.

　끝으로 셋째는 제주도의 농촌 계에 대한 보다 폭넓은 역사적 고찰의 필요성이다. 이 글이 특정 마을의 계에 대해 사적 고찰을 시도한 것은 틀림없지만 검토된 것은 이 마을의 계로 한정된다. 다른 지역에서도 마찬가지지만 점차 사라져가는 제주도 농촌의 전통적 계의 유형과 성격에 대한 기록과 분석은 그러므로 더 이상 시기를 놓쳐선 안될 것이다.

참고문헌

김경동·이온죽. 1986, 『사회조사연구방법: 사회연구의 논리와 기법』, 박영사.
김봉옥. 1980,『고내리지』, 제주: 고내리·재일본고내리친목회.
김삼수. 1964.『한국사회경제사연구: 계의 연구』, 박영사.
김석준. 1986.「제주도 중산간 부락민의 계집단 참여와 사회적 유대」, ≪제주대논문집≫ 22집.
_____. 1987,「제주도 H리 주민의 계집단 참여와 사회적 유대」, ≪새마을연구논문집≫ 4집, 제주대 새마을연구소.
_____. 1988,「제주도 농촌주민의 계결사체 참여와 사회적 유대」, ≪한국사회학≫ 22집 겨울호.
김춘동. 1983,「이농이 소농의 재생산구조에 미친 영향」, ≪인류학논집≫ 6집, 서울대인류학연구회.
김필동. 1989,「조선시대 계의 구조적 특성과 그 변동에 관한 연구」, 서울대학교대학원 박사학위논문.
≪제남신문≫ 1979. 2. 19,「제주의 향사」.
진성기. 1975,「제주도민의 생활과 제」, ≪문화인류학≫ 7집.
최은영. 1984.「한국농촌의 사회경제적 구조와 계」, ≪인류학논집≫ 7집, 서울대 인류학연구회.
최재석. 1969,「계집단연구의 성과와 과제: 그 집단적 성격을 중심으로」,『김재원박사 회갑기념논총』, 을유문화사.
_____. 1987,「이촌과 계집단」, ≪교육논총≫ 16-17집, 고려대학교 교육대학원.
伊藤亞人. 1982,「계조직에 보이는 '친한 사이'의 분석」, 최길성 편역,『한국사회와 종교: 일본인에 의한 사회인류학적 연구』, 아세아문화사.
Bryman, A. 1988, *Quantity and Quality in Social Research*, 홍동식 외 역, 1992,·『사회연구에 있어서 양적 방법과 질적 방법』, 전문출판사.
Burrell, G. & G. Morgan. 1979, *Sociological Paradigms and Organizational Analysis*, London: Heinemann Education Books.
Denzin, N. K. 1970, *The Research Act in Sociology: A Theoretical Introduction to Sociological Methods*, London: Butterworths.

Filstead, W. J. 1979, "Qualitative Methods: A Needed Perspective in Evaluation Research," in T. D. Cook & C. S. Reichardt(eds.), *Qualitative and Quantitative Methods in Evaluation Research*, Beverly Hills, Calif.: Sage.

제3부

계급과 권력

- 제주시의 계급구조
- 제주시민의 정치참여와 투표성향
- 제주 농촌지역사회의 권력구조
- 제주도민의 지방자치의식

제주시의 계급구조

정대연

1. 연구목적

사회적 불평등은 크게 선천적인 것과 후천적인 것으로 나눌 수 있다(정대연, 1991). 선천적인 것을 물리적 불평등이라고 하면, 후천적인 것은 다시 도덕적 불평등, 정치적 불평등 및 경제적 불평등으로 나누어진다. 그러나 우리가 하나의 사회문제로서 불평등을 논의할 때는 물리적 불평등과 도덕적 불평등은 논의의 대상이 되지 않고, 정치적 불평등과 경제적 불평등에 초점을 둔다. 정치적 불평등과 경제적 불평등은 별개의 것이라기보다는 서로 연관되어 있는 것으로 보아야 할 것이다. 왜냐하면 정치적 불평등이 경제적 불평등을 일으키는 원인이 될 수 있고, 반대로 경제적 불평등이 정치적 불평등을 일으키는 원인이 될 수도 있기 때문이다.

이러한 정치적 및 경제적 불평등은 개인간뿐 아니라 지역간에도 문제가 될 수 있다. 이 가운데 특히 개인간의 정치적 및 경제적 불평등문제에 관한 총괄적인 연구가 곧 사회학에서 다루고 있는 사회계급(social class)이다. 사회학에서 하나의 사회적 불평등으로서 정치적 및 경제적 불평등을 둘러싼 사회계급에 대한 논쟁은 크게 두 가지 부류로 나눌 수 있다. 하나는 등급화 도식(gradational conception)이고, 다른 하나는 사회관계 도식(social relational conception)이다. 전자는 사회계급을 수입, 직업, 교육 등의 층화

안에서 개인 혹은 가족의 위치라는 계층모델(stratification model)이다. 반면 후자는 사회계급을 생산의 사회체계 안에서 점유하고 있는 개인 혹은 가족의 위치라는 계급모델(class model)이다.

한국사회의 계층 및 계급에 관한 연구는 비교적 일찍부터 있었으나(예컨대 이상백, 1934, 1954) 1960년대에 와서야 점차 활발해졌다. 계급과 계층의 개념 규정을 위한 논의라든지(예컨대 김채윤, 1964) 실질적인 양적·질적 연구 등이 이때 상당한 축적을 보이기 시작하는데, 당시의 연구들은 주로 계층모델의 입장에서 수행되었다(김채윤, 1984). 계급모델에 의한 한국사회의 불평등현상에 관한 분석은 70년대 중반에 들어서면서 나타난다(예컨대 김영모, 1979). 특히 이론적 맥락에서의 계급모델의 구성은 80년대의 몇몇 연구에서 시작되었다. 구·홍(Koo & Hong, 1980), 구(1982), 홍두승(1983), 김진균(1984), 서관모(1987) 등이 그들이다. 이외에 계급모델과 계층모델에 대한 비교연구도 이루어지고 있다(예컨대 한상진, 1984).

이러한 맥락에서 볼 때 본 연구는 완전히 새로운 것이 아니다. 그러나 본 연구는 기존의 계급모델에 기초하여 제주시의 사회계급을 분석함으로써 제주시의 사회적 불평등의 한 유형을 규명하는 데 그 목적이 있다. 지금까지 제주사회에 관한 다양한 연구들이 있으나 사회계급에 관한 연구는 없다는 점에서 본 연구는 그 시효가 될 것이다.

2. 사회계급의 개념

사회계급은 사회학에서 매우 역사가 오래된 논쟁거리이다. 맑스(K. Marx), 베버(M. Weber), 뒤르켐(E. Durkheim) 등 고전 사회학자들은 전 산업사회 내지 봉건사회로부터 산업 및 자본주의 사회로의 구조적 이행기의 사회적 불평등을 진단하기 위한 핵심적 개념으로 계급을 취급하였다. 물론 이들은 서로 다른 관점과 비중을 두고 계급의 개념을 논의하였다. 그러나 2차 대전 후 계급은 자본주의 발전과의 연관성보다는 다차원적 성층이론을 제시하는 계층론자들로부터 새로운 조명을 받게 된다(예컨대 Blau & Duncan, 1976). 60년대까지 많은 사회학자들은 계급을 사회적 불평등의 분석에 적합하지 않은 것으로 간주하는가 하면, 일부에서는 맑스주의적 계급소멸론을 하나의 신화에 불과한 것으로 보아 이에 관해 더 이상 지적인 관심을 보이지 않는 경향마저 보인다(예컨대 Westergaard, 1965).

그러나 60년대 후반으로 오면서 이런 경향은 다시 급속히 변화한다. 즉 맑스주의 도식에 대한 전반적인 재평가와 함께 사회적 불평등현상에 대해서도 동일한 경향이 나타난다. 이 경향은 특히 유럽의 신맑스주의자들에 의해 주도된다(예컨대 Poulantzas, 1973; Carchedi, 1977). 고전사회학의 시대보다 훨씬 복잡해지고 조직화된 사회적 상황에 적합한 맑스주의적 분석틀의 마련이 이들이 내세운 주된 목적이었다. 이들은 계층론자들의 지위서열적 개념화에 반대함은 물론이고 재산 소유관계보다 시장상황을 준거로 계급을 규정하는 입장에 대해서도 반대한다. 시장상황에 준거를 두는 입장은 곧 신베버주의적 계급론자들을 지칭하는 것인데, 이들 역시 계층론자들과는 구별되는 개념화를 시도한다(예컨대 Giddens, 1981; Parkin, 1979; Goldthorpe, 1980).

그러나 신베버주의와 신맑스주의는 상호 배타적인 것만은 아니다. 왜냐하면 이전에 맑스주의가 특징화시켰던 노동가치론과 경제적 결정론의 형이상학적 껍질을 베버주의가 벗겨냈기 때문이다(Kerstholt, 1989). 그리고 베버주의자인 골드소프(Goldthorpe, 1982)의 연구는 비맑스주의적 전제를 통한 맑스주의의 주요 교의들의 적용가능성을 입증해 보이고 있다. 베버주의와 맑스주의간의 이러한 교류의 경향은 역으로 신맑스주의자들의 이론화 작업에서도 나타난다. 그 좋은 예로 라이트(Wright, 1978, 1979, 1985)를 들 수 있다. 그는 초기에는 맑스주의적이라기보다 오히려 베버주의적이었다.

본 연구는 신베버주의와 신맑스주의간의 이런 관계를 염두에 두고 일단 양자가 모두 사회적 관계의 개념에 입각한 계급이론을 제공하는 것으로 간주한다. 그리고 두 진영 각각으로부터 계급의 개념과 분석틀이 다채롭게 제시되고 있다는 점도 염두에 두면서 신맑스주의에서는 라이트를, 그리고 신베버주의에서는 골드소프를 선정하고, 이들이 제공한 모델에 기초하여 제주시의 계급구조를 분석하고자 한다. 잘 알려져 있듯이, 라이트는 두 개의 계급모델을 제시하고 있다. 하나는 모순적 계급위치(contradictory class location)의 모델이고, 다른 하나는 착취계급(exploitation class) 모델이다. 반면 골드소프의 계급모델은 서비스계급(service class) 모델이라고 할 수 있다.

3. 연구방법

본 연구는 앞에서 설명한 라이트와 골드소프의 계급모델을 경험적으로 측정할 수 있는 질문지를 작성하여, 제주시에 거주하고 있는 18세 이상의 남녀 490명을 표본으로 하여 개별 면접조사를 실시하였다. 이 표본의 수는 표집오차 ±5%에서 신뢰도 수준 90%이다. 남자는 조사 당시 상시고용자로 한정하였고, 여자는 적어도 주당 15시간 이상의 정규적인 시간제 고용자이거나 상시고용자를 조사대상자로 하였다. 제주시의 통계연보에 의하면 전체 취업자들 가운데 약 1/3이 여자이므로, 우선 전체 490명의 표본 가운데 여자와 남자의 구성을 3:1로 하였다. 제주시의 19개 행정동에 거주하고 있는 가구를 무작위추출하고, 추출된 가구에서 조사대상의 요건을 갖춘 사람을 한 사람만 면접하였고, 전체표본은 연령별 및 성별 할당표집으로 구성시켰다. 현지조사는 1990년 10월 사회학과 3학년 학생들에 의해 실시되었다.

4. 자료의 분석과 해석

1) 응답자들의 특성

전체 조사대상자 490명의 성, 연령, 교육수준, 월수입 및 직업은 <표 1>과 같다. <표 1>에 의하면 표본 추출시 할당한 그대로 응답자의 약 2/3가 남자이고 나머지 1/3이 여자이다.

제주시의 계급구조 175

연령별로는 20대 이하가 전체의 39.4%이고, 30대가 28.8%, 40대가 16.7%, 그리고 50대 이상이 15.1%이다. 교육수준은 국민학교학력 이하가 4.3%이고, 중학교 또는 고등학교학력이 52.4%로서 전체의 과반수를 차지하고 있고, 전문대를 포함한 대학학력이 43.2%이다. 월수입은 40만 원 미만이 23.5%이고, 40~69만 원이 31.8%, 70~99만 원이 22.9%, 그리고 1백만 원 이상이 21.8%이다. 직업별로는 육체노동자가 3.7%이고, 사무·판매·서비스 종사자가 18.2%, 준전문직이 10.6%, 관리직이 55.5%, 그리고 전문직이 12.0%이다.

<표 1> 응답자들의 특성

구분		사례수(명)	백분율(%)
성별	남자	323	65.9
	여자	167	43.1
연령	29세 이하	193	39.4
	30~39세	141	28.8
	40~49세	82	16.7
	50세 이상	74	15.1
교육수준	국민학교 이하	21	4.3
	중학교	50	10.2
	고등학교	207	42.2
	2년제 전문대학	58	11.8
	4년제 대학 이상	154	31.4
월수입	40만원 미만	115	23.5
	40~69만원	156	31.8
	70~99만원	112	22.9
	100만원 이상	107	21.8
직업	육체노동	18	3.7
	사무·판매·서비스	89	18.2
	준전문직	52	10.6
	관리직	272	55.5
	전문직	59	12.0
합계		490	100.0

2) 모순적 계급위치의 구조

라이트가 제시하고 있는 모순적 계급위치의 개념은 자본주의적 사회관계가 지닌 차원들과의 관련성에 따라 계급이 차별적인 성격을 띤다는 것을 전제로 삼는다(Wright, 1979). 그에 의하면 자유주의적 자본주의의 시기에는 부르주아, 쁘띠 부르주아, 프롤레타리아라는 세 계급이 출현하였는데, 이들은 자본주의적 사회관계의 차원들, 곧 소유권과 직접 생산자들의 노동과정에 대한 통제, 타인의 노동에 대한 권위의 행사라는 세 차원들과의 관련성에 따라 구별된다고 한다(Wright, 1978, 1985). 부르주아는 생산수단을 소유하고 노동과정을 통제할 뿐만 아니라 노동자들에 대해 권위를 행사하지만, 프롤레타리아는 무산자이고 자기노동에 대한 통제력이 없으며 권위또한 행사하지 못한다는 것이다.

그런데 독점자본주의의 발달과정에서 노동자의 탈숙련화, 소유와 통제의 분리, 관료적 위계의 발달이 병행되고, 자본주의적 사회관계의 세 차원들은 수렴되지 못한다. 이 비수렴화(non-convergence)로 자본주의적 사회관계의 차원들이 차별적인 결합을 이루는 과정에서 부가적으로 세 형태의 모순적 계급위치가 생성된다는 것이다. 이때의 세 위치는 ① 실질적인 소유권은 없지만 노동에 대한 권위를 행사하는 관리자 및 감독자(manager and supervisor), ② 노동에 대해 단지 최소한의 권위만을 갖는 소규모 고용인(small employer), ③ 그리고 노동자와는 달리 자신의 노동과정에 대해 어느 정도 통제가 가능한 반자율적 피고용인(semi-autonomous employee)들을 지칭한다. 결국 이 모델에 의하면 선진 자본주의 사회는 부르주아, 프롤레타리아, 쁘띠 부르주아, 소규모 고용인, 관리자 및 감독자, 반자율적 피고용인이라는 여섯 가지의 계급적 위치로 특징지을 수 있다.

모순적 계급위치 모델에 대한 조작화는 먼저 자영업과 고용인은 자영, 소유권, 주식 소유지분의 비율(35% 이상)을 기준으로 피고용인과 구별시켰다. 생산수단을 소유한 세 계급의 구분은 피고용인의 수를 기준으로 삼았다. 쁘띠 부르주아는 자기자신 이외에 피고용인이 없거나 1인인 경우로, 소규모 고용인은 2~9인까지로 하고, 피고용인의 수가 10인 이상일 때는 부르주아로 하였다. 생산수단 비소유자들의 구분은 의사결정, 자율성, 제재력, 타인에 대한 권위, 그리고 관리업무 등의 변인들과 관련시켜 이루어졌다. 이러한 변인들의 일부 또는 모든 기능을 지닌 경우에는 관리자 및 감독자로 하고, 피고용인 가운데 관리 및 감독권이 없으나 자신의 노동에 대해 높은 수준의 자율성을 확보한 이들은 반자율적 노동자, 자율성이 없거나 낮을 때는 프롤레타리아로 구분지었다.

모순적 계급위치 모델에 기초하면 제주시의 계급구조는 <표 2-1>과 같다. 전체적으로 보아 부르주아가 1.6%, 쁘띠 부르주아는 28.3%, 프롤레타리아는 21.2%인데, 모순적 계급위치에 속하는 관리자 및 감독자, 소규모 고용인 및 반자율적 노동자는 각각 13.9%, 7.1%, 28.0%이다. 이들을 모두 합하면 제주시에서 모순적 계급위치에 있는 사람은 49.0%가 된다.

<표 2-1> 모순적 계급위치의 계급구조

(%)

성/연령 계급	남자 (323)	여자 (167)	20대 (193)	30대 (141)	40대 (82)	50대 이상 (74)	계 (490)
부르주아	2.2	0.6	0.5	1.4	1.2	5.4	1.6
소규모고용인	9.9	1.8	2.1	6.4	13.4	14.9	7.1
쁘띠 부르주아	27.9	28.7	14.0	30.5	40.2	47.3	28.2
관리자 및 감독자	18.0	6.0	7.8	17.0	14.6	23.0	13.9
반자율적 노동자	24.8	34.1	39.9	27.7	22.0	4.1	28.0
프롤레타리아	17.3	28.7	35.8	17.0	8.5	5.4	21.2
계	100.0	100.0	100.0	100.0	100.0	100.0	100.0
	$x^2=33.39$ $df=5$ $P=0.000$		$x^2=125.67$ $df=15$ $P=0.000$				

이러한 계급구조를 성별로 보면 다음과 같다. 성별에 따른 쁘띠 부르주아는 의미있는 차이가 없다. 그러나 남자는 관리자 및 감독자에서, 여자는 프롤레타리아에서 현저하게 많은 분포를 보여 그 차이가 뚜렷하다. 그러나 다른

반자율적 노동자에 있어서는 남자보다는 여자들이 현저하게 많다. 반면 남자들은 52.7%가 모순적 계급위치에 속해 여자의 41.9%와 확실한 대조가 된다.

연령별로는 우선 연령이 많을수록 부르주아, 쁘띠 부르주아, 소규모 고용인, 관리자 및 감독자가 많아지는 추세를 보이고 있다. 그러나 반자율적 노동자는 연령이 낮을수록 많은 추세를 보이고 있다. 모순적 계급위치 또한 연령별로 49.8%, 51.1%, 50.0% 및 42.0%를 보임으로써 연령이 낮을수록 많은 추세를 보이고 있다. 특히 전체적으로 보면 20대는 절대다수(75.7%)가 반자율적 노동자 또는 프롤레타리아이다. 그러나 30대, 40대 및 50대 이상은 그 비율이 각각 44.7%, 30.5%, 9.5%를 보임으로써 연령이 낮을수록 반자율적 노동자와 프롤레타리아가 많아지는 추세를 보이고 있다.

다시 각 계급별 평균 연령과 평균 교육년수를 산출한 결과는 <표 2-2>와 같다. <표 2-2>에 의하면 부르주아들은 평균 44.3세로서 가장 나이가 많고, 다음으로 소규모 고용인, 쁘띠 부르주아, 관리자 및 감독자 등의 순서로 나이가 많다. 프롤레타리아들은 평균 28.7세로서 나이가 가장 어리다. 이들의 교육수준을 보면 부르주아들의 공식교육은 평균 15.3년으로서 교육수준이 가장 높다. 다음으로 관리자 및 감독자들이 14.1년이고, 쁘띠 부르주아들의 평균 교육년수(11.5년)가 가장 낮다.

<표 2-2> 모순적 계급위치의 평균 연령과 교육년수

계급	평균 연령(세)	평균 교육년수(년)
부르주아	44.3	15.3
소규모 고용인	43.3	12.6
쁘띠 부르주아	40.1	11.5
관리자 및 감독자	39.1	14.1
반자율적 노동자	30.4	13.5
프롤레타리아	28.7	13.2

3) 착취계급의 구조

라이트의 착취계급 모델은 위의 모순적 계급위치 모델에 대한 자기비판의 과정에서 그 자신 스스로 새로 제안한 것이다. 그는 모순적 계급위치 모델의 문제점과 함께 두 모델이 서로 다른 몇가지 중요한 점을 다음과 같이 지적한다(Wright, 1985: 51-57).

첫째, 특정의 계급관계가 이중적 또는 이질적 위치라는 것을 반영하기 위한 모순적 계급위치라는 개념 자체가 맑스주의의 테제로 볼 때 모순적일 수밖에 없다. 둘째, 자본주의 사회관계의 차원이라기보다 특정 작업환경의 결과일 수도 있는 자율성의 개념이 모호한 채로 모순적 계급위치 모델에서 사용되었다. 셋째, 역사적 유물론에 입각한 자본주의 사회의 미래가 제시될 수 있어야 하는데 이를 위한 분석이 제대로 이루어지지 못하였다. 넷째, 모순적 계급위치 모델이 지배의 문제에 중점을 둔 것과는 달리 착취의 문제에 초점을 맞춘 모델을 구성하고자 하며, 이때 착취의 개념은 로머(J. Roemer)의 이론에서 발전시켜 사용하겠다.

로머는 자산(assets)의 불평등한 배분에 근거하여 착취의 개념을 규정하였다. 이를 바탕으로 라이트는 노동력은 생산수단과 의사결정의 권력, 숙련기술의 불평등 배분으로 분화될 수 있음을 주장하고, 이러한 것들은 각각 생산수단자산, 조직자산(organizational assets), 자격자산(credential assets)에 의한 착취에 상응한다고 본다. 예컨대 자격자산은 그것을 소유한 사람들에게 한계산출(marginal product)과 관련된 잉여를 점유하게 만든다. 이는 사회적으로 인정받는 특정의 자격증이 특정 숙련기술의 공급을 제한하고, 그 결과 고용주들이 자격증 소지자들의 임금을 올려주어야 하기 때문에 있게 되는 현상이다. 자격증 소지자들의 임금상승은 그 숙련기술과 관련된 상품의 가격을 그렇지 않은 사람들이 생산할 때보다 높여 놓는다. 이는 자격증 소지자들이 자신들의 한계산출의 가격과 동등한 임금을 받는 것이지만 그 가격은 한계산출의 가치 이상의 것, 곧 자격증 비소지자들의 한계산출의 가격 이상의 것이 된다. 이러한 두 간격간의 차이가 자격자산의 소유자들이 점유하는 부분이고, 자격증 비소지자들에 대한 착취라는 것이다.

조직은 권위의 위계를 통해서 통제되는 자산이다(Wright, 1985: 80). 이 조직자산에 대한 효과적인 통제-가령 노동과정에 대한 의사결정-로 관리자나 관료들이 사회적으로 산출된 잉여의 전부 또는 일부를 점유할 수 있다는 점에서 착취가 이루어진다. 다시 말해 조직자산이 불균등하게 배분됨으로써 생산수단의 비소유자인 관리자나 관료들이 의사결정과정이 민주적일 때보다 더 많은 자원을 점유하게 되는 것이다. 이러한 착취의 양식은 국가 관료제의 사회 또는 국가 사회주의의 사회에서 전형적으로 찾아 볼 수 있다.

라이트는 이와 같은 방식으로 자산에 근거한 착취의 형태들을 개념화하면서 12개의 계급들로 구성된 계급모델을 제안한다. 그 가운데 부르주아나 소규모 고용인, 쁘티 부르주아의 세 계급은 생산수단의 소유자이며, 비소유자들로 구성되는 나머지 9개 계급은 조직자산의 통제와 자격자산의 소유 정도에 따라 구분짓는다.

이러한 모순적 계급위치 모델의 조작화의 일부를 그대로 계승하면서 착취개념에 대한 조작화와 각 계급에의 할당도 라이트의 조작화 과정에 준해서 이루어졌다(Wright, 1985: 148-157). 예컨대 조직자산에 대해서는 의사결정, 감독, 공식적 위계의 수준들을 고려하였고, 자격자산은 교육수준과 직업에 근거하였다.

착취계급 모델에 기초한 제주시의 계급구조를 분석하면 <표 3-1>과 같다. 이 표에서도 생산수단의 소유자인 부르주아, 소규모 고용인, 쁘티 부르주아의 셋은 앞서 제시된 <표 2-1>의 모순적 계급위치 모델에서의 비율과 같다. 그러나 여기서는 숙련노동자가 23.7%로 임금노동자 가운데 가장 많고, 그 다음으로 비숙련 화이트칼라와 비숙련 블루칼라 노동자들인 프롤레타리아(19.8%)가 차지하고 있다. 이 두 계급을 합하면 43.5%인데 이는 숙련, 반숙련, 비숙련 노동자들을 합쳐 관례적으로 노동자계급이라 통칭했던 인구층이 된다. 논쟁거리가 되는 것은 이 계급분류에서 라이트가 육체노동자와 비육체노동자를 구분하지 않는다는 점이다. 골드소프(1982)의 서비스계급에 관한 연구를 포함한 다수의 경험적 연구들은 비육체노동자와 육체노동자를 구별하고 후자만을 노동자계급이라고 부르고 있다.

<표 3-1>에 의하면 이른바 중간계급(김석준, 1992)으로는 두 부류가 중요함을 확인할 수 있다. 하나는 전문가들의 집단으로 전문관리자(2.4%), 전문감독자(1.6%), 관리자적 책무는 없지만 분명히 전문직 종사자인 전문노동자(5.7%)이다. 이들은 모두 9.7%이다. 다른 하나는 숙련관리자(5.3%), 숙련감독자(2.9%), 비숙련관리자(1.0%) 및 비숙련감독자(0.6%)이다. 이들은 모두 9.8%이다. 따라서 제주시의 중간계급은 모두 19.5%가 되는 셈이다. <표 3-1>의 분포를 성 및 연령별로 보면 다음과 같은 특징이 발견된다. 임금노동자의 경우 남녀 관계없이 절대다수가 숙련노동자 또는 프롤레타리아이다.

<표 3-1> 착취계급의 계급구조

(%)

계급 \ 성/연령	남자 (323)	여자 (167)	20대 (193)	30대 (141)	40대 (82)	50대 이상(74)	계 (490)
부르주아	2.2	0.6	0.5	1.4	1.2	5.4	1.6
소규모 고용인	9.9	1.8	2.1	6.4	13.4	14.9	7.1
쁘띠 부르주아	27.9	28.7	14.0	30.5	40.2	47.3	28.2
전문관리자	3.4	0.6	0.5	2.1	2.4	8.1	2.4
전문감독자	1.5	1.8	1.6	2.8	0.0	1.4	1.6
전문노동자	6.5	4.2	5.7	9.9	1.2	2.7	5.7
숙련관리자	7.1	1.8	2.1	5.7	9.8	8.1	5.3
숙련감독자	3.7	1.2	3.1	3.5	2.4	1.2	2.9
숙련노동자	21.1	28.7	39.9	16.3	15.9	3.7	23.7
비숙련관리자	1.5	0.0	0.0	1.4	0.0	3.7	1.0
비숙련감독자	0.6	0.6	0.5	1.4	0.0	0.0	0.6
프롤레타리아	14.6	29.9	30.0	18.4	13.4	2.7	19.8
계	100.0	100.0	100.0	100.0	100.0	100.0	100.0
	$x^2=43.27$ $df=11$ $P=0.000$		$x^2=160.39$ $df=33$ $P=0.000$				

한편 착취계급 모델에 의한 계급별 평균 연령과 교육년수를 보면 <표 3-2>와 같다. <표 3-2>에 의하면 전문관리자들이 평균 45.3세로서 나이가

가장 많고, 다음으로 비숙련관리자, 부르주아, 소규모 고용인 등의 순서로 나이가 많고, 프롤레타리아가 평균 29.0세로서 나이가 가장 어리다. 평균 교육년수는 전문직(전문관리자, 전문감독자, 전문노동자) 종사들이 높은 경향을 보이고, 비숙련직(비숙련관리자, 비숙련감독자) 종사자들이 평균 교육년수가 상대적으로 낮은 경향을 보이고 있다.

<표 3-2> 착취계급의 평균 연령과 교육년수

계급	평균 연령	평균 교육년수
부르주아	44.3	15.3
소규모 고용인	43.3	12.6
쁘띠 부르주아	40.1	11.5
전문관리자	45.3	15.8
전문감독자	32.4	15.5
전문노동자	32.6	15.4
숙련관리자	40.2	14.0
숙련감독자	34.6	13.0
숙련노동자	29.5	14.6
비숙련관리자	44.8	10.8
비숙련감독자	34.3	11.0
프롤레타리아	29.0	11.4

4) 서비스계급의 구조

베버주의자들은 계급구조의 형태보다는 그것을 구성해 가는 과정과 동학-사회이동의 유형, 사회적 폐쇄, 계급 구조화 등-에 더 많은 관심을 보인다. 골드소프의 연구도 이 점에서 예외가 아니다. 그의 계급모델은 현대 영국에서 진행되고 있는 사회이동의 정도에 대한 논의를 하면서 제시된다(Goldthorpe, 1980, 1982).

골드소프는 현대 자본주의 사회의 전개과정에서 새로이 등장한 전문직과 관리직 피고용인들은 서비스계급이라고 부르고, 이들을 다른 계급과 구별짓고자 한다. 그는 이 서비스계급이 공적 부문과 사적 부문에서 조직규모가 커짐에 따라 더 정교화된 권위의 분화와 전문적 지식이 요구되면서 등장했다고 본다. 이 서비스계급은 다른 피고용인들과 비교할 때 상대적으로 우월한 시장상황과 작업상황을 향유한다는 점에서 여타의 계급들과 뚜렷이 구분할 수 있다. 이는 그들이 고용주가 필요로 하는 전문지식으로 봉사하고, 조직문제의 해결을 위해 고용주로부터 권위를 위임받는 과정에서 고용주의 신뢰를 담보해냄으로써 부여받게 되는 특징이다. 이들은 자신들의 서비스에 대한 대가로 더 많은 금전적 보상을 요구하고 받아내며, 보다 많은 승진기회와 직업의 안정성을 보장받음은 물론이고, 작업상황에서 타인에 대한 권위와 높은 수준의 자율성을 지니는 것이 일반적이다. 그러나 이 서비스계급은 최근의 역사적 과정에서 형성된 탓으로 다른 계급들에서 볼 수 있는 사회적 연대는 기대하기 어렵다는 특징도 있다(Goldthorpe, 1982: 168-173).

이러한 서비스계급의 개념을 포함한 골드소프의 계급모델은 순전히 서술적인 측면에서 본다면 호프와 골드소프(Hope & Goldthorpe, 1974)의 직업의 사회적 희구도(social desirability)에 관한 척도의 작성에서 출발한다. 그러나 그는 계급모델에 관한 이론적 바탕을 막스 베버에 두고, 사회적 희구도보다는 오히려 공유된 객관적 작업과 시장상황을 기준으로 직업을 7개의 계급으로 분류하는데 그 내용은 다음과 같다.

계급 I (상층 서비스계급): 자영이건 고용이건 높은 등급의 전문직, 정부와 대규모 산업체의 높은 등급의 관리자를 포함.
계급 II (하층 서비스계급): 낮은 등급의 전문직과 높은 등급의 기술직, 낮은 등급의 관리자, 소규모 기업체나 조직의 관리자와 비육체 노동자의 감독을 포함.
계급 III (일상적 화이트칼라): 정부나 기업체에서 비관리직의 사무직 또는 판매직 종사자들.
계급 IV (자영 노동자): 자영이거나 10명 이내의 피고용인을 두지만 전문직 종사자가 없는 자영인.
계급 V (감독자): 어느 정도 육체노동의 성격을 띤 낮은 수준의 기술직과 육체노동자의 감독관.
계급 VI (숙련 육체노동자): 모든 산업분야의 숙련된 육체노동자.
계급 VII (비숙련 육체노동자): 반숙련 또는 미숙련의 모든 육체노동자와 농업노동자.

골드소프는 위와 같은 자신의 계급모델에 관한 조작화과정을 구체적으로 제시하지 않고 있다. 따라서 본 연구에서는 호프-골드소프척도(Hope & Goldthorpe, 1974)의 직업범주들을 참고하면서 임의적이기는 하지만 그의 계급규정에 충실하도록 조작화하는 방법을 택하였다. 그 결과는 <표 4-1>과 같다.

<표 4-1> 서비스계급의 계급구조

(%)

성/연령 계급	남자 (323)	여자 (167)	20대 (193)	30대 (141)	40대 (82)	50대 이상 (74)	계 (490)
상층 서비스계급	4.6	1.8	3.1	1.4	3.7	9.5	3.7
하층 서비스계급	18.9	15.6	17.6	17.0	20.7	16.2	17.8
일상적 화이트칼라	21.4	40.7	49.7	21.3	7.3	6.8	28.0
자영 노동자	23.5	25.1	13.0	33.3	32.9	25.7	24.1
감독자	8.4	9.0	8.3	12.1	7.3	4.1	8.6
숙련 육체노동자	10.2	2.4	7.3	8.5	9.8	4.1	7.6
비숙련 육체노동자	13.0	5.4	1.0	6.4	18.3	33.8	10.4
계	100.0	100.0	100.0	100.0	100.0	100.0	100.0
	$x^2=33.08$ $df=6$ $P=0.000$		$x^2=154.57$ $df=18$ $P=0.000$				

<표 4-1>에 의하면 전체적으로 볼 때 제주시에는 일상적 화이트칼라가 28.0%로서 가장 많고, 그 다음으로 자영 노동자, 하층 서비스계급, 비숙련 육체노동자, 감독자, 숙련 육체노동자의 순서로 많다. 반면 상층 서비스계급이 다른 계급에 비해 상대적으로 그 구성비가 가장 낮다.

이러한 분포는 성과 연령에 따라 뚜렷한 차이를 보이고 있다. 즉 여자보다는 남자가 상층 및 하층의 서비스계급, 숙련 육체노동자가 현저히 많다. 반면 일상적 화이트칼라는 남자보다는 여자가 훨씬 많은 경향을 보이고 있다. 연령별로 보면 연령이 많을수록 상층 및 하층 서비스계급, 비숙련 육체노동자

가 많은 경향을 보이고 있다. 반면 20대를 제외하면 연령이 적을수록 일상적 화이트칼라, 자영 노동자, 감독자가 많은 경향을 보이고 있다. 이러한 연령별 경향을 좀 더 구체적으로 보면 20대는 약 50%가 일상적 화이트칼라이고, 30% 정도가 하층 서비스계급 또는 자영 노동자이다. 이와는 반대로 30대는 약 1/3이 자영 노동자이고, 약 20%가 일상적 화이트칼라이다. 반면 40대 이상의 경우는 거의 대부분이 자영 노동자, 비숙련 육체노동자 또는 하층 서비스계급이다.

다시 각 서비스계급의 평균 연령과 평균 교육년수를 산출한 결과는 <표 4-2>와 같다.

<표 4-2> 서비스계급의 평균 연령과 교육년수

계급	평균 연령(세)	평균 교육년수(년)
상층 서비스계급	40.1	15.3
하층 서비스계급	35.6	14.6
일상적 화이트칼라	28.0	13.3
자영 노동자	37.8	12.3
감독자	33.9	13.6
숙련 육체노동자	34.1	11.4
비숙련 육체노동자	47.4	10.2

<표 4-2>에 의하면 제주시에서 비숙련 육체노동자들은 평균 47.4세로서 다른 계급에 비해 나이가 가장 많고, 다음으로 상층 서비스계급, 자영 노동자, 하층 서비스계급, 숙련 육체노동자, 감독자의 순서로 나이가 많다. 반면 일상적 화이트칼라는 평균 28.0세로서 나이가 가장 어리다. 평균 교육년수는 상층 서비스계급이 15.3년으로서 가장 높고, 다음으로 하층 서비스계급이다. 일상적 화이트칼라와 감독자는 각각 13.3년과 13.6년으로써 평균 교육년수에 큰 차이가 없다. 반면 숙련 및 비숙련 노동자의 평균 교육년수는 각각 11.4년과 10.2년으로서 다른 계급에 비해 가장 낮다.

5) 계급구조들간의 비교

이상에서 3개의 계급모델에 기초할 때 제주시의 계급구조는 어떠한가를 분석해 보았다. 그렇다면 이 모델들이 사회적 불평등의 한 현상으로서 제주시의 계급구조를 설명함에 있어서 어느 정도 일치 또는 불일치하는가를 분석해 보고자 한다. 이것은 곧 서로 상이한 개념적 틀에 기초한 계급구조들간의 비교분석이다. 이것을 위해 <표 2-1>, <표 3-1> 및 <표 4-1>를 각각 교차분석하여 유관계수(contingency coefficient)를 산출하였다. 그 결과는 <표 5>와 같다.

<표 5> 계급구조들간의 유관계수

	모순적 계급위치	착취계급	서비스계급
모순적 계급위치	1.000	0.895*	0.699*
착취계급	-	1.000	0.777*
서비스계급	-	-	1.000

주: * P=0.000

<표 5>에 의하면 3개의 계급모델간에는 계급분류의 일치도가 매우 높고, 특히 라이트의 두 모델은 서로 다른 기준으로 계급분류를 시도했음에도 불구하고 유관계수의 값이 0.895로서 가장 크다. 골드소프의 모델은 라이트의 모순적 계급위치 모델보다는 착취계급 모델과 더 높은 일치도를 보이고 있다. 따라서 이것은 곧 3개의 계급모델 가운데 어느 것을 사용하더라도 제주시의 사회계급의 기본구조가 밝혀질 수 있음을 뜻한다.

5. 요약 및 결론

본 연구는 사회적 불평등의 한 현상으로서 제주시의 계급구조를 분석하는데 목적이 있었다. 이것을 위해 사회학에서 계급에 관한 논쟁의 두 줄기인

신맑스주의와 신베버주의의 틀을 함께 사용하여 제주시 계급구조의 분석을 시도하였다. 신맑스주의의 틀로서는 라이트의 모순적 계급위치의 모델과 착취계급 모델을 사용하였고, 신베버주의의 틀로서는 골드소프의 서비스계급 모델을 사용하였다.

라이트의 모순적 계급위치의 모델에 의하면 제주시에서 소위 말하는 자본가인 부르주아는 1.6%이고, 생산수단을 소유하고 있지 않으면서 자신의 노동을 팔아 생계를 유지하는 프롤레타리아는 21.2%이고, 소규모 자영업자는 35.3%(소규모 고용인과 쁘티 부르주아)이고, 나머지 41.9%는 소위 말하는 중간계급으로서 일상적 화이트칼라의 범주에 속하는 관리자, 감독자 또는 반자율적 노동자들이다. 이러한 계급구조는 라이트의 착취계급 모델과 골드소프의 서비스계급 모델과도 높은 일치도를 보이고 있다.

이러한 제주시의 계급구조는 성과 연령 및 교육수준에 따라 의미있는 차이를 보였다. 다시 말하면 한 개인이 어느 계급에 속하게 되느냐의 문제는 성, 연령 및 교육수준에 의해 의미있는 영향을 받는다.

계급구조를 다루기 위해서는 본 연구에서 선택한 모델들 이외에 다른 모델에 의한 것들도 물론 유용할 것이다. 현재 사회학에서는 그러한 여러가지 모델들에 대한 고찰도 진행중에 있다. 본 연구가 분석하고 논의한 내용들은 단지 예비적이고, 그런 뜻에서 대략적이라는 한계를 지닐 수밖에 없다.

■ 참고문헌

김석준. 1992, 「한국 중간층의 계급위치와 계급성격」, 고려대학교 사회학과 박사학위 논문.
김영모. 1979, 「한국사회의 직업구조와 그 변화에 관한 연구」, ≪중앙대학교 논문집≫ 23집, 『한국사회계층연구』, 일조각(1982)에 재수록.
김진균. 1984, 「한국사회의 계급구조」, 『한국사회의 변동연구 1』, 민중사.
김채윤. 1964, 「사회계급의 개념도식」, ≪서울대학교 논문집≫ 17집.
_____. 1984, 「한국사회계층론 40년」, ≪한국사회학≫ 18집 여름호.
서관모. 1987, 「한국사회 계급구성의 연구」, 서울대학교 박사학위 논문.
이상백. 1934, 「서얼 차대의 연원에 관하여」, 『한국문화사 논고』, 을유문화사.
_____. 1954, 「서얼금고시말」, ≪동방학지≫.
정대연. 1991, 「한국사회의 분배적 불평등」, 한국사회학회 편, 『현대 한국사회 문제론』, 한국복지정책연구소 출판부.
한상진. 1984, 「계급이론과 계층이론: 그 차이점에 관하여」, ≪사상과정책≫ 봄호.
홍두승. 1983, 「한국사회의 계층연구를 위한 예비적 고찰」, 『한국사회의 전통과 변화』, 범문사.
Blau, P. M. & O. D. Duncan. 1976, *The American Occupational Structure*, New York: John Wiley.
Carchedi, G. 1977, *On the Economic Identification of Social Class*, London: Routledge and Kegan Paul.
Colbjornsen, T. & A. L. Kalleberg. 1987, "Spillover, Standardization and Stratification: Earnings Determination in the United States and Norway," paper presented to the Annual Meetings of the American Sociological Association, Chicago(August, 1987).
Giddens, A. 1981, *The Class Structure of the Advanced Societies*, London: Hutchinson.
Goldthorpe, J. H.(with Cl Llewellyn and C. Payne). 1980, *Social Mobility and Class Structure in Modern Britain*, Oxford:

Clarendon Press.

_____. 1982, "On the Service Class, Its Formation and Future," in A. Giddens & G. Mackenzie(eds.), *Social Class and the Division of Labour: Essays in Honour of Ilya Neustadt*, Cambridge: Cambridge University Press.

Goldthorpe, J. H. & K. Hope. 1974, *The Social Grading of Occupations*, Oxford: Clarendon Press.

Jeong, D. Y., H. C. Shin and S. J. Kim. 1991, "Class Structure and Class Consciousness in South Korean Urban Areas," 성곡학술문화재단, ≪성곡논총≫ 22집.

Kerstholt, F. 1989, "Between Rational Choice and Durkheimian Solidarity," in S. Clegg(ed.), *Organizational Theory and Class Analysis: New Issues and New Approaches*, Berlin: De Gruyter.

Kerstholt, F. & L. R. Luijkx. 1984, "Class, Status and Income Inequality," *Netherlands Journal of Sociology* 20.

Koo, H. G. 1982, "A Preliminary Approach to Contemporary Korean Class Structure," in Y. S. Chang, T. W. Kwon and P. J. Donaldson(eds.), *Society in Transition: With Special Reference to Korea*, Seoul: Seoul National University Press.

Koo, H. G. & D. S. Hong. 1980, "Class and Income Inequality in Korea," *American Sociological Review* 45.

Parkin, F. 1979, *Marxism and Class Theory: A Bourgeois Critique*, London: Tavistock.

Poulantzas, N. 1973, *Political Power and Social Class*, London: New Left Books.

Westergaard, J. H. 1965, "The Withering Away of Class: A Contemporary Myth," in P. Anderson & R. Blackburn(eds.), *Towards Socialism*, London: Fontana.

Winn, S. V. Z. 1984, "Social Class and Income Returns to Education in Sweden: A Research Note," *Social Forces* 62.

Wright, O. E. 1978, *Class, Crisis and the State*, London: New Left Books.
_____. 1979, *Class Structure and Income Determination*, New York: Academic Press.
_____. 1985, *Classes*, London: New Left Books.
Wright, O. E. & L. Perrone. 1977, "Marxist Class Categories and Income Inequality," *American Sociological Review* 42.

제주시민의 정치참여와 투표성향

정대연

1. 정치참여와 투표성향

　가장 넓은 뜻으로 보면 정치참여란 일반 국민이 국가의 정책결정과정에 참가하는 것을 말한다. 정치참여는 참여의 방법과 정도에 있어서 매우 다양하다. 예컨대 서양의 민주국가들처럼 국민 각자가 동료시민과 더불어 정치에 관한 문제를 논의하고 정치집회에 참가하며 국회의원이나 대통령과 같은 정치인이나 위정자에게 편지를 보냄으로써 자신의 정치적 의견을 반영하고 선거기간 중 특정 후보를 위하여 헌금을 하는 등 광범위한 정치활동에 참가하는 것도 정치참여의 한 형태이다. 그러나 종합적으로 보면 현대민주사회에서 정치참여의 가장 보편적 방법은 선거에 참여하여 투표를 하는 행위이고, 가장 고도의 정치참여는 자신이 국가의 정책결정에 직접 관여할 수 있는 직책을 수임하는 일이다(Milbrath, 1965).

　이렇게 보면 투표행위는 민주사회에서 일반 대중들의 제도화된 정치참여의 한 형태이다. 그러나 어느 후보에게 투표할 것인가 하는 투표성향은 다른 사회적 행위들과 마찬가지로 여러 요인들이 복합적으로 작용하여 결정된다(윤덕중, 1983). 즉 유권자들이 선거 때 어느 후보자에게 투표할 것인가는 유권자들의 개인적인 인구통계적 및 사회경제적 배경, 후보자에 대한 정보, 후보자의 소속정당, 후보자가 제시하는 공약내용, 후보자와의 개인적인 사회

연줄망 등 여러 요인들이 복합적으로 작용하여 결정된다. 이 요인들은 투표행위에 개별적으로 작용하기도 하지만 서로 얽혀 하나의 전체로서 복합적인 틀로 구성되어 있다.

이러한 문제의식을 가지고 이 글은 제주시민들의 정치참여는 어떠하고 그 정치참여에 기초한 투표성향은 어떠하며 투표성향에 영향을 주는 여러 요인들은 어떠한 인과적 메커니즘을 형성하고 있는지를 분석하고자 한다.

이와 같은 연구목적은 다음의 두 가지 점에서 의미있는 일이다. 첫째, 투표성향에 대한 지금까지의 연구들은 성별, 연령, 거주지역, 학력, 사회계층 등 유권자들의 인구통계적 및 사회경제적 배경에 따른 연구들이다. 본 연구와 같이 유권자들의 인구통계적·사회경제적 배경 이외에 투표성향의 결정에 영향을 주는 요인들을 복합적으로 분석한 연구가 아직 없다. 둘째, 투표는 정치참여의 한 형태이지만 한국과 서양은 사회구성의 기본원리가 다르다. 즉 서양이 개인적인 사회연줄망보다는 합리성이 강조되는 사회라면, 한국은 합리성보다는 개인적인 사회연줄망이 강조되는 의식구조를 가지고 있다. 따라서 본 연구의 결과는 투표성향에 영향을 주는 합리적 요인, 개인적인 사회연줄망, 이외 기타 여러 요인들이 어떤 모습으로 메커니즘화되어 있는지를 밝혀줄 수 있고, 어느 요인이 후보자의 지지에 상대적으로 더욱 중요하게 작용하는가도 밝혀주게 된다.

2. 연구방법

1) 표본추출

본 연구는 1992년 3월 24일에 실시된 제14대 국회의원 선거 당시 투표를 실시하기 10일 전에 제주시에서 만 20세 이상의 유권자 5백 명을 무작위로 추출하여 표본조사를 실시하였다. 본 연구는 이 표본조사의 결과를 분석한 것이다. 이 표본수는 99% 신뢰도 수준에서 ±5.00% 표집오차를 포함한다.

당시 제주시에는 4명이 국회의원으로 입후보하였다. 그들은 민자당, 민주당 및 무소속 2명이었다.

 2) 연구설계

 앞서 말한 바와 같이 본 연구는 제주시민들의 정치참여와 투표성향의 현황을 분석하고, 정치참여와 투표성향에 영향을 주는 여러 요인들간의 인과적 메커니즘을 밝히는 데 그 목적이 있다. 한국에서는 정치참여와 투표성향에 영향을 주는 요인으로서는 우선 성별, 교육수준, 거주지역, 월수입 등 유권자들의 인구통계적·사회경제적 배경을 들 수 있다(김영문, 1987; 최영훈, 1988; 차종천, 1988; 유석춘·서원석, 1989; 손호철, 1994). 서양의 경우에도 하류층은 상류층보다 투표율이 낮고 지지하는 정당도 다르다(Verba & Nie, 1972).
 유권자들의 인구통계적·사회경제적 배경에 따라 정치참여와 투표성향에 차이가 나는 이유는 인구통계적·사회경제적 배경에 따라 문화가 다르기 때문이라고 볼 수 있다. 왜냐하면 문화는 어떤 대상에 대한 인지, 감정 및 평가를 결정지어 주는 핵심적인 요인으로 작용하기 때문이다. 문화의 이 세 요소가 한데 묶여져서 현실적으로 표출되는 것이 각 개인의 사회의식(social consciousness)이다. 의식(consciousness)이란 일반적으로 다음과 같은 뜻을 가지고 있다(정대연, 1995). 넓은 뜻으로 보면 의식이란 현실에서 체험되는 일체의 경험을 말한다. 이런 의미에서의 의식은 물적 또는 신체적인 것에 대하여 심적 또는 정신적인 것이라는 뜻이다. 의식은 의식작용과 의식내용으로 구성되는데, 의식작용이란 대상에 대한 인식이고 의식내용이란 인식의 결과이다. 이러한 뜻의 의식을 사회라는 대상에 적용하면 사회의식이라고 한다. 따라서 사회의식도 위에서 설명한 의식 일반과 마찬가지로 의식작용과 의식내용으로 구성된다고 볼 수 있다. 사회의식에서 의식작용은 현실사회에 대한 인식이고, 의식내용은 그 인식의 결과로 사람들이 자신의 사회에 대해 가지게 되는 느낌이나 생각 등이다. 사회의식은 어떤 대상에 대한 행위를 전개할 때 행위의 방향과 유형을 결정지어 주는 기준의 역할을 하기 때문에(정대연, 1983) 민주의식을 포함한 사회의식 전반이 어떠한가 하는 것도 정치참여와 투표성향에 의미있는 영향을 줄 것이라고 가정할 수 있다(김광웅, 1985).

다음으로 정치참여와 투표성향에 영향을 주는 요인으로서 유권자 개개인의 환경적 배경을 들 수 있다. 여기서 유권자의 환경적 배경이란 특정 후보자와의 개인적인 사회적 연줄망, 선거와 관련하여 금품이나 선물을 제공받은 경험, 특정 정당과의 공식적 또는 비공식적 관계 등을 말한다(Elcock, 1976; Goldthorpe, et al., 1968).

이렇게 볼 때 정치참여와 투표성향을 종속변인으로 하면 유권자들의 인구통계적·사회경제적 배경이 독립변인이 되고 사회의식과 개인의 환경적 배경이 매개변인이 된다. 이 변인들의 이러한 인과적 관계는 <그림 1>과 같이 도식화된다.

<그림 1> 정치참여와 투표성향에 영향을 미치는 변인들의 인과적 맥락

3) 각 변인의 측정방법

<그림 1>에 포함되어 있는 변인들은 다음과 같은 방법에 기초하여 경험적 측정을 하였다.

① 인구통계적·사회경제적 배경: 유권자들의 인구통계적·사회경제적 배경으로서는 성별, 연령, 출생지, 종교, 교육수준, 월수입, 직업 등 7개 변인을 사용하였다. 이 가운데 출생지는 제주도와 육지로 구분하였고 종교는 구체적인 종교를 사용하지 않고 종교의 유무만 측정하였다. 그리고 교육수준은 무학, 국졸, 중졸, 고졸 및 대졸로 서열척도화하였고 월수입은 가구 총월수입으로서 50만 원 미만, 50~69만 원, 70~99만 원 및 1백만 원 이상으로 서열척도화하였다. 직업은 전문/관리직, 도소매업, 판매/서비스, 숙련직, 농어업, 주부, 학생 및 무직으로 구성시켰다. 직업에서 학생은 모두 대학생이다.

② 환경적 배경: 개인의 환경적 배경이란 앞서 설명한 바와 같이 특정 후보자와의 개인적인 사회적 연줄망, 선거와 관련하여 금품이나 선물을 제공받은 경험, 특정 정당과의 공식적 또는 비공식적 관계 등을 뜻한다. 이 가운데 본 연구에서는 '특정 후보자와의 개인적인 사회적 연줄망'과 '선거와 관련하여 금품이나 선물을 제공받은 경험'을 측정하였다. 이 두 변인 가운데 특정 후보자와의 개인적인 사회적 연줄망으로서는 '성씨'와 '학연'을 선정하였다. 학연으로서는 국민학교에서 대학까지 다양하지만 본 연구에서는 고등학교를 선정하였다. 왜냐하면 당시 후보자 모두 제주도 사람으로서 국민학교, 중학교 및 대학교는 부분적으로 후보자들끼리 중복현상이 있었는데 출신 고등학교는 모두 달랐기 때문이다. 그리고 후보자들의 성씨도 모두 달랐다.

③ 사회의식: 사회의식은 기존의 사회구조에 대한 정당성과 헤게모니에 대한 의식이 어떠한가를 측정하였다. 여기서 '기존의 사회구조에 대한 정당성'이란 기존의 사회질서에 대한 규범적 승인의 정도를 뜻하고 '기존의 사회구조에 대한 헤게모니'란 기존의 사회질서를 불가피한 것으로 혹은 변동불가능한 것으로 보는 정도를 뜻한다(Schmitter & Lehmbruch, 1979; Clegg, 1980; Stewart & Ballard, 1983). 이와 같은 정당성과 헤게모니를 측정하기 위해 한국사회의 정치, 경제, 사회 등에 관해 <표 1>과 같은 10개 문항을 조사대상자들에게 제시하였다.

<표 1> 사회의식의 측정 문항

1. 한국의 기업체들은 노동자와 소비자를 희생시키면서 많은 돈을 벌려고 애쓰고 있다
2. 한국사회는 소득의 불평등이 심하다
3. 가난한 사람들은 자신들의 능력이 부족하기 때문에 가난하게 살고 있다
4. 가난한 사람들은 교육을 받고 좋은 직업을 가질 기회를 가질 수 없기 때문에 가난하게 살고 있다
5. 한국정부는 대부분의 사람들의 이익을 위해 일하고 있다
6. 한국은 민주사회로 가는 길이 너무 멀어져 버렸다
7. 한국의 국회의원들은 자신의 지역주민을 위해 열심히 일하고 있다
8. 한국의 정치가들은 대부분 국가와 민족보다는 정권획득 또는 정권유지에만 더 신경을 쓴다
9. 한국사회에서는 노력만 하면 누구나 성공할 수 있다
10. 한국사회에서는 개인적인 능력이나 노력보다는 운이 좋아야 출세할 수 있다

<표 1>에 제시되어 있는 각 문항에 대해서 아래와 같은 5점 척도에 기초하여 응답을 받았다.

   정말 그렇다 ······ 1
   대체로 그렇다 ······ 2
   그저 그렇다 ······ 3
   별로 그렇지 않다 ······ 4
   전혀 그렇지 않다 ······ 5

④ 정치참여: 앞서 설명한 바와 같이 현대 민주사회에서 정치참여의 가장 보편적 방법은 선거에 참여하여 투표를 하는 행위이고, 가장 고도의 정치참여는 자신이 국가의 정책결정에 직접 관여할 수 있는 직책을 수임하는 일이다(Milbrath, 1965). 이렇게 보면 투표에 참여하는 것이 민주사회에서 일반 대중들의 가장 보편적으로 제도화된 정치참여의 한 형태이다. 따라서 본 연구에서는 앞으로 10일 후에 실시될 제14대 국회의원 선거 때 투표에 참여할 의향이 어느 정도 있는지를 질문하여 그 결과에 기초하여 정치참여의 정도를

측정하였다. 이 정치참여의 정도는 아래와 같은 5점 척도로 측정하였다.

  틀림없이 참여할 것이다 …… 5
  아마 참여할 것이다   …… 4
  아마 기권할 것이다   …… 3
  틀림없이 기권할 것이다 …… 2
  현재로서는 모르겠다   …… 1

⑤ 투표성향: 투표성향은 본 연구의 현지조사를 실시할 당시 투표에 참여 예정 여부를 질문한 후, 투표에 참여할 예정으로 있는 응답자들에게는 다시 4명의 후보자 가운데 어느 후보자에 투표하기로 결정하였는지, 아니면 아직 결정하지 않았는지를 응답받았다. 만약 투표하기로 결정하였다면 어느 후보자에 투표하기로 하였는지를 응답받았다.

3. 연구결과

1) 인구통계적 및 사회경제적 배경

전체 5백 명 조사대상자들의 인구통계적·사회경제적 배경은 <표 2>와 같다. <표 2>에 의하면 전체 조사대상자들 가운데 45.8%가 남자이고, 여자가 54.2%이다. 연령별로는 20대가 39.4%이고, 30대가 24.8%, 40대가 15.0%, 50대가 11.6%, 그리고 60대 이상이 9.2%이다. 출생지별로는 86.2%가 제주도에서 태어난 사람들이고, 13.8%는 육지에서 출생한 후 제주시로 이주해 온 사람들이다.

교육수준별로는 전체 5백 명의 표본 가운데 무학이 5.9%이고, 국민학교나 중학교 졸업자가 각각 9.7%이고, 고등학교 졸업자가 37.9%이고, 나머지 36.7%가 대졸 또는 대학교 재학생이다. 전체 5백 명의 표본 가운데 43.1%가 종교가 없고, 56.9%는 종교를 가지고 있다. 가구 총월수입은 16.7%가 50

만 원 미만이고, 28.1%가 50~69만 원, 28.3%가 70~99만 원이고, 나머지 27.0%가 100만 원 이상이다.

직업별로 보면 16.8%가 전문직 또는 관리직이고, 11.1%가 도소매업 종사자, 8.0%가 판매 또는 서비스직 종사자, 6.6%가 숙련직, 7.2%가 농·어업 종사자, 21.1%가 주부, 17.6%가 대학생, 그리고 나머지 11.7%가 무직이다. 직업별로 보면 16.8%가 전문직 또는 관리직이고, 11.1%가 도소매업 종사자, 8.0%가 판매 또는 서비스직 종사자, 6.6%가 숙련직, 7.2%가 농업 또는 어업 종사자, 21.1%가 주부, 17.6%가 대학생, 그리고 나머지 11.7%가 무직이다.

<표 2> 조사대상자들의 인구통계적 및 사회경제적 특성

성별	표본수	%	종교	표본수	%	출생지	표본수	%
남자	229	45.8	없다	214	43.1	제주도	164	86.2
여자	271	54.2	있다	283	56.9	육지	336	13.8
계	500	100.0	계	497	100.0	계	500	100.0

교육수준	표본수	%	연령	표본수	%
무학	29	5.9	20~29	197	39.4
국민학교	48	9.7	30~39	124	24.8
중학교	48	9.7	40~49	75	15.0
고등학교	187	37.9	50~59	58	11.6
대학	181	36.7	60세 이상	46	9.2
계	493	100.0	계	500	100.0
가구 월수입	표본수	%	직업	표본수	%
50만원 미만	78	16.7	전문/관리직	82	16.8
50~69만원	131	28.1	도소매업	54	11.1
70~99만원	132	28.3	판매/서비스	39	8.0
100만원 이상	126	27.0	숙련직	32	6.6
			농어업	35	7.2
			주부	103	21.1
			대학생	86	17.6
			무직	57	11.7
계	467	100.0	계	488	100.0

비고: 표본수의 합계가 500이 아닌 변인은 그 변인에 대한 무응답자를 제외한 것이다.

2) 환경적 배경

앞서 설명한 바와 같이 본 연구에서는 조사대상자들의 환경적 배경은 크게 두 개를 선정하였다. 하나는 '특정 입후보자와의 사회적 연줄망'이고, 다른 하나는 '선거와 관련하여 금품이나 선물을 제공받은 경험'이다. 전자의 경우는 다시 '성씨'와 같은 고등학교 출신이라는 '학연'을 측정 변인으로 하였고 후자는 선물이나 금품의 수수 여부를 직접 질문하였다.

<표 3-1> 조사대상자들의 성씨

성씨	표본수	%
A	45	9.0
B	13	2.6
C	26	5.2
D	21	4.2
기타	395	79.0
계	500	100.0

① 성씨: 먼저 조사대상자들의 성씨를 분석한 결과는 <표 3-1>과 같았다. <표 3-1>에서 성씨를 A, B, C, D로만 구분하였다. 그 이유는 당시 4명의 국회의원 후보자들의 성씨가 A, B, C, D였기 때문이다. 이 네 개 이외의 성씨는 모두 '기타 성씨'로 분류하였다. <표 3-1>에 의하면 전체 표본 가운데 9.0%가 후보자 A와 같은 성씨이고, 2.6%가 후보자 B와 같은 성씨이고, 5.2%가 후보자 C와 같은 성씨이고, 4.2%가 후보자 D와 같은 성씨이다. 나머지 79.0%는 4명의 후보자와 다른 성씨들이었다.

② 학연: 전체 표본의 출신 고등학교를 분석한 결과는 <표 3-2>와 같다. <표 3-2>는 후보자 A, B, C, D와 동일한 고등학교만 집계를 하고, 나머지 고등학교 출신자들은 '기타 고교'로 묶고, 5백 명 가운데 중졸 이하인 125명은 제외하고 375명만 분석의 대상으로 하였다.

<표 3-2> 조사대상자들의 출신 고교

출신 고등학교	표본수	%
A고교	3	0.8
B고교	18	4.8
C고교	14	3.7
D고교	2	0.5
기타 고교	338	90.1
계	375	100.0

<표 3-2>에 의하면 고등학교 이상의 학력을 가진 전체 375명 가운데 0.8%는 후보자 A와 같은 고등학교 출신이고, 4.8%는 후보자 B, 3.7%는 후보자 C, 그리고 0.5%는 후보자 D와 같은 고등학교 출신이다.

<표 3-3> 선거와 관련하여 금품이나 선물을 받은 경험

(단위: %)

선거종류	계 (500)	성별		연령				
		남자 (229)	여자 (271)	20-29 (197)	30-39 (124)	40-49 (75)	50-59 (58)	60 이상 (46)
대통령	17.1	16.2	17.9	8.1	29.8	30.7	12.1	15.2
국회의원	25.7	23.1	28.0	13.2	37.1	41.1	31.0	15.2
기초의원	21.9	9.3	23.5	18.3	26.6	36.0	12.1	13.0
광역의원	24.7	23.6	25.7	22.3	31.5	34.7	15.5	10.9

선거종류	교육수준					월수입(단위: 1만원)			
	무학 (29)	국졸 (48)	중졸 (48)	고졸 (187)	대졸 (181)	50 미만 (78)	50-69 (131)	70-99 (132)	100 이상 (126)
대통령	10.3	22.9	23.4	20.3	11.0	16.7	13.1	15.9	5.4
국회의원	17.2	35.4	38.3	31.6	15.5	24.4	26.1	25.0	30.2
기초의원	6.9	25.0	36.2	27.2	19.3	20.5	21.5	24.2	23.8
광역의원	10.3	22.9	31.9	27.3	22.7	24.4	20.0	30.3	25.4

③ 선거와 관련하여 금품이나 선물의 수수 여부: 전체 5백 명의 조사대상자들에게 선거와 관련하여 금품이나 선물을 받아 본 적이 있는지를 질문하였다. 이 질문을 할 때 1987년 12월에 실시한 대통령 선거, 1992년 3월• 당시

선거기간 중이었던 국회의원 선거, 1991년 6월에 실시한 기초의원 및 광역의원 선거로 구분하여 각 선거 때마다 선거와 관련하여 금품이나 선물을 받은 적이 있는지를 응답받았다. 이 네 가지 선거와 관련하여 '금품이나 선물을 받은 적이 있다'는 응답을 집계한 결과는 <표 3-3>과 같다. <표 3-3>를 작성할 때 금품이나 선물을 받은 적이 있느냐는 질문에 응답을 회피한 '무응답'도 금품이나 선물을 받은 적이 있는 사람으로 집계하였다.

<표 3-3>에서 볼 수 있는 바와 같이 대통령 선거 때 금품이나 선물을 받은 적이 있다는 사람은 전체 5백 명 가운데 17.1%이다. 반면 국회의원 선거에서는 25.7%이고, 기초의원 선거에서는 21.9%, 그리고 광역의원 선거에서는 24.7%이다. 이 비율들을 비교해 보면 국회의원 선거 때 금품이나 선물을 받은 적이 있는 사람들이 가장 많고, 다음으로 광역의원 선거, 기초의원 선거의 순서로 많고, 대통령 선거 때가 가장 적다.

<표 3-3>을 보면 선거 때 금품이나 선물을 받은 적이 있는 사람들의 인구통계적 및 사회경제적 배경에 따라 의미있는 유형이 나타나고 있다. 그것을 비율이 높은 층별로 정리해 보면 그 층들을 대상으로 집중적 공세가 있었음을 뜻하는데, 그 결과는 다음과 같다.

- 대통령 선거
① 성별로는 의미있는 차이가 없다
② 30대와 40대 연령층의 비율이 높다
③ 무학과 대졸이 상대적으로 비율이 가장 낮다. 국졸, 중졸, 고졸간에는 의미있는 차이가 없다
④ 1백만 원 이상의 고소득층의 비율은 매우 낮지만, 나머지 소득수준별로는 큰 차이가 없다

- 국회의원 선거
① 여자가 의미있게 높다
② 대통령 선거 때와 마찬가지로 30대와 40대 연령층의 비율이 높다. 그러나 대통령 선거 때와는 달리 50대들의 비율도 거의 30대 경우에 근접하고 있다
③ 교육수준별로는 대통령 선거 때와 같은 경향을 띠고 있다

④ 대통령 선거 때와는 달리 1백만 원 이상의 고소득층의 비율이 가장 높고, 나머지 소득수준별로는 큰 차이없다

금품이나 선물을 주는 것이 각 선거 때 동일한 사람에게 어느 정도로 중복적으로 일어나고 있는가를 분석하기 위해 대통령 선거, 국회의원 선거, 기초의원 선거 및 광역의원 선거 때 금품이나 선물 수수 여부의 자료를 가지고 상관관계를 산출하였는데 그 결과는 <표 3-4>와 같다.

<표 3-4>에 의하면 상관관계가 비교적 높은 편이다. 즉 대통령 선거, 국회의원 선거, 기초의원 선거 및 광역의원 선거 때 금품이나 돈을 받은 적이 있는 사람은 약 1/3이 그 사람이 그 사람이다. 이 중복성은 특히 기초의원 선거와 광역의원 선거 때 48.2%의 중복성을 보임으로써 가장 높고, 다음으로 대통령 선거와 국회의원 선거(42.9%), 대통령 선거와 기초의원 선거(33.8%), 대통령 선거와 광역의원 선거(27.6%), 국회의원 선거와 기초의원 선거(27.1%)의 순서로 높다. 국회의원 선거 때 금품이나 선물을 받은 사람이 광역의원 선거 때도 받은 사람은 25.5%로서 가장 낮다.

<표 3-4> 선거 때 선물이나 돈을 받은 경험의 상관관계

	대통령 선거	국회의원 선거	기초의원 선거	광역의원 선거
대통령 선거	1.000	0.655(42.9%)	0.582(33.8%)	0.525(27.6%)
국회의원 선거		1.000	0.521(27.1%)	0.500(25.5%)
기초의원 선거			1.000	0.694(48.2%)
광역의원 선거				1.000

주: ( ) 안의 %는 두 변인간의 공변량(covariance)이다.

3) 사회의식

앞서 설명한 바와 같이 사회의식은 기존의 사회구조에 대한 정당성과 헤게모니에 대한 의식으로써 <표 1>에 있는 10개 문항을 조사대상자들에게 제시한 후 5점 척도로 측정하였다. 각 문항의 내용에 대해 '정말 그렇다' 또는 '대체로 그렇다'는 응답비율은 <표 4-1>과 같다.

<표 4-1> 사회의식의 문항에 대한 긍정적 반응의 비율

문항번호	긍정적 반응의 비율	문항번호	긍정적 반응의 비율
1	75.6%	6	36.6%
2	89.4%	7	13.8%
3	30.0%	8	88.6%
4	46.8%	9	54.0%
5	35.6%	10	62.0%

주: 문항번호는 <표 1>에 있는 '측정문항'의 번호와 동일함.

<표 4-1>에 의하면 제주시 유권자들의 대부분이 한국사회에 대해 다음과 같은 강한 부정적인 사회의식을 가지고 있다.

- 한국사회는 소득불평등이 심하고,
- 한국의 정치가들은 대부분 국가와 민족보다는 정권획득 또는 정권유지에만 더 신경을 쓰고,
- 한국의 기업가들은 노동자와 소비자를 희생시키면서까지 많은 돈을 벌려고 애쓰고,
- 한국의 국회의원들은 자신의 지역주민을 위해 열심히 일하고 있지 않다.

위와 같은 부정적 사회의식보다 그 강도는 약하지만 역시 다음과 같은 부정적인 사회의식도 가지고 있다.

- 가난한 사람들은 그들의 능력이 부족하기보다는 기회의 불평등 구조화로 인하여 가난하게 살고 있다.
- 그런데도 불구하고, 한국정부는 대부분의 사람들의 이익을 위해 일하고 있지 않고,
- 한국사회의 민주화의 길이 밝지도 않으며,
- 이와 더불어, 한국사회에서는 개인적 능력이나 노력보다는 운이 좋아야 출세할 수 있다.

위와 같은 개별 문항별 사회의식의 분석에 이어 제주시 유권자들이 가지고 있는 사회의식을 총체적으로 분석하기 위하여 <표 1>에 있는 10개의 측

정문항의 내용에 대해 '체제긍정적'인 응답은 +1점을 주고, '체제부정적'인 응답은 -1점을, 그리고 찬성도 반대도 아닌 '중립적'인 응답은 0점을 주어 각 응답자별로 전체 10개 문항의 총점수를 산출하였다. 이때 10개 문항 모두에 '체제긍정적'인 응답을 한 사람은 총점수가 +10점이 되고, 10개 문항 모두에 '체제부정적'인 응답을 한 사람은 총점수가 -10점이 된다. 그러므로 5백 명의 표본의 총점수는 -10점에서 +10점 사이의 분포를 보이게 된다.

이 결과, 전체 5백 명의 조사대상자들 가운데 61.4%(307명)가 -점수였고, 16.4%(82명)가 0점이었고, 22.2%(111명)이 +점수였다. 즉 제주시의 유권자들 가운데 61.4%가 '체제부정적'인 사회의식을 가지고 있고, 22.2%가 '체제긍정적'인 사회의식, 그리고 16.4%가 '중립적'인 사회의식을 가지고 있다고 하겠다.

<표 4-2> 사회의식의 평균점수

성별(N)	평균점수*	교육수준(N)	평균점수*	월수입(N)	평균점수*
남자(229)	-1.607	무학(29)	-1.103	50만원 미만(78)	-1.579
여자(271)	-2.044	국민학교(48)	-1.021	50-69만원(131)	-1.847
		중학교(48)	-0.958	70-99만원(132)	-2.030
		고등학교(187)	-1.374	100만원 이상(126)	-1.786
		대학교(181)	-2.884		

연령(N)	평균점수*	직업(N)	평균점수*
20-29(197)	-2.873	전문/관리직(82)	-1.293
30-39(79)	-2.097	도소매업(54)	-1.000
40-49(75)	-0.760	판매/서비스(39)	-1.641
50-59(58)	-0.391	숙련직(32)	-2.969
60 이상(46)	-0.362	농어업(35)	-0.171
		주부(103)	-2.223
		대학생(86)	-3.267
		무직(57)	-1.158

주 1) N: 각 변인의 범주별 응답자수이다.
　　2) *는 99% 유의도 수준에서 집단별 의미있는 차이를 뜻한다.

이 결과를 다시 전체 5백 명에 기초하여 평균점수를 산출한 결과 -1.844

가 나왔다. 이것은 제주시의 유권자들은 한국사회에 대해 '체제긍정적'인 사회의식보다는 '체제부정적'인 사회의식이 더 강함을 뜻한다. 그러나 극단적으로 '체제부정적'인 사회의식이라고는 볼 수는 없다. 이러한 사회의식의 성향을 유권자들의 성, 연령, 교육수준, 월수입 및 직업별로 평균점수를 산출한 결과는 <표 4-2>와 같다.

<표 4-2>에 의하면 제주시 유권자들의 사회의식은 성과 월수입별로는 99% 유의도 수준에서 의미있는 차이가 없다. 그러나 교육수준, 연령 및 직업별로는 의미있는 차이를 보이고 있다. 즉 교육수준별로 보면 대학교 졸업자이거나 대학생들이 가장 '체제부정적'인 사회의식을 가지고 있고, 다음으로 고등학교 졸업자들, 무학, 국민학교 졸업자들의 순서로 '체제부정적'인 사회의식을 가지고 있다. 중학교 졸업자들도 전체적으로는 '체제부정적'인 사회의식의 성향을 보이고 있지만, 다른 교육수준의 사람들보다는 상대적으로 덜 '체제부정적'인 사회의식을 가지고 있다.

연령별로 보면 모든 연령층이 '체제부정적'인 사회의식의 성향을 보이고 있는데, 연령이 적을수록 이 성향이 더욱 강하다. 그러나 50대 이상은 기본적으로는 '체제부정적'인 사회의식이지만, 그 평균점수가 거의 0.000에 가까우므로 '체제긍정적'은 아니나 '중립적'인 성향에 가깝다고 할 수 있다. 직업별로도 모두 '체제부정적'인 사회의식의 성향을 보이고 있다. 그러나 농어업 종사자들은 평균점수가 거의 0.000에 가깝게 나타나 '중립적'인 성향에 가깝다. 반면 예상했던 바와 같이 대학생들이 가장 '체제부정적'인 성향을 가지고 있고, 다음으로 숙련직, 주부, 판매/서비스 종사자들의 순서로 '체제부정적'인 성향이 강하다. 상대적이기는 하지만 무직, 도소매업, 전문/관리직 종사자들이 덜 '체제부정적'인 사회의식을 가지고 있다.

4) 정치참여

① 정치참여의 정도: 앞서 각 변인의 측정방법에서 설명한 것처럼 본 연구에서 정치참여는 앞으로 10일 후에 실시될 제14대 국회의원 선거에 참여 의

향의 정도를 5점 척도로 측정하였다. 그 결과는 <표 5-1>과 같다.

<표 5-1> 국회의원 선거시 투표 참여 의향

의향의 정도	사례수	%
틀림없이 참여할 것이다	344	68.8
아마 참여할 것이다	83	16.6
아마 기권할 것이다	47	9.4
틀림없이 기권할 것이다	14	2.8
현대로서는 모르겠다	12	2.4
계	500	100.0

<표 5-1>에서 볼 수 있는 바와 같이 전체 조사대상자 가운데 68.8%가 '틀림없이 투표에 참여할 것'이라고 하고 있고, 16.6%가 '아마 참여할 것이다', 9.4%가 '아마 기권할 것이다,' 2.8%가 '틀림없이 기권할 것이다,' 그리고 2.4%가 '현재로서는 모르겠다'고 응답하였다.

<표 5-2> 예상 투표율

성별	%	연령	%	직업	%
남자(229)	80.3	20-29(197)	62.8	전문/관리직(82)	80.8
여자(271)	70.4	30-39(124)	80.2	도소매업(54)	85.7
		40-49(75)	86.7	판매/서비스(39)	70.2
		50-59(58)	93.3	숙련직(32)	73.0
		60세 이상(46)	89.1	농어업(35)	88.9
				주부(103)	79.7
				대학생(86)	64.6
				무직(57)	71.0

교육수준	%	월수입 (단위: 1만원)	종교	%
무학(29)	83.0	50 미만(78)	없다(214)	75.0
국민학교(48)	82.2	50-69(131)	있다(283)	73.7
중학교(48)	78.9	70-99(132)		
고등학교(187)	75.7	100 이상(126)		
대학(181)	70.0			

주: ( ) 안의 수치는 각 변인의 범주별 응답자 수이다.

여러가지 경험적 연구들에 의하면 사전에 조사한 정치적 태도를 사후의 결과와 비교할 때 '아마 어떨 것이다'라는 응답자들 가운데 1/3이 '틀림없이 어떨 것이다'로 나타난다. 이것에 기초하여 <표 5-1>에서 '아마 투표에 참여할 것이다'라는 83명의 응답자 가운데 1/3인 28명을 '틀림없이 참여할 것이다'라는 344명에 포함시키면, 10일 후에 실시될 실제 투표 때 투표 참여자는 372명으로 추정된다. 이것은 전체 5백 명의 표본 가운데 74.4%에 해당된다. 따라서 예상 투표율은 74.4%이다. 그러나 10일 후 실시된 실제 투표에서 투표율은 73.3%로서 본 연구에서의 예상 투표율보다 1.1% 낮았다.

이 예상 투표율을 조사대상자들의 인구통계적 및 사회경제적 배경별로 분석하였다. 그 결과는 <표 5-2>와 같다. <표 5-2>는 '틀림없이 참여할 것이다'라는 응답자와 '아마 참여할 것이다'라는 응답자의 1/3을 합한 것이다. 이 예상 투표율은 곧 본 연구에서 '정치참여'의 정도를 나타낸다.

<표 5-2>에 의하면, 정치참여의 의사는 여자들보다는 남자들이 매우 의미있게 높다. 연령별로는 연령이 많을수록 정치참여의 의사가 높다. 특히 20대는 정치참여의 의사가 60% 수준으로서 매우 낮다. 직업별로는 대학생들의 정치참여 의사가 가장 낮고, 다음으로 판매/서비스직 종사자, 고령의 무직자 및 주부의 순서로 정치참여의 의사가 낮다. 교육수준과 월수입별로 보면 교육수준이 높을수록, 그리고 월수입이 많을수록 정치참의 의사가 낮다. 그러나 종교의 유무별로는 의미있는 차이가 없다.

<표 5-3> 투표 불참의 이유

불참 이유	사례수	%
투표할 만한 인물이 없다	23	37.7
정치에 대한 불신과 회의	20	32.8
정치인들의 공약사항 불이행	16	26.2
정치에 관심이 없어서	14	23.0
정치인들은 자신의 이익만 추구하므로	10	16.4
국회의원들을 믿지 못하기 때문에	7	11.5

주: 다답(multiple answer).

② 정치불참의 이유: <표 5-1>에서 10일 후에 실시될 국회의원 선거 때 투표에 '아마 기권할 것이다' 또는 '틀림없이 기권할 것이다'라고 응답한 사람 61명에게 그 이유를 질문하였다. 이것은 곧 정치불참의 이유가 된다. 그 결과는 <표 5-3>과 같다.

<표 5-3>에 의하면 정치참여 의사가 없는 사람들의 가장 중요한 이유는 '투표할 만한 인물이 없다'는 점이고, 다음으로 '정치에 대한 불신과 회의,' '정치인들의 공약사항 불이행,' '정치에 대한 관심이 없어서' 등이 그 주요 이유로 제시되고 있다.

5) 투표성향

본 연구에서 투표성향을 측정하기 위해 <표 5-1>에서 10일 후에 실시될 국회의원 선거에 '틀림없이 참여할 것이다'라는 응답자와 '아마 참여할 것이다'라는 응답자 427명을 대상으로 하여 당시 국회의원 후보자였던 A, B, C, D 가운데 어느 후보에게 투표할 예정인지를 질문하였다. 그 결과는 <표 5-4>와 같다.

<표 5-4>에서 다음과 같은 사실을 알 수 있다. 즉 투표에 참여할 유권자들 가운데 투표일 10일 전에 과반수(52.9%)가 어느 후보에 투표할지 결정하지 않고 있고, C후보에 투표 예정인 유권자가 25.8%로서 가장 높고, 다음으로 B후보(13.1%)이다. A후보와 D후보에 투표 예정인 유권자는 각각 4.9%와 3.3%로서 당선의 가능성이 전혀 없다. 그러나 각 후보의 지지 기반 및 어느 후보에게 투표할지 아직 결정하지 않은 층은 매우 다르게 나타나고 있는데 그 특징은 다음과 같다.

첫째, 여자보다는 남자, 50세 이상의 연령, 중졸자, 월수입 69만 원 이하, 고령의 무직자, 주부, 판매/서비스직 종사자들 가운데 미결정자가 많다.

둘째, 후보자 A와 D는 유권자들의 거의 모든 인구통계적 및 사회경제적 배경에 관계없이 저조한 지지율을 보이고 있다. 반면 후보자 B와 C는 유권자들의 거의 모든 인구통계적 및 사회경제적 배경에 골고루 경합적으로 지지

<표 5-4> 투표할 후보자

(단위: %)

후보자	계 (427)	성별		연령				교육수준			
		남 (202)	여 (225)	20-29	30-39	40-49	50 이상	국졸 이하	중졸	고졸	대졸
A	4.9	2.5	7.1	2.1	5.4	7.1	6.9	10.8	7.5	5.5	0.7
B	13.1	13.4	12.9	6.9	10.8	32.9	10.9	23.1	17.5	14.8	5.0
C	25.8	34.2	18.2	29.0	27.0	28.6	17.8	16.9	12.5	22.5	37.9
D	3.3	4.5	2.2	5.5	3.6	0.0	2.0	0.0	0.0	1.6	7.9
미결정	52.9	45.5	59.6	56.6	53.2	31.4	62.4	49.2	62.5	55.5	48.6
계	100.0	100.0	100.0	100.0	100.0	100.0	100.0	100.0	100.0	100.0	100.0

후보자	월수입(단위: 1만원)				성씨				출신고교	
	50미만 (70)	50-69 (120)	70-99 (118)	100이상 (119)	A (40)	B (10)	C (22)	D (15)	기타 (340)	B고교 (15)	C고교 (12)
A	4.3	3.3	11.0	0.8	12.5	10.0	9.1	6.7	3.5	0.0	0.0
B	10.0	6.7	15.3	19.3	22.5	60.0	0.0	13.3	11.8	33.3	8.3
C	25.7	19.2	21.2	37.0	32.5	0.0	31.8	26.7	25.3	26.7	66.7
D	7.1	3.3	4.2	0.0	0.0	0.0	0.0	6.7	3.8	6.7	8.3
미결정	52.9	67.5	48.3	42.9	32.5	30.0	59.1	46.7	55.9	33.3	16.7
계	100.0	100.0	100.0	100.0	100.0	100.0	100.0	100.0	100.0	100.0	100.0

후보자	직업							
	전문/관리직 (70)	도소매업 (49)	판매/서비스 (30)	숙련직 (25)	농어업 (32)	주부 (90)	대학생 (72)	무직 (50)
A	4.3	4.1	3.3	4.0	9.4	8.9	1.4	2.0
B	17.1	16.3	6.7	28.0	31.3	8.9	8.3	6.0
C	42.9	30.6	26.7	12.0	31.3	15.6	33.3	6.0
D	7.1	0.0	3.3	0.0	0.0	0.0	6.9	12.0
미결정	28.6	49.0	60.0	56.0	28.1	66.7	50.0	74.0
계	100.0	100.0	100.0	100.0	100.0	100.0	100.0	100.0

주: <표 3-2>에 나와 있는 바와 같이 후보자 A 및 D와 출신고교가 같은 사례수는 너무 적어서 출신고교별 분석에서 제외시켰다.

를 받고 있다. 그러나 후보자 B와 C의 지지 기반은 아래와 같은 의미있는 차이를 보이고 있다.

① 성별로 보면 후보자 B는 의미있는 차이가 없지만, 후보자 C는 여자보다는 남자들로부터 높은 지지를 받고 있다.
② 연령별로 보면 후보자 B는 40대로부터 집중적인 지지를 받고 있지만 20대로부터는 거의 지지를 받지 못하고 있다. 반면 후보자 C는 50세 이상을 제외하고는 모든 연령층으로부터 골고루 지지를 받고 있다.
③ 후보자 C는 후보자 B에 비해 고졸과 대졸자들로부터 높은 지지를 받고 있다. 반면 후보자 B는 후보자 C에 비해 중졸 이하로부터 많은 지지를 받고 있지만 그 차이는 크지 않다.
④ 월수입별로 보면 후보자 C는 후보자 B보다 모든 수입계층에 있어서 지지율이 높다.
⑤ 후보자 B는 같은 성씨들로부터 60.0%의 절대적 지지를 받고 있지만 후보자 C는 같은 성씨로부터 31.8%의 지지를 받음으로써 혈연은 성씨 B가 성씨 C보다 투표성향에 더 강한 영향을 주고 있다.
⑥ 반면 같은 고등학교 출신이라는 학연은 후보자 C가 후보자 B보다 투표성향에 더 강한 영향을 주고 있다.
⑦ 마지막으로 직업별로 보면 전문/관리직, 도소매업, 판매/서비스업, 주부 및 대학생들은 후보자 C를 더 많이 지지하고 있고, 숙련직 종사자만이 후보자 B를 더 많이 지지하고 있다. 그러나 고령의 무직자는 후보자 B와 C의 지지율에 의미있는 차이가 없다.

6) 정치참여의 인과적 메커니즘

본 연구의 연구목적에서 설명한 바와 같이 정치참여와 투표성향은 다른 사회적 행위들과 마찬가지로 여러 요인들이 복합적으로 작용하여 결정된다. 이 때문에 본 연구는 지금까지 정치참여와 투표성향에 영향을 미치는 개별 변인들의 상황을 개별적으로 하나씩 분석하였다. 이제 이 개별 변인들이 정치참여에 미치는 인과적 메커니즘을 총체적으로 분석하고자 한다. 이 인과적 메커니즘은 <그림 1>에 제시되어 있는 모형에서 정치참여를 종속변인으로 하여 분석하고자 한다.

<그림 1>의 모형에 의하면 '인구통계적 및 사회경제적 배경'이 독립변인이고, '환경적 배경'과 '사회의식'이 매개변인이고, '정치참여'가 종속변인이다.

'인구통계적 및 사회경제적 배경'으로서는 <표 2>에 있는 7개 변인을 모두 포함시키고자 한다. 이 7개 변인 가운데 성별, 종교, 출생지 및 직업은 모조 변인(模造變人, dummy variable)으로 처리하고자 한다. '환경적 배경'으로 서는 성씨, 학연 및 선거와 관련하여 금품이나 선물의 수수 여부 가운데 '선 거와 관련하여 금품이나 선물의 수수 여부'만을 사용하기로 하겠다. '선거와 관련하여 금품이나 선물의 수수 여부' 가운데도 <표 3-3>에 있는 네 가지 종류의 선거 가운데 국회의원 선거의 경우만 사용하고자 한다. '사회의식'은 <표 4-1>에 나와 있는 자료를 사용하고자 한다. 그리고 '정치참여'는 앞서 설명한 바와 같이 <표 5-1>에 있는 자료를 사용하고자 한다.

이 자료들을 <그림 1>의 모형에 따라 경로분석(path analysis)한 결과 유의도 수준이 99.0% 이상인 경로는 <그림 2>와 같이 밝혀졌다(경로분석 의 기법과 분석결과의 해석에 관해서는 정대연, 1992를 참조하기 바란다).

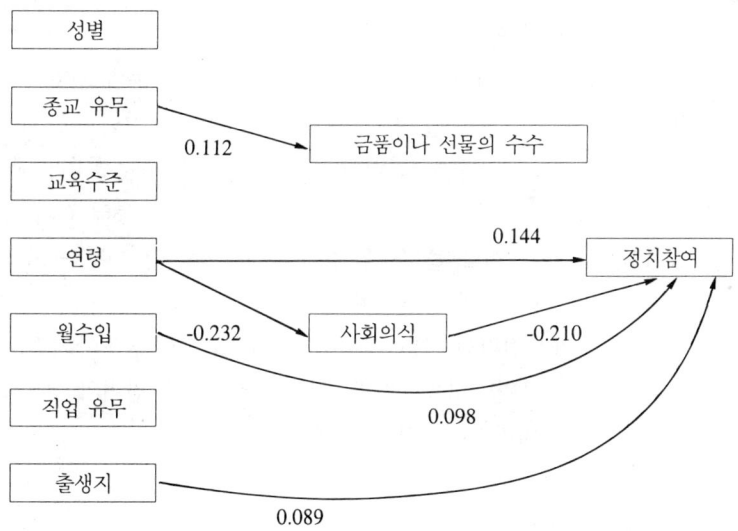

<그림 2> 정치참여의 경로모형

<그림 2>에서 다음과 같은 사실을 알 수 있다.

첫째, 유권자들이 종교가 있느냐 없느냐라는 사실 하나만 국회의원 선거에서 금품이나 선물의 수수 여부에 의미있는 영향을 준다. 종교가 있으면 금품이나 선물의 수수가 낮아지는 성향이 있다. 다시 말하면 제주시에서 국회의원 선거 때 남자냐 여자냐, 교육수준과 월수입이 높으냐 낮으냐, 연령이 많으냐 적으냐, 제주도에서 태어난 사람이냐 육지에서 태어난 사람이냐 등의 요인은 선거와 관련하여 금품이나 선물을 받느냐 안받느냐에 의미있는 영향을 주지 않는다.

둘째, 제주시민들의 사회의식이 '체제긍정적'이냐, '체제부정적'이냐, 아니면 '중립적'이냐라는 사실은 연령에 의해서만 의미있게 결정된다. 연령이 낮을수록 '체제부정적'인 사회의식을 가지고 있다. 그러나 나머지 요인들, 즉 성별, 종교유무, 교육수준, 월수입, 직업, 출생지 등은 사회의식의 형성에 의미있는 영향을 주지 않는다.

셋째, 정치참여의 정도는 두 가지 경로를 통해 결정된다. 하나는 직접경로이고, 다른 하나는 간접경로이다. 구체적으로 보면, 금품이나 선물의 수수 여부는 정치참여의 정도에 영향을 주지 않지만, 사회의식은 정치참여의 정도에 직접 영향을 주는데, 사회의식이 체제부정적일수록 정치참여의 정도가 낮아지는 성향을 보이고 있다. 월수입, 연령 및 출생지는 정치참여의 정도에 직접 영향을 준다. 월수입이 많을수록, 연령이 많을수록, 그리고 출생지가 제주도일수록 정치참여의 정도가 높다. 그러나 연령은 사회의식을 통해 간접적으로도 정치참여의 정도에 영향을 준다. 즉 직접적으로는 연령이 많을수록 정치참여의 정도가 높게 나타나지만, 연령이 적을수록 '체제부정적'인 사회의식을 가지고 있고, 이 체제부정적인 사회의식이 간접적으로 정치참여의 정도를 낮게 한다. 이와는 달리 성별, 교육수준 및 직업 유무는 정치참여의 정도에 간접적이든 직접적이든 의미있는 영향을 주지 않는다.

7) 투표성향의 인과적 메커니즘

본 연구에서 투표성향은 <표 5-1>에서 앞으로 10일 후에 실시될 국회의원 선거 때 투표에 '틀림없이 참여할 것이다' 또는 '아마 참여할 것이다'라는 응답자 427명만을 대상으로 분석하였다. 이 분석은 크게 두 가지 차원으로 나누었다. 하나는 <표 5-4>의 자료에서 지지할 후보자를 결정 및 미결정으로 구분하는 '후보자 결정'의 인과적 메커니즘을 분석하는 것이고, 다른 하나는 지지할 후보자를 결정한 사람들만 대상으로 하여 그 후보자의 지지에 영향을 주는 요인들의 상대적 중요도를 후보자별로 분석하는 것이다. 전자를 '후보자 결정의 인과적 메커니즘'이라고 부르고, 후자는 '후보자의 지지에 영향을 주는 요인들의 상대적 중요도'라고 부르기로 하겠다.

① 후보자 결정의 인과적 메커니즘: <표 5-4>에서 알 수 있는 바와 같이 앞으로 10일 후에 실시될 국회의원 선거에 투표하려 갈 의향이 있는 사람들은 전체 5백 명의 표본 가운데 427명이고, 이 427명 가운데 52.9%(226명)이 4명의 후보자 가운데 어느 후보자에게 투표할지 아직 미정이고, 201명은 후보자 A, B, C, D 가운데 어느 누구에게 투표하기로 이미 마음의 결정을 하고 있다. 이 자료를 모조변인으로 전환시켜 <그림 2>와 같은 경로모형에 따라 경로분석하였다. 그 결과 유의도 수준이 99.0% 이상인 경로는 <그림 3>과 같이 밝혀졌다.

<그림 3>에서 다음과 같은 사실을 알 수 있다.

첫째, 유권자들의 교육수준과 직업 유무는 간접이든 직접이든 투표할 후보자를 선거 10일 전에 결정하는 데 의미있는 영향을 주지 않는다.

둘째, 그러나 성별, 선거와 관련하여 금품이나 선물의 수수, 월수입, 사회의식, 출생지 등 5개 요인은 투표할 후보자 결정에 직접적으로 영향을 준다. 이들 5개의 요인 가운데 사회의식이 후보자 결정에 가장 강한 영향을 주고, 그 다음으로 성별, 출생지, 금품이나 선물의 수수 여부, 월수입의 순서로 강한 영향을 준다. 구체적으로 보면 여자보다는 남자들이 후보자 결정을 더 빨리 하고, 사회의식이 '체제긍정적'일수록, 월수입이 낮을수록, 금품이나 선물을 받을수록, 육지 출신보다는 제주도 출신일수록 후보자 결정을 빨리 한다.

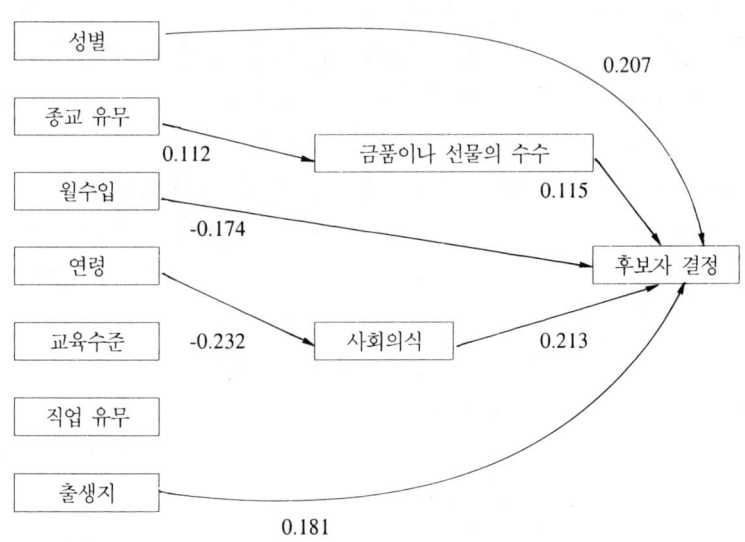

<그림 3> 투표할 후보자 결정의 경로모형

 셋째, 반면 연령과 종교 유무는 투표할 후보자의 결정에 간접적인 영향을 미친다. 즉 연령이 높을수록 '체제긍정적'인 사회의식을 가지고, 이 체제긍정적인 사회의식을 통해 간접적으로 투표할 후보자의 결정을 빨리 한다. 그리고 종교가 없을수록 선거와 관련하여 금품이나 선물을 많이 받고, 이 금품이나 선물의 수수가 다시 투표할 후보자를 빨리 결정하는 경향을 보이고 있다.
 ② 후보자의 지지에 영향을 주는 요인들의 상대적 중요도: <표 5-4>에서 볼 수 있는 바와 같이 4명의 후보자 A, B, C, D의 지지층은 인구통계적 및 사회경제적 배경, 혈연, 학연 등에 따라 의미있는 차이를 보이고 있다. 이 지지층들이 특정 후보자에게 투표하기로 결심하는 데 영향을 준 요인들의 상대적 중요도를 분석하기 위해 회귀분석을 하였다. 그 결과는 <표 6>과 같다. 이 분석에서 후보자 D는 제외하였다. 그 이유는 후보자 D에 투표하기로 결

정내린 유권자의 사례수가 회귀분석에서 요구하는 최소한 사례수를 만족시키지 못하기 때문이다. <표 6>의 각 수치는 베타계수(beta coefficient)이다.

<표 6> 각 후보자의 지지에 영향을 주는 요인들의 상대적 중요도

요인	후보자 A	후보자 B	후보자 C
1. 인구통계적 및 사회경제적 배경			
성별	-	-	-
종교 유무	-	-	-
연령	0.264	0.489	-0.131
월수입	0.037	0.056	0.179
교육수준	0.022	0.306	0.163
출생지	-0.237	0.281	0.149
2. 환경적 배경			
성씨(혈연)	0.191	0.100	0.055
출신고교(학연)	-	0.096	0.137
금품 및 선물의 수수	0.245	0.125	0.018
3. 사회의식	0.123	0.125	-0.235
4. 정치참여	0.123	0.145	0.145
총설명력(R^2)	0.583^2=34.0%	0.755^2=57.0%	0.440^2=19.4%

<표 6>에서 다음과 같은 사실을 알 수 있다.

첫째, <표 5-4>에 의하면 후보자 C가 현재 가장 높은 지지를 받고 있다. 그러나 각 후보자에 대한 지지자들의 지지의 정체감은 전체적으로 보면 후보자 B(57.0%)가 가장 강하고, 다음으로 후보자 A(34.0%)이고, 후보자 C(19.4%)의 지지 정체감이 가장 약하다.

둘째, 각 후보자의 지지에 미치는 요인들의 영향력은 후보자별로 매우 의미있는 차이를 보이고 있다. 즉 후보자 A는 연령과 금품이나 선물의 수수가 가장 강한 지지 기반이고, 후보자 B는 연령과 교육수준이 가장 강한 지지 기반이다. 후보자 C는 사회의식이 가장 강한 지지 기반이고, 나머지 요인들간에는 큰 차이가 없다.

셋째, 각 요인이 후보자들의 지지에 미치는 영향도 후보자들간에 다음과 같은 의미있는 차이를 보이고 있다.

① 성별 및 종교유무: 유권자가 남자 혹은 여자냐, 종교가 있느냐 없느냐는 세 후보자 모두 지지에 의미있는 영향을 미치지 않는다.
② 연령: 후보자 A와 B는 나이가 많은 유권자들을 지지 기반으로 하고 있지만 후보자 C는 나이가 적은 유권자들을 지지 기반으로 하고 있다. 나이가 많을수록 강한 지지 기반을 형성하는 성향은 후보자 A보다는 후보자 B가 더욱 강하다.
③ 월수입: 세 후보자 모두 월수입이 많을수록 강한 지지를 받고 있다. 그러나 그 영향력은 후보자 C에게 가장 강하게 작용하고, 후보자 A와 B간에는 의미있는 차이가 없다.
④ 교육수준: 세 후보자 모두 교육수준이 높은 유권자들을 지지 기반으로 하고 있다. 그러나 교육수준이 지지에 미치는 영향력은 후보자 B에게 가장 강하게 작용하고, 다음으로 후보자 C 및 후보자 A의 순서이다.
⑤ 출생지: 후보자 B와 C는 제주도에서 출생한 유권자들을 지지 기반으로 하는 데 비해 후보자 A는 육지에서 출생한 후 제주도로 이주한 유권자들을 지지 기반으로 하고 있다. 제주도 출생이라는 사실이 후보자 B와 C의 지지에 미치는 영향력은 후보자 B에게 더욱 강하게 작용하고 있다.
⑥ 성씨(혈연): 세 후보자 모두 혈연을 의미있는 지지 기반으로 하고 있지만, 그 영향력은 후보자 A의 동족들이 가장 강하고, 다음으로 후보자 B의 동족들이고, 후보자 C의 동족들의 영향력이 가장 약하다.
⑦ 출신고교(학연): 후보자 A에게는 학연이 지지에 의미있는 영향을 주지 않지만 후보자 B와 C의 경우는 학연이 지지에 의미있는 영향을 준다. 그러나 그 영향은 후보자 C의 경우가 더 강하다.
⑧ 금품이나 선물의 수: 선거와 관련하여 유권자들에게 제공한 금품이나 선물이 세 후보자 모두 지지에 의미있는 영향을 준다. 그러나 그 영향은 후보자 A가 가장 강하고, 다음으로 후보자 B이고, 후보자 C가 영향이 가장 적다.
⑨ 사회의식: 유권자의 사회의식이 '체제긍정적'이냐, '체제부정적'이냐, 아니면 '중립적'이냐가 세 후보자 모두 지지에 의미있는 영향을 준다. 그 영향은 후보자 C가 가장 강하게 받고 있고, 후보자 A와 B는 의미있는 차이를 보이고 있지 않다. 특히 후보자 C는 '체제부정적'인 사회의식을, 그리고 후보자 A와 B는 '체제긍정적'인 사회의식을 가지고 있는 유권자의 지지에 기초하고 있다.
⑩ 정치참여: 정치참여는 세 후보자 모두 지지에 의미있는 영향을 주고 있다. 그러나 정치참여의 정도가 이들의 지지에 미치는 영향은 후보자 B와 C가 후보자 A보다 더욱 강하게 받고 있다. 그러나 이 영향력은 후보자 B와 C간에는 의미있는 차이가 없다.

4. 연구결과의 요약

 본 연구는 제주시민들의 정치참여와 투표성향을 분석하는 데 목적이 있었다. 이것을 위해 1992년 3월 24일 제14대 국회의원 선거를 실시하기 10일 전 제주시에서 만 20세 이상의 유권자 5백 명을 무작위로 추출하여 표본조사를 실시하였다.
 본 연구에서는 유권자들의 인구통계적 및 사회경제적 배경을 독립변인으로 하고, 유권자들의 환경적 배경과 사회의식을 매개변인으로 하여 정치참여와 투표성향을 분석하였다. 인구통계적 및 사회경제적 배경은 성별, 연령, 교육수준, 가구 월수입, 종교, 출생지, 직업 등 7개의 변인을 선정하였다. 환경적 배경은 '국회의원 후보자와의 사회적 연줄망' 및 '선거와 관련하여 금품이나 선물의 수수 여부'를 변인으로 선정하였다. 전자는 혈연과 학연을 그 구체적인 변인으로 하였고, 후자는 당시 국회의원 선거와 관련하여 금품이나 선물을 받은 경험 여부를 그 구체적인 변인으로 하였다. 사회의식은 한국사회의 정치, 경제 등 제 분야에 관한 의식을 5점 척도에 기초하여 10개의 문항으로 측정하였다. 정치참여는 앞으로 10일 후 실시될 국회의원 선거 때 투표에 참여할 의향을 5점 척도로 측정하였고, 그리고 당시 4명의 후보자 가운데 누구에게 투표할 예정인가를 질문하여 투표성향을 측정하였다.
 본 연구에서 분석은 두 가지 차원에서 이루어졌다. 하나는 각 변인별 정치참여와 투표성향에 관한 개별적 분석이었고, 다음 하나는 독립변인과 매개변인이 종속변인인 정치참여와 투표성향에 영향을 주는 인과적 메커니즘의 분석이었다. 이 두 차원의 분석을 종합적으로 요약하면 다음과 같다.
 정치참여는 유권자들의 인구통계적 및 사회경제적 배경에 따라 의미있는 차이가 있었다. 투표행위를 통한 정치참여에 관심이 없는 유권자들의 주된 이유는 '투표할 만한 인물이 없다'는 점과 '정치에 대한 불신 및 회의'였다. 여러 독립변인 및 매개변인 가운데 어떤 변인은 정치참여의 수준에 직접 의미있는 영향을 주고, 어떤 변인들은 간접적으로만 의미있는 영향을 주었다.
 투표성향에서 우선 선거 10일 전에 약 50%의 유권자들은 투표할 후보자를 이미 결정하고 있었고, 나머지 50%는 미결정 상태였다. 어떤 요인들은 투표할 후보자의 결정에 직접 의미있는 영향을 주기도 하지만, 어떤 요인들은 간접적으로만 영향을 주기도 하였다. 투표할 후보자를 이미 결정한 경우에는 후보자별 지지 기반에 영향을 주는 요인들도 다르고, 동일한 요인이라 하더라도 후보자에 따라 각 요인이 지지 기반의 형성에 영향을 주는 상대적 중요도도 의미있는 차이를 보였다. 그 차이는 후보자의 정당배경 및 제주사회에서 그 후보자가 가지고 있는 이미지에 따라 나타나는 차이였다. 특히 혈연, 학연, 금품이나 선물의 제공 등 우리 사회에서 지금까지 우려하고 있던 점들이 투표할 후보자의 결정에 의미있는 영향을 주고 있었지만, 그 영향력은 후보자의 당락에 결정적으로 작용할 만큼 크지는 않았다.

참고문헌

김광웅. 1985, 「민주의식과 투표형태」, 한국정치학회, 『제6회 합동학술대회 발표 논문집』.
김영문. 1987, 「한국사회 20대·30대의 정치성향 분석」, ≪현대사회≫ 제7권 제4호 겨울호.
손호철. 1994, 「분단후 한국사회에서 '진보적' 투표행태에 관한 연구」, ≪사회비평≫ 11호, 나남.
유석춘·서원석. 1989, 「유동표에 대한 판별분석」, ≪한국사회학≫ 제23집 여름호.
윤덕중. 1983, 『정치사회학』, 한울.
정대연. 1983, 「준거집단과의 사회적 비교가 행위에 미치는 영향에 관한 연구」, ≪한국사회학≫ 제17집.
_____. 1992, 『사회통계학』, 백산서당.
_____. 1995, 『사회과학 방법론 사전』, 백산서당.
차종천. 1988, 「지역주의적 선거와 유권자」, ≪한국사회학≫ 제22집 겨울호.
최영훈. 1988, 「제13대 국회의원 선거에 관한 연구분석」, ≪현대사회≫ 제8권 제4호.
Clegg, S. 1980, "Restructuring the Semi-Peripheral Labour Process: Corporatist Australia in the World Economy?" in P. Boreham & G. Dow(eds.), *Work and Inequality* 1, Melbourne: Macmillan.
Elcock, H. 1976, *Political Behavioral*, London: Methuen.
Goldthorpe, J. H., et al. 1968, *The Affluent Worker: Political Attitudes and Behaviour*, Cambridge: Cambridge University Press.
Milbrath, L. 1965, *Political Participation*, Chicago: rand McNally.
Schmitter, P. & G. Lehmbruch(eds.). 1979, *Trends Towards Corporatist Intermediation*, London and Beverly Hills: Sage.
Stewart, R. & J. Ballard. 1983, "The Summit as Simulated Politics: Staging Corporatist Legitimation in Australia," Paper read to

Australian Political Science Association Conference, 20 August~1 September, 1983, Kuring-gai College of Advanced Education, N. S. W.

Verba, S. & N. Nie. 1972, *Participation in America: Political Democracy and Social Equality*, New York: Harper & Row.

제주 농촌지역사회의 권력구조

신행철

1. 서론

지역사회는 가족에 버금가는 사회조직의 단위로서 그 내부에 지역사회 수준에서 정책을 결정하고 리더십을 발휘하는 '권력엘리트' 혹은 '지배엘리트'로 일컬어지는 소수인의 집단이 존재하는데[1] 이들은 ① 정치적 조직상의 직책을 갖지 않으며 ② 그 지역사회 전 범위에 걸쳐 중요한 정책결정자로 인식되지 않으면서도 ③ 광범한 정책결정 영역에서 작용하며 ④ 대립하거나 독립해서라기보다 하나의 집단으로서 함께 활동하는 '배후 권력 엘리트'로서 이는 '하나의 가능한 리더십 모델'인 것이다(Bonjean & Olson, 1971: 168). 물론 지역사회의 리더십 집단이 반드시 배후엘리트 집단인 것으로 보기는 어렵고 지역사회에 따라 그 성격은 다양하게 나타날 것이다. 리더십 집단을 구성하는 지도자들 가운데는 제도적 지도자도 있을 것이고 잠정적인 주민지도자(grassroots leaders)도 있을 것이며 사태의 배후에 영향력을 갖는 지도

---

1) 이러한 견해는 '엘리티스트(elitist)' 모델로서 일찍이 헌터(F. Hunter, 1953), 밀스(C. W. Mills, 1958) 등에 의해 주장된 바 있고 대체로 사회학자들은 이 견해를 지지하고 있다. 달(R. A. Dahl) 등의 '플루럴리스트(pluralist)' 모델은 이에 대립되는 입장이다. 이들 두 견해의 기본 입장에 대해서는 다이(Dye, 1977: 337-339)를 참조할 것.

자(behind-the-scenes leaders)도 존재한다(Poplin, 1972: 200). 이들 세 종류의 지도자들이 리더십 집단에 있어서 차지하게 되는 수와 그 영향력의 정도는 지역사회에 따라 다양할 것이다.

집단생활에 있어서 보면 그 집단성원들 사이 혹은 하위집단들 사이 및 집단과 성원 사이에 필연적으로 영향력이 발생한다. 이때 진정한 리더는 집단 및 활동에 대하여 일반 구성원이 행하는 것보다 더 많은 영향력을 발휘한다는 생각을 함축한 리더십 개념이 등장한다(Cartwright & Zander, 1968: 304). 한편 권력(power)이란 다른 사람에게 영향력을 행하여 그렇지 않았으면 하지 않았을 것을 하도록 하는 능력이라 할 것이고(Dahl, 1957: 202-203) 이는 영향력으로 전환될 수 있다.2) 따라서 리더십이나 권력을 '영향력을 미치는 행위'라는 차원에서 파악해도 좋을 듯하다. 이와 같은 권력은 지역사회내에 조직적, 집단적 혹은 제도적 형태로 구조화되는데 여기에 지역사회에 있어서의 권력의 문제를 구조적 차원에서 파악하려는 소이가 있는 것이다.

한국의 농촌에 있어서 보면 마을 수준의 의사 형성 및 사업 추진에 영향력을 발휘하는 지도자들이 존재한다. 이들 지도자들 가운데 이장, 새마을지도자, 리개발위원, 반장 등 공식적 지도자가 있고 공식적인 직책과 관계없이 마을일에 영향력을 갖는 비공식지도자가 있다. 전자를 제도적 지도자, 후자를 배후지도자라 부를 수 있는데 이들 양자는 마을일에 대하여 리더십을 발휘하는 리더십 집단을 구성하고 있다고 보겠다. 그러나 모든 공식·비공식지도자가 리더십 집단의 구성원은 아닐 것이다. 따라서 한국 농촌지역사회에 있어서의 권력구조의 논의는 이들 공식·비공식 지도자를 중심으로 하여 리더십 집단을 찾아내고 그 권력관계가 어떻게 형성되고 있는지를 탐구하는 것이 될 것이다.

종래 한국에서의 권력구조에 관한 논의는 사회학자와 정치학자들에 의하여 주로 농촌지역사회를 대상으로 이루어져 왔다.3)

그러나 이들 연구는 주로 개별지도자의 성격을 중심으로 한 실태 분석이

---

2) 권력의 개념에 대한 보다 포괄적인 논의는 Clark(1968)를 참조할 것.
3) 그 대표적인 것으로는 최재석(1975: 537), 특히 <주>를 참조할 것. 그 외에 김일철(1964, 1965)과 진덕규(1975) 등이 있다.

거나 사례 중심의 부분적 논의에 그치는 경향이 있어서 권력구조는 그 자체를 좀 더 포괄적이고 집중적으로 연구함으로써 한국 농촌의 권력구조에 대한 이론 구성의 노력이 필요한 실정인 것으로 보인다.

이에 이 글에서는 경험적 방법으로 농촌지역사회의 권력구조의 유형을 집중적으로 고찰하고 그 유형의 일반적인 형태를 제시하려 한다.

그리하여 이 연구는 리더십 집단의 범위를 확인하고 쏘시오메트리법을 이용하여 리더십 집단내 권력관계를 분석하는 분석틀을 구성한 다음 권력구조 유형의 이론 모형을 제시하고, 그 분석틀에 입각하여 조사자료를 분석하고 이를 이론적인 모형의 척도로 측정함으로써 권력구조의 경험적 유형과 특징을 고찰하여 제주 농촌지역사회의 권력구조의 일반적 형태를 제시할 것이다.

2. 권력구조의 이론적 유형 분류와 척도 구성

지역사회 권력구조의 유형을 분류함에 있어서는 일원형이냐 다원형이냐 하는 단일 차원적 개념화를 넘어서서 다차원적 개념화가 요청된다. 권력구조의 차원으로는 정당성, 가시성, 집중·분산(영향력의 범위), 합의(결속력) 등 네 차원이 거론되어 왔는데, 이 연구에서는 집중·분산의 차원과 합의의 차원을 종합하여 권력구조의 유형을 분류하려 한다.4) 네 개의 차원 중 다른 두 차원은 이 연구가 채택하는 접근방법에 의해 극복될 수 있을 것으로 보고 있다. 즉 정당성의 문제는 식별된 리더들에 대한 면접조사를 통하여 해결될 수 있고, 가시성의 문제도 이 연구가 채택하려는 명망접근법을 사용함으로써 포괄되는 것이므로 달리 특별한 논의의 항목을 넣어 다룰 필요가 없을 것이다. 그리하여 지역사회 권력구조의 유형은 권력의 집중·분산과 합의(결속력)의 두 차원을 종합함으로써 구명될 수 있을 것이다. 이제 그 유형을 분류, 도해해 보면 다음 <그림 1>과 같다.

---

4) 이러한 분류는 Agger, Goldrich & Swanson(1964)에 따른 것이다.

그러나 이러한 분류방식은 미국의 도시지역사회를 대상으로 한 연구 결과의 서구적 모형으로서 이를 한국 농촌지역사회에 적용한다는 것은 상당한 정도로 무리가 따를 것이다. 전통적 한국 농촌에 있어서는 촌장 혹은 향장이란

<그림 1> 권력구조 유형의 분류

단일엘리트 합의형	───────	피라밋형	(일원적)
복수엘리트 경쟁형	───────	파벌형	↑
대중합의형	───────	연립형	↓
대중경쟁형	───────	무정형	(다원적)

<그림 2> 외국의 분류 모형에 대비해 본 한국 농촌지역사회의
권력구조 유형의 분류 모형

	이 연구의 분류	외국의 분류 예
(일원적) ↑ ↓ (다원적)	지도자중심형 유지합의형 유지파벌형 유지연립형 마을회의형	(해당 없음) 피라밋형 ──── 엘리트합의형 파벌형 ──── 엘리트경쟁형 연립형 ──── 대중합의형 무정형 ──── 대중경쟁형

- 지도자중심형: 1인의 지도자가 전통적 농촌마을에 있어서의 촌장과 같은 지위를 향유하면서 강력한 리더십을 행사하는 형이다. 그 순수한 형태는 절대적 지도자 1인 통치 형태로서 마을의 모든 영향력이 지도자 1인에 귀속되는 상태이다. 권력은 지도자 1인이 차지한다. 이런 상황은 이론적으로만 가능하다.
- 유지합의형: 한국 농촌에 있어서의 유지는 마을의 세력자로 인정받는 자들이다. 서구적 표현에 있어서 마을 엘리트라고 할 수 있을 것이다. 이 유지가 하나의 집단을 이루고 마을일의 결정과 시행에 관여하는 경우 이를 우리는 유지합의형으로 부르고자 한다. 서구의 모형에서 엘리트합의형 혹은 피라밋형에 비유될 수 있을 것이다.
- 유지파벌형: 마을유지가 둘 이상의 집단으로 나뉘어 마을 제반 사항에 경쟁적으로 관여하는 형태이다. 마을의 모든 주요 문제들은 파벌간의 타협과정을 거쳐 처리될 것이다. 서구 모형에 있어서 파벌형 혹은 엘리트경쟁형에 비유될 수 있을 것이다.
- 유지연립형: 마을유지 집단이 파벌을 이루어 상존하는 것이 아니고 다루어지는 마을일의 성격에 따라 유지집단이 유동적으로 형성되는 형태이다. 문제의 성격이 다르면 그에 영향력을 행사하는 유지집단이 다르게 나타나는 경우이다.
- 마을회의형: 마을의 영향력이 모든 주민에게 배분되어 있어서 마을의 의사가 주민참여의 토의과정을 거쳐 결정되며 어떤 지도자 개인이나 유지집단의 우월한 영향력이 배제되는 경우이다. 보다 극단적인 상황에 있어서는 주민들이 개인적 이해관계에 집착함으로써 지역사회 자체의 문제해결 능력이 상실된 상황이 있을 수 있다. 이때 외부지도자 혹은 기관이 관여하여 활동할 가능성이 크게 증대된다.

마을어른이 있어서5) 이들의 가부장적 권위가 강력한 정치체제로 존재하였다. 오늘날 비록 이들의 권위가 상실되고 있고 제도적 지도자가 등장하기에 이르렀지만 종래의 가부장적 정치문화의 분위기를 배경으로 지도자의 강력한 리더십이 발휘되는 상황을 생각해 볼 수 있을 것이다. 한편 소규모 마을 단위의 공동체적 삶이 영위되어 온 한국 농촌에서는 그 주민들의 직접적 참여를 통하여 마을 의사가 결정되는 회의체제를 생각해 볼 수 있을 것이다. 그리고 한국 농촌의 정치적 엘리트는 마을유지로 일컬어져 왔기 때문에 서구 모형의 '엘리트'라는 표현 대신에 유지라는 용어를 사용하는 것이 좋을 것으로 보인다. 이에 연구자는 종래의 외국의 연구사례들을 배경으로 하면서도 한국적 성격의 모형을 제시해 보고자 하였다. 이를 서구 모형에 대비하여 도해하고 그 각 유형들이 갖는 의미를 요약하면 앞의 <그림 2>와 같다.

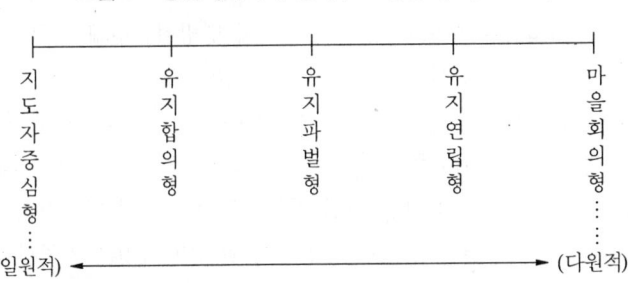

<그림 3> 농촌지역사회 권력구조 유형의 척도 도식

* 각 유형이 배열된 동일한 간격은 무의미하며, 다만 그 순서에 의미가 있다.

위와 같이 분류된 권력구조 분류모형은 한쪽 끝을 마을회의형으로 하고 다른 한쪽 끝을 지도자중심형으로 하는 하나의 단일 연속선상에 척도를 이루어 배열될 수 있을 것이다(<그림 3> 참조). 그림에서 '일원적'이라고 하는 것은 권력이 보다 집중적이고 영향력 인사들 사이의 통합도가 높은 상태를 말하고 '다원적'이라고 하는 것은 그와 반대로 권력이 보다 분산적이고 영향

---

5) 이 '어른'에 대한 논의는 강신표(1985: 51-60) 및 최재석(1985: 568)을 참조할 것.

력 인사들 사이의 통합도가 낮은 상태를 말하는 것이다.

한국 농촌에 있어서 순수하게 1인 지도자에게 권력이 집중된 형은 존재하지 않는다 할지라도 1인 지도자의 권위주의가 존재하여 온 한국의 정치문화 상황을 고려하여 그에 유사한 형태가 존재할 것으로 보고 지도자중심형을 권력구조의 한 유형으로 분류하여 보았다.

3. 연구방법과 대상

1) 연구방법

지역사회의 권력구조에 접근하는 방법으로서는 명망접근법과 결정접근법을 그 대표적인 것으로 들 수 있다. 이들 접근방법들은 지역사회에 있어서 리더십 집단을 식별하는 서로 다른 방법으로서 명망접근법에 의하면 유력하다고 지적되는 단일 유력인사 집단이, 결정접근법에 의하면 복수의 실제적인 의사결정 집단이 식별되는 것이다. 이들 두 접근법은 객관적인 타당성을 가졌다기보다는 연구자의 자기충족적 결론에 이르기 위한 수단이라고 지적되기도 하지만(Duke, 1976: 186) 만일 어떤 지역사회에 있어서 명망적 유력자와 드러난 의사결정자가 상당한 정도로 중첩되어 있다면 이것은 지역사회 단일 엘리트 집단이 존재하는 상황으로서 명망접근법의 적용이 타당한 것이다.

그런데 지역사회의 특성이 산업화가 덜 되고 인구수가 적으면서 동질적이면 이는 일원적 체제에 관계된다는 연구가 나와 있고(Rogers, 1962) 지역사회가 그 외부의 보다 큰 사회와의 결합 즉 수직축 결합이 적으면 적을수록 권력구조는 일원적이라고 하는데(Warren, 1971: 198) 이런 연구들은 결국 농촌사회와 같이 덜 개방적이고 동질성이 강한 경우에는 단일 엘리트 집단이 존재한다는 점을 명시하여 주고 있다.

따라서 한국 농촌지역사회를 대상으로 하는 이 연구에서는 엘리티스트 모델의 방법론인 명망접근법을 택하고자 한다. 이는 헌터(F. Hunter)가 지역사회 권력구조 분석에 처음 사용하였던 방법으로 그 요점은 피조사자들에게 지역사회 리더들의 이름을 대고 서열지우도록 하는 방식이다.

명망접근법에 관련된 분석상의 문제점은 선택될 지도자의 수, 면접대상 집단의 선정방법 및 질문의 어휘 구성이다(Clark, 1968: 74). 일찍이 헌터도 ① 어떤 지역사회 지도자가 면접되어야 하는가를 결정하는 것, ② 당해 지역사회 내 권력서열과 동태성에 대한 적절한 자료를 얻을 수 있는 질문서를 만들어 내는 것을 현지에서의 권력관계 분석상의 문제로 지적하였다(Hunter, 1953: 263). 본 연구에서는 이러한 분석상의 문제에 유의하면서 행정마을을 조사대상 단위 지역으로 하여 주로 질문지에 의한 현지 면접조사를 실시하였다.

① 먼저 리개발위원을 평가자로 하여 그들에게 "이 마을 사람들을 지도하는 위치에 있는 가장 유력한 사람을 말해 주십시오"라고 요구함으로써 지적된 사람들의 명단을 만들었다.[6]
② 이 명단의 사람들을 당해 마을의 리더십 집단으로 보고 면접대상으로 하여 그들 자신을 포함한 가나다 순의 명단을 제시하면서 "선생님은 이 마을의 중요문제를 결정하고 처리해 나가는 데 가장 영향력 있는 사람이 누구라고 생각하십니까?"라고 묻고 2인 이상이 지적될 때는 서열을 매기도록 요구함으로써 리더십 집단내의 영향력 관계를 파악하고 지도자들의 명망적 서열을 찾아보고자 하였다(이 질문 외에 여러 관련 질문들을 포함하였음은 물론이다).
③ 지도자 집단에 대한 면접과 병행하여 이장과의 면접에 의하여 그 마을에 관련한 질적 정보를 수집하였다.
④ 각 마을의 권력구조는 ②항에서 얻은 자료를 소시오메트리 기법을 원용·분석함으로써 다이어그램으로 파악하고자 하였다.

2) 연구대상: 제주도의 행정리 단위 마을

한국의 농촌에 있어서의 마을은 그 범위를 어떻게 잡든 간에 매우 중요한

---

6) 필자가 조사한 바로는 농촌지역사회에 있어서 리개발위원회는 그 마을의 의사결정에 중요한 구실을 하고 있었기 때문에 그 구성원들을 리더십 집단의 평가자로 선택한 것이다.

사회적 단위이며, 종래 한국 농촌을 논의하는 경우 이 마을이 그 대상지역 단위가 되었던 것이다. 지역사회 권력구조의 경우도 마찬가지이다. 그리하여 "한국의 농촌사회를 구체적으로 말할 때 촌락사회라고 개념지을 수 있다"고 까지 말하는 경우도 있다(문병집, 1970: 6). 마을은 농업 생산에 있어서의 협업을 위한 생산공동체이며 제사공동체, 인보공동체, 그리고 국가적 정책 시행의 행정리로서의 행정공동체 등의 성격을 지닌다(문병집, 1970: 9). 원래 동양에 있어서 도시가 관리행정업무의 장소로서의 성격을 지니고 있어서 서양의 도시와는 달리 자치도시로서의 성격이 없었던 데 비하여, 마을은 모여 사는 생활 단위로서 역사적으로 그 자체내에서 자신들의 문제를 결정하는 자치지역 단위가 되어 왔다. 그리고 혈족이나 다른 전통적 요소들이 합리적인 관료제보다 더 강했으며 가부장적 권위가 존재했다(Weber, 1951: 187).

따라서 한국에 있어서의 지역사회 권력에 대한 논의는 적어도 지방자치제가 실시되지 않는 상황에서 보아 농촌의 마을 단위에서 이루어지는 것은 타당한 것이다. 특히 양회수는(1967: 323ff) 한국의 촌락이 자치공동체 단위의 성격을 갖는다고 지적한 바 있으며 더 나아가서 "마을의 권력구조나 리더십 양상은 그 자체 독립된 방대한 연구를 필요로 하는 중요 테마이며 보기에 따라서는 이를 초점으로 하여 촌락구조의 연구는 그 전체가 다시 어렌지되어야 할 위치에 있는 문제일 것"으로 보고 있다(양회수, 1968: 487). 종래 한국에 있어서의 지역사회 권력구조를 다루는 연구들(예컨대 이만갑, 1960; 김일철, 1964; 강병근, 1964; 김영모, 1967; 이병길·진덕규, 1972)이 마을 단위에서 이루어진 것은 우연이 아닌 것이다. 한편 전통적 마을에 있어서 보면, "실질적인 논의나 결정은 비공식적인 모임을 통해서 이루어지며 그 최종 결과는 모든 사람에게 알리고 공인을 받는 과정이 되는 것이다. 따라서 정치의 과정을 알기 위해서는 비공식적 기구와 모임을 파악해야 한다"(김광억, 1981: 52)는 지적은 옳은 것으로 보인다. 여기에 지역사회 권력구조를 따져볼 때 '배후 엘리트'에 초점을 맞추는 이유가 있다.

마을의 범위를 어떻게 잡을 것인가에 대해서는 여러 견해들이 있을 수 있으나 적어도 권력의 문제를 다룰 때는 행정리 단위가 적당하다. 왜냐하면 "행정기구를 근간으로 하는 촌락 중심의 단결이 압도적"인데, 그 단결은 "일정시 대에서부터 촉진되어 왔고… 해방 후에는 사회의 혼란기에 처하여 촌락의 안 전을 위해서 촌락의 단결이 자발적으로 요구되었으며 행정당국에서도 그 면 에서 촌락행정에 중점을 둔 것"(이만갑, 1960: 182)으로 보이기 때문이다. 70 년대에 이르러서는 전국적으로 추진된 새마을운동 또한 행정리 단위로 협동· 자조·근면이 강조되었음은 행정리 단위가 의사결정의 중요한 단위의 성격을 갖도록 하였던 것이다. 전통적으로 우리나라의 마을은 그들의 문제를 스스로 처리하는 지역 단위의 성격을 가졌음을 부인하기 어렵고 오늘날도 그러하다.

<표 1> 도별·가구수별 리수

도별＼가구수	99 이하	100~199	200~299	300~399	400~499	500~599	600 이상	계
제주	24 (15.9)	39 (25.8)	34 (22.5)	19 (12.6)	12 (7.9)	3 (2.0)	20 (13.2)	151
충북	2,172 (85.5)	287 (11.3)	35 (1.4)	25 (0.98)	6 (0.24)	9 (0.35)	7 (0.28)	2,541
경남	653 (42.6)	611 (39.9)	136 (8.9)	58 (3.8)	29 (1.9)	20 (1.3)	25 (1.6)	1,532
전북	4,594 (91.9)	372 (7.4)	32 (0.6)	2 (0.04)	-	-	-	15,000
전남	4,482 (79.6)	884 (15.7)	164 (2.9)	51 (0.91)	26 (0.47)	12 (0.21)	14 (0.25)	5,633
강원	1,357 (63.5)	548 (25.6)	141 (6.6)	61 (2.9)	18 (0.84)	6 (0.28)	7 (0.33)	2,138
경북	3,818 (73.6)	1,007 (19.4)	191 (3.7)	77 (1.48)	41 (0.79)	12 (0.23)	40 (0.77)	5,186

주: * 1984년도 각도별 「상주인구조사 결과보고서(요약)」에 따라 계산함.

제주도의 경우, 취락의 구성을 보면 괴촌이나 가촌 등 집촌은 해안 일주 도로에 인접한 해안지역에 위치하는 경향이 현저하고 내륙으로 가면서 집촌 경관은 상대적으로 저하되고 있는데, 해발 100m 이상의 고도에 위치한 산간 마을은 산촌의 형태를 취하게 된다고 보고 있다.[7] 전자를 해안 마을, 후자를

---

7) 그러나 석주명(1968: 10)은 200m를 기점으로 그 이하의 마을을 해안지대로 구분

산간 마을이라 부를 수 있을 것이고 그 중간지대의 마을들은 중산간 마을이라 볼 수 있을 것이다. 이 중산간 마을은 제주도의 중핵 마을로 발달하여 왔다. 그것은 경제적으로 산지와 해안의 이중적 효과를 가져올 수 있는 위치에 있기 때문이라는 것이 그 중요한 하나의 이유가 될 것이다(오홍석, 1974). 산간 마을은 그 수에 있어서나 기능에 있어서 비중이 매우 적기 때문에 이를 고려하지 않는다면 제주도의 전체 마을들은 해안 마을과 중산간 마을로 나뉘어지게 된다. 마을의 산업적 기능으로 보았을 때 중산간 마을은 전작농업 마을이고 해안 마을은 어업을 겸하는 마을이다.

역사적으로 조선시대에는 왜구의 잦은 해안 약탈을 피해 제주도 중산간지대에 꽤 많은 취락이 형성되었다. 그래서 대부분의 중산간 마을들은 설촌 역사도 오랜 편이고 동족 마을적인 곳도 적지 않았다고 한다. 그러나 일제 치하인 1917년에 일주도로가 개설되는 등 해안지대의 취락 형성과 거주가 용이해지면서 차츰 인구가 감소하다가, 해방 후 1948년의 '4·3사건'으로 거의 모든 중산간 마을들이 폐허화되는 대전환기를 경험한다. 4·3사건이 발생하자 중산간지대 주민들은 해안지대로 피신해버리고 이런 사정은 1960년대 초에 가서야 비로소 변하기 시작한다. 1962~63년의 '4·3폭동 이재민 귀농정착사업' 실시가 시발점이 된 것이다. 이때부터 중산간지대의 개발은 점차 활기를 띠기 시작하여 교통, 용수, 통신, 산업 개발과 함께 주축단지, 양잠단지 조성을 포함한 취락 형성사업의 꾸준한 추진을 보게 된다(김석준, 1986: 354-355).

연구자가 논의의 대상으로 삼으려는 제주도의 행정리 단위 마을은 대체로 한 개 혹은 두세 개의 자연 마을로 이루어졌으며 그 규모(가구수 및 인구의 규모도)가 육지지방의 마을에 비하여 크다. 1984년 10월 현재 가구수에서 보면 100~299가구의 마을이 48.3%가 되고, 300가구 이상되는 마을은 25.7%인데 99가구 이하의 마을은 16% 정도에 불과하다(<표 1> 참조: 제주도의 총 행정리 수는 1986년 10월 현재 추자면을 제외하고 163개 마을이다). 이들 행정리 단위 마을에는 그 마을 수준에서 정책을 결정하고 리더십을 발휘하는

하고 있다.

소수 지도자들이 존재한다. 이들 소수 지도자들이 마을의 리더십 집단을 이루게 되고, 그 집단의 존재 양상은 마을의 정치적 분위기를 결정하게 된다.

3) 표집과 면접

제주도의 전체 행정리 단위 마을을 모집단으로 하여(추자면은 제외) 제주도 일원에 걸쳐 8개 마을을 표집하였다.

표집방법은 우선 남·북군 경계를 횡축으로, 제주시와 서귀포시를 잇는 선을 종축으로 하여 전도를 4등분, 즉 서북, 동북, 동남, 서남으로 구분하고, 이렇게 구분된 각 지역별로 각 2개 마을(중산간 마을과 해안 마을을 각각 1개 마을씩) 선택하는 데 각 지역 단위에서의 마을의 표집은 중산간과 해안 마을별로 무작위 추출하였다. 결국 제주 전역을 8개구역으로 나누고 각 구역마다 1개 마을씩을 표집한 것이 되는데 8개 소 구역으로 나누는 이유는 각 구역이 역사적 혹은 생태학적 배경을 달리하고 있기 때문이다. 중산간 마을과 해안 마을[8]로 구분하게 되는 것은 중산간, 해안별로 그 전개된 역사적 배경이 다를 뿐만 아니라 지형적 위치가 현저히 다르기 때문이고, 동남·북, 서남·북으로 나누는 것은 대체로 지역 구분을 하여 동남지역은 정의현, 서남지역은 대정현, 서북과 동북지역은 제주목이라는 행정구역에 속했다는 역사적 배경[9]과 현재 서남지역과 동남지역은 같은 군(남제주군)에 속하면서도 서귀포시에 의해 양분되어 있고, 서북지역과 동북지역은 제주시로 양분되어 있어서 주민들의 생활 반경에 크게 영향을 주고 있다고 보기 때문이다. 이러한 사실에 근거하여 표집된 8개 마을에 있어서의 일반인(가구주) 면접대상자의 표집은 이민 명부에서 백분율로 체계 표집하였다. 그 해당 마을과 표집 가구수를 보면 다음과 같고 그 지리적 위치는 <그림 4>에서 보는 바와 같다.

---

8) 이 연구에서 해안 마을을 해안 일주도로에 접해 있거나 그보다 바다쪽으로 전개된 마을로 보고 기타 마을을 중산간 마을로 구분하였다.
9) 역사적으로 현에 속한 사람보다 목에 속한 사람이 더 우대를 받았다고 한다(제주 향토사가 김봉옥 씨의 말).

232 제3부 계급과 권력

┌ 동북지역: 중산간 마을 구좌 S1(70가구); 해안 마을 조천 B(79가구)
│ 동남지역: 중산간 마을 표선 N(71가구); 해안 마을 남원 W(115가구)
│ 서남지역: 중산간 마을 안덕 S2(36가구); 해안 마을 대정 Y(83가구)
└ 서북지역: 중산간 마을 한림 M(50가구); 해안 마을 애월 K(55가구)

<그림 4> 조사대상 마을의 지리적 위치

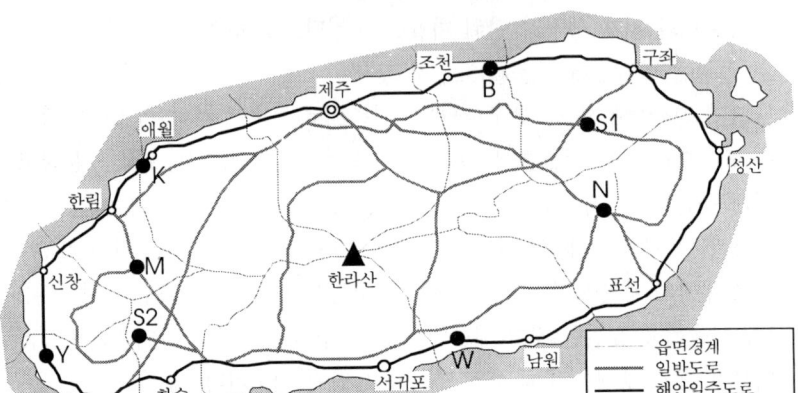

　선정된 조사대상 마을에 있어서의 자료의 수집은 주로 질문지에 의한 면접에 의하였으나 부수적으로 이장 등 유지와의 비구조적 면접 및 현지 체류, 관찰을 통한 질적 자료의 수집도 병행하였다. 현지조사는 사회조사 실습학생들을 동원하여(단, 영향력 관계 조사는 연구자와 선발된 소수 학생들이 전담) 1985년 11월부터 1986년 1월 사이에 실시하였다. 이 기간 외에도 자료의 보충을 위해 수시로 현지를 방문, 정보를 수집하였다.

4. 권력구조의 경험적 유형

　한국 농촌 권력구조의 경험적 유형은 단편적이긴 하지만 김일철이 리동 농업협동조합의 사례조사를 중심으로 한 논문「농민 집단의 소시오그램(sociogram)」에서 한국 농촌에 있어서의 '리더십 상태'로서 제시한 바 있다(김일철, 1964). 이 논문에는 한국 농촌에 존재하는 리더십 유형 세 가지가 나타나 있다. 즉 하나의 영웅적인(?) 존재를 위에다 두고 그 밑에 몇사람이 할거하고 있는 이른바 영웅형, 다분히 네트워크식 망형 지도체계를 가지고 있어 특정 1인에 의한 영웅적 지도가 아니라 다수의 민주적 합의에 의한 민주적 체제, 3인의 배경에는 각기 소속 마을의 주도 사랑방이 직결되어 있어서 이들간에 상하관계가 조금도 있을 수 없는 삼두합의정치(三頭合議政治)가 그것이다.10) 이러한 김의 유형을 연구자의 분류방식에 맞추어 보면 '영웅형'은 지도자중심형, '민주적 체제'는 유지합의형, '삼두정치'는 유지파벌형에 대응시킬 수 있을 것이다. 이제 경험적 조사자료를 분석틀에 입각, 분석·고찰하고 권력구조의 이론적 척도에 맞추어 봄으로써 권력구조의 경험적 유형을 파악해 보려 한다.

1) 권력구조의 실태 분석—리더십 집단의 소시오그램

조사대상 8개 마을에는 10~23명의 지도자가 있고, 이들 중 6~9명 정도가 상위급 지도자가 되고 있다. 이 상위급 지도자가 상호의 어떠한 영향력 관계를 맺고 존재하는가는 그 지역사회 리더십의 성격에 있어서 매우 중요한 사항이며 권력구조의 핵심적 내용이 될 것이다. 이에 이들 상위급 지도자 집단에 대하여 마을별로 소시오그램을 구성하고 검토, 논의하고자 한다.

(1) 구좌 S마을

이 마을은 인구 1,123명, 가구수 287가구의 농업과 다른 부업을 겸하고 있는 중간 크기의 마을로서 해안 일주도로에서 약 10km, 읍소재지로부터 약 14km 정도 떨어진 중산간 마을이다. 마을의 구성은 동동, 서동, 상동, 대천동 등 4개의 자연동으로 구성되어 있고 교육기관(국민학교), 종교활동, 오락

---

10) 뒤에 김일철(한국농촌사회연구회, 1965: 316-317)은 이런 명칭을 각각 1인 전제형, 우애적 민주합의형, 대변식 삼두형으로 명명했다.

과 사교 등의 활동 영역이 서동에 집중되어 있다.

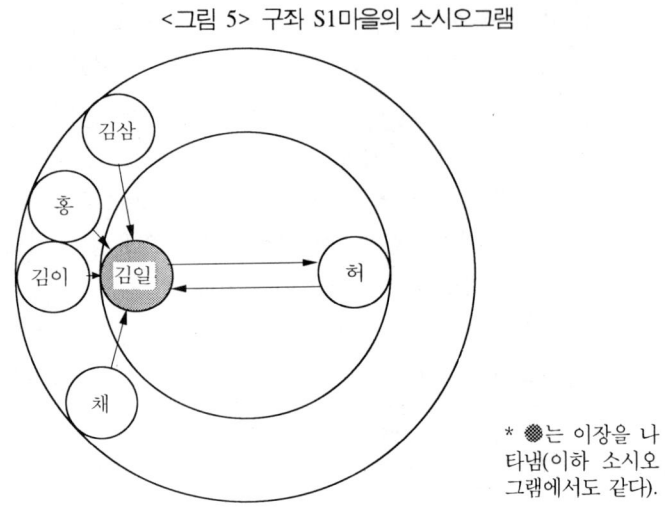

<그림 5> 구좌 S1마을의 소시오그램

* ●는 이장을 나타냄(이하 소시오그램에서도 같다).

한국 농촌사회를 연구함에 있어서 중요시되는 동족의 문제를 살펴보면, 다수 거주 성씨로는 광산 김씨가 100가구로 가장 많고(전체 가구의 35%), 다음으로 제주 고씨 45가구, 김해 김씨 45가구로 각각 16%를 차지하고 있다. 이들 세 성씨 중 광산 김씨는 마을일을 결정하는 데 영향력을 행사하고 있는 것 같다. 마을의 운영 상황을 보면, 주민총회는 대체로 1년에 한 번 정도 소집되고 있고 마을의 중요한 일들은 개발위원회를 통해서 결정되고 있다.

구좌 S1마을에서 6명으로 구성되는 리더십 집단의 영향력 소시오그램은 <그림 5>와 같다.

그림에서 보면 ① 중간 지도층이 없는 2단 구조의 단층을 이루고 있으며, ② 중심 지도자에 대한 선택성향이 1인(김일)에 집중되어 있는 형이다. ③ 중심 지도자는 두 명이며, 중간 지도자는 존재하지 않고 주변적 위치의 지도자는 4명으로 구성되어 있다. 중심 지도자 두 사람은 소시오그램 단위 개념상 쌍형(pairs)을 이루고 있다. ④ 이장인 '김일'은 중심적 위치를 차지하면서 스타(star)적 존재로서 강력한 리더십을 발휘할 가능성이 크다. 그러나 '허' 씨의 존재는 '김일' 씨의 독주를 견제하는 역할을 할 것이다.

(2) 조천 B마을

이 마을은 인구 1,590명, 가구수 315가구의 조사대상 마을 중 비교적 큰 마을로서, 읍소재지로부터 8km 떨어진 해안 일주도로에 인접한 해안 마을이다. 마을의 산업 구성은 농사와 어업을 겸하는 경우가 많다. 마을의 구성은 일동, 이동, 삼동, 해동, 억수동으로 되어 있으며 일·이·삼동에 가구들이 집중되어 있다.

대성씨(大姓氏)의 상황을 보면 파평 윤씨가 90가구로서 28.6%를 차지하고 있으며, 이어서 김해 김씨(60가구, 19%), 성주 이씨(50가구, 15.95%)의 순으로 거주하고 있다. 그리고 파평 윤씨는 마을일을 결정하는 데 있어서는 1단계로 개발위원회의 회합을 거쳐 최종적으로 주민총회를 통해서 이루어지고 있으며 주민총회는 보통 1년에 1회 정도 열리고 있다.

<그림 6> 조천 B마을의 소시오그램

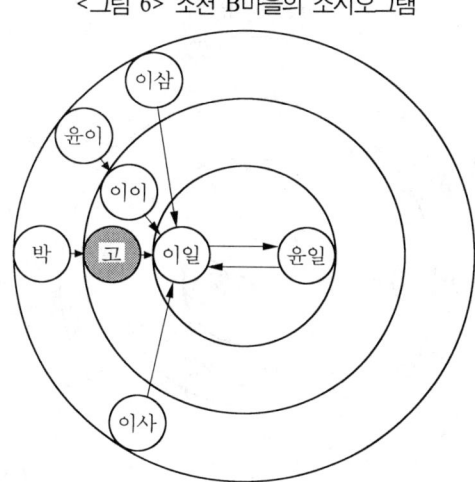

조천 B마을의 소시오그램은 <그림 6>과 같이 나타나고 있다. 이 그림에서 ① 구조의 단층은 3단 구조로 이루어져 있으며, ② 중심 지도자에 대한 선택성향이 1인에 집중되어 있는 형이다. ③ 여기서 중심 지도자는 2명이고 중간 지도자 2명, 주변 지도자 4명으로 구성되어 있으며, 중심 지도자 '이일'은 스타적 위치를 굳히고 있다. 그러나 '이일'은 중심 지도자 '윤일'과 상호 영향을 미치고 있음을 알 수 있다. ④ 이장인 '고' 씨는 중간 지도자에 해당된다.

(3) 표선 N마을

이 마을은 인구 1,349명, 가구수 315가구의 비교적 큰 마을로서 면소재지로부터 8km, 해안 일주도로에서 8.5km 떨어진 중산간 마을이다. 마을 구성은 동하동, 동상동, 서상동, 서동, 서하동 등 5개의 동으로 되어 있고 농사와 목축업을 겸하는 가구가 많다. 이 마을의 대성씨로는 신천 강씨가 90가구로 28.6%를 차지하고 있다. 마을일을 결정하는 과정에서는 주로 주민총회를 거쳐서 처리되고 있으며 주민총회는 정기총회 1회, 임시총회는 수시로 회합

<그림 7> 표선 N마을의 소시오그램

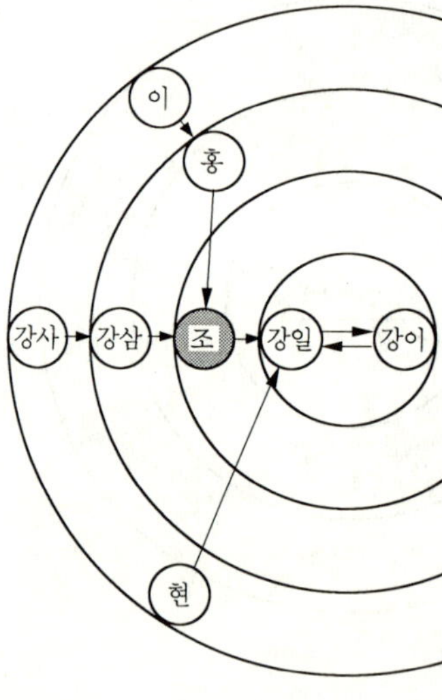

제주 농촌지역사회의 권력구조 237

되고 있다. 표선 N마을의 경우 리더십 집단의 상호 영향력 관계를 소시오그램으로 나타내 보면 <그림 7>과 같다.

① 4단 구조를 이루고 있으며, ② 중심 지도자에 대한 선택성향이 2인에 집중된 형을 보이고 있다. ③ 리더십 집단의 층별 지도자수를 보면, 중심 지도자 2명, 중간 지도자 3명, 주변적 위치에 있는 지도자 3명으로 구성되어 있음을 알 수 있다. ④ 이장인 '조' 씨는 중간층의 지도자로서 중심 지도자 '강일'과 연결되고 있고, '강일'은 '강이'와 상호 권력 교환관계를 유지하는 것으로 보인다.

(4) 남원 W마을

남원 W마을은 인구 2,300명, 가구수 500가구의 조사대상 마을 중 가장

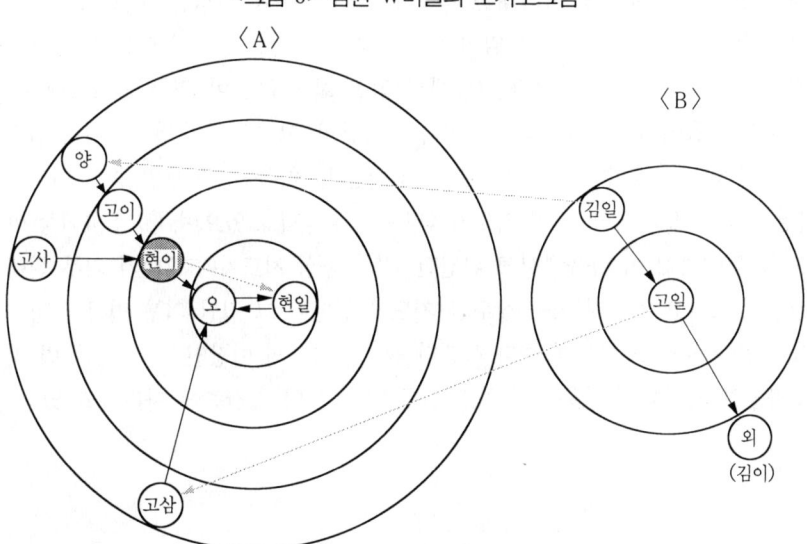

<그림 8> 남원 W마을의 소시오그램

* 점선 화살표(--→)는 두번째로 영향력 있는 사람으로 지적한 것을 나타냄(이하 소시오그램에서 같다).

큰 마을로서 해안 일주도로에 인접한 해안 마을이다. 읍소재지와는 6km의 거리에 위치하고 있으며 명륜동, 대화동, 서성동, 상위미동 등 4개의 자연동으로 되어 있다. 이 마을은 주로 과수업과 축산업을 부업으로 하는 농가로 구성되어 있다. 마을의 중요한 일은 개발위원회의 회합을 거쳐서 처리되고 있으며 주민총회는 1년에 두 번 정도 소집되고 있다. 이 마을의 리더십 집단의 영향력 관계를 소시오그램으로 나타내 보면 다음 <그림 8>과 같다.

그림을 통해서 발견할 수 있는 것은 ① 지도자 집단 구조는 4단 구조의 주집단 'A'와 2단 구조의 집단 'B'로 이루어지는 이원 파벌형의 모습을 띠고 있으며,11) 중심 지도자에 대한 선택성향은 주집단과 하위집단을 통해서 2인에 분산되어 있다고 볼 수 있다. 이 마을은 복수 리더십 집단이 존재한다고 할 수 있는데, 이를 복수 리더십 집단 경쟁형이라 불러도 좋을 것이다. 그림에서 'A'집단은 'B'집단에 비하여 세력이 크고, 따라서 보다 더 영향력을 발휘하게 될 것인데 중심 지도자 '오'와 '현일'은 쌍형을 이루고 있다. 이 글에서는 파벌형의 권력구조 유형을 나타내는 경우에 그 특수성에 관심을 두고 주집단과 하위집단 사이의 인맥관계를 알아보기 위해 '두번째로 영향력 있는 사람'으로 지적하는 경향을 알아보았다(그림에서 점선 화살표는 이 경향을 나타낸다). 남원 W마을에서 하위집단의 '고일'과 주집단의 '고삼,' '김일'과 '양'이 연결되고 있음을 발견할 수 있다. ② 지도자 집단층별 지도자수를 보면 중심 지도자 3명, 중간 지도자 2명, 주변 지도자 4명으로 구성되고 있으며, ③ 조사대상 마을 중 특이하게 이 마을에서 하위집단 'B'의 중심 지도자('고일')가 외부 선택성향을 보이고 있는데 이는 상위급 지도자 집단이 그 집단 외부 인사의 영향을 받을 가능성을 시사해 준다 하겠다. ④ 이 마을의 이장인 '현이'는 주변 지도자들의 의견을 수렴하는 위치로서 주집단 'A'의 중간층에 자리잡고 있다.

---

11) 리더십 집단이 둘인 경우 '이원' 파벌형으로 명명해 보았다. 리더십 집단이 셋이면 '삼원' 파벌형, 넷이면 '사원' 파벌형으로 명명할 수 있을 것이다. 이 연구에서는 파벌이 셋 이상인 경우는 없었다.

(5) 안덕 S2마을

이 마을은 인구 754명, 가구수 164가구의 조사대상 마을 중 가장 작은 규모의 마을로서 면소재지 및 해안 일주도로로부터 5km 떨어진 중산간 마을이다. 이 마을은 사수동, 진부동, 웅정동, 장원동 등 4개의 동으로 구성되어 있는데 진부동이 마을의 중심부에 자리잡고 있고 장원동에서 약 2km 떨어진 위치에 최근 녹차 재배단지가 조성되면서 설립된 동으로 사실상 본래의 마을과는 독립된 정주 단위를 형성하고 있는데 육지인 14가구가 거주하고 있다. 마을 주민들은 모두 농업을 위주로 하고 있으며 대부분 축산업을 겸하고 있는 외에 마을 상점 셋, 봉급생활자가 넷이 된다. 장원동 일대에 조성되어 있는 녹차 재배단지는 주민들의 부수입원이 되고 있는데 연간 연인원 약 1백여 명의 주민들이 노동력을 제공하고 일당 5천 원 수입을 얻고 있다. 마을 공동목장이 360정보가 있는데 이 목장을 리 소유로 만드는 과정에서 이민들은 막대한 경제적·정신적 부담을 안고 있었던 것 같으며 관과의 관계도 손상되었던 적이 있었다 한다.

<그림 9> 안덕 S2마을의 소시오그램

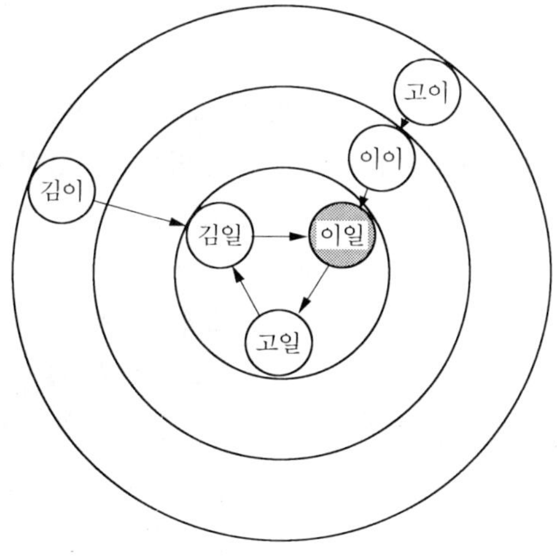

이 마을의 대성씨로는 전주 이씨(31가구, 18.9%), 제주 고씨(27가구, 16.5%)가 있고 함안 조씨, 경주 김씨 등이 그 다음으로 많다. 이씨, 고씨 등이 마을일에 영향력을 행사하는 것 같으나, 소수 성씨인 김씨가 리더십 집단에 포함되어 있는 것을 보면 대성씨끼리의 독주는 없는 듯하다. 마을의 중요한 일들은 주민총회로 처리하고 있으며 연 5~6회 소집되고 있다고 한다.

안덕 S2마을 리더십 집단의 상호 영향력 관계 소시오그램은 <그림 9>와 같다. 그림을 통해서 우리는 이 마을의 권력구조에 관하여 다음과 같은 사실을 알 수 있을 것이다. ① 이 마을의 권력구조는 6명의 리더가 하나의 리더십 집단을 이루면서 중심권의 세 사람이 주축이 된 리더십 집단 구조라는 것, ② 중심권의 세 사람은 연쇄선택형(chain)을 이루고 있고 이들에 대한 선택 성향을 보면 2인에 분산되어 있다는 것, ③ '이일'이 가장 영향력이 강할 것이라는 것, ④ 권력구조의 층별 지도자수를 보면 중심 지도자가 셋으로 제일 많고 주변 지도자 2명, 중간 지도자 1명이라는 것, ⑤ 이장 '이이'는 중간 지도자의 위치에서 같은 성씨인 '이일'의 영향력하에 있다는 것, 따라서 이장의 독주는 어렵고 사실상 이 마을의 이장은 마을회의시에 주민들로 하여금 발언하도록 조장하고 그 의견을 되도록 수렴하려는 자세를 취하고 있었다.

(6) 대정 Y마을

이 마을은 인구 1,300명, 가구수 300가구의 일주도로를 중심으로 형성된 해안 마을이다. 읍소재지로부터는 8km 정도 떨어져 있으며 독고동, 사류동, 삼류동, 중동, 하동 등 다섯 개의 동으로 구성되어 있다.

이 마을의 대성씨로는 김해 김씨(40가구, 13%), 곡산 강씨(30가구, 10%)의 순으로 들 수 있으며, 김씨의 경우는 마을일을 결정하는 데 영향력을 행사하는 것으로 보인다. 마을일의 결정은 주로 주민총회를 거쳐 처리되는데 주민총회는 1년에 2회 정도 열리고 있다. 이 마을의 상위급 지도자들의 상호 영향력 관계를 소시오그램으로 나타내 보면 <그림 10>과 같다.

그림을 통해서 보면 다음의 사실들을 발견할 수 있다. ① 권력구조는 3단 구조를 나타내고 있고, ② 상위급 지도자 집단구조의 유형은 중심 지도자

<그림 10> 대정 Y마을의 소시오그램

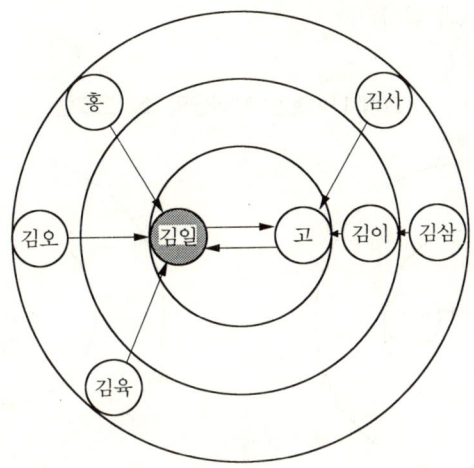

에 대한 선택성향이 비교적 2인에 고루 분산된 구조이다. ③ 각 층별 지도자 수를 보면 중심 지도자 2명, 중간 지도자 1명, 주변 지도자 5명으로 구성되어 있다. 그리고 ④ 이장인 '김일'은 중심 지도자의 위치에 있으면서 비슷한 세력의 '고'와 쌍형관계를 유지하고 있다. 이 마을의 경우는 이장이 마을일을 결정하는 데 있어서 주민들의 의사를 앞장서서 조종해 가는 경향을 보이고 있다.

(7) 한림 M마을

한림 M마을은 인구 1,380명, 가구수 283가구의 마을로서 일주도로 및 읍 소재지로부터 7.2km 떨어진 중산간 마을이다. 이 마을은 본마을, 산매기왓마을, 정물, 눈오름 등 다섯 개의 동으로 구성되어 있으며 주변에 광대한 초지가 펼쳐져 있어서 목장지대로서 적절한 지역이다. 따라서 이 마을 주민들은 농사를 위주로 하는 가구와 목축업을 겸하는 가구들로 구성되어 있다. 전체 가구수 중 10% 이상을 차지하는 대성씨는 존재하지 않으며, 마을일의 결정과정에 있어서도 크게 영향력을 행사하는 성씨는 없다. 주로 주민총회를 통해서 마을의 중요한 일들이 결정되는데 총회는 1년에 4회 정도 회합되고 있다.

이 마을 상위급 지도자들의 상호 영향력 관계를 소시오그램으로 나타내 보면 <그림 11>과 같다.

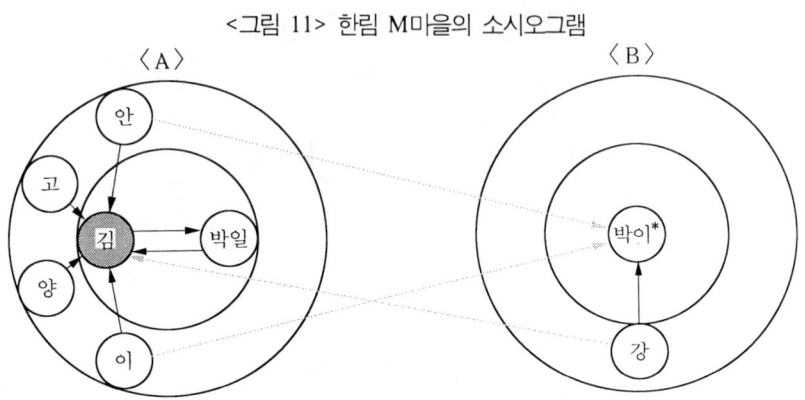

<그림 11> 한림 M마을의 소시오그램

주: * 박이는 영향력 선택관련 면접에서 선택할 만한 사람이 없다고 대답하였다.

한림 M마을 상위급 지도자 집단구조의 특성은 다음과 같다.
① 집단구조의 단층은 중간층이 없는 두 개의 2단 구조를 형성하고 있고 따라서 ② 권력구조의 유형은 중심 지도자에 대한 선택성향이 2인에 분산된 구조로 나타나고 있다. 'A'집단의 경우 중심 지도자 사이의 관계는 쌍형관계를 유지하고 있다. ③ 유지 계층별 지도자수를 보면 중심 지도자 3명과 주변 지도자 5명으로 파악된다. ④ 한편 이장인 '김일'은 'A'집단의 스타적 존재로서 중심 지도자의 위치에 자리잡고 있다.

(8) 애월 K마을

애월 K마을은 인구 826명, 가구수 243가구의 중간 규모 마을로서 읍소재지에 인접한 해안 마을인데 상동과 하동으로 구분되어 있다.
이 마을 주민들의 직업은 농사 위주의 가구와 어업을 겸하는 가구들로 구성되어 있다. 대성씨로는 김해 김씨(40가구, 16%), 광산 김씨(30가구, 12%), 제주 고씨(30가구, 12%)를 들 수 있으나 이들은 수적인 우세에도 불구하

<그림 12> 애월 K마을의 소시오그램

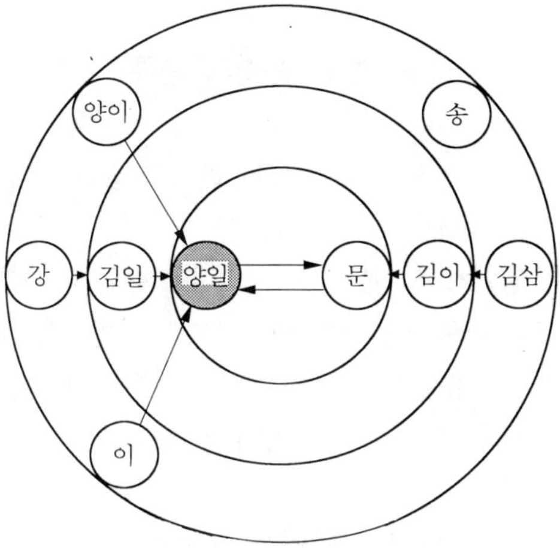

고 모두 마을일을 결정하는 데 별 영향을 미치지 못하고 있는 듯하다. 그리하여 마을일은 대체로 주민총회를 통해서 결정되고 있으며, 총회는 1년에 4번 정도 열리고 있다.

애월 K마을 상위급 지도자 집단에서의 상호 영향력 관계를 소시오그램으로 나타내 보면 <그림 12>와 같다. 소시오그램을 통해서 알 수 있는 사실은 ① 지도자 집단의 단층은 3단 구조를 이루고 있으며, ② 중심 지도자에 대한 선택성향이 2인에 분산되어 있는 구조를 나타내고 있다. ③ 단층별 지도자수를 보면, 중심 지도자 2명, 중간 지도자 2명, 주변 지도자 5명으로 형성되고 있다. 그런데 여기서 특기할 만한 일은 주변 지도자 중 1명의 고립자가 포함되어 있다는 점이다. 즉 '송'은 평가자들에 의해 애월 K마을의 상위 지도급 인사로 지명을 받았지만 면접을 거부함으로써 다른 누구를 지적하지 않고 있으며, 다른 상위급 인사로부터 지적도 못받고 있다. ④ 한편 이 마을 이장인 '양일'은 중심 지도자로서 마을일을 결정하는 데 주도적인 역할을 하면서 주민들의 의사를 조종해 나가는 경향이 있다. 그러나 '양일'은 '문'과 쌍형관계를 이루고 있어서 만일 대립되는 상황이 전개될 경우 '문'에 의해 견제될 것이다.

2) 권력구조의 세 유형 – 경험적 유형의 분류

소시오메트리 분석에 의하여 얻은 상위 리더십 집단의 다이어그램은 서로 상이하면서도 유사한 측면을 나타내고 있다.

이제 그 특징을 감안하여 이들 다이어그램을 이론적 유형의 척도 도식에 맞추어 분류함으로써 제주 농촌사회 권력구조의 일반적 유형을 제시하려 한다. 권력구조의 경험적 유형인 다이어그램을 어떻게 이론적 척도 도식에 맞추어 보아야 할 것인가. 그 기준을 다음과 같이 설정하였다.

① 리더십 집단이 하나이면 지도자중심형 혹은 유지합의형, 둘 이상이면 유지파벌형이 된다.
② 리더십 집단이 하나인 경우
· 중심층(다이어그램 중심원의 영역)에 포함되어 있는 지도자의 수가 적으면 그만큼 지도자중심형에 가깝다. 이 연구에서는 잠정적으로 그 수가 셋 이상이면 척도상의 유지합의형을 기준으로 파벌형쪽 즉 'B'영역에, 둘이면 그 반대쪽 즉 'A'영역에 해당한다.
· (위의 조건이 같으면) 다이어그램의 중간 및 주변 지도자들이 중심 지도자 중 한 사람만을 선택하는 경우 'A'영역에서는 유지합의형에 가깝게 위치하는 것으로 본다.
· (위의 조건이 같으면) 다이어그램에 포함된 지도자의 수가 적을 때 'A'영역에서는 지도자중심형에 가깝게, 'B'영역에서는 유지합의형에 가깝게 본다.
③ 복수 리더십 집단이 존재하는 경우
· 집단의 수가 많을수록 유지연립형쪽에 해당될 것인데 여기서는 잠정적으로 그 수가 둘이면 척도상의 'B'영역에, 셋 이상이면 'C'영역에 해당하는 것으로 보았는데 이 연구의 조사자료에서는 후자의 경우는 없었다.
· (위의 조건이 같으면) 각 집단의 세력이 비슷한 경우가 그 세력의 차이가 심한 경우보다 'B'영역에서는 파벌형에 가까운 것으로, 'C'영역에서는 그와 반대인 것으로 본다.
· 한 지역사회에 리더십 집단의 수가 많을수록 'C'영역의 연립형쪽에 가까운 것으로 볼 수 있을 것이다.

이상의 기준에 따라 이 연구의 조사대상 지역사회인 8개 마을의 소시오그램(<그림 5>~<그림 12>)을 분류하여 유형 척도상에 배열해 보면 대강 <그림 13>과 같다.

<그림 13> 조사대상 마을들의 권력구조 유형 척도

```
    S1, B, N,    Y, K, S2      W, M
    |————————|————————|————————|————————|
           A            B            C            D
    지도자         유지           유지          유지          마을
    중심형         합의형         파벌형        연립형        회의형
```

* 위 그림에서 위의 알파벳은 마을명이고 아래의 A, B, C, D는 단순히 이 척도 사용을 위한 각 권력구조 유형 사이의 영역을 표시하는 것이다.

이 그림에서 우리는 W와 M마을은 유지파벌형, B, N, S1마을은 지도자중심형, K, Y, S2마을은 유지합의형에 해당한다고 볼 수 있을 것이다.

그런데 소시오그램을 보면 유지파벌형의 경우는 두 개의 리더십 집단으로 되어 있어서 파벌을 이루고 있음이 명백하지만 지도자중심형이나 유지합의형은 모두 단일 리더십 집단이 존재하고 있어서 같은 유형의 것으로 보일 수 있다. 그러나 좀 더 자세히 살펴보면 지도자중심형에 해당하는 B, N, S1마을은 각기 그 중심층에 한 사람의 유력자의 존재가 명백해서 다른 세 마을, 즉 K, Y, S2마을과는 다른 상황임을 알 수 있다. 말하자면 그 선택성향에 있어서 지도자중심형의 마을은 1인에 집중되어 있는 데 비하여 유지합의형의 경우는 2인에 그 선택성향이 분산되어 있음을 볼 수 있다는 것이다. 그리하여 이 연구의 경험적 자료를 통해서 발견되는 권력구조 유형은 B, N, S1마을을 일군으로 하는 지도자중심형과 K, Y, S2마을을 일군으로 하는 유지합의형, 그리고 W, M마을을 일군으로 하는 유지파벌형 등 셋으로 나누어 볼 수 있을 것 같다.

이상의 논의를 바탕으로 하였을 때 제주 농촌 지역사회의 권력구조 유형은 다음 <표 2>와 같이 요약될 수 있을 것이다.

<표 2> 권력구조의 경험적 유형 분류

유형	유지 집단수	중심 지도자수	중심 지도자의 피선택 성향	유형의 약칭	해당 마을
지도자중심형	1	1~2	1인에 집중	지도자형	B, N, S1
유지합의형	1	2 이상	2인 이상에 분산	합의형	K, Y, S2
유지파벌형	2 이상	(관계없음)	(관계없음)	파벌형	M, W

　이러한 유형 분류에 있어서 연구자가 지도자중심형이라고 할 때 그것은 지도자 1인의 전제적 지배의 상황은 아니지만 1인의 지도자가 강력한 영향력을 행사하는 상황이고, 유지합의형은 중심 지도자들을 최고층으로 하는 단일 리더십 집단에 의하여 지역사회 권력이 행사되는 경우이며, 유지파벌형은 한 지역사회에 몇개의 리더십 집단이 존재하여 이들 집단간의 타협에 의하여 지역사회 의사가 결정되는 경우로 보고 있다.

5. 결론

　어떤 지역사회에 있어서 영향력을 행사하는 소수의 엘리트 집단의 존재를 확인하고 논의하는 일은 권력구조상으로 엘리트론의 입장을 전제로 하는 것이다. 이 연구도 기본적으로는 그러한 입장에서 출발하여 엘리트론의 접근방법인 명망접근법에 의하여 이 연구의 대상에 접근하였다. 그리하여 상위급 지도자 집단에 대한 소시오그램 분석을 토대로 제주 농촌 지역사회의 권력구조 양상을 고찰해 보았다.
　소시오그램 분석에 있어서는 동심원 소시오그램을 이용하여 조사대상 8개 마을의 상위급 지도자들의 영향력.관계를 분석하고 이를 그 마을들에 있어서의 권력구조의 양상으로 이해하였다. 그리하여 이들 각 마을의 소시오그램을 이론적 권력구조 유형의 척도에 적용하여 농촌 지역사회 권력구조의 유형을 고찰하였다.

리더십 집단구조를 분석함에 있어서는 다음과 같은 점에 유의하였다.
① 몇개의 하위집단, 즉 파벌로 이루어지고 있는가 하는 것.
② 중심층 지도자의 수와 그들에 대한 피선택 성향의 집중·분산의 경향이 어떠한가 하는 것.
③ 리행정 책임자인 이장의 리더십 집단 층화 구조상의 위치를 파악하는 것.

①과 ②에서는 권력구조의 유형, 즉 지도자중심형-유지합의형-유지파벌형을 식별하였고, ③에서 권력구조의 정당성의 차원, 즉 공식지도자의 권력구조상의 성격을 파악코자 하였다. 이들 여러 사항들을 마을별로 요약하여 정리하면 다음 <표 3>과 같다.

<표 3> 리더십 집단 구조의 마을별 비교

사항 \ 마을		구좌 S1	조천 B	표선 N	남원 W	안덕 S2	대정 Y	한림 M	애월 K
구조의 유형		지도자중심형	지도자중심형	지도자중심형	유지파벌형	유지합의형	유지합의형	유지파벌형	유지합의형
유지층별 지도자수	중심층	2	2	2	3	3	2	3	2
	중간층	-	2	3	2	1	1	-	2
	주변층	4	4	3	4	2	5	5	5
이장의 위치		중심층	중간층	중간층	중간층	중심층	중심층	중심층	중심층

이 연구가 엘리트론의 입장에 있음은 앞에서 언급한 바이지만, 이 입장에서 보면 엘리트 집단이 단일 집단으로 통합되어 있는가 아니면 몇개의 하위집단으로 나뉘어져 있는가 하는 것이 분석의 초점이 되고 여기서 구조 유형이 도출된다. 이 연구에서 발견된 엘리트 집단의 구조 유형은 지도자중심형, 유지합의형, 유지파벌형이다. 부연하면 8개 마을 중 B, N, S1마을은 지도자중심형, M, W마을은 유지파벌형, K, Y, S2마을은 유지합의형이다. 파벌형은 2개의 하위집단으로 이루어진 형태인데 논의의 편의를 위해 '이원 파벌형(dually factional type)'으로 명명할 수 있을 것이다. 이에 따라 제주 농촌

지역의 권력구조 유형으로 적어도 지도자중심형, 유지합의형, 유지파벌형이 존재한다고 볼 수 있다.

　리더십 집단의 구조 분석에서 다루어지는 또 하나의 논의는 유지의 층화 현상이다. 유지는 중심층, 중간층, 주변층 등 세 종류로 층화되고 있다는 점이다. 수적으로는 주변층이 제일 많고 중간층은 적다. 그리고 행정 책임자인 이장은 중심층이나 중간층에 속하고 있는데, 이는 이장이 마을의 공식적 대표자로서 권력구조상에 있어서도 비교적 중심적 위치에 지리잡고 있음을 말해주는 것으로 볼 수 있다. 여기서 우리는 제주 농촌마을 권력구조의 합법성은 높은 것이 아닌가 하는 생각을 해볼 수 있을 것이다.

■ 참고문헌

강병근. 1964, 「한국지역사회의 정치적 분석」, ≪행정논총≫ 2-1, 서울대학교 행정대학원.
강신표. 1985, 「조선조 전통문화에 있어서의 리더십」, 『한국문화연구』, 현암사.
김광억. 1981, 「전통생활양식의 정치적 측면」, 한국정신문화연구원 전통양식에 관한 연구보고서.
김석준. 1986, 「제주도 중산간 부락의 계집단 참여와 사회적 유대」, ≪제주대 논문집≫(사회과학편) 22집.
김일철. 1964, 「농민집단의 Sociogram」, 『이상백박사회갑기념논총』.
_____. 1965. 「농촌 주도세력의 분석」, ≪농촌사회연구≫ 1집, 숭실대 농촌사회학연구회.
김영모. 1967, 『농촌지역사회조직론』, 민조사.
문병집. 1970, 『한국의 촌락사회에 대한 연구』, 중앙대 출판국.
석주명. 1968, 『제주도 수필: 제주도의 자연과 인문』, 보진재.
양회수. 1967, 『한국농촌의 촌락구조』, 고대 아세아문제연구소.
오홍석. 1974, 「제주도 취락에 관한 지리학적 연구」, 경희대 박사학위 논문.
이만갑. 1960, 『한국농촌의 사회구조』, 한국연구도서관.
이병길·진덕규. 1972, 「한국농촌사회의 권력구조와 영향력에 관한 연구」, ≪한국문화연구논총≫ 19집, 이대 한국문화연구원.
진덕규. 1975, 「산업화가 지역사회의 권력구조와 주민의 의식 상황에 미치는 영향의 분석」, ≪한국정치학회보≫ 9집.
최재석. 1975, 『한국농촌사회 연구』, 일지사.
한국농촌사회연구회 편. 1965, 『농촌사회학』, 진명출판사.
Agger, R. E., D. Goldrich & B. E. Swanson. 1964, *The Rulers and the Ruled: Political Power and Impotence in American Communities*, John Wiley & Sons.
Bojean, C. M., T. N. Clark & R. L. Lineberry(eds.). 1971, *Community Politics*, The Free Press.
Bojean, C. M. & D. M. Olson. 1971, "Community Leadership:

Directions of Research," in C. M. Bojean, T. N. Clark & R. L. Lineberry(eds.), *Community Politics*, The Free Press.
Cartwright, D. & A. Zander(eds.). 1968, *Group Dynamics*, Harper & Row.
Clark, T. N. 1968, "The Concept of Power," in T. N. Clark(ed.), *Community Structure and Decision-making: Compratives Analyses*, Chandler Pub. Co.
Dahl, R. A. 1957, "The Concept of Power," *Behvioral Science* 2(July, 1957).
_____. 1961, *Who Governs?*, Yale Univ. Press.
_____. 1976, *Modern Political Analysis*(3rd ed.), Prentice-Hall.
Duke, J. T. 1976, *Conflict and Power in Social Life*, Brigham Young Univ. Press.
Dye, T. R. 1977, *Politics in States and Communities*, Prentice Hall.
Hunter, F. 1953, *Community Power Structure*, Univ. of North Carolina Press.
Mills, C. W. 1956, *The Power Elite*, Oxford Univ. Press.
Oomen, T. K. 1970, "Rural Community Power Structure in India," *Social Forces* 49-2.
Poplin, D. E. 1972, *Communities: A Survey of Theories and Methods of Research*, MacMillan Pub. Co.
Rogers, D. 1962, "Community Political System: A Framework and Hypotheses for Comparative Studies," in B. E. Swanson(ed.), *Current Trends in Comparative Community Studies*, Community Studies Inc.
Warren, R. L. 1971, "A Note on Walton's Analysis of Power Structure and Vertical Ties," in C. M. Bojean, T. N. Clark & R. L. Lineberry(eds.), *Community Politics*, The Free Press.
Weber, M., H. H. Gerth(trans & ed). 1951, *The Region of China*, The Free Press.

제주도민의 지방자치의식

신행철

1. 논제의 성격

　지방자치법 개정안이 국회를 통과하고 1988년 5월 1일 그 효력이 발생된 후 이제 지방자치제의 전면적 실시를 바라보게 되었다.
　그러나 이런 법적·제도적 보장이 곧 지방지치 그 자체의 성공을 보장해 주는 것은 아니다. 이것은 마치 민주주의의 제도적 장치가 민주사회의 확립을 의미하는 것이 아닌 것과 같다. 민주사회는 그 사회 전 영역에 걸쳐서 민주적 생활원리가 지배하는 상황에서 도래하는 것과 마찬가지로 지방사회 전 영역에 걸쳐 자율적 생활원리가 확립되었을 때 명실상부한 지방자치의 시대는 도래하는 것이라 생각한다.
　이때 무엇보다 중요한 것은 지방자치시대의 주체인 지역주민의 자치의식인 것이다. 왜냐하면 인간의 의식은 인간의 행위에 결정적인 작용을 하는 것이기 때문이다. 말하자면 자치의식은 지역주민의 자치역량으로 나타나서 궁극적으로 지방자치시대의 동인으로 작용하는 것이다. 여기에 '제주도민의 지방자치의식'을 논의하는 의의가 있다.
　그런데 지방자치의식이라고 할 때 우리는 두 가지 측면에서 그 의미를 살펴볼 수 있을 것이다.
　하나는 주민이 주체적으로 결정하고 책임을 지려는 내면적 태도로서 말하자면 '자치적' 성격의 의식이고 다른 하나는 지방자치에 대한 주민의식으로서 자치제 일반 또는 특정 문제에 대해서 지니는 견해나 사고방식이다.

따라서 이 글에서는 먼저 '자치적 성격의 의식'에 대해서 살펴보고 나서 사회조사의 경험적 자료를 통하여 지방자치와 관련한 의식을 전반적으로 고찰하여 보고자 한다.

2. 지방화시대와 자치의식: 자치적 성격의 의식

종래의 군사정권하에서 지방주민들은 대체로 중앙정부의 권위주의적인 정부체계에 의해 소외되고 그에 순응해 왔다. 말하자면 중앙집권적인 관료적 권위주의 질서가 위력을 발휘하게 되었던 것이다.

여기서 관료적 권위주의란 군부와 행정관료와 독점기업이 연합해서 한 나라의 지배구조를 형성하면서 국가 전체 경제의 성장발전이라는 이데올로기를 내세워 사회 전반의 거의 모든 영역을 독점적으로 통제·지배하는 정치체제를 지칭하는 개념이다. 이러한 관료적 권위주의는 강력한 중앙집권적 행정조직을 구축함으로써 민의의 수렴보다는 지배집단의 이익을 위한 정치과정에 전념하게 되고, 이것이 필경은 걷잡을 수 없는 민중적 저항과 도전을 초래하기에 이르는 것이다. 한편 민중의 자치의식은 훼손되고 관료주의적 행태에 젖어들어 자치역량을 축적하는 기회를 상실하게 된다. 이제 중앙집권적인 관료적 권위주의가 주민의식상에 어떤 병폐를 가져왔는지를 일별해 보자.

① 중앙이나 상급자의 하향적 명령체계에 따라 수직적 의사유통만을 최선으로 알고 그것을 적극적으로 수행하려는 반면, 대(對)민중관계나 수평적 이해관계의 조정에 대해서는 관심을 갖지 않는 태도가 나타난다.
② 민의 의사와 결정에 따르기보다는 민에 군림하여 지배하려 들고 대민 우월감을 낳게 된다.
③ 자기결정하에 일을 진행하지 않기 때문에 책임회피의식을 낳게 된다.

④ 현재의 자신들의 지위와 이익을 보전하고자 하여 무사안일에 빠지는 경향을 낳는다.
⑤ 지방주민은 그들의 이해관계에 관련된 정책이나 사업결정과정에서 소외되어 무관심 또는 소극적 태도를 갖게 된다. 이렇게 해서 결국 민은 관에 대한 의존의식을 갖게 된다.
⑥ 관의 권위의식에 관련하여 민의 불신의식과 저항의식을 낳는다.
⑦ 정주의식, 향토의식의 상실을 초래한다.

그리하여 지역주민의 자치의식은 크게 훼손되고 지방은 자율역량의 불모지가 되었다. 그러므로 이제 지방화시대 지방자치의 성공적 실현을 위해서는 무엇보다 지방민의 자치의식 제고가 필요하다고 생각한다.
그러면 자치의식이란 무엇인가?
자치의식이란 주민 스스로 주체가 되어 자신들의 문제를 인식하고 해결해 나아가려는 의식이다. 이러한 자치의식은 개인주의적 자유의식에 결부된다. 개인은 남의 구속이나 속박을 받지 않는다는 의식은 자유민주주의의 시민이 갖는 기본적 의식이기도 하다. 그러나 개인은 스스로의 자유를 보호하기 위하여 자기규제 속에 사회질서를 유지한다. 이때 개인의 행동이 개인 외적 강제에 의해 강요되지 않는다는 점에서 자유이다. 그러기에 자유 곧 자율이다. 따라서 자유의식은 곧 자율의식인 것이다. 만일 어떤 개인의 자유가 사회질서의 범주를 벗어나면 그것은 타인의 자유를 구속하게 되는 것이고 이것은 결과적 불평등을 초래함으로써 자치의 기반을 훼손하는 것이 된다. 한편 평등이 강요된 평등일 때 프랑스의 토크빌(A. Tocqueville)이 우려했던 바 소위 '노예상태의 평등'이 되어 버린다. 따라서 개인주의적 자유의식은 평등의식에 맞물려 돌아가는 자치의식의 요소가 된다. 이런 점에서 자치의식에서의 개인주의는 자연인으로서의 개인이 아니라 다른 사람과 더불어 생활하는 사회성원으로서의 개인이라는 자각을 가질 때 그 본래의 의미가 살아나게 된다. 여기에 공동체의식은 자치의식의 또 다른 하나의 심층적 기반이 된다.
공동체의식은 자기책임성을 갖고 그들 공동체의 공동목적을 위하여 상호

신뢰감을 갖고 공동으로 협동하며 합리적으로 그들 공동체를 구성하고 운영하여 나아가려는 의식이라 할 것이다. 이런 공동체의식을 지역자유의식이라고 해도 좋을 듯하다. 지역주민 스스로의 노력으로 외부 강제를 받지 않고 지역공동체 단위의 문제를 처리해 나아간다는 의미에서 그러하다. 개인에게 있어서 책임이 따르지 않은 자유가 한갓 방종에 불과한 것과 마찬가지로 지역공동체 단위의 자율권의 확립은 그 공동체의 책임을 수반한다.

또한 공동체의식은 공동지역에 거주하고 있다는 공속의식, 서로 협력하면서 생활하고 있다는 상호의존의식, 협력하는 가운데 각자가 무엇을 할 것인가 하는 역할의식 등을 그 기반으로 하여 성립하는 의식이다.

공동체의 주인인 지역주민은 주인의식을 갖는 것이 마땅하다. 따라서 자치의식은 주인의식에 결부된다. 주인의식은 노예상태를 거부함이요, 인간다운 삶을 영위하려는 인간적인 내면의 세계이다. 이것은 적극적인 의미에서 개성의 신장, 자아실현의 의지에 결부된다. 주인의식은 타율성을 배제하고 자율을 추구하는 정신이며 남에게 의지하지 않고 자신의 문제를 스스로의 힘으로 해결, 극복코자 하는 자립정신인 것이며 남이 강요하고 위협한다고 하여 굴종하지 않는 기상이다. 스스로 사회의 주인인고로 해서 사회에 대한 권리의 주장과 아울러 의무와 책임을 진다는 자세는 당연하다. 사회가 잘못되는 책임은 스스로 통감해야 하고 사회를 파괴하는 자 혹은 그 세력에 맞서 싸워야 한다는 자세 또한 당연하다. 여기에 자치의식은 책임의식이면서 저항의식인 것이며 비판의식인 것이다. 동시에 그것은 높은 참여의식을 동반한다.

3. 지방자치에 대한 도민 의식에 대한 경험적 고찰

미국의 정치학자인 알몬드(G. A. Almond)와 버바(S. Verba)에 따르면 정치의식은 정치적 정향(political orientation)에 해당하는 말이다. 알몬드와 버바는 정치정향을 정치적 대상에 대한 내면화된 신념과 태도로서 정치체제와 그 정치체제의 역할, 그 역할수행자, 그리고 그 정치체제의 투입과 산출

등에 대한 인지적, 감정적, 평가적 성향이라고 정의한 바 있다(Almond & Verba, 1963: 14-15). 이러한 정의에서 보면 자치의식은 자치제도 내지 체제에 대한 차원에서의 자치에 대한 주민의식의 개념으로 이해될 수 있을 것이다. 말하자면 '자치정에 대한 주민의 정치의식'이라고 할 수 있을 것이다.

이 경우의 자치의식은 노융희(1986: 28) 교수에 의해 적절하게 지적되고 있는 바 그는 지방자치 의식을 "자치정에 대한 주민이 지니고 있는 정치의식"으로 파악하는 것이 타당하다고 보았다.

종합하면 지방자치의식은 ① 지방자치에 대한 인지적 성향, ② 지방자치에 대한 정서적 성향, ③ 지방자치에 대한 행동적 경향성 등 세 개의 영역으로 나누어 볼 수 있을 것이다. 여기서 인지적 성향은 옳고 그름, 좋고 나쁨, 바람직한지의 여부 등 확신의 정도로 나타나며, 정서적 요소는 대상에 대한 기호도를 말하는 것이고, 행동적 경향성은 행동으로 옮겨질 가능성이 있는 선유경향이라고 말할 수 있을 것이다. 그런데 이 발표에서 행동적 경향성은 코뮤니티(Community)형 의식의 논의에 포함하여 다루고 인지적, 정서적 영역에서는 지방자치의 이념적, 제도적, 실천적 측면에 대한 의식을 종합적으로 다루려 한다. 전자, 즉 코뮤니티형 의식은 지방자치의 심층적 의식수준이 될 것이고, 후자, 즉 인지적·정서적 영역의 의식은 표층적 의식수준이 될 것이다.

이러한 인식을 바탕으로 하여 사회조사를 실시하였는데 그 조사대상 표본내역과 응답자의 특성은 다음과 같다.1)

- 응답자의 특성
  ① 성별: 남자 70.3%, 여자 29.7%
  ② 연령: 20대 30.1%, 30대 32.1%, 40대 21.0%, 50대 11.8%, 60대 이상 5.0%
  ③ 성장지: 거주지와 같은 시·군 80.0%, 제주도내의 다른 시·군 11.9%, 다른 시·도 8.1%
  ④ 학력: 국졸 이하 11.3%, 중졸 13.7%, 고졸 52.8%, 대졸 이상 22.2%

---

1) 여기서 언급되는 사회조사에 관련되는 사항은 조문부 외 3인(1988)의 연구논문에서 인용되는 것이다.

⑤ 직업: 농·어업 30.9%, 상공업 19.7%, 회사원 8.2%, 노동 1.4%, 공무원 16.3%, 기타 23.6%
⑥ 월수입: 20만원 미만 26.8%, 20만원대 31.9%, 30만원대 17.5%, 40만원대 12.0%, 50만원 이상 11.8%

지역\성향	도시적 성향		농촌적 성향		합계	비고: 백분율
도시 (표본수)	제주시 건입동 (130)	서귀포시 중앙동 (60)	제주시 삼양동 (50)	서귀포시 중문동 (60)	(300)	46.9%
농촌 (표본수)	한림읍 한림리 (55)	대정읍 하모리 (55)	구좌읍 평대리 (55)	표선면 하천리 (55)	(220)	34.4%
공무원 (표본수)	제주시청 (30)	서귀포시청 (30)	북제주군청 (30)	남제주군청 (30)	(120)	18.7%
합계	-				(640)	100.1%

4. 지방자치에 대한 의식의 인지적·정서적 측면

1985년의 한 조사보고(신행철·김진영, 1985)에 따르면 제주도민들은 지방자치의 조속한 실시를 강력히 원하고 있는 것으로 나타났다. 즉 '지방자치제 실시는 지역발전을 위해 하루 빨리 이루어져야 한다'는 데 대하여 응답자의 86.7%가 '그렇다'고 응답하고 있다. 이것은 전라남도의 비슷한 조사(문석남, 1984: 16)에서 나타난 결과인 74.9%보다 더욱 강력한 도민적 반응인 것이다. 이는 아마도 제주도가 주변부 사회로서 중앙집권적 체제 때문에 피해를 받아 온 역사적 경험이 있음으로 해서 나타나는 현상일 것으로 생각한다.

그러면 이제 지방자치제 실시에 즈음하여 지방자치에 대한 생각은 어떠한가? 의식은 사람들의 사회적 경험의 소산이기에 먼저 지방자치에 대한 경험에 관련하여 어떤 태도를 갖고 있는지부터 살펴보기로 한다.

응답자의 과반수인 50.9%는 50년대의 지방자치에 대해 '잘 모르겠다'는 태도를 보이고 있다. 이들 과반수의 응답자들은 거의 40대 초반 이하의 연령층으로서 지방자치의 경험이 없었던 세대가 되므로[2] 그 수치에 큰 의미가 없다. 그런데 자신의 견해를 나타내고 있는 응답자들을 보면 '잘 되었다'는 견해(5.2%)보다 '잘 안되었다'는 견해(27.1%)가 훨씬 높은 비율을 차지하고 있는 것으로 보아서 1950년대의 지방자치에 대해서는 부정적으로 보는 것 같다.

성별로는 남자보다 여자가, 연령별로는 50~60대 이상의 연령층에서 보다 긍정적이며, 직업에 관련해서 보면 공무원 집단이 일반시민 집단보다 더 긍정적인 반응을 보이고 있다.

오늘날 지방자치제가 실시되는 것에 대해서는 응답자의 80% 이상이 그 실시에 찬성하고 있다. 이를 성장지별로 보면 현거주지와 같은 시·군 지역에서 성장한 사람들이 성장지가 타 시·군이거나 타 도인 사람들보다 훨씬 더 자치제의 실시를 선호하고 있는데 이는 고향에 대한 애착심이 지자제를 찬성하는 태도와 연결되고 있음을 나타내주는 것으로 볼 수 있을 것 같다. 그리고 학력별로 보면 학력수준이 중간인 중·고졸인 경우 상대적으로 지자제에 대해 소극적인 입장을 보이고 있는 데 비해 학력수준이 낮은 국졸인 경우나 높은 수준의 학력, 즉 대졸인 경우에 지자제 찬성률이 높게 나타나고 있다. 특히 대졸 이상의 사람들은 90%를 초과하는 찬성률을 보이고 있는데, 이런 점에서 미루어 보건대 앞으로 대졸학력자가 많아지면 더욱 지방자치에 대한 열망은 높아질 것으로 전망할 수 있다. 자치제 실시 찬성 이유를 보면 ① 주민 스스로 지역문제를 해결할 수 있으므로(52.7%), ② 지역발전을 앞당기게 되므로(33.9%), ③ 중앙정부의 독단을 막을 수 있으므로(14.0%), 정치발전을 앞당기게 되므로(9.4%) 등으로 나타나고 있다. 이렇게 보면 제주도민들은 민주정치의 발전이라는 이념적 차원에서가 아니라 지역발전이라는 현실적 차원에서 지방자치를 원하고 있다고 하겠다. 사실상 이것은 지자제 실시의 목적에 부합되는 것이라 하겠다. 한편 반대 이유를 보면 부족한 지방재정을 들고 있는 사람들이 제일 많고(33.7%), 그 다음으로 낮은 주민 자치의식

---

2) 우리나라의 지방자치는 1949년 지방자치법이 제정된 후 1952년부터 9년간 실시되었다가 중단된 바 있다.

(26.7%), 선거에 따른 부작용(22.1%), 지방자치 경험의 부족(17.4%) 순으로 나타나고 있다. 따라서 지방자치를 반대하는 사람들도 지방재정이 충족되고 주민 자치의식이 고양된다면 지방자치를 반대할 이유가 없어진다고 할 수 있다. 경험 부족이라는 이유는 지방자치 실시 이후 경험을 쌓으면 해결될 것이고 선거 부작용은 민주시민의식 고양을 통하여 해결될 수 있을 것이다.

　지방재정에 관련해서 살펴보면, 지방자치제를 원활히 실시하기 위하여 더 많은 세금이 부담되더라도 지자제를 실시하는 것이 좋다는 견해를 보이고 있다. 즉 보다 많은 세금을 부과해야 된다면 지자제를 실시하지 않는 것이 좋다(7.2%)거나 지방재정이 튼튼해질 때까지 연기하는 것이 좋다(19.1%)는 견해보다 그래도 실시해야 한다(14.5%)거나 지자제를 실시하면서 세원을 개발해 나간다(56.5%)는 태도가 강하게 나타나고 있음을 알 수 있다. 그러나 부족한 지방재정을 충당하는 방법에 있어서 국세를 지방세로 환원하여 충당한다는 태도가 과반수 이상(54.5%)을 차지하고 있고 중앙정부의 보조에 의해서 충당한다(21.7%)거나 부유층으로부터 충당한다(17.5%)는 것이 바람직하다는 태도를 보임으로써 지역주민 스스로가 지방재정의 부족을 충당하려는 의지는 부족한 것으로 보인다. 이러한 현상은 지방자치제하의 주권자로서의 납세의무에 대한 인식이 부족한 일면을 보여주는 것으로 볼 수 있고 이 문제 역시 지방자치의식의 고양을 통하여 크게 해결할 수 있지 않을까 생각한다.

　그러면 1950년대에 우리나라에서 지방자치제가 잘 안된 이유는 무엇으로 보고 있는가? 그것은 ① 불안전한 정치상황(28.8%), ② 낮은 주민 자치의식(27.9%), ③ 빈약한 지방재정(24.1%), ④ 정치지도자의 자질 부족(4.6%) 등으로 나타나고 있다. 여기서 제주도민들은 경제적 여건보다 정치적 조건에 대하여, 정치지도자보다는 주민 자신에 대하여 더욱 지방자치가 잘 안된 책임을 돌리는 경향이 있음을 감지할 수 있을 것 같다. 학력별로 보면 학력이 높을수록 주민의 자치의식수준이 낮은 데서 자치제가 잘 안된 원인을 찾으려는 것 같고 반면에 학력이 낮은 경우에는 불안한 정치상황이라든가 정치지도자의 자질 부족 등 정치적 요인에서 그 원인을 찾는 경향이 있는 듯하다.

1960년대 지자제가 실시되지 못한 이유는 정부여당의 정치적 의도가 가장 많고(29.7%), 다음으로 불안정한 정치상황(25.9%), 빈약한 지방재정(22.8%) 순으로 나타나고 있고 낮은 주민자치의식으로 보는 견해(14.0%)는 적게 나타나고 있다. 결국 1960년대 우리나라의 정치상황은 주민의 정치의식수준이 향상되었지만 집권세력의 정치적 입장이 이를 수용하지 않았다는 데 문제가 있었다고 볼 수 있다.

5. 지방자치기구 구성에 대한 의식

지방자치제의 실시는 구체적으로 그 기구의 구성으로 나타난다.

지방자치단체의 기구는 크게 지방의회와 지방자치단체의 장으로 나누게 되는데 그 구성과정, 즉 선거는 지방자치의 성패를 가름하는 중대한 민주적 과정이다. 그리하여 우리의 논의에서는 우선 지방자치단체의 계층 단위에 대한 견해를 살펴보고 나서 그 계층(tier) 마다의 장을 선출하는 방식에 대한 견해, 장과 의회 사이의 권한 배분의 문제에 대한 의식, 선거참여 행태에 대한 태도(의견) 등에 대하여 분석해 보기로 한다.

지방의회의 설치에 대한 견해를 분석해 보면 현행 행정단위인 도, 시·군, 읍·면 단위 모두에 지방의회를 두는 것이 좋겠다는 의견이 제일 많고(27.6%), 도와 시·군에 두는 것을 선호하는 사람들이 24.5%, 시·군과 읍·면에 두는 것을 선호하는 사람들이 10.3%의 비중을 차지하고 있다. 이런 현상은 제주도민들이 하위자치단체보다 상위자치단체에서의 설치를 선호하고 있다는 것이 된다.

학력과의 관계에서 보면, 학력이 높을수록 지방의회의 모든 행정 단위에서의 설치나 도, 시·군 등 상위자치단체에서의 설치를 선호하고 있는데 반해서 국졸 이하의 학력층에서 시·군이나 읍·면 등 하위단체에서만 자치제 실시를 선호하고 있다. 이것은 아마도 학력이 낮을수록 그 생활상의 관심의 지역범위가 한정적일 가능성이 많고 따라서 그 정치적 관심의 지역범위도 좁아지게 되기 때문이 아닌가 생각한다. 이러한 생각은 직업과의 관계에서 지방의회 설치지역에 대한 선호경향의 분석에서도 뒷받침된다. 즉 학력수준이 높으리라고 추측되는 공무원 집단에서 도, 시·군 등 상위단체에 지방의회를 두는 것을 지지하는 경향이 높게 나타나고 있는 것이다(57.8%). 이는 정부안을 지지하는 입장이기도 하다. 반면에 일반시민 집단 특히 회사원이나 상공업인들은 도, 시·군, 읍·면 등 모든 행정지역 단위에, 그리고 농·어민들은 읍·면에 지방의회를 두는 것을 상대적으로 많이 찬성하고 있다. 소득과의 관계에서 보면 월수입 30~40만 원대의 도, 시·군 등 상위지역단체에 20만 원 이하의 저소득층에서는 일선행정기관인 읍·면에 지방의회를 두는 것에 찬성하고 있다.

도지사, 시장·군수, 읍·면장 등 지방자치단체의 장을 선출하는 방식에 대한 태도들을 살펴보면 다음과 같다.

① 도지사의 경우는 주민의 직접선거방식을 택하여 선출하는 것이 좋다는 사람들이 62.3%로 대다수를 차지하고 있고, 지방의회에 의한 간접선거의 방식(15.5%)이나 상부기관에 의한 임명방식(13.7%), 상부기관에서 임명하고 지방의회에서 인준하는 방식(8.4%) 순으로 그 선호도가 점점 낮아지고 있다. 이것은 지방자치단체의 장을 선출하는 방식으로 직선제를 원하고 있다는 증거이며 대통령 직선제의 채택과 일맥 상통하는 현상이라고 하겠다.

학력층별로 살펴보면 모든 학력층에서 다같이 직선제를 절대다수 찬성하고 있으나, 상대적인 의미에서 저학력층일수록 임명제를 선호하고 간접선거의 방식은 고졸 이상의 비교적 높은 학력층에서 선호하고 있다. 소득층별로는 20만 원 미만의 저소득층이 상부기관에 의해 도지사가 임명되는 것이 좋다고 보고 있다. 그리고 보면 우리는 학력수준이 높아지고 소득이 많아지면 민주제의 원리를 더 선호하게 되리라는 판단을 할 수 있을 것이다.

② 시장·군수 및 읍·면장의 경우도 대체로 도지사의 경우와 비슷한 경향을 보이고 있다. 다만, 직접선거에의 열망은 하위지방자치 단체장의 선출의 경우에 더욱 두드러지게 나타나고 있어서 시장·군수의 경우는 69.9%, 읍·면장의 경우는 73.1%의 응답자가 직선방식을 선호하고 있다. 이런 현상은 아마도 주민들의 삶의 세계 속에서 하위자치단체의 장에 대한 연관성을 더욱

의식하고 있는 소지가 아닌가 생각한다.

③ 한편 상위자치단체의 장인 도지사의 상부기관에 의한 임명은 13.7%로 하위단체의 장에 대한 임명(시장·군수 2.4%, 읍·면장 4.6%)의 경우보다 더 선호하는 경향이며, 지방의회에 의한 간접선거방식에 있어서는 이를 시장·군수에 의해 적용하는 것을 선호하는 태도(22.0%)가 상대적으로 높게 나타나고 있다(도지사 15.5%, 읍·면장 15.4%).

지방자치단체의 장과 지방의회의 권한 행사의 비중에 대한 태도를 살펴보면 지방자치단체의 장보다 지방의회에 더 많은 권한을 부여하는 것이 좋다는 태도가 가장 많이 나타나고 있고(36.1%) 그 외에도 적어도 동등하게 권한이 부여되는 것이 좋다는 생각도 다수로(35.9%) 나타나고 있다. 오늘날 민주정치는 대의정치이고 견제와 균형의 원리에 의해서 운영된다. 행정부 절대권력의 지배와 의회의 권한 약화의 정치상황을 경험했던 지방주민들에게 있어서 지방자치단체의 장보다 지방의회에 더 많은 권한을 부여해야 한다는 생각은 일리가 있는 것이다. 대의정치의 요체는 의회이고 의회가 보다 많은 권한을 갖는다는 것은 행정부의 권력 남용을 막는다는 의미가 될 것이며, 두 기관에 동등한 권한을 부여한다는 것은 견제와 균형의 원리에 따라 권력 균형을 유지한다는 의미를 갖는다고 볼 때 제주도민들은 민주적 정치의식을 갖고 있다고 할 수 있다. 지방의회에 지방자치단체의 장에 대한 불신임권을 부여하는 것(48.1%)을 주민에 의한 불신임(37.8%)보다 더 선호하는 경향도 대의정치에 대한 기대의 일면을 나타내주는 것으로 이해할 수 있겠다.

다음으로 지방자치의 기구 구성을 위해 가장 중요한 과정인 선거에 대한 제주도민의 의식에 대하여 살펴보기로 한다.

주민의 선거참여는 피선거권의 행사와 선거권의 행사로 나타난다. 전자는 입후보자가 되는 것이고 후자는 투표권의 행사로 나타난다. 피선거권의 행사에 대한 태도를 알아보기 위하여 우리의 조사에서는 '기회와 능력이 주어진다면 지방의회의원이나 자치단체장 선거에 입후보할 생각이 있으십니까?'라는 문항을 설정하였다. 조사결과 입후보할 생각이 없다는 사람들이 53.8%로서 그럴 생각이 있다는 사람들(31.9%)보다 더 많은 것으로 나타나고 있다.

연령층별로 보면 연령이 많을수록, 학력층별로 보면 학력이 낮을수록 입후보할 생각이 적은 것으로 나타나고 있다. 그리하여 연령층이 20대의 경우, 학력이 대졸 이상인 경우 입후보할 생각을 가진 사람들의 비중이 높고 30대 연령층의 경우도 입후보할 생각을 가진 사람들의 비중이 비교적 높다. 여기서 우리는 앞으로 지방자치 실시에 따른 선거시에 20~30대의 대졸 이상의 학력을 가진 사람들이 입후보할 가능성이 크다는 것을 알 수 있을 것 같고 이런 현상은 결국 지방정치활동의 양상이 보다 진취적이고 수준 높게 나타날 가능성이 있음을 예견할 수 있을 것이다. 직업별로 보면 공무원과 상공업인층에 입후보 의향을 가진 사람들이 비교적 많고 농어업에 종사하는 사람들은 적으며, 회사원 집단은 비교적 중립적인 태도를 보이는 사람들이 많다. 이것은 공무원이나 상공업인들이 상대적인 의미에서 보다 더 정치적인 자리에 지향되어 있음을 시사해 주는 것이라고 볼 수 있을 것이다.

그러면 지방자치제의 대표로서 가장 필요한 요건은 무엇이라고 생각하는가? 그 요소로서 능력을 택하는 사람들이 43.2%로 가장 많고 다음으로 제주도 출신(33.7%), 인품(12.8%), 학력과 경력(9.7%), 돈과 권력(0.7%)의 순으로 나타나고 있다. 능력이라는 요소를 가장 많이 택하고 있는 것은 합리적 선택이라 할 수 있으나 제주출신이라는 지연적 요소를 택하고 있는 사람들도 상당한 비중을 차지하고 있어서 지방정치활동을 위해서는 이런 지역적 연고가 중요한 것임을 시사해주고 있다.

선거권 행사, 즉 투표에 대한 제주도민의 의식을 알아보기 위하여 '지방의회의원이나 지방자치단체장 선거시에 투표에 참여하시겠습니까?'라는 문항을 설정하였는데 이에 대한 응답을 보면 '꼭 참여하겠다'는 적극적인 태도 53.5%를 포함하여 투표에 참여하겠다는 태도를 보이는 사람들이 84.8%에 이르고 있고 참여하고 싶은 생각이 없는 사람들은 2.3%에 불과하다. 이는 지난 13대 국회의원 총선 제주지역 투표율 82.6%(전국 투표율은 72.6%)[3]

---

3) 1988년 4월 26일 하오 6시 현재 중앙선거관리위원회의 잠정집계임(≪제주신문≫ 1988. 4. 27).

를 상회하는 것으로서 앞으로 지자제가 실시될 경우 그 열기가 고조될 가능성을 예고해주는 것이다. 투표참여 의사를 가진 사람들의 비중을 성별로 보면 남자가 그 비중이 높고, 직업별로는 공무원(93.4%), 회사원(89.1%), 농어업인(88.5%) 순으로 그 비중이 나타나고 있고 상공업인들은 다른 직업층에 비하여 '형편에 따라 참여하겠다'는 태도를 많이 보이고 있다.

투표에 가장 큰 영향을 미칠 것으로 보는 요인으로는 '평소의 활동이나 경력'을 지적하는 사람들이 대부분이고(70.3%), 혈연, 학연, 지연 등 연줄망(13.5%), 정견발표(11.2%)나 매스콤의 영향을 지적하는 사람들(3.0%)은 많지 않다. 그러나 뚜렷한 인물이 없을 경우 자신에게 가장 큰 영향을 미칠 것으로 보는 요인은 매스콤(36.9%)과 도내 유지·친지들의 권유(30.0%) 등을 지적하는 사람들이 대부분이고 다음으로 선거운동원의 설득 9.9%, 공무원의 설득 6.7%, 선물공세 2.9% 순이고 기타 요인은 13.6%로 나타나고 있다.

이러한 투표에 대한 의식을 통해서 보면, 우리는 지방정치가의 자격요건으로 개인적 성취수준이 중시되는 경향이 있음을 알 수 있고 효과적인 선거운동에 있어서는 매스콤의 역할도 중요하지만 그에 못지 않게 인간적 유대관계에 의한 영향도 크게 작용할 것이라고 말할 수 있다. 공무원의 선거운동이나 물량공세 등 권력과 금력의 작용은 크지 못하리라는 생각을 하는 것 같다. 이러한 의식상태는 아마도 연줄망을 강조해 오던 전통적 생활의식의 표현일 것이며 금권과 관권의 선거개입을 부정시하는 사회적 분위기의 반영일 것으로 본다. 만일 이러한 의식을 신뢰한다고 하면 앞으로 지자제 선거가 실시되는 경우 금권·관권이 횡행하는 선거의 타락상은 현저히 감소되리라는 기대를 해볼 수 있다.

6. 지방자치의 심층적 의식으로서의 코뮤니티형 의식

코뮤니티형 의식[4]이란 지역사회에 대해서 주체적으로 행동하며 보편적 가치를 지향해 나가려는 의식으로서, 이때 지역사회 주민은 그 생활기반인

지역사회를 주체적으로 선택하고 강조해 나가게 될 것으로 기대되는 것이다.

이러한 코뮤니티형 의식은 정치적, 경제적, 사회적 합리성이 존재하는 사회·문화적으로 애향심과 협동심이 존재하는 사회에서 그 형성이 용이하리라고 볼 수 있다. 따라서 우리의 사회조사에서는 코뮤니티형 의식을 몇가지 생활영역과 관련된 의식으로 환원하고 이를 설문으로 조작화하여 분석해 보고자 하였다.

코뮤니티형 의식의 모형은 주체성과 보편주의적 가치관이 결부되면서 나타나는 의식영역이다. 주체성은 정체의식과 지역사회 문제에 대한 이해관심의 차원에서 살펴볼 수 있을 것이고 보편주의적 가치관은 합리적 생활태도의 차원에서 살펴볼 수 있을 것이다.

이를 몇개의 영역으로 범주화 해보면 ① 공속의식, ② 역할의식, ③ 생활합리적 의식 등으로 나누어 볼 수 있을 것이다.

공속의식은 평소 생활 속에서 '제주도민의 한 사람으로 소속해 있다는 것을 자랑스럽게 생각'하는지, 그리고 다른 지방에 가서 같은 정도의 형편으로 '살 수 있는 기회가 있다면 그 지방으로 옮기는 것에 대하여 어떻게 생각'하는지라는 질문으로 조작화하였으며, 역할의식은 지역발전을 위한 사업추진에 참여할 의사와 그 추진 중심세력에 대한 선호도 그리고 이때 발생할지도 모를 개인적 이해관계와의 상충시 취할 행동적 경향성 등으로 조작화하였고, 생활합리적 의식은 다른 두 개의 차원, 즉 사회적 합리성과 경제적 합리성으로 나누어서 조작화하여 살펴보았다.

공속의식에 관한 설문, 제주도민임을 자랑스럽게 생각하는지에 대하여 '그렇다'는 것은 공속의식이 강한 것으로, '그렇지 않다'는 대답은 약한 것으로 볼 수 있을 것이다. 조사자료를 분석해 보면 '그렇다'는 응답의 비중이

---

4) 공동체의식을 자치의식의 부분요소로 보고, "일반적 공동체의식에 개인주의적 윤리의식이 좀 더 강하게 반영된 개념"이 자치의식이라는 논의가 있으나(노융희, 1986: 28) 이 글에서의 코뮤니티형 의식의 개념은 그 공속성이라는 요인이 강조됨으로써 개인주의적 의식과는 결부되기 어려운 것이며 그 자체가 지방자치의식의 토대가 되는 개념이다.

77.9%로서 '그렇지 않다'는 응답(6.7%)에 비해 훨씬 높게 나타나고 있다. 다른 지방으로 옮기고 싶은지에 대한 설문에 있어서도 '그럴 마음이 없다'는 강한 공속의식을 가진 사람들(66.9%)이 '그럴 마음이 있다'는 약한 공속의식을 가진 사람들(21.1%)보다 훨씬 많다. 이는 제주도민의 애향심 혹은 공속의식이 강하다는 것, 나아가서 결국 도민의 지방자치에 대한 기층적 의식이 바람직하게 형성될 가능성이 있음을 나타내주는 것이 아닌가 생각한다. 중요한 것은 공속의식이 강하면 그만큼 주민의 주체역량도 강화되리라고 기대할 수 있다는 점이다.

역할의식은 행동의 선유경향에 해당하는 의식의 한 요소로서 이 글에서는 지역발전에의 참여의식, 지역문제 해결방식에 대한 의식, 지역의 이익과 상충될 때의 태도 등을 통하여 살펴보고자 하였다.

지역발전에의 참여의식에서 보면 '적극 참여하겠다'는 태도를 대부분의 응답자가 지니고 있고(84.9%), 참여에 부정적인 사람들은 극히 적다(2.7%), 이를 성별로 보면 남자가, 성장지와의 관계에서 보면 거주지가 곧 성장지인 사람들이 보다 참여의식이 높고, 직업별로는 공무원이 가장 높은 참여의식을 나타내고 있으며(95.7%) 다음으로는 농어업(88.5%)이고, 상공업과 피고용직은 80% 전후로 비슷한 수준을 나타내고 있다.

여자보다 남자가 참여에 적극적인 의식을 보이는 것은 남성중심의 문화속에서 불가피한 것이며 거주지가 고향인 사람들은 자신의 지역에 보다 큰 애착심을 가지게 될 것이므로 참여의식도 높으리라는 점 이해할 만하다. 공무원들은 지역발전에 있어서 상대적으로 주도적 위치에 있기 때문에 그에 대한 참여의식이 높다 할 수 있고 상공업이나 피고용직 종사자보다 농어업 종사자가 더 참여의식이 높은 것은 지역발전에 대한 기대가 그만큼 크기 때문이 아닌가 생각한다.

지역문제의 해결방식에 대해서는 '지방의회의 처리'라는 방식을 가장 많이 선호하고 있고(53.4%), 그 다음으로 선호하는 방식이 '지역유지의 활동'(18.0%)으로 나타나고 있어서 문제해결의 중심체로서는 행정당국이나 정치가보다 지역주민의 대표기구가 좋다는 생각들을 하고 있는 것 같다. 이는 주민주체적 태도라고 할 수 있을 것인데 이를 학력별로 보면 모든 학력층에서 '지방의회'의 처리라는 방식을 가장 많이 선호하고 있으나 대졸 이상의 학력층에서 이런 경향은 더욱 두드러지게 나타나고 있고 국졸 이하의 낮은 학력층에서는 상대적으로 '지역유지의 활동'이라는 방식을 선호하고 있다.

주민 주체적 태도는 제주지역개발사업의 추진주체로는 누가 좋은가의 설문분석에서도 나타나고 있는데 지역주민이 좋다는 사람들이 응답자의 53.0%를 차지하고 있어서 제일 많고, 그 다음은 지방의회로서의 25.9%가 된다. 특히 중앙정부나 대자본가가 중심이 되어 추진하는 것이 좋다는 견해는 극히 낮은 비중을 차지하고 있다.

이는 그동안의 중앙정부나 대자본가 등 외발적 개발에 따른 박탈감의 표현인 것으로 볼 수 있을 것이다.

지역의 이익과 자신의 이익이 상충될 때 어떤 행동적 선유경향을 갖고 있는지를 알아보기 위하여 '지역발전과 자신의 이익이 상충될 때 어떻게 하시겠습니까?'라는 설문을 하였는데 이에 대한 응답을 분석해 보면 자신의 이익보다 지역발전을 우선시하겠다는 의식이 70%에 이르고 있다. 여기서 우리는 공동체 중심적 행동의 가능성이 크다는 것을 엿볼 수 있다. 성별로 보면 남자가, 학력별로 보면 고졸 이상 비교적 높은 학력층이, 직업별로 보면 공무원층이 다른 층에 비하여 더욱 지역발전 우선의 의식을 나타내고 있다. 남성 우선의 문화 속에서 학력수준이 계속 향상되리라고 보면 지자제가 실시되었을 때 공동체 중심적 행위 패턴이 더욱 증가할 가능성이 높다고 할 수 있을 것이다. 직업별로 볼 때 공무원들이 공동체 중심적인 것은 공복(公僕)의식의 발로라고 할 수 있을 것이다. 농어민들의 경우 상공인들보다 상대적으로 자신의 이익을 우선시하는 경향이 보이는 것은 앞에서 살펴본 지역발전에의 참여의식이 상공업인들보다 더 높게 나타나는 것과 일견 모순되는 것처럼 보이나 이는 직업 자체의 문제이기보다 소득요인이 작용하고 있기 때문인 것으로 볼 수 있을 것이다. 농어민의 소득수준은 상대적으로 낮은 편이고 이에 따른 생활상의 위험은 자신의 이익에 집착할 수밖에 없게 만든다고 볼 수 있다. 이 점은 소득수준이 낮은 노동계층의 경우 50%에 해당하는 사람들이 자신의 이익 우선의 태도를 보이는 데서도 유추해볼 수 있다. 소득수준이 높아질수록 지역발전을 우선시키고 있음도 음미해볼 필요가 있을 것이다. 사람들은 생활수준이 어느 수준 이상으로 상승했을 때 자신의 이익에 대한 손해를 감수할 수 있을 것이다.

이상에서 논의한 역할의식에 관련하여 종합적으로 말하면 제주도민들은 지역사회 중심적 이해관심을 갖는 경향이 짙다고 할 수 있을 것인데, 이는 지역사회에 객체적으로 관여, 적응하는 것이 아니라 주체적으로 지역사회를 설계·조직화하려는 행동적 선유경향이 짙음을 시사해주는 것이다. 바꾸어 말하면 제주도민들에게는 지방자치의 기층의식이 상당한 정도로 형성되어 있다고 할 수 있다. 다만 개인적 이해가 관련되었을 때는 지역의 발전에 우선하여 자신의 이익을 먼저 생각하는 경향이 30.1%로 큰 비중을 차지하고 있음은 지방자치의식의 부정적 측면으로 남게 된다.

이제 코뮤니티 의식의 또 하나의 차원으로 생활합리적 태도를 살펴보자.

정치적 후진성을 면치 못하고 있는 저발전 국가에서 보면 지방 단위지역권의 사회가 권위주의적 관료질서 속에서 중앙정부에 예속되어 있어서 그 민주적 에토스(ethos)가 결핍되어 있을 뿐 아니라, 이는 전통적 문화요인에 결부되면서 정치, 경제, 사회 등 여러 측면에 비합리적 요소가 지배적일 가능성이 많아진다. 만약 이러한 비합리성이 시정되지 못한다면 지방자치의 기반이 제대로 조성되지 못한다는 가정을 해볼 수 있을 것이다.

생활합리적 의식은 얼마나 보편주의적·시민적 이해관심 속에서 생활하고 있는지, 다시 말하면 생활태도상 전통성에서 얼마나 탈피하고 있는지를 가늠해 봄으로써 살펴볼 수 있을 것이다. 이 연구에 있어서 사회적 합리성의 경우는 전통적 생활의식에 환원하여 살펴보았는데 그런 의식이 강하면 그만큼 합리적이지 못한 것으로 추론하였다.

경제적 측면의 합리성은 자본주의 사회에서 합리성이 가장 크게 지배한다고 보는 영역인 시장원리에 환원하여 살펴보았다. 시장원리에 합당할수록 합리적인 것으로 보게 된다. 그리하여 우리는 물건을 팔 때와 살 때를 구분하여 사람들이 어떤 태도를 보일 것인지를 질문함으로써 경제적 합리성을 측정하고자 하였다.

 생활합리적 의식을 종합적으로 살펴볼 때 그런 의식을 지닌 사람들이 많다고 할 수 있으나 반면 적지 않은 사람들이 비합리적 혹은 합리성의 결여된 의식을 지니고 있음도 사실인 것 같다. 따라서 건전한 코뮤니티형 의식을 고양하기 위해서는 좀 더 보편주의적 이해관심이 확대될 필요가 있다고 하겠다.

 이상의 코뮤니티형 의식에 관한 논의를 다시 정리하여 보면 '지역주체적 태도-지역객관적 태도'의 축에서 보아 지역주체적 태도가 크다고 할 수 있을 것인 즉, 이는 역할의식의 분석에서 지역사업 추진에 참여하려는 태도가 약 85%, 지역개발사업추진의 주체는 주민이나 지방의회가 좋다는 입장이 약 79%, 자신의 이익이 지역사회의 이익과 상충될 때 지역사회를 우선하겠다는 입장이 약 70% 등으로 높게 나타나고 있는 데서 추론해볼 수 있을 것이다. 이런 의식은 강한 공속의식에 의해 뒷받침되고 있다고 하겠다.

 한편 '보편주의적 이해관심-특수주의적 이해관심'의 축에서 보아 보편주의적 이해관심이 높다고 할 수 있을 것인 즉, 이는 사회적 합리성의 태도가 65~73%로 나타나고 있어서 비합리적 태도 38.5~13.2% 보다 높고, 경제적 합리성의 태도는 73.0~77.1%로 비합리적 태도의 비중(24.0~22.9%)보다 크다는 데서 추론된다. 따라서 제주도민들은 보편주의적 이해관심의 성향을 보다 많이 지니고 있다고 할 수 있다.

 종합적으로 살펴볼 때 공동체적 의식의 두 개 축 중에서 '보편주의-특수주의' 축은 '지역주체성-지역객관성'의 축보다 상대적으로 취약한 상태이고 특히 사회합리성의 측면에서 그러하다. 여기에 우리는 코뮤니티형 의식을 강화시키려면 사람들로 하여금 보편주의적 이해관심을 갖도록 하는 방안을 강구해야 되리라고 본다.

 그렇게 된다면 지방자치의 기본 토대로서의 심층부 의식을 보다 확고히 형성하는 계기가 될 것이고, 이렇게 하여 형성된 공동체형 의식을 바탕으로 하여 지방자치 단위지역에서 민주적 행정이 실현되고, 주민 참여의 분위기가 조성되며 지방자치가 확립됨으로써 주민 주체의 복지 지역사회의 건설을 내다볼 수 있을 것으로 생각한다.

■ 참고문헌

노융희. 1986, 「지방자치의식의 계발 방향」, 한국지방행정연구원, ≪지방행정연구≫ 창간호.
문석남. 1984, 『전남인의 의식구조』, 대왕사.
신행철·김진영. 1985, 「제주인의 의식구조」, 제주대 사회발전연구소(프린트판 조사보고서).
조문부·부만근·신행철·양영철. 1988, 「지방자치의 효율화를 위한 주민의 자치의식 함양에 관한 연구」, 제주대 사회발전연구소, ≪사회발전연구≫ 4집.
Almond G. A. & S. Verba. 1963, *The Civic Culture: Political Attitudes and Democracy in the Five Nations*, Princeton Univ. Press.

제4부

산업 및 노동

- 제주사회변동론 서설
   －개발정책과 산업구조의 변화를 중심으로
- 제주지역 노동시장의 구조와 특성
- 제주시 운수노동자의 노동실태와 의식구조

제주사회변동론 서설
—개발정책과 산업구조의 변화를 중심으로—

이상철

1. 머리말

　일반적으로 육지부의 문외한들에게 제주도는 신비의 섬으로 알려져 있다. 그래서 누구나 한 번은 꼭 가보고 싶어하는 관광대상이 되었다.[1] 그러나 제주도의 이러한 모습의 뒤에는 제주주민들의 피와 땀, 눈물과 한숨으로 얼룩진 역사가 존재하고 있다. 조선시대만 하더라도 제주도는 육지사람들에게 유배지와 말의 낙원 정도로만 생각되었고, 출륙금지령까지 내려져서 글자 그대로 섬 자체가 하나의 거대한 형옥(刑獄)이었다.
　이와 같은 괴리는 무엇을 의미하는가? 그것은 제주사회가 개발 이후에 겪어온 변동의 성격을 단적으로 드러내는 것에 지나지 않는다. 그런데 제주사회에 대한 기존의 연구는 민속·언어분야와 개발의 효과에 치중하여 양극화된 채 변동 자체에 대한 고찰은 소홀했었다. 이 글은 이러한 제주사회 변동의 성격을 자본주의적 산업화라는 수준에서 개발정책과 산업구조에 초점을 두고 파악하고자 시도된 것이다.

---

　1) 제주도를 관광지로 이미지화하는 다음의 선전구호들은 그 경향을 잘 반영하고 있다: 신화의 땅, 신들의 고향, 환상의 섬, 신비의 섬, 동양의 하와이, 세계 10대 관광지 중의 하나, 올림픽은 서울에서 관광은 제주에서.

지금까지 제주사회 개발에 대한 연구는 개발우선주의 입장이 강했고 개발 방향에 대한 반성은 최근에 와서야 이루어지고 있다.2) 그러나 더욱 중요한 것은 이러한 개발이 가지는 의미를 한국사회내에서 제주사회가 차지하는 위상에서 파악하는 일이다. 즉 한국사회 변동의 보편성 속에서 제주사회 변동의 구체적 모습을 연구해야 한다. 왜냐하면 한국에서는 국가가 산업화와 자본축적 과정에 적극적으로 개입하여 경제정책을 실시하고, 지역개발도 이 선상에서 추진해 왔으며, 제주도의 개발도 정책수립 과정에서부터 시행에 이르기까지 한국의 자본축적 과정에 조응하도록 이루어졌기 때문이다. 한국의 산업화·자본축적 선상에서 제주개발정책의 전개과정과 산업구조의 변화에 대한 고찰이 이루어질 때, 개발이 제주도의 사회경제구조 및 주민들의 생활양식과 의식구조에 미치는 영향도 체계적으로 탐구할 수 있고 나아가 개발의 전망 및 대안도 고찰할 수 있을 것이다.3)

2. 접근방법

1) 지리적 환경과 역사적 배경

(1) 지리적 환경
인간의 사회생활을 가능하게 하는 기본조건 중의 하나가 자연, 즉 지리적

---

2) 개발방향에 대한 반성은 근래에 제주주민들을 중심으로 부쩍 늘어나고 있다. 이 경향을 한 단계 정리하게 된 계기가 1985년 '제주도의 보존과 개발'이라는 주제로 이루어진 '제주도연구회'의 제1차 전국학술대회이다.
3) 한국사회의 틀 속에서 제주사회를 조망하는 것을 기본 방향으로 하지만 그렇다고 하여 이러한 접근방법이 그 역의 방향, 즉 제주사회의 특수성을 통하여 한국사회의 보편성을 규명할 수 있는 가능성을 부인하는 것은 아니다. 왜냐하면 부분과 전체는 유기적인 연관성을 갖고 있으므로 부분의 연구는 전체의 틀 속에서 이루어져야 되지만, 역으로 부분의 연구를 통해야만 전체의 성격도 명확히 규명될 수 있기 때문이다. 그런 점에서 제주사회 변동연구는 한국사회 변동의 성격을 밝히는 데에도 도움이 된다.

환경이다. 이것은 인간과 사회가 물질적 조건인 지리적 환경의 영향을 받지 않을 수 없으므로 환경이 제약조건으로 작용한다는 것을 의미한다. 동시에 인간의 주체적인 행위에 의해서 환경의 제약은 극복·변형될 수도 있으므로 환경은 기회구조이기도 하다. 제주사회 변동연구에서도 지리적 환경의 이중성이 전제되어야 한다.

제주도는 한반도 최남단에 위치한 화산도(火山島)로서 육지와는 상당히 떨어져 있다. 화산섬이기 때문에 지형은 독특한 모습을 하고 있으며 지하자원도 전무한 형편이다. 지질적으로도 비가 땅에 삼투복류(滲透伏流)하므로 강우시에만 물이 흐르는 건천(乾川)이 대부분이다. 위도상으로 온대 남부와 아열대 북부에 위치하고 있어 식물의 분포도 육지와 다르다. 기후는 해양성의 특징을 나타내고 있으나 섬의 중앙에 위치한 한라산 때문에 국지적으로 일기가 자주 변하고 바람도 많다(제주도, 1982: 517-567).

육지와는 다른 독특한 지리적 환경은 제주사회의 성격을 일찍부터 규정지어 왔다. 과거 자급자족적 체제에서는 이것이 크게 도서성(島嶼性)과 토지의 척박성 두 가지 방향으로 작용했다고 볼 수 있다. 전자의 영향은 제주사회의 상대적 고립, 고유성, 그리고 외부에서의 침략으로 나타났다. 후자의 영향은 힘든 생활조건과 이에 대한 주민들의 '현재적 삶'의 중시 경향 및 근면 등의 모습으로 나타났다.4) 그러나 제주도가 자본주의 사회체제에 편입된 현재에는 독특한 자연경관은 훌륭한 자연관광자원으로 기능하고 있다. 고립으로 인해 상대적으로 보다 풍부하게 보존된 한국문화의 고형(古型)과 제주도 특유의 민속문화는 인문관광자원 및 학술연구의 대상이 되고 있다. 척박한 토지도 과거처럼 주곡생산에 이용되는 것이 아니라 감귤, 특용작물 등 상업적 농업에 이용됨으로써 육지부에 대하여 비교우위를 가지게 되었다. 이와 같이 제주도의 지리적 환경은 사회체제의 변동에 따라 역사적으로 상이한 영향을 제주사회에 미쳐 왔다.

---

4) 제주도의 수많은 민속설화·민요가 힘든 생활과 배고픔, 그리고 이것을 이겨 나가기 위한 바람으로 가득찬 것은 그 때문이다(박재환, 1977; 현길언, 1981).

(2) 역사적 배경

역사적으로 볼 때 제주사회의 기본특징은 도서성으로 파악할 수 있을 것 같다(이기욱, 1984). 왜냐하면 사회구성의 구체적 모습은 시대에 따라 변화했지만, 육지부와의 관계에서 볼 때에는 지리적 환경, 특히 고립성 때문에 매우 특수한 정치·경제·사회·문화구조를 형성해 왔기 때문이다.

일찍이 제주도는 탐라라는 국가를 형성하여 자치를 했었다. 삼국시대에도 신라나 백제에 입조하여 교린지국(交隣之國) 또는 복속의 관계를 맺었지만 독립국가로서의 지위는 계속 보장받아 왔다. 937년 고려 태조 때는 그 속국이 되어 명목적인 독립국가의 지위는 상실하였지만 실질적으로는 자율적인 정치·경제구조를 유지하였다. 그러다가 1105년 중앙에서 지방관을 파견한 이후부터는 고려의 직접통치를 받게 되었다. 이때부터 제주도는 명실상부하게 한반도의 통치권에 완전히 편입되어 자치권을 상실하였으며, 도서성의 성격은 점차 감소하고 한국사회의 한 특수지역으로서의 성격이 증가해 왔다. 그 후에는 원(元)에 귀속되어 이민족의 식민지로 수난을 받기도 하였다.

조선시대에는 중앙집권적 통치체제가 강화되어 제주에서도 육지부의 다른 지방과 동일한 정책이 실시되었다. 행정구역이 재정비되고 경제·사회·문화면에도 많은 변화가 있었다. 그러나 지리적 위치 때문에 여전히 정치적으로는 변방(邊方)으로 소외되었으며, 경제적으로는 자급자족적인 체제를 유지하였고 사회문화적 특수성도 강하게 존속되고 있었다. 일제시대에도 식민지로서 한국의 어느 지역보다 일본의 영향을 크게 받았지만 경제적으로는 여전히 자율적인 재생산구조를 유지하였다(제주도, 1982: 9-507).

그러나 해방이 되고 개발이 시작된 뒤부터는 한국의 산업화와 자본축적 과정에 편입되어 과거의 특수성을 급속히 상실하고 있다. 이제는 경제적으로도 자율적인 재생산구조를 유지하지 못하고 한국자본주의의 재생산기제에 완전히 통합·종속되었다. 그 결과 사회문화적 측면에서도 특수성이 급속히 소멸되고 있다. 이와 같이 제주사회의 전반적인 성격이 급변하는 것은 한국 자본주의의 요구에 따라 제주의 경제적 토대가 변화하였기 때문이다. 그러므로 한국의 산업화와 지역개발 성격에 대한 검토는 제주사회 변동연구의 전제가 된다.

2) 한국의 산업화와 지역개발

(1) 산업화와 자본축적

현재 한국사회의 성격과 변동에 대한 논의는 국가독점자본주의론과 주변부자본주의론으로 대별된다. 이 두 입장은 한국자본주의의 보편성과 특수성에 대한 인식이 상이한 것에 근거하지만, 구체적으로는 세계체제·계급·국가라는 세 주요변수의 위상에 대한 평가가 다르기 때문이다.5) 그런데 이 세 변수는 어느 하나를 중심으로 하고 다른 것을 그것에 환원시켜서는 이해하기 어려운 관계에 있다. 왜냐하면 내외적 요소인 세 변수의 상호작용이 그간 한국의 경제개발 및 사회변동의 성격을 규정하였기 때문이다. 한국의 산업화와 자본축적의 과정도 이 세 변수를 통합하는 분석틀로써만 제대로 고찰할 수 있다. 그래서 여기에서는 간략하게 세 변수의 성격을 논의하면서 지역개발의 논리를 도출하고자 한다.6)

세계체제에서 한 국가의 위치는 초국가구조로서의 국제적인 국가체계와 자본주의 세계경제로 구분하여 고찰할 수 있다(Skocpol, 1979). 한국은 동서냉전 과정에서 공산주의의 확산을 방지하는 보루역할을 미국으로부터 부여받았다. 제2차 대전 후 새로운 형태로 자본주의 세계체제에 편입된 것은 경제적이라기보다 정치군사적 동기 때문이었다(Cumings, 1981; Halliday, 1980). 그러나 증가하고 있던 사회주의의 영향력을 막기 위한 또 다른 방편으로 미국이 제3세계의 '근대화'를 시도함으로써 한국은 1960년대부터 자본주의의 진열창 역할까지 부여받았다. 이후 한국은 대외지향적 산업화 전략을

---

5) 이것에 대한 대표적인 논쟁으로서는 박현채(1985)와 이대근(1985)을 들 수 있다. 논쟁에 대한 평가로서는 조민(1986)과 조희연(1986)을 참고할 수 있다.
6) 세 변수를 독립변수로 간주하고 변동을 종속변수로 파악한다고 해서 그 역의 관계를 부정하는 것은 아니다. 왜냐하면 사회변동에 의해서 세 변수의 초기의 관계들도 다시 규정받기 때문이다(구해근, 1985a, b).

취함으로써 자본주의 세계경제에 보다 깊이 편입되었다. 신국제분업하에서 저임노동력을 기초로 하고 자본·시장·기술·원료는 주로 해외에 의존하면서 고도성장을 추구해 왔다. 그 결과 세계경기에도 힘입어 대외종속적 상황에서나마 급속히 산업화를 달성할 수 있었다(Lim, 1985). 이러한 특성은 기본적으로 제주사회에서도 관철되고 있다.

일반적으로 세계체제를 강조하는 자들은 국가사회의 외적 관계에 초점을 둔다. 그러나 외적 요소는 내적 요소를 매개로 해서만 자신을 관철시키므로 한 사회의 성격을 궁극적으로 결정짓는 것은 계급관계라는 내적 요소이다(Petras, 1978). 한국에서는 농지개혁과 미국 잉여농산물 원조에 의해 지주계급이 경제적 기반을 상실하고 크게 와해되었기 때문에 산업화의 큰 장애요소로 작용하지는 않았다.[7] 농지개혁에 의해 1950년대에는 농업자산이 어느 정도 상인자본으로, 이것이 1960년대에 다시 산업자본으로 전환하여 산업화를 위한 자본축적에도 일익을 담당하였다(Hamilton, 1984). 산업화를 추진할 당시 한국은 남미에 비해 비교적 유리한 계급구조를 가졌던 것이다. 이 산업화 과정에 따라 농민층은 급격히 분해되고 노동자계급은 크게 성장하게 되었다. 그것은 양질의 저임노동력이 국가의 노동통제에 의해 보장됨으로써 자본축적과 산업화의 기초로 작용하고, 그 결과 독점자본이 비대하여 계급구성에 변화가 초래되는 과정이기도 하였다. 국내 독점자본은 국가의 각종 특혜와 비호에 의해 성장하여 대외지향적 산업화를 통한 자본축적의 핵심세력이 되었다. 제주에서도 대자본이 침투하여 역내(域內) 중소영세자본이 정체·몰락하고 있는 점은 마찬가지이다.

1960년대 이후 산업화와 자본축적은 국가가 주도해 왔다. 그것은 국가가 사회계급으로부터 상당히 큰 상대적 자율성을 가졌기 때문에 가능했다. 즉 농지개혁, 냉전체제하의 전쟁 등으로 인해 계급구조가 미정립되었기 때문에 국가는 계급적 간섭을 적게 받았으며, 식민지하에서 과대성장된 관료체제도

---

7) 농지개혁의 성격과 결과에 대한 평가는 다양하지만 지주계급의 기반이 와해되었다는 것은 충분히 공감할 수 있다(장상환, 1985; 황한식, 1984).

물려받았기 때문이다(Alavi, 1972). 게다가 분단상황이 국가권력을 상대적으로 더욱 강력하게 하였으며, 귀속재산·원조·외자·조세·금융 등 자본에 대한 관장도 일익을 담당하였다(Halliday, 1980; Hamilton, 1983). 이러한 강한 힘을 바탕으로 국가는 기본정책 제시, 자원의 추출과 배분, 산업에 대한 각종 정책을 실시하였을 뿐만 아니라 자본가를 적극적으로 창출·육성하였다(김호기, 1985; 이재희, 1984). 경제성장을 통해 정치적 정당성을 획득하려던 국가엘리트의 의도는 다른 한편 독점자본의 비대, 노동통제 강화 등 계급간의 불평등 심화와 세계체제에의 의존 심화 등 부작용을 낳으면서도 꾸준히 추진되었다. 이러한 국가의 역할은 제주의 개발에서도 중요하게 작용하고 있다.

요컨대 지난 4반세기 동안의 급속한 산업화와 자본축적은 외자·저임노동력·수출 및 국가정책 등을 기초로 이루어졌으며, 그것은 독점강화와 대외종속의 심화를 초래하는 것이기도 하였다.

(2) 지역개발

산업화와 자본축적 과정에서의 논리는 지역개발 과정에도 그대로 관철되어 왔다. 지역개발은 국가 주도하에 내외독점자본이 참여하여 주체를 형성하였으며 지역주민은 거의 배제되어 왔다. 그것은 지역개발이 지역간 균등발전과 지역주민을 위해서 시도되었다기보다 독점자본주의적 고도성장정책의 일환으로 추진되었기 때문이다.[8] 그간 한국에서는 산업화전략에 따라 경제개발계획을 실시하였으며 국토개발과 지역개발은 그 하위부문으로서 이루어졌던 것이다(김의원, 1982: 766-769).

국가는 불균형성장론을 기조로 하여 경제개발을 시도하였기 때문에 지역개발도 특정 산업을 정책적으로 육성함으로써 달성하고자 하였다. 그래서 지역개발이 공간적으로도 거점성장이론에 기초하여 개발단지를 중심으로 이루

---

8) 지역개발의 필요성은 후진국의 산업화와 지역간 균형성장을 위해 제기되었으나(권태준 외, 1981: 61-63) 실제로는 정반대로 불균형성장을 초래하였다. 그 이유는 경제정책의 기조가 불균형성장론에 있었기 때문이다.

어졌다. 개발단지는 관광단지도 있었으나 어디까지나 공업단지가 중심이 되어, 이를 위한 각종 지원기능의 확보를 주축으로 이루어져 왔다. 사회간접자본의 확충, 각종 공단창설, 수출자유지역 조성 등과, 이러한 과정을 원활히 하기 위하여 도시계획에 의한 기존도시의 개편, 신시가지 및 신도시의 건설이 그것이다(김의원, 1982: 786-815). 이외에 소외된 농촌지역은 새마을운동으로 개발하고자 하였다.

이러한 개발 결과 한편 급속한 산업화와 경제성장을 이룩하고 생활의 편의 및 소득향상의 효과가 있었지만, 다른 한편 부정적 영향도 적지 않게 나타나게 되었다. ① 자본·시장·기술의 대외의존은 대외종속·예속화 현상을 초래하여 지역개발의 종속성을 노정시키게 되었다. ② 국가와 독점자본이 개발의 주체가 됨으로써 개발과정에 이들의 요구가 주로 반영되고 지역주민의 이해는 배제되는 경향이 컸다. 계획의 입안·시행·이익배분의 전 과정에서 다수의 주민들은 배제되었던 것이다. ③ 이외에도 지역간 불균등발전이 심화되고, 지역경제와 주변지역간의 분절화 현상 및 지역경제의 불안정성과 산업공해의 폐해가 초래되었다.

제주도의 개발도 이러한 성장정책의 일환으로 추진되어 왔다. 따라서 제주사회의 성격변화도 기본적으로 이 틀 안에서 파악되어야 한다.

3) 주변사회

역사적으로 볼 때 제주도에서는 기본특징이었던 도서성은 점차 감소하고 한국의 한 지방으로서의 특성이 상대적으로 증가하여 왔다. 더욱이 1960년대 이후의 제주개발에서는 한국 지역개발의 논리가 그대로 관철되고 있다. 그렇지만 제주개발은 제주사회를 단순히 지역이나 지방의 개념만으로는 충분히 파악할 수 없는 점도 동시에 보여준다. 지역사회나 지방사회의 개념이 불충분한 것은 그것들이 ① 한국사회의 한 하위범주라는 의미일 뿐 제주와 다른 곳과의 성격구분을 힘들게 하기 때문이다. 특히 서울도 동일한 지역사회로 파악할 수 있는 단점이 있다.[9] ② 역사성이 결여되어 있다. 예컨대 지방은 중앙집권체제하에서는 언제나 사용될 수 있다. ③ 육지부, 특히 중앙인 서울과의 불평등관계가 뚜렷하게 드러나지 않는다.

이에 반하여 '주변'의 개념은 위의 단점을 상당히 극복하게 해준다. 그래서 한국에서 제주의 위상을 주변적이라고 보고, 제주사회 접근방법으로서 '주변사회'라는 가설을 제기하고 싶다. 물론 주변도 외적 관계만 중시하고 정체론적 입장이 강한 종속이론이나 세계체제론의 구조주의적·유통론적 뉘앙스 때문에 나름대로의 한계를 분명히 갖고 있다. 그렇지만 이런 한계에 유의하면서 조금 다른 의미로 이 개념을 사용하면 제주사회의 성격파악에는 상당한 분석적 유용성이 있다고 하겠다. 그럴 경우 주변사회의 특성은 ① 외적 규정성이 아주 강하다. 더욱 구체적으로는 ② 중심과 불평등관계에서 종속되어 있으면서 중심을 보완하고 있다. ③ 산업간·부문간 연관성이 결여되고, 자본제적 생산관계의 발달이 지체되며, 그 결과 계급구성도 중심과 상이하다.

서울을 중심으로 한 내외 독점자본의 요구에 규정당하고 있는 제주사회의 주변적 특성 몇가지를 살펴보면 다음과 같다. 정치적 측면에서는 지방자치가 이루어지지 않고 있으며, 인사·재정·행정사무의 종속이 심화되고 있다. 이러한 점은 개발정책의 입안을 중앙에서 거의 일방적으로 하는 점에서도 드러난다. 그 결과 제주의 산업구조는 1·3차산업, 특히 감귤 등 특수작물과 관광산업 위주로 재편되어 육지부 산업구조를 보완하게 되고 도내의 산업간 연관성은 낮아졌다. 뿐만 아니라 자본·경영·기술에서도 역외(域外)에 종속되어 있다. 제주경제의 자율적 재생산구조는 와해되었다. 그래서 계급구성도 육지부와는 달리 쁘띠 부르주아지, 특히 농민층이 비대하고 산업노동자 비율은 미약하다. 정치경제적 종속은 사회문화적 측면에도 영향을 미쳤다. 제주의 문화는 도서환경에 대한 적응이라는 성격에서, 거의 일방적으로 전파되는 육지문화에 대한 반응이라는 성격으로 바뀌었다(유철인, 1984, 1986). 특히 개발

---

9) 지역은 구체적인 삶이 이루어지는 현장성, 지리적 영역으로서의 지역성, 그리고 사회적 상호작용과 공동의 유대를 뜻하는 개념이므로 서울도 하나의 지역사회로 파악할 수 있고, 서울내의 특정지역도 지역사회로 파악할 수 있다(임영일, 1986: 107-113; Poplin, 1972: 23-39).

초부터 계속 제기되어 온 자유무역항·국제관광지·국제자유지역 구상은 제주도가 육지부의 다른 지방과는 달리 지역·지방 개념만으로는 파악될 수 없는 특성을 지니고 있음을 단적으로 드러낸다. 이외에 행정권·경제권·생활권·문화권 등 모든 권역(圈域)이 일치하는 것도 제주만의 특수한 점이다.

　제주사회 연구를 체계적으로 하기 위해서는 지리적 환경과 역사적 배경, 한국사회의 산업화와 지역개발의 성격, 그리고 그것에 따른 주변사회로서의 제주도라는 논의를 하나의 접근틀로 종합하여 고찰하여야 한다. 이 점을 염두에 두고 제주사회가 그 내적 조건과 한국사회의 요구에 따라 현재의 성격을 갖게 된 구체적 과정을 개발정책의 전개를 통해서 보고자 한다.

3. 개발정책의 전개과정

1) 개발계획의 기조

　제주도 개발에 대해서는 1960년대 이전에도 국가 혹은 지역주민의 입장에서 논의가 있었다. 그러나 본격적인 논의와 개발은 한국의 경제개발계획과 발맞추어 1960년대부터 시작되었다. 계획은 종합적 성격의 것과 도내 개별 지역과 개별 산업을 대상으로 한 것이 있지만 그 주요내용은 크게 '국제자유지역' '관광개발' '산업개발' 세 가지로 이루어져 왔다.

　첫째, 국제자유지역계획은 1963년의 자유항설정구상을 시발로 하여 1975년의 특정자유지역개발구상, 1983년의 국제자유지역 조성을 중심으로 한 종합개발계획으로 계속 제기되어 왔다. 제주 및 국내외 여건 때문에 보류는 되었지만, 자유지역구상은 한국의 개방경제체제로의 이행에 따른 외자유인 방안으로 계속 대두되어 왔으므로 대외종속적인 독점자본이 자본축적의 위기에 부딪힐 때 언제든지 재론될 수 있다.

　둘째, 관광개발계획은 제주개발을 주도해 온 분야이다. 이것은 박정희 대통령 개인의 의지에서도 영향을 받았지만(≪제주신문≫ 1982. 7. 2) 기본적으로는 제주도가 한국경제의 고도성장을 보조하기 위하여 관광산업을 분업적으로 떠맡은 데 기인한다. 특히 국제관광지로서의 성격이 강조된 계획들은 관광을 수출전략산업으로 중시하고 있다.

마지막으로, 산업개발계획은 관광개발을 위한 보조적 성격을 띠고 있다. 한국의 경제개발과 지역개발이 불균형성장론에 기초하고 있기 때문에, 제주도의 산업개발도 균형적인 발전을 지향하지 않고 관광관련산업에 편중되어 육성되고 있다. 물론 감귤 등 환금작물의 재배가 크게 성장은 하였지만 일정한 한계를 갖고 있는 실정이다.

요컨대 제주개발계획은 국가주도하에 국제자유지역화를 염두에 두면서 관광산업을 중심으로 전개되어 왔다.

2) 관광개발을 위한 기반조성

종합적 성격의 개발계획은 1963년 당시 국가재건최고회의 의장이었던 박정희의 지시에 따라 '제주도건설개발연구위원회'가 설치되어 제주도 전역에 걸친 자유지역 설정 또는 제주시에 국한된 자유지역화를 검토한 것이 시발이다. 그러나 제주의 국제교역상의 위치, 국가안보, 국민경제 및 세계여건 등의 이유로 관광자유화만 가능하다고 결론을 내렸다. 이 구상은 군사정권이 민간정부로 전환되면서 개방경제로의 전환을 도모하는 과정에 외자를 적극적으로 유치해 보려는 의도에서 생겨난 것이었다.

1964년에는 건설부 주관으로 특정 지역 지정 겸 건설종합개발계획을 위한 사전조사를 실시하였다. 주요내용은 관광개발·산업개발·교통 및 동력자원개발 등이다. 이 중 관광이 개발의 기본방향이 되어 향후 제주개발의 기조를 이루게 되었으며 교통조건도 개선되기 시작하였다.

1966년 제주도가 특정 지역으로 지정되자, 건설부 주관으로 이에 대한 종합개발계획을 다음해에 수립하였다. 주요내용은 관광을 중심으로 한 산업개발, 용수·도로·동력 등 사회간접자본 확충, 화순의 무역항으로의 개발 등이다. 이것에 의거하여 어승생댐 건설과 용천수 개발이 착수되었고 동력공급의 후보지가 선정되었으며 제주공항이 국제공항으로 승격되고 도로망이 확충되었다. 이 계획은 이후에도 기반시설투자에 관한 각종 계획의 기본지침이 되었다.

1970년에는 특정지역종합개발계획의 보조적 성격을 갖는 '제주도종합개발 10개년계획'이 수립되었다. 이 계획은 제주도를 국제적 관광지로 조성하기 위한 사회간접자본 확충과 지역사업을 국가적 우선순위에 반영하려는 것이었다. 그러나 구체적인 개발전략과 법적 근거가 없어서 실질적인 효과는 보지 못하였다.

이외에 1960년대에는 1차산업을 중심으로 한 산업개발계획도 시행되었다. 지역특화산업인 감귤농업과 축산업을 신장시키기 위해 일본으로부터 묘목을 수입하고 가축의 품질과 초지개량에도 힘썼다. 한일간 국교정상화로 인해 수산업이 수출산업으로 부상하였기 때문에 수산개발계획이 수립되기도 하였다.

그러나 초기의 개발은 어디까지나 제주도를 국제적 관광지로 성장시키기 위한 기반조성에 중점을 두었다. 제주개발은 지역발전보다 한국의 산업화와 자본축적의 보완적 수단으로서 관광개발을 중심으로 시작되었던 것이다.

3) 국제관광지화 추진

관광개발을 위한 기반조성이 계속된 후, 1960년대의 계획들은 1973년 '제주관광종합개발계획'의 수립으로 한 단계가 마무리되었다. 이 계획은 청와대 관광개발계획단에서 작성한 것으로 1970년대 제주개발의 기본계획으로 작용하였다. 이 계획에서 개발의 기본방향은 국제수준의 관광지를 조성하는 데 두고, 이를 위해 관광거점을 선정하여 중점투자를 함으로써 파급효과를 높이려고 하였다. 기간은 1973년에서 1981년까지 9년간이며 모든 산업을 관광주도형으로 유도·개발하고자 하였다. 중요한 것은 교통·통신·용수 등 관광기반시설을 재정비하는 계획과, 중문을 국제위락관광지구로 개발하는 것을 포함한 각종 관광지구계획이다. 이외에 관광관련산업 육성으로서 축산·조림·감귤·토산품 계획이 있다.

이 계획에 의거하여 공항과 주요항만의 확장, 부산·목포·여수·완도에 대형여객선 취항, 간선도로의 개설·확장·포장, 용수 및 통신시설 등 기반시설이 개선되었다. 중문은 종합개발계획을 수립하여 본격적인 개발에 착수하였다. 용연·정방폭포·안덕계곡·만장굴·협재지구의 계획, 민속자연사박물관 및 성읍민속보존마을 보전 및 육성 계획 등이 수립되어 추진되고 있다.

계획의 시행에는 1973년에서 1982년까지 총 311,637백만 원이 투자되었다. 재원은 국고 48.5%, 지방자치단체 4.4%, 민간자본 47.1%로 이루어졌다. 이 중 관광기반시설에 63.8%, 관광지구 개발에 20.7%, 관광산업 육성에 14.4%를 투자하였다(국토개발연구원, 1983). 따라서 1970년대는 국가와 독점자본이 중심이 되어 관광기반시설을 확충하면서 관광개발을 본격화한 시기라고 할 수 있다.

이와 같이 국가주도의 국제관광지화 계획이 본격화된 배경으로서는 한국의 악화된 정치·경제적 상황을 생각하지 않을 수 없다. 1970년대 초 세계적 불황으로 노동집약적인 경공업 위주의 수출정책이 한계에 부딪히고 외자관련기업이 부실화되는 등 한국경제는 위기에 빠졌다. 정권의 정당성 위기에 따른 정치적 불안도 가중되고 있었다. 그래서 국가는 8·3조치를 취하고, 직접투자의 개방을 통해 외자의 적극적 도입을 시도하고 중화학공업화를 추진하였다(이성형, 1985; 임진숙, 1985). 관광산업도 외환위기를 극복하기 위한 이러한 방책의 하나로 육성하게 되었다. 그 결과, 다른 산업이 일본의 수직적 국제분업체제에 종속된 것과 마찬가지로 관광산업도 일본에 크게 의존하게 된 계기가 마련되었다.

1973년의 계획으로 관광개발정책을 구체적으로 정착시킨 후, 국가는 1975년에 또다시 특정자유지역개발을 구상하게 된다. 이것은 서귀포와 모슬포간의 약 60km²를 특정자유지역으로 개발하여 교역·관광·원자재 비축·수출가공 등의 기능을 맡기려는 것이었다. 그러나 기초조사가 구체적인 개발계획의 입안으로까지는 이르지 않았다.

1976년에는 지정 후 10년이 경과한 특정 지역의 정비구상을 하였다. 1996년을 목표년도로 한 이 계획은 관광개발을 중심으로 하면서 특정자유지역구상, 새로운 유형의 여가공간 조성계획 등을 포괄하고 있다.

1980년에는 경제과학심의회가 중심이 되어 자유항건설 기본구상 및 추진을 위한 조치를 검토하였다. 그 결과 중국과의 관계개선 가능성은 희박하나 경제분야에서는 접근가능성이 있으므로 자유항 설치를 장기간에 걸쳐 꾸준히 추진해 나갈 수 있다고 판단하였다.

특정자유지역을 구상하여 새로운 차원에서 제주도종합개발계획을 수립하려는 시도는 제5공화국의 수립과 더불어 가일층 박차를 가하게 된다. 제5공화국 대두시에는 제2차 석유파동, 선진국의 보호무역주의, 개도국의 외채누적 등으로 국제무역과 국제금융 환경이 변화하였다. 국내에서는 중화학공업화의 한계, 외채원리금 상환, 노동운동의 고양 등으로 한국경제가 구조적 위기에 직면하였다. 국가는 이러한 난국을 개방경제체제를 확대·강화함으로써 극복하고자 자본자유화와 수입자유화를 시도하였다(한국기독교사회문제연구원, 1986a: 83-97, 1986b: 87-130). 이러한 경제적 상황 외에 당시의 국제정치정세 변화도 제주의 자유지역화계획의 박차에 중요하게 작용하였다. ① 홍콩의 중국 반환과 미국-중국관계의 호전은 제주가 홍콩의 역할을 대신할 수 있고 중국관계의 개선도 가능하리라는 기대를 갖게 하였다. ② 제주가 환태평양권에 위치하므로 환태평양 시대를 위한 장기포석이 된다고 보았다. ③ 올림픽 개최에 따라 관광산업이 크게 성장할 것으로 기대되었다.

국가는 이러한 정치·경제적 변화에 대한 대응으로 1982년 '관광자유지역설치특례법' 제정을 검토하였다. 주요내용은 중문에 카지노와 자유로운 환락을 허용하고 각종 상품을 면세판매할 수 있으며 100% 외국인 단독투자가 허용되고 관광시설 토지의 외국인 소유규제를 완화하며 각종 면세조치를 보장하는 것이었다(≪제주신문≫ 1982. 2. 5). 이외에 금융·세제의 혜택, 외국인 투자허용, 공해방지 등을 내용으로 하는 '제주도개발특별법' 제정도 검토하였다(≪제주신문≫ 1982. 8. 9). 이러한 배경하에서 1983년 '특정지역제주도종합개발계획'이 시안으로 성립되었다.

전체 용역비 10억 원으로 국토개발연구원의 총괄책임 아래 국내 2개 업체(한국산업개발연구원과 대지종합기술공사)와 외국의 3개 업체(미국의 벡텔사와 벡켙사, 일본의 퍼시픽사)가 공동 참여하였다.10) 1년 여에 걸쳐 완성된 이 안은 1982년에서 2001년까지를 기간으로 하며 제주도 전역이 대상이다. 내용은 국제자유지역 조성·관광개발·지역개발의 세 계획을 중심으로 되어 있다. ① 국제자유지역 조성계획은 중문과 화순 일대에 신도시를 건설하여 국제금융지역·첨단산업기지·국제특수대학원을 설립하는 것으로 이루어져 있다. 제주도를 국제교역·국제금융·국제교육·국제문화행사·국제관광의 중심지로 꾸미려고 하고 있다. ② 관광개발계획은 중문지역에 123만 평 규모의 관광단지를 조성하고, 성산포 일대에 해양관광단지를 꾸미며, 민속어촌 및 기타 14개 관광단지를 개발하려는 것이다. ③ 지역개발계획은 교통·정주·산업 등의 개발을 포함하고 있다. 이 계획에 필요한 재원은 총 6조 5천억 원인데, 국제자유지역조성에 3조 2천 6백억 원, 관광개발에 6천 4백억 원, 지역개발에 2조 6천억 원이 해당된다. 이 중 3조 5천억 원은 국가가, 나머지는 민간자본이 담당하는 것으로 되어 있다.

4) 국민관광지로의 전환

한국경제의 위기를 구조적 개혁없이 대외종속 심화로써 해결하려던 방안의 일환인 1983년의 시도는 장애에 부딪힌다. 왜냐하면 1983년의 안은 국내외 개발여건이 불투명한 데다 막대한 투자가 요구되므로, 항상적인 국제수지 적자와 외채부담을 안고 있는 한국경제의 사정으로는 무리라고 판단되어 경제기획원에 의해 수정되었기 때문이다. 게다가 제주사회 자체의 여건도 충분하지 못하다고 평가되었다. 첫째, 국제관광지로의 개발은 아직 시기가 이르다. 왜냐하면 외국인 관광객의 비율이 아직 극히 낮고 연중쾌청일수가 부족하며 교통도 불편하므로 국제관광지로서는 경쟁력이 취약하기 때문이다. 둘

---

10) 이 중에서 2개 업체가 소위 '대지 이정식 토지투기사건'(조성윤, 1987)과, 벡텔사와 한전간의 1천 6백만 달러 공사비 과다지급 시비로 물의를 야기하게 된 장본인이다. 이것은 국가와 내외 독점자본이 개발주체가 되어 국민과 지역주민을 배제시키고 있음을 단적으로 증명하는 사건이라고 볼 수 있다.

째, 국제자유지역조성은 그 전제조건부터 충족되지 않는다. 왜냐하면 제주도는 ① 국제교역상 요충지가 아니고 소비처로서의 배후지가 없다. ② 사회기반시설이 미비하다. ③ 국제기업이 활동할 수 있는 사회경제적 여건이 충분하지 못하다. ④ 국제적인 전문소요인력이 공급되지 않는다. ⑤ 금융·외환·수출입허가 등 모든 제도가 자유화되기는 아직 힘들다.

1984년 경제장관협의회에서 국제자유지역조성계획은 보류하고 국민관광을 기반으로 하여 국제관광지로 개발하기로 개발방향을 조정하였다. 이후 국토개발연구원이 전담하여 대폭 축소·수정작업을 한 것이 1985년에 확정된 '특정지역제주도종합개발계획'이다.

이것은 1985년부터 1991년까지를 계획기간으로 하고 있으며 주요내용은 관광개발과 지역개발로 구성되어 있다. 개발의 기본방향은 ① 국민관광을 기반으로 한 국제관광 유도, ② 선도부문인 관광개발을 근간으로 한 지역개발 촉진, ③ 생활권 중심의 환경정비, ④ 자연경관의 보존 및 환경관리 등이다. 이 계획은 국가계획인 특정지역건설종합계획에 지방계획인 도건설종합계획이 복합된 것인데, 관광개발에 6,550억 원, 지역개발에 6,800억 원의 투자를 예상하고 있다. 재원은 국고에서 2천억 원, 나머지는 지방자치단체와 민간자본에서 충당하기로 되어 있다. 1986년 국가는 특정지역종합개발계획으로 제주도에 1987년에서 1991년까지 6,419억 원을 투입하기로 최종 확정하였다. 이 중 정부지원은 약 30%이고, 나머지는 지방자치단체와 민간자본이 부담하게 된다(《제주신문》 1986. 12. 10).

그러나 여기에서 1983년의 계획이 완전히 포기된 것은 아니라는 점은 유의할 필요가 있다. 국제관광지화는 개발시초부터 일관되게 표명하여 온 장기발전전략이고, 국제자유지역조성은 일단 보류되었을 뿐이지 여건변화에 따라 다시 제기되어 장기적으로는 그렇게 될 것이 확실시된다.11)

지금까지 살펴본 바와 같이 제주도의 개발은 국가가 주도하였기 때문에 지

---

11) 계획작성에 관여하였던 국토개발연구원의 한 연구원도 1992년에서 2001년까지를 계획기간으로 하는 2단계 전략에서 그렇게 되리라고 보고 있다(박수영, 1986).

역주민의 참여는 배제되고 있다. 개발방향은 한국의 산업화와 자본축적 요구에 조응하도록 관광산업과 국제자유지역화를 향하고 있다. 그 결과 제주도의 산업구조는 급격히 변화하여 육지부와는 다른 독특한 양상을 갖게 되었다.

4. 산업구조의 변화

1) 산업기반의 변화

개발에 따른 제주도의 사회·경제적 변화는 매우 심하게 일어났다. 산업기반·경제여건의 변화를 보면 첫째, 사회간접자본의 기반시설이 급속히 확충되었다. 도로·항만·공항을 포함한 교통조건의 개선, 동력확충, 성판악·어승생 등 고지대와 해안지대의 용수개발, 통신시설의 개선이 국가의 주도와 투자에 힘입어 이루어져서 현재 이들의 보급률은 전국 평균을 상회하고 있다(<표 1> 참조). 이로 인해 개발의 큰 장애요소들이 어느 정도 극복되면서 제주경제의 성장에 큰 기여를 하게 되었다.

<표 1> 사회기반시설 수준

주요지표	단위	1960	1966	1973	1979	1982	전국평균 (1981)
도로연장	인구천명당, km	3.1	5.6	5.2	4.2	4.6	1.3
도로포장률	%	-	3.9	16.4	28.9	34.5	34.1
자동차대수	인구천명당	0.9	1.5	4.7	11.8	15.5	14.7
상수도보급률	%	12.2	34.5	88.1	97.9	98.6	55.0
전화율(電化率)	%	12.4	16.5	65.1	99.9	-	-
전화보급율	인구당, %	0.2	0.7	2.3	6.2	16.7	11.2

자료: 제주도, 《제주도지》 1982; 국토개발연구원, 「제1차 국토개발계획의 평가분석」.
출처: 한국장기신용은행 외, 1984, 87쪽.

둘째, 자본주의적 산업화에 의해서 시장경제체제가 급속히 확대되었다. 자급적 농업은 상업적 농업으로 변하고 관광산업이 크게 성장하였다. 그 결과

도내의 자율적 재생산구조는 해체되고 제주경제는 육지부의 재생산기제에 통합·종속되었다. 자본·인적 자원의 유출입이 상당하고, 특정산업이나 특정 품목의 유출입 비율도 대단히 높다.12)

그래서 한국의 일반적인 산업구조와는 달리 제주도는 1·3차산업이 지배적이다. 특히 성장주도산업으로 지정된 관광산업의 비중이 급속히 증대하고 있다(<표 2>, <표 3> 참조). 그 점은 산업별 재정투융자 구성비를 보아도 명확히 드러난다. 1960년대까지는 사회간접자본과 농림어업에 주된 투자가 이루어졌지만, 1970년대 이후에는 관광개발에 집중적인 투자가 이루어지고 있

<표 2> 제주의 산업별 총생산 및 취업자 구성비

산업	농림어업		광공업		사회간접자본 및 기타 서비스업	
연도	총생산	취업자	총생산	취업자	총생산	취업자
1960	61.5	-	5.4	-	33.1	-
1967	61.5	80.5	4.3	1.7	34.2	17.8
1971	50.2	81.4	5.9	3.0	43.9	15.6
1976	49.0	79.6	2.1	3.2	48.9	17.2
1979	37.3	77.6	4.8	3.1	57.9	19.3
1981	36.3	71.8	5.3	3.1	58.4	25.1
1984	33.1	60.7	3.3	3.0	63.6	36.3

자료: 내무부, 『주민소득연보』, 각년도; 제주도, 『제주통계연보』, 1985.

<표 3> 한국의 산업별 국민총생산 및 취업자 구성비

산업	농림어업		광공업		사회간접자본 및 기타 서비스업	
연도	총생산	취업자	총생산	취업자	총생산	취업자
1965	38.4	58.6	19.8	10.4	41.8	31.0
1970	28.0	50.4	22.8	14.4	49.2	35.2
1975	24.7	45.9	27.5	19.1	47.8	35.0
1980	14.4	34.0	30.2	22.6	55.4	43.4
1982	14.8	32.0	29.5	21.9	55.7	46.1
1984	14.0	27.1	30.4	24.2	55.5	48.7

자료: 경제기획원, 『한국의 사회지표』, 1983; 경제기획원, 『한국통계연감』, 1977, 1985.

---

12) 예를 들면 감귤은 대부분 역외로 수출하고 공산품은 약 80%나 역외수입에 의존하는 등 교역의 양과 비중이 급증하고 있다(한국장기신용은행 외, 1984: 471).

다(<표 4> 참조).

<표 4> 산업별 재정투융자 구조

산업 \ 연도	1966	1970	1973	1976	1979	1982
총재정투융자액(백만원)	586	2,950	2,279	6,443	28,671	54,946
농림어업(%)	29.9	9.2	4.4	10.2	4.3	5.5
광공업(%)	6.8	0	0	0	0	0
사회간접자본 및 기타서비스업(%)	63.3	90.8	95.6	89.8	95.7	94.5

자료: 내무부, 『주민소득연보』, 각년도

 이와 같은 개발정책 덕분에 제주경제는 1967년에서 1981년 사이에 연평균 실질성장률 11.2%를 기록하여 전국평균 8.4%를 상회하였다(한국장기신용은행 외, 1984: 401). 그러나 바로 그것 때문에 앞으로의 발전에 구조적 한계도 안게 되었다. 예를 들면, 육지부에의 종속은 ① 2차산업의 발전을 더욱 어렵게 하고, ② 낮은 산업연관성은 항상적인 잉여유출기제로 작용하여 지역의 자본축적을 저해하고 있다. ③ 그래서 시장경제의 확대에도 불구하고 자본제부문은 일부에 한정되고 소생산부문이 여전히 압도적인 위치를 차지하고 있다.13)

2) 주요산업의 구조변화

(1) 농업

 제주의 1차산업은 1960년에는 지역총생산의 60.5%를 차지하였으나 점차 하락하여 1984년에는 33.1%에 지나지 않고 있다(<표 2> 참조). 취업자구성비도 점차 하락하고 있지만 아직 60.7%나 되어 전국평균과는 크게 차이가

---

13) 여기에서 '소생산부문'이라는 개념은 자본제부문에 대한 잔여범주로 사용된다. '소생산'은 모든 업종의 소경영내에서 생산하는 상품과 서비스를 포괄한다(서관모, 1984: 19).

난다. 1차산업 중에서는 농업생산이 줄곧 80%를 상회하고 있으므로 여기에서는 대표로 농업구조를 보고자 한다.

제주의 산업에서 농업이 차지하는 비중은 하락추세에도 불구하고 아직까지 취업자수에서 1위, 생산에서는 2위를 점하고 있으며 연평균 3%의 실질성장률을 보이고 있다. 경지면적은 지난 20여 년간 약 50,000ha선을 계속 유지하고 있다. 이 중 논은 약 2%에 지나지 않고 대부분이 밭이어서 화산도로서의 제주 특성을 잘 드러내고 있다(『제주통계연보』, 1985).

농가인구는 1960년의 232천 명에서 1985년 185천 명으로 감소하여 도내 총인구에 대한 비율이 82.2%에서 37.9%로 떨어졌다. 농가호수도 49,723호에서 42,278호로 감소하였다. 이것은 육지부에서와 마찬가지로 제주도에서도 농민층분해가 일어나기는 하지만 속도는 상당히 느림을 뜻한다. 원인으로서는 2차산업이 미비하여 이농인구를 흡수할 수 없다는 점과, 환금작물 재배의 증가로 1970년대 중반까지는 농가소득이 향상된 점을 들 수 있다. 그래서 이농현상도 1970년대 중반 이후에야 본격적으로 나타나기 시작해서 1980년대에 가속화되고 있다.

경작규모별 농가구성비를 보면, 0.5ha 미만층이 1960년대 이래 1976까지 감소하다가 그 후 증가하여 1983년에 38.4%에 이르고 있다. 0.5~1.0ha층은 1976년까지 증가하다가 그 후 감소하여 32.2%에 이르고 있다. 1.0~2.0ha층은 1971년까지 증가하다가 그 후 감소하여 24.1%에 이르고 있으며, 2.0ha 이상층은 계속 감소하고 있다. 전체적으로 볼 때는 1.0ha 미만이 70.6%를 차지하고 있어(강지용, 1985: 95-96) 가족노작적 소농경영이 주류임을 알 수 있다. 또 1970년대 중반까지의 감귤가격 안정을 기점으로 경작규모별 농가구성비가 변화하는 것도 농민층분해의 한 양상을 나타내고 있다.

작목별 구성도 1960년대 이래 뚜렷한 변화를 나타내고 있다. 1961년 총재배면적의 94.1%를 차지하여 자급적 농업을 대변하던 식량작물의 비중이 1982년에 46.7%로 감소하였으며, 생산량도 85.8%에서 31.7%로 떨어졌다. 이에 반해 특용작물의 재배면적은 3.7%에서 21.5%로 늘었다. 감귤의 재배면적도 0.3%에서 21.6%로 증가하고, 생산량은 0.3%에서 47.9%로 급증했다. 채소류의 재배면적과 생산량도 증가하였다.

작목구성이 이렇게 변한 것은 식량작물 생산의 자급자족적 체제에서 수익성 높은 환금작물을 생산하는 상업적 농업체제로의 전환을 의미한다. 이것은 제주의 지리적 환경-자연적 조건-을 활용하여 육지부에 대해 비교우위가 있는 작물위주의 개발정책을 폈기 때문이다. 그 결과 제주농민들은 한국농민 일반에 비해 상대적으로 보다 많은 부를 획득할 수 있었다. 그러나 상업적 농업으로의 전환은 제주농업이 육지부의 시장경제에 종속되는 결과도 낳게 되었다. 예를 들면 감귤은 1975년을 고비로 초과공급상태에 이른 데다 사과·배 등 대체제의 품질향상으로 경쟁력이 떨어져 판로에 큰 애로를 겪고 있다(김준희, 1984: 120-121). 이러한 경향은 국내 독점자본이 자본축적의 곤란에 직면한 1970년대 후반 이후, 농업 중에서 국제 비교우위로 전환이 불가능한 부분을 도태시키고 수입으로 대체하면서부터(양우진, 1986: 74-79), 세계체제의 영향도 직접 받게 되어 강화되고 있다. 외국의 동식물성 기름과 주정원료의 수입은 제주의 유채·고구마 재배에 타격을 주었다, '개방농정'을 표방한 1980년대에는 가공용 감귤의 외국산 원액 비율 제고로 더욱 어려움을 겪고 있다. 이에 대한 타개책으로 시설작물인 바나나·파인애플의 재배가 확대되고 있으나 그것마저 수입조치로 인해 장래가 불투명하다. 더욱이 수익성은 높지만 자본·기술집약적이기 때문에 1.0ha 미만이 대부분인 영세농가에서는 전환이 쉽지도 않다. 이처럼 농산물 수입과 가격등락에 따라 제주농업의 작목구성, 농가인구, 경작규모별 농가구성의 추이가 변하고 있는 것도 제주농업의 종속성을 드러내는 것이다.

요컨대 자연적 조건과 사회경제적 여건변화로 농업은 성장한계에 이르게 되어 장래가 어둡다. 이 점은 1985년의 종합개발계획에서 유일하게 1차산업 취업인구와 생산만을 지속적으로 감소시키려 한 것에서도 짐작할 수 있다.

(2) 제조업

2차산업은 1960년에 지역총생산의 5.4%, 1984년에 3.3%를 차지하고 있다. 취업자도 1970년대 이후에는 약 3% 수준을 계속 유지하며 큰 변화가 없다(<표 2> 참조). 이처럼 2차산업이 불비한 것이 현재 제주 산업구조의 가장 큰 취약점이다. 2차산업 중 광업의 비중은 부존자원 관계로 극소하므로 여기에서는 제조업을 살펴보고자 한다.

제조업은 일제 말기와 6·25 직후 잠시 성장한 적이 있었으나 곧 쇠퇴하였다(제주도, 1982: 190-191). 그 후 1960년대 산업화가 진행되면서 도내 농수산물을 원료로 하는 분야와 석유·석탄, 건축자재, 인쇄, 유제품 분야가 발전하기 시작했다. 제조업 중에서는 식음료품업이 생산의 약 80%를 차지하고 있다. 그것은 제주가 원료의 산지라는 이점을 갖고 있는 전분·주정·유채착유·감귤가공·우유가공업의 성장에 기인한다.14) 제빵·석유·석탄·건축자재 등의 성장은 시장접근성이 비교우위로 작용하였기 때문이다(한국장기신용은행 외, 1984: 126-128). 그러나 최근에는 식음료품제조업도 외국농수산물의 수입이 확대되어 가격경쟁에서 뒤져 힘들게 된 데다, 관광산업 육성을 위한 공해규제의 강화를 이유로 포도당·주정공장이 폐쇄되는 등 어려움을 겪고 있다.

제조업에서는 영세기업과 소생산부문이 압도적이다. 1984년 제조업체 총 717개 중 자본제부문으로 간주될 수 있는 5인 이상 사업체(서관모, 1984: 70-76)는 108개이며 광업에서는 하나도 없다. 108개 업체의 종사자는 1,950명으로서 업체당 평균 18명에 지나지 않아 기업의 규모가 극히 영세함을 알 수 있다. 취업자 1,950명은 2차산업 총취업자의 34.3%, 도내 전산업의 5인 이상 사업체 총취업자의 6.3%에 해당된다(노동부, 1984).

제조업이 저조하여 영세자영업이 지배적인 것은 제주의 입지여건에 크게 기인한다. 제주는 ① 부존자원이 빈약하고, ② 공업용수의 해결이 어려우며, ③ 경제규모가 작고, ④ 시장과 원료산지인 육지로부터 격리되어 있고, ⑤ 자본·기술·경영능력마저 미약하다. 여기에다 비교우위론에 선 관광주도의 개발정책은 제조업의 성장을 더욱 어렵게 하고 있다. <표 4>를 보면 1970년대 이후 광공업에 대한 재정투융자는 전혀 없다. 1985년의 종합개발계획에서

---

14) 이것도 1960년대 이후 환금작물의 재배증가와 관련되어 있다.

지연(地緣)산업과 도시형 성장산업을 육성시키려 하고 있으나 그 전망은 결코 밝지 못하다.15)

결국 2차산업의 부진은 ① 제주의 산업을 육지에 더욱 종속되게 하고 있다. ② 취업기회의 확대에도 구조적 한계로 작용한다. 그나마 있는 농수산물 가공업도 원료의 계절적 공급 탓으로 계절적 실업을 낳고 있다. ③ 산업간 연관성 부족은 관광산업의 성장에 따른 이익을 역외로 유출시켜 소득증대에도 한계로 작용한다(김문관, 1985).

(3) 관광산업

3차산업은 1960년에 지역총생산의 33.1%를 차지하였으나 그 후 계속 성장하여 1984년에는 63.6%로 뛰어올랐다. 관광개발이 본격화된 1970년대 이후의 성장속도는 아주 높다. 취업자구성비도 36.3%로 증가하였다. 그러나 아직 절대다수를 차지하고 있지는 못하다. 3차산업이 급성장한 것은 관광주도의 개발정책으로 사회간접자본이 크게 확충되고 기타 관광산업이 신장되었기 때문이다. 여기에서는 대표로 관광산업을 보고자 한다. 관광산업은 표준산업분류상 별도로 구분되어 있지 않고 거의 모든 3차산업과 연관되어 있기 때문에 그 현황을 구체적으로 파악하기는 곤란하다. 그래서 대안으로 관광기반시설과 직접적인 관광시설·서비스업 및 관광객의 추이에 대해 살펴보도록 하겠다.

관광기반시설로는 교통·용수 등 사회간접자본의 확충을 생각할 수 있다. <표 1>을 보면 기반시설은 1960년 이래 급속히 확충되어 전국평균을 상회하고 있다. 특히 도로연장·상수도보급률·전화보급률은 전국평균을 훨씬 상회한다. 이외에 상대적으로 적은 자본으로 기반을 조성하여 관광업을 집중시켜

---

15) 예를 들면 제주도 특산물이라고 관광객에게 판매되는 민속공예품의 약 70%는 육지부에서 수입하는 형편이다(김범국·김형길 교수가 1986년 7월에서 9월 사이 토산품판매점을 대상으로 조사한 결과임). 이러한 점이 원료의 공급한계와 함께 지연산업의 성장에 대한 일정한 제약으로 작용한다. 도시형 성장산업도 육지부에 대해 비교열위가 될 수밖에 없다.

규모와 집적의 효과를 보려고 한 신제주나 중문관광단지 같은 신시가지·관광단지 건설도 예로 들 수 있다.16)

<표 5> 관광업체 현황

(단위: 개소)

	여행알선업		관광 숙박업	관광객이용 시설업				지정업소	
	국내	국제 (사업장)	관광 호텔업	관광 기념품 판매업	일반유흥 음식점 영업	관광사진업		숙박 업소	식당 업소
						외국인 단체	관광지 관광		
1975	1	0	0	0	0	0	0	0	0
1976	1	9	5	9	6	3	11	16	17
1977	1	8	4	7	2	3	12	16	16
1979	1	8	4	6	2	2	13	19	21
1980	1	8	4	7	2	2	13	0	0
1982	6	9	7	0	3	0	0	0	0
1983	7	8	8	8	3	5	0	0	0
1985	11	8	10	0	4	0	0	0	0

자료: 제주도, 『제주통계연보』, 1983, 1985.

관광시설·서비스업으로서는 숙박업·음식업·교통운수업·여행알선업 및 기타 오락·문화서비스업 등이 있다. <표 5>에서 일반업소를 제외한 관광지정업체만 보아도 숙박업의 신장이 눈에 띈다. 그것은 지리적 거리로 인하여 제주관광은 숙박관광 형태가 대부분이기 때문이다. 이외에 내국인을 위한 여관의 수용능력도 급신장되었다. 그리고 여행알선업·관광기념품 판매업·토산품점·관광사진업·식당업이 있다. 이 중 신제주의 '관광요정'이라고도 속칭되는 외국인전용 일반 유흥음식점 3곳은 1986년 전반기에 28억 8백만 원의 수입을 올리기도 하였다(≪제주신문≫ 1986. 7. 15). 이외에도 골프장·사냥터·해수욕장·낚시터·인공수렵장 등이 갖추어져 있다. 위락 및 편의시설은 참여하는 활동성 관광으로 관광추세가 변함에 발맞추어 증대될 전망이다. 내도객의 교통수단도 대형여객선·대형항공기가 취항하여 보다 편리해지고 있다. 교통

---

16) 보다 자세한 것은 조성윤(1987)을 참조할 것.

수단은 1971년을 전환점으로 항공편이 선박편을 능가하고 있다.17)

관광개발에 힘입어 관광객의 추이는 1960년의 약 6,600명에서 1985년 약 132만 명으로 급증했다(『제주통계연보』, 1986). 그러나 대부분의 관광객은 내국인이며(1985년 94.4%) 외국인은 아주 적어 1981년에야 겨우 4만 명을 돌파했다. 그나마 증가율이 저조하여 1985년의 종합개발계획에서 제주를 우선 국민관광지로 개발한다는 정책전환 배경의 하나가 되었다. 외국인은 일본인(1985년 58.3%)과 해외동포(22.2%)가 대부분이다. 일본인은 남성위주의 단체관광이 많다. 주로 이들 일본인이 '기생관광' '매춘관광'의 문제를 야기시키는 장본인들이다.18) 관광객의 증가에 따라 관광수입도 점차 증대하여 지역경제에서 관광산업이 차지하는 비중이 1985년 26.1%에 달하고 있다. 그래서 관광을 감귤농업과 함께 제주경제의 '양대산맥' '쌍두마차'라고도 일컫는다.

관광산업이 성장함에 따라 지역경제도 성장하고 주민의 생활도 편리하게 되었다. 그러나 경제성장의 효과가 주민소득의 증대로 직결되지는 않고 있다. 왜냐하면 관광사업체에 대한 투자는 거의 육지부 대자본이 독점하고 다국적 기업이 여기에 합세하고 있는 형편이어서, 지역소득효과는 낮고 이익의 유출성향이 높기 때문이다. 관광산업의 통제권도 외지인과 외국인에 있기 때문에 관광지정업체에 종사하는 자는 대부분 외지인이고, 소생산부문에만 대다수 주민이 취업하고 있어 고용창출효과도 낮다.19) 그나마 대규모 관광업체에 종사하는 지역주민들도 주로 보수와 지위가 낮은 업무나 청소·빨래 등의 임시

---

17) 국내독점노선인 대한항공(KAL)의 좌석판매율은 여타 국내노선이나 국제노선보다 높아 피크(peak)수요 때는 심각한 문제가 야기되기도 한다.
18) 한국은 일본의 수직적 국제분업체제에 편입되면서 일본의 사양산업과 공해산업을 많이 떠맡게 되었다. 사치성 향락산업인 기생관광산업의 유입도 이러한 경향의 하나인 셈이다. 현재 일본인들은 베트남에 파병되었던 미군을 대신하여 필리핀, 태국 등 동남아 일대에서도 이런 관광을 즐기고 있다(강여해, 1985; 설호정, 1986; O'Grady, 1985).
19) 예를 들면 중문에 있는 다국적기업인 하이얏트호텔은 홍콩인 총지배인을 기점으로 상위직은 외국인이 독점하고 있다. 중하위 관리직도 대부분 서울 등 외지인이 차지하고 있다. 국내 독점자본이 투자한 다른 호텔도 외지인이 대다수 지위를 차지하고 있다.

직에 투입되고 있다. 앞으로 국내 독점자본이나 다국적기업의 유치가 더욱 확대될 전망이고 보면 제주관광은 국제호텔망에 종속될지도 모른다는 우려를 낳고 있다(전경수, 1986: 94-95).[20]

그럼에도 불구하고 국가가 관광주도의 개발정책을 실시한 이유는 제주의 여건상 관광이 비교우위산업이 되기 때문이다. ① 1차산업은 성장에 한계가 있고 2차산업은 입지가 불비하다. ② 뛰어난 인문관광자원이 많다. ③ 지리적으로 세계관광 일주항로상에 위치한다. 그리고 한국이 산업화됨에 따라 여가(leisure)에 대한 수요가 증대할 것이므로 이에 대한 대처가 되면서 성장유망산업이기도 하다.[21] 그러나 더욱 본질적인 배경은 한국자본주의의 요구에 의해 제주도가 관광산업을 분업적으로 떠맡게 된 것이다. 관광은 타산업에 비해 자원소비율이 낮아 외화가득률이 높기 때문에 이른바 '무공해 외화획득산업'이라고 할 수 있다. 그래서 관광개발은 개방경제하에서 한국경제의 고도성장을 보조하기 위한 외자유인책으로 시작되었던 것이다.[22] 이 점은 외국인관광객이 적고 개발투자가 계획보다 부진하자 각종 향락산업설비, 외국인 투자제한 완화 등으로 외자를 적극 유치하려던 1980년대 초의 시도에서도 짐작할 수 있다. 이러한 바탕 위에 제조업보다 더 높은 이익이 보장되는 향락산업을 위시한 서비스업, 부동산투기에의 선호 때문에 독점자본이 제주

---

20) 예를 들면 1983년 종합건설계획에 용역업체로 참여했던 미국의 벡켈사는 중문에 5억 달러 상당의 관광시설 투자를 제의해 오기도 하였다(≪제주신문≫ 1983. 8. 18).
21) 제주도에서 관광이 비교우위산업이 되는 것은 제주를 포함한 한반도 전체를 한 단위로 보았을 때이다. 제주도 자체가 자급자족적 체제이거나 한국이 산업사회화되지 않았더라면 관광이 산업으로 성립할 수가 없기 때문이다. 그러나 국제관광지를 염두에 둘 때는 이것마저 제주의 공급측면에서만 본 것이 된다. 그러므로 외국인 관광객의 수요측면에서는 또 다른 분석이 필요하다. 지극히 당연한 얘기를 새삼스럽게 하는 이유는 제주에 대한 접근틀은 제주 자체에 한정시켜서는 안되고 어디까지나 한반도와 세계체제를 같이 고려해야 된다는 것을 강조하기 위해서이다.
22) 국가가 적극적인 관광객 유치를 위해 1961년에 관광산업진흥법을 제정하고 1962년에 국제관광공사(1984년 이후 한국관광공사로 개칭)를 설립하는 등 행정지원체제를 일찍부터 확립한 것도 이 이유 때문이다.

개발에 동참하게 되었던 것이다.

결국 모든 변화는 국가가 지속적으로 관광기반을 조성하면서 그 위에 독점자본을 중심으로 관광시설·서비스업을 구축하고자 한 것에 연유한다. 앞으로도 이러한 방향으로 개발이 계속될 것이므로 제주사회의 모든 측면이 관광 위주로 재편될 날도 멀지 않았다.

3) 산업구조변화의 영향

(1) 인구이동과 계급구성

개발과 산업구조 변화는 사회구조의 모든 측면에 심대한 영향을 끼쳤다. 여기에서는 사회구조 연구의 기초가 되는 인구와 계급에 대해서만 간단히 살펴보기로 하겠다. 인구현상의 변화 중에서는 개발의 영향을 비교적 쉽게 파악할 수 있는 인구이동에 초점을 두고자 한다.

제주의 인구는 1960년에 약 28만 2천 명에서 1985년 약 48만 9천 명으로 증가했다(『제주통계연보』, 1986). 이러한 증가는 출생률의 상승에 기인한다. 그 까닭은 제주도는 육지부에 비해 출생률의 저하경향이 10여 년 늦게 도래했기 때문이다.

이동에 따른 사회적 증가는 전체적으로 볼 때는 거의 없지만 시기에 따라서는 추세가 다양하다(이창기, 1982, 1985). ① 1960~1965년은 이입이 이출을 초과하는 시기이다. 이유는 각종 개발사업의 시작에 따라 육지부에서의 이입이 많았기 때문이다. ② 1965~1970년은 정체기여서 극히 조금 이입초과 현상을 보일 뿐이다. ③ 1970~1975년은 이출이 이입을 초과하는 시기인데 산업화에 따른 이촌향도(離村向都)의 바람이 제주도에서도 뒤늦게 불기 시작했기 때문이다. ④ 1975~1980년은 다시 안정기에 들어섰다. 전국적인 도시화 추세에도 불구하고 제주도의 이출입이 균형을 이루는 것은 제주주민들의 강한 정주의식 때문이기도 하지만 제주도 자체의 개발 영향도 적지 않았다.

제주도 인구 중에 본도 출생자 비율은 비교적 높은 편이다(1980년

88.8%). 타도 출생자 중에는 전남이 40% 이상으로 1위이고 나머지는 10% 미만으로 고르게 분포되어 있다. 이입전 거주지도 전남이 약 1/3이다. 서울은 증가추세에 있어 1975~1980년에는 23.4%에 이르고 있다. 이출인구는 서울이 전체의 약 1/3을 차지하고, 전남은 10% 이하의 낮은 비율을 보이며, 나머지도 부산·경기 등 공업지대가 있는 도시로 집중되고 있다. 이출인구는 15~34세에 약 2/3가 집중되고 있고 이입인구는 20~34세에 1/2이 집중되어 있다. 1975~1980년의 이동인구에 대해서만 보면, 교육정도는 이출인구가 이입인구보다 약간 높으나 둘 다 국민학교에서 대학까지 고르게 분포되어 있다. 그러나 이출인구는 주로 생산직에 취업하는 반면, 이입인구는 단순노무직과 농수산업에 많이 취업하고 있다. 이 중 후자의 경우는 전남 농촌에서부터 감귤농업노동(오석민, 1986: 62-86), 건설업의 일고 등 단순노동에 취업하는 사람이 많은 탓으로 여겨진다. 이입인구의 고학력자가 생각보다 많은 것은 개발에 따른 고급인력의 수요, 예를 들면 전문기술직·행정관리직·사무직 등의 인력수요가 증가되었기 때문이다(황석규, 1985: 52-54).

제주도내에서는 지역의 중심지인 제주시 인구가 1960년 6만 8천 명에서 3배나 늘어 1985년에 도 전체 인구의 41.6%인 20만 3천 명을 차지하고 있다. 감귤농업의 성장 때문에 서귀포시를 포함한 남제주군의 인구도 제주시 다음으로 증가하고 있다. 그러나 감귤농업의 채산성 악화로 인해 1976년 이후에는 증가율이 떨어지고 있다. 북제주군은 아주 완만한 성장을 보일 뿐이다. 이유는 도의 중심지인 제주시로의 인구이출과, 남제주군과는 달리 감귤재배로 인한 성장요인이 결여되었기 때문이다(강상배, 1978; ≪제주신문≫ 1987. 1. 26).

계급에 대해서도 본격적인 연구가 아니라, 개발과 산업구조의 변화에 따른 계급구성의 변화와 성격에 대해서 추세만 간략히 검토하기로 한다. 계급의 개념·범주 획정 등에 관한 논의는 생략하고 서관모 교수(1984)의 방식을 그대로 따르기로 한다.

<표 6>에서 1960년과 1980년의 계급구성을 비교해 보면 쁘띠 부르주아지의 감소와 노동자계급의 성장이 가장 큰 특징이다. 그렇지만 쁘띠 부르주

아지는 전반적인 감소추세에도 불구하고 아직 전 계급의 3/4이나 된다. 그 내부구성을 보면 농촌 쁘띠 부르주아지는 비중이 저하하지만 도시 쁘띠 부르

<표 6> 제주사회와 한국사회의 계급구성

(단위: 명, 1,000명, %)

연도	제주사회				한국사회	
	1960		1980		1960	1980
경제활동연령인구	183,480		294,103		15,391	24,848
경제활동인구	127,025		175,836		7,488	13,595
취업자	124,195		170,510		6,973	12,682
계급	인구	비율	인구	비율	비율	비율
A. 자본가계급	870	0.7	1,093	0.6	1.2	1.2
B. 쁘띠 부르주아지	110,880	87.3	127,300	72.4	72.2	52.2
① 농촌 쁘띠 부르주아지	105,160	82.8	100,789	57.3	58.1	34.0
② 도시 쁘띠 부르주아지	5,150	4.0	25,748	14.7	13.1	17.6
a. 생산, 운수종사자, 단순노무자	1,620	1.3	9,229	5.3	5.3	5.6
b. 판매종사자	3,055	2.4	12,499	7.1	7.1	9.2
c. 서비스직 종사자	475	0.3	4,020	2.3	0.7	2.8
② 중 무급가족 종사자	965	0.8	4,040	2.3	1.5	2.6
③ 전문, 기술직 종사자	220	0.2	758	0.4	0.3	0.6
④ 미상	350	0.3	5	0	0.7	0
C. 노동자계급	15,275	12.0	47,443	27.0	26.6	46.6
⑤샐러리맨층	3,300	2.6	15,727	9.0	4.4	12.2
d. 전문, 기술직종사자	1,665	1.3	5,796	3.3	1.9	3.7
e. 사무종사자	1,635	1.3	9,931	5.7	2.5	8.5
⑥ 생산적 노동자층	6,795	5.3	19,113	10.9	10.5	21.7
f. 농림, 어업종사자	3,880	3.0	4,540	2.6	3.5	1.1
g. 생산, 운전종사자, 단순노무자	2,915	2.3	14,573	8.3	7.0	20.6
⑦ 불생산적노동자층	2,300	1.8	7,277	4.1	4.7	6.0
h. 판매종사자	300	0.2	2,051	1.2	0.6	2.2
i. 서비스직 종사자	2,000	1.6	5,226	2.9	4.1	3.8
⑧ 분류불능, 직업미상	50	0.1	0	0	0.1	0
⑨ 실업자	2,830	2.2	5,326	3.0	6.9	6.7
합계	127,025	100.0	175,836	100.0	100.0	100.0

주: 1960년의 센서스보고서에는 서비스직 종사자에 영외거주 군인이 포함되어 있으나 이 표에서는 제외해서 계산했음.
자료: 경제기획원, 『인구주택국세조사보고』, 1960; 『인구 및 주택센서스보고』, 1980.
출처: 한국사회에 관한 것은 서관모(1984: 36)에서 전재.

주아지는 성장하고 있다. 농촌 쁘띠 부르주아지도 자본주의의 전개에 따라 분해되고 있지만 아직 전 계급의 57.3%를 차지하고 있어 한국사회 일반에 비해 분해속도와 구성비에서 큰 격차가 있다. 도시 쁘띠 부르주아지는 급속히 성장하여 한국사회의 수준에 육박하고 있다. 이것은 도시 쁘띠 부르주아지의 분해속도보다 농민층분해와 노동자계급에 의한 충원이 훨씬 압도적임과, 영세자영업자층 등 도시소생산부문이 제주사회에서 차지하는 비중이 그만큼 큼을 나타내는 것이다. 이들 중 소수 상층은 어느 정도 자본을 소유한 도매업자와 음식·숙박업자·생산운수 종사자들이다. 그러나 다수는 극히 영세한 자본을 소유한 소매업자·생산운수 종사자들이거나, 행상·노점상 등 반(半)프롤레타리아들이다. 이러한 도시 쁘띠 부르주아지는 제주사회가 관광위주로 개발됨에 따라 소매업자, 서비스부문 자영자 및 반프롤레타리아를 중심으로 더욱 성장할 것으로 예상된다. 왜냐하면 농민층의 분해속도보다 이들을 흡수할 자본제부문의 발달속도가 늦을 것이기 때문이다.

　노동자계급은 비록 성장하지만 한국사회와는 큰 격차가 있다. 특히 생산적 노동자층 중 생산·운수 종사자 및 단순노무자는 성장했음에도 불구하고 여전히 한국사회와 큰 차이가 난다. 그 중에서도 제조업의 미발달로 생산 및 관련 종사자는 적고 운수장비운전사와 건설종사자가 압도적이다. 건설종사자는 대부분이 임시직과 일고이다. 이들은 사회간접자본 확충 및 관광지대의 각종 건설공사의 지속과, 농촌·도시의 반프롤레타리아의 증대에 의해 당분간은 계속 늘어날 것으로 짐작된다. 요컨대 노동자계급의 대부분은 건설업의 임시직·일고·샐러리맨층, 그리고 판매·서비스직 종사자로 구성되어 있다.

　자본가계급은 극소한데, 그나마 대부분은 관리직 공무원과 관리자로 구성되었다고 생각된다. 이러한 점은 소생산부문의 비대와 자본제부문의 미성숙을 나타내는 것으로서,[23] 앞의 쁘띠 부르주아지와 노동자계급의 구성 및 성격과 표리관계를 이룬다.

---

　　23) 1984년 현재 전체 취업자 185,113명 중 자본제부문이라고 할 수 있는 5인 이상 사업체에 종사하는 자는 16%인 30,678명에 지나지 않는다(노동부, 1984).

전반적으로 볼 때 제주 계급구성의 기본적인 변화추세는 한국사회의 것과 동일하게 자본주의의 전개, 즉 자본주의적 산업화를 나타내고 있다. 그러나 계급구성의 비(比)와 특성에 있어서는 큰 격차가 존재한다. 이와 같은 점들은 제주의 개발과 산업구조의 성격을 반영하는 것이자 제주사회의 특수성을 드러내는 것이라고 할 수 있다.

(2) 개발의 득과 실

마지막으로 개발이 제주사회에 미친 득과 실을 제주주민의 입장에서 검토하고자 한다. 긍정적인 영향으로서 경제적인 측면은 ① 지역의 경제성장을 들 수 있다. ② 경제성장과 관련하여 소득증대가 이루어졌다. 주민 1인당 소득증가율은 1971～1981년간 연평균 6.3%였다. 1인당 소득의 전국대비율(對比率)은 1971년의 86%에서 1981년 90%로 증가하였다. 이것에 의해서 주민들의 생활수준이 향상되었다.

사회문화적 측면에서는 ① 사회간접자본의 확충, 정보와 기술의 보급 등으로 폐쇄된 사회에서 개방적인 사회로 변화하였다. ② 그래서 생활이 무척 편리해지고 ③ 교육수준이 크게 향상되었다. ④ 재일동포의 약 1/3이나 되는 제주출신 동포들의 고향방문, 귀환, 재산기부, 투자 등과 이들의 처우개선을 생각할 수 있다. 사실 1960년대 초와 지금의 주민생활을 비교해 보면 엄청나게 달라졌다는 것을 금방 실감할 수 있다.

그러나 개발에 따른 부정적 영향이 크다는 것 또한 부인할 수 없는 사실이다. 경제적 측면에서는, 첫째 관광편향적인 개발로 인하여 지역경제의 자립적 구조는 파괴되고 도내 산업간 연관성은 저하되었다. 그래서 잉여의 대외유출기제가 마련되었을 뿐만 아니라 산업간·지역간 불균등발전이 심화되었다. 즉 ① 확대재생산이 가능한 2차산업보다는 1·3차산업 위주로 발전됨으로써 역외시장에의 의존을 높이고 지역경제의 안정을 저해하였다. 1·3차산업에 상대적 과잉인구를 누적시키기도 하였다. ② 거점성장이론에 입각해 있기 때문에 특정 해안 및 관광관련지구 외에는 개발이 지체됨으로써 지역간 불균등발전이 심해졌다. 특히 중산간지대는 일제시대부터 쇠퇴하기 시작하여 아직까지도 제대로 개발되지 않고 토지투기·유휴지 등의 부작용을 낳거나 빗나간 개발이 많다(≪제대신문≫ 1986. 8. 30). ③ 개발에 따라 주민들의 계급·계층간 불평등이 심화되고 갈등이 발생될 소지를 안고 있다.

둘째, 자본·시장·경영·기술의 의존은 대외종속을 심화시키고 개발이익의 항상적 유출기제를 마련하였다. ① 국내 독점자본의 진출로 대규모사업체는 외지인의 소유가 되고 잉여유출의 기본적 요인으로 작용하고 있다. ② 독점자본의 진출에 따라 도내 중소자본과 영세자영업의 생산은 정체 또는 몰락하게 되었다. 예를 들면 대형여객선의 취항에 따라 도내의 기존여객선은 도산하였다(≪제주신문≫ 1983. 11. 22). ③ 유통비 절감에 따라 대량으로 상품유통이 가능해져 독점자본이 시장에 침투하게 되었다. 그래서 역내 영세자본의 몰락은 가속되고 있다. ④ 대규모사업체의 통제권이 외지인에게 있어 지역주민들은 거의 단순하위직에 종사하고 있다. 그래서 지역소득효과가 낮다.

셋째, 국가의 정책특혜 등에 힘입어 육지부 독점자본이 제주토지를 잠식함으로써 주민들이 생활근거를 상실하는 경우가 많다. 토지투기는 ① 축산장려책에 의거한 한라산 야초지·마을공동목장의 잠식, ② 감귤농업 신장에 따른 농장설립, ③ 개발단지 조성을 위한 토지의 강제수용과 이 지역에의 토지투기 등이 전형적인 예이다(강남규, 1985; 김현장, 1979; 서윤경, 1985; 조성윤, 1987). 이에 따라 주민들은 생활근거를 상실하고 관광·위락시설의 막일꾼으로 전락하는 경우가 있으며(뿌리깊은나무, 1983: 94), 외지인과 독점자본에 대한 갈등이 심화되고 있다.[24]

넷째, 성장위주의 개발정책에 의한 자연경관의 훼손과 공해로 인한 환경파괴가 증가되고 있다. 한라산 고사목군의 황폐위기, 백록담의 점차적인 매몰, 바다의 오염 등 그 예는 무수히 많다.

사회문화적 측면에서의 부정적 영향도 무시할 수 없다. 첫째, 문화적 차원에서는 ① 고유풍속·전통문화는 급속히 쇠퇴·파괴되고 상업적 소비문화, 특

---

24) 토지상실에 대한 각종 진정, 이의신청은 그 구체적인 예가 된다(강남규, 1985: 178-192).

히 일부에서는 향락산업에 의한 퇴폐적인 문화가 증가하고 있다. 그래서 주민들에게는 가치관의 혼란과 생활양식의 왜곡이 이루어지고 청소년범죄도 급속히 증가하고 있다. ② 관광객이 증가할수록, 문화변용에 의해서 제주관광 매력의 하나인 민속문화의 특수성이 사라져가는 역설적인 현상이 생길 수 있다. ③ 관광개발에 따라 문화의 상품화가 이루어져서 전통문화가 화석화·박제화되어 말살되고 지역주민의 심리적 갈등이 커지고 있다(전경수, 1986: 101-105). ④ 각종 매체를 통해 전달되는 '관광입도(觀光立道)' '관광제주' '낙원제주건설' '전 도민의 관광요원화'라는 이데올로기적 통제는 주민들에게 자신의 삶이 아닌 관광객을 위한 상품화된 삶을 살아가게 만들고 있다. 이러한 경향은 외국의 동식물성 기름의 수입으로 이미 채산성이 없어진 유채를 강제로 재배하도록 한 점에서도 엿볼 수 있다.

둘째, 사회적 차원에서는 개발주체가 외부에 있어 주민은 정책의 입안·시행·결과적 혜택에서 참여가 배제되어 왔다.[25] 그 결과 주민들의 소외의식, 피해의식, (상대적) 박탈감이 커지고 나아가 갈등까지 조장되고 있다. 이러한 의식은 독점자본과 국가에 대한 것이지만(≪월간관광 제주≫ 1986년 4·5월호), 막연하게는 육지부 일반 또는 도내 거주 외지인 일반에게까지 퍼져 있기도 하다. 후자의 경향은 현재도 주민들이 경멸적인 어조로 외지인을 '육지것들'이라고 부르는 것에서 엿볼 수 있다.[26]

---

[25] 그동안에도 도정자문위원회, 각종 협의회, 공청회 등 국가가 동원한 참여는 있었다. 그러나 중요한 것은 형식적 참여가 아닌 실질적 참여, 주체로서의 참여이다.
[26] 개발과정에서 배제되고 피해를 보고 있다는 의식이, 육지부에 의해서 지속적으로 억압받아 왔던 과거의 역사적 경험과 더불어 현재 일부 주민들에게 분리주의(separatism)적 태도를 조장하고 있다. 그러나 분리주의적 태도는 과학적 인식이 결여된 감정적 반응에 지나지 않는다. 이 태도는 문제의 본질을 호도하고, 결과적으로 현상(現狀)을 유지하거나 오히려 악화시킨다. 그 근거는 첫째, 근현대 세계사의 특성 중 하나로서 민족국가가 세계체제의 구성단위로 형성된 것을 들 수 있다. 현재 한국사회·한민족의 기본과제 중 하나도 통일된 민족국가의 형성에 있다. 이것은 정치·경제·사회·문화의 모든 차원에서 그러한데, 분리주의는 이 경향에 역행하는 잘못을 범하고 있는 것이다. 둘째, 과거의 자급자족적 체제에서와는 달리 현대세계에서는 지리적 환경, 특히 부존자원 때문에 고립된 존재로 존속할 수 없다. 홍콩이나

셋째, 산업화가 진척되면서 마을주민들의 전통적인 공동체가 와해되고 있다. 여기에다 ① 외지인의 토지잠식으로 인한 생활기반 상실, ② 전통문화의 쇠퇴와 가치관의 혼란, 생활양식의 왜곡, ③ 주민들의 계급·계층간 불평등 심화 등은 도둑·거지·대문이 없다는 삼무(三無)의 제주공동체를 더욱 급속히 와해시키고 있다(고창훈, 1984).

5. 맺음말

지금까지 1960년대 이후 제주사회의 변동을 개발정책과 산업구조를 중심으로 살펴보았다. 그 결과 제주사회 변동의 기본성격은 자본주의적 산업화이자, 한국사회내에서 제주사회가 주변사회로 종속되는 것이라고 파악하였다. 그 이유는 제주사회 변동이 어디까지나 산업화와 자본축적을 원활하게 하기 위한 한국사회의 요구에 의해서 규정받았기 때문이다.

싱가포르같은 중계무역항으로서 부분국가를 형성한다는 발상도 배후지나 역사, 인구, 언어, 국제교역과 국제정치상의 위치 등에서 여건이 다르기 때문에 현실적으로 불가능하다(한국장기신용은행, 1984). 1983년 종합개발계획의 변경도 이러한 이유에 크게 기인한다. 셋째, 역사적 경험으로 보아도 분리주의 주창자들은 외지인이었으며 결과는 무참한 패배로 나타났다. 예를 들면 선조대의 문충기(文忠基)난, 순조대의 양제해(梁濟海)난, 고종대의 방성칠(房星七)난 모두가 그렇다. 이 난들의 발생배경 중 하나는 이들이 제주도에 그들의 이상왕국을 건설하기 위하여 억압받는 제주주민들의 처지를 이용한 것이라고 할 수 있다. 여기에서 분리주의는 제주주민들의 잠재적인 바람일 수 있지만, 주민들이 실제로 이것을 이룩하려는 의도와 시도는 거의 없었다는 것을 짐작할 수 있다(조성윤, 1986). 요컨대 분리주의는 현실적으로 실현불가능할 뿐만 아니라 분단상황에 처해 있는 우리들에겐 바람직하지도 않다. 돌이켜 보면 분리주의가 대두된 역사적 배경은 육지부와 제주간의 불평등한 관계 때문이다. 그러므로 문제는 분리─관계의 단절─에 의해서 해결할 것이 아니라 바로 이 불평등한 관계를 평등한 관계, 상호보완·호혜의 관계로 바꾸는 것이다. 그러기 위해서는 불평등관계의 본질을 객관적으로 인식하고, 대응방안을 과학적으로 도출하여 구체적으로 실천해야 할 것이다.

이 글에서는 서설적인 수준에서 개괄적인 설명에 그침으로써 구체적인 주제에 관하여 깊이 분석하지는 못하였다. 왜냐하면 전반적인 변동의 틀 위에서 이를 출발점으로 하여 구체적인 주제가 연구되어야 한다고 보았기 때문이다. 따라서 이 서설은 앞으로 구체적인 각 주제에 관한 연구에 의해 수정·보완되어야 하는 변증법적 관계에 있다고 할 수 있다.

또 본문에서는 기존변동의 성격파악에만 치중하여 그 변동이 가진 한계를 극복할 수 있는 보다 바람직한 변동의 모습은 제시하지 못하였다. 구체적인 대안을 제시하는 것은 이 글의 논의를 벗어나는 것이기는 하다. 그렇지만 그것이 제주도 자체의 내생적 변동과 결코 무관하지는 않을 것이라고 짐작할 수는 있다. 앞으로 이런 방향으로 연구가 이루어지면, 제주사회 변동을 한국사회의 요구에만 치중하여 파악하고 제주사회 자체의 역동성은 소홀히 취급한 이 글의 한계도 극복될 수 있을 것이다.

참고문헌

강남규. 1985, 「제주도 토지투기 실태」, 『현장 3』, 돌베개.
강상배. 1978, 「제주도의 지역적 인구증감에 관한 지리학적 연구」, ≪논문집≫ 제8집, 제주교육대학.
강여해. 1985, 「한국은 일본의 성적 식민지인가」, 『현장 3』, 돌베개.
강지용. 1985, 「제주도 지역농업의 구조적 변화에 관한 연구」, ≪사회발전연구≫ 창간호, 제주대학교 사회발전연구소.
고창훈. 1984, 「제주문화의 사회과학적 이해에 관한 연구: 공동체의식을 중심으로」, ≪제주도연구≫ 제1집, 제주도연구회.
구해근. 1985a, 「한국과 대만의 경제발전에 대한 정치경제학적 접근: 세계체제, 국가, 계급구조의 역학관계를 중심으로」, 박현채 외, 『한국사회의 재인식 I』, 한울.
_____. 1985b, 「동아시아 경제발전에 관한 최근의 정치경제학적 접근방법들의 비판적 검토」, 서울대학교 인구및발전문제연구소 편, 『사회변동의 이론과 실제』, 서울대학교 출판부.
권태준·김광웅. 1981, 『한국의 지역사회개발』, 법문사.
김문관. 1985, 「제주도 산업구조 개선방안에 관한 연구」, ≪사회발전연구≫ 창간호, 제주대학교 사회발전연구소.
김의원. 1980, 『한국국토개발사연구』, 대학도서.
김준희. 1984, 「감귤재배에 따른 농촌의 경제적 변화: 제주도 위미리 사례」, ≪인류학 논집≫ 제7집, 서울대학교 인류학연구회.
김현장. 1979, 「제주도 땅의 새 임자들」, ≪뿌리깊은나무≫ 9월호.
김호기. 1985, 「경제개발과 국가의 역할에 관한 연구: 1960~70년대를 중심으로」, 최장집 편, 『한국자본주의와 국가』, 한울.
박수영. 1986, 「제주도 개발의 현황과 대책」, ≪월간관광 제주≫ 4·5월 합본호.
박재환. 1977, 「인간상호작용에 관한 제주도민의 사회의식: 민속자료를 중심으로」, ≪논문집≫ 제9집, 제주대학교.
박현채. 1985, 「현대 한국사회의 성격과 발전단계에 관한 연구: 한국 자본주의의 성격을 둘러싼 종속이론 비판」, ≪창작과비평≫ 제57호.
뿌리깊은 나무. 1983, 「한국의 발견, 제주도」.

서관모. 1984,『현대한국사회의 계급구성과 계급분화』, 한국사회학회.
서윤경. 1985,「제주땅 어디로 팔려갔나」, ≪정경문화≫ 11월호.
설호정. 1986,「제주도 땅에 몰리는 관광기생」, ≪샘이깊은물≫ 5월호.
양우진. 1986,「한국자본주의의 성격구명을 위한 일시론」, 서울대학교 석사학위논문.
오석민. 1986,「제주도 감귤 재배지의 계층구성 및 임노동의 성격」, 서울대학교 석사학위논문.
유철인. 1984,「일상생활과 도서성: 도서환경에 대한 인지적 접근」, ≪제주도연구≫ 제1집.
_____. 1986,「제주사람들의 문화적 정체감: 주변사회에 있어서의 적응방식」, ≪탐라문화≫ 제5호, 제주대학교 탐라문화연구소.
이기욱. 1984,「도서환경의 생태학적 연구: 제주도 인근 K도를 중심으로」, ≪인류학논집≫ 제7집.
이대근. 1985,「한국자본주의의 성격에 관하여: 국가독점자본주의론에 붙여」, ≪창작과비평≫ 제57호.
이성형. 1985,「국가, 계급 및 자본축적: 8·3조치를 중심으로」, 최장집 편,『한국자본주의와 국가』.
이재희. 1984,「자본축적과 국가의 역할」,『한국자본주의론』, 까치.
이창기. 1982,「제주도의 인구성장」, ≪탐라문화≫ 창간호.
_____. 1985,「제주도의 인구이동(1965~1980)」, 제주도연구회 제1회 전국대회 발표 논문.
임영일. 1986,「지역사회의 민주적 발전을 위한 연구: 이리지역의 구조적 변동과정을 중심으로」, 한국기독교사회문제연구회 편,『지역운동과 지역실태』, 민중사.
임진숙. 1985,「주변자본주의하에서의 국가-자본관계: 한국의 중화학공업화 정책을 중심으로」, 서울대학교 석사학위논문.
임현진. 1984,「국가와 국제정치·경제체제: 한국에서의 종속적 발전의 경험」, ≪한국사회학연구≫ 제7집, 서울대학교 사회학연구회.
_____. 1985,「종속적 발전에 따른 국가의 변모」,『한국사회의 재인식 I』.
장상환. 1985,「농지개혁과정에 관한 실증적 연구」, 연세대학교 석사학위논문.
전경수. 1986,「관광경제와 관광문화의 종속유형: 국제관광의 인류학적 고찰」,

『한국사회연구 4』, 한길사.
조민. 1986, 「한국 사회구성체 논쟁의 현황과 그 평가」, 『국가독점자본주의론 1』, 한울.
조성윤. 1986, 「1898년 제주도 민란의 구조와 성격」, 한국사회사연구회 편, 『한국전통사회의 구조와 변동』, 문학과지성사.
_____. 1987, 「제주도 도시개발의 기본구조」, ≪사회학연구≫ 4호, 사회학연구소.
조희연. 1986, 「한국자본주의의 성격에 대한 사회학적 연구시론」, ≪연세사회학≫ 7, 연세대학교 사회학과.
한국기독교사회문제연구원. 1986a, 『실업문제의 인식』, 민중사.
_____. 1986b, 『한국경제와 자본자유화』, 민중사.
한국장기신용은행·고려대학교 경제연구소. 1984, 『지역경제발전패턴과 제주도의 산업개발전망』.
현길언. 1981, 『제주도의 장수(將帥)설화』, 홍성사.
황석규. 1985, 「도시내 상층이주민의 적응에 관한 연구: 제주시를 중심으로」, 연세대학교 석사학위논문.
황한식. 1984, 「현행 소작제도의 성격에 관한 연구」, 『한국농업문제의 새로운 인식』, 돌베개.
Alavi, Hamza. 1972, "The State in Post-Colonial Societies: Pakistan and Bangladesh," *New Left Review* 74.
Cumings, Bruce. 1981, *The Origins of the Korean War*, 김자동 역, 1986, 『한국전쟁의 기원』, 일월서각.
Halliday, Jon. 1980, "Capitalism and Socialism in East Asia," *New Left Review* 124.
Hamilton, Clive. 1983, "Capitalist Industrialization in East Asia's Four Little Tigers," 이각범 편역, 1986, 『제3세계 사회발전논쟁』, 한울.
_____. 1984, "Class, State and Industrialization in Korea," *IDS Bulletin* 15(2), University of Sussex, England.
Lim, Hyun-chin. 1985, *Dependent Development in Korea, 1963~1979*, Seoul National University Press.

O'Grady, Ron. *Third World Stopover*, 한국기독교사회문제연구원 편역, 1985, 『제3세계의 관광공해』, 민중사.

Petras, James. *Critical Perspectives on Imperialism and Social Classes in the Third World*, New York: Monthly Review Press.

Poplin, Dennis E. 1972, *Communities*, 홍동식·박대식 편역, 1985, 『지역사회학』, 경문사.

Skocpol, Theda. 1979, *State and Social Revolution*, 한창수·김현택 역, 1981, 『국가와 사회혁명』, 까치.

<자료>

경제기획원. 1960, 『인구주택국세조사보고』.
＿＿＿＿. 1980, 『인구 및 주택센서스보고』.
＿＿＿＿. 1983, 『한국의 사회지표』.
＿＿＿＿. 1977, 1985, 『한국통계연감』.
국토개발연구원. 1983, 『특정지역제주도종합개발계획(안)』.
내무부. 1960~1985, 『주민소득연보』.
노동부. 1984, 『사업체 실태조사보고서』.
≪제대신문≫ 1986. 8. 30.
제주도. 1982, 『제주도지』(상·하).
＿＿＿. 1960~1986, 『제주통계연보』.
＿＿＿. 1985, 『특정지역제주도종합개발계획』.
≪제주신문≫ 1982. 2. 5, 1982. 7. 2, 1982. 8. 9, 1983. 8. 8, 1983. 8. 18, 1983. 11. 22, 1986. 7. 15, 1986. 12. 10, 1987. 1. 26.
청와대 관광개발계획단. 1973, 『제주관광종합개발계획』.

제주지역 노동시장의 구조와 특성

김진영

1. 머리말

1) 문제의 제기

잘 알려져 있듯이 제주지역사회는 한국사회 일반이 보여주는 사회·경제구조 및 그 변동과정과는 현상적으로 다른 모습을 나타내고 있다. 그 구조와 변동의 양상은 궁극적으로는 한국사회의 일반성에 접맥되어 나타나겠지만, 그것은 제주사회가 가지는 내재적 고유성과 외재적 일반성과의 상호작용을 통하여 구체적인 성격을 지니게 된다. 이 글의 관심사항인 노동시장도 예외는 아니다. 자본주의적 보편적 원리에 입각한 한 국가사회의 노동시장의 진행·발전은 하위 지역사회가 가지는 여러 고유 특성들과의 결합을 통하여 현상을 달리하면서 지역 노동시장에 적용된다. 지역 노동시장의 제조건과 구조는 전국 또는 지역내의 산업구조, 자본축적의 진전에 따른 노동과정의 변화, 노동력의 수요·공급구조 및 사회관계의 여러 세력 등에 의해 결정되고 또 이들에게 영향을 준다.
　자본주의 사회에서 한 개인의 생활기회는 취업과 고용이 이루어지는 노동시장에 의해 주로 결정된다. 노동시장에서 지역 사회성원들은 직업적 지위를 획득하고 희소가치의 배분에 참여하기 때문에 노동시장에 따라 취업의 용이

성, 노동조건, 임금 및 소득수준 등이 상이해진다. 그런 만큼 노동시장은 사회성원들의 삶이 생생하게 반영되는 생활세계라 할 수 있다.

제주지역의 노동시장은 지리적 조건과 특수한 산업구조로 인해 주로 3차 산업을 중심으로 한 노동력 수요와 공급이 이루어지고 있어서 다른 지역 노동시장 또는 전국 노동시장과는 매우 특이한 노동시장의 구조적 특성을 지니고 있다. 제주지역 노동시장에 대한 선행 연구의 집적이 전무한 상황에서 이 글은 지역 노동시장에 대한 이해를 위해 예비적 탐색의 단계로 노동시장의 구조와 특성을 살펴볼 것이다.

2) 이론틀

인적 자본론(human capital theory: Becker, 1964)으로 대표되는 신고전파 경제이론에 의하면 노동시장은 시장 참여자들의 합리적인 경제적 동기에 의해 형성되는 장이기 때문에 유동적·경쟁적 구조를 갖는다. 여기서 임금은 각자의 한계생산성에 의해 서열화되며 훈련과 교육에 투자한 결과이다. 그러나 모든 개인, 직종, 기업, 산업 등에 있어서 동질적인 노동시장이 형성된다는 이 이론의 기본적 가정은 지나치게 낙관적이고 실재를 도외시함으로써 독점자본주의 사회의 경제현실을 설명하는 데는 많은 한계를 지닌다. 정부와 개인의 인적 자본에 대한 투자에도 불구하고 저임금, 실업, 빈곤이 지속되고 있다는 점, 계급갈등을 제거하기 위해 국가의 개입과 노동통제 및 노동력 차별화가 심화되었다는 점 등은 동질적 노동시장에 대한 가정의 효율성을 의문시하였기 때문이다.

'노동시장의 발칸화'(the balkanization of labor markets: Kerr, 1954) 주장 이후 노동시장은 두 개 혹은 그 이상으로 분절되어 있고 각각은 상이한 특성을 갖는 원리에 의해 작동되기 때문에 특정 집단의 빈곤과 저임금은 지속될 수밖에 없다는 논의가 강하게 전개되었다. 이러한 논지는 크게 볼 때 이중노동시장론(Piore, 1975; Doeringer & Piore, 1977)과 급진이론 (Gordon, 1972; Edwards, Reich, and Gordon, 1975; Edwards, 1979)

으로 요약된다. 이들은 노동시장의 구조문제를 독점자본주의의 동태적인 경제구조 변화와 정치·경제세력들과 관련시켜 설명하고 있다는 점에서 인적자본론과 매우 상이한 관점을 지닌다. 이중노동시장론이 시장 분절을 사회경제구조(경제의 이중구조와 사회관습적 요인)와 기술변화에서 찾는 반면에 급진이론은 생산의 사회관계에서 자본이 노동에 대한 통제권을 확고히 하기 위한 의식적, 체계적 전략에서 비롯된 것으로 본다.

　한국사회의 노동시장에 대한 논의의 주요 관심은 주로 이같은 이론들의 적용 가능성에 대한 경험적 검증을 통해 이론적 타당성 여부를 확인하는 데 집중되어 왔다. 많은 논자들은 해방 이후의 자본축적 과정과 관련하여 경제의 이중구조(독점자본과 경쟁적 자본, 대기업과 중소기업)에 상응하는 노동시장의 이중구조를 제시한다(탁희준, 1972; 김형기, 1980; 황한식, 1985). 이러한 이중경제에 상응하는 노동시장의 분절은 내수산업과 수출산업, 제조업과 타산업간에도 나타나며(전기호, 1980; 김성국, 1983; 황한식, 1985) 성, 학력, 직종에 따른 노동시장의 분절 경향이 존재한다(배무기, 1980; 김성국, 1983; 황한식, 1985).

　한편 제3세계의 특수성과 관련하여 사회경제구조를 파악하려는 이론틀로 비공식부문론을 지적할 수 있다. 비공식부문 개념의 다양성(McGee, 1973)과 분석적 유용성의 한계(Bromley, 1978)에도 불구하고 비공식부문에 대한 연구가 다양한 맥락에서 진행되었다.

　많은 비공식부문 연구가들은 이원론의 입장에서 공식·비공식부문간의 단절적 성격을 강조해 왔다(Geertz, 1963; Hart, 1973; McGee, 1973; Mazumdar, 1976). 그러나 비공식부문은 공식부문과 복잡한 방식으로 다양한 관련을 맺음으로써 내부적으로는 이질적 노동력 구성과 사회관계의 분화가 일어난다. 따라서 비공식부문을 자율적 또는 보완적인 것으로 보는 입장(Oshima, 1971; ILO, 1972; McGee, 1973; Sethuraman, 1975), 비공식부문을 주변화의 관점에서 보는 입장(Quijano, 1974), 그리고 자본주의적 생산양식에 대한 비공식부문의 소상품 생산활동의 종속성 때문에 자본축적이 불가능하다는 입장(Moser, 1978)은 각기 내부적 다양성을 간과하는 일면적 설명력을 갖는다. 비공식부문의 노동력 전체가 주변화되어 있는 것은 아니며 어느 정도 자본축적도 가능한 것이다. 또한 공식부문 노동력이 비공식부문의 일부 직종(가령 안정적이고 소득수준이 일정하게 보장되는)을 상향 이동의 표적으로 삼을 수 있는 것이다.

그러면 이상의 논의들이 지역노동시장을 이해하는 데 지니는 함의는 어떤 것인가. 노동시장분절론은 분석 단위가 기업과 산업 어느 쪽이든 주로 핵심산업인 2차산업과 관련된 분절현상을 논의하고 있다는 점에서 공통적이다. 후술하듯이 제주지역은 한국사회 일반이 보여주는 산업구조와는 매우 상이하다. 그렇기 때문에 분절론을 무리하게 적용시키기보다는 제3세계 사회·경제구조의 특수성을 해명하기 위해 논의되는 비공식부문론과 친화력이 있는 이론적 내용을 선택적으로 수용할 필요가 있다. 노동시장분절은 노동조직에 그리고 공식-비공식 분류는 경제구조에 초점을 둔다는 점에서 설명의 대상과 관심 방향이 다를 수 있지만 노동시장분절론과 비공식부문론은 이론적으로 공통적인 특성을 지니고 있는 것으로 보인다. 사회·경제구조를 부문 또는 분절의 개념으로 설명하려는 점과 자본주의 발전과정에 구조적으로 나타나는 분절화의 경향과 분절된 부문간의 관계의 성격에 대한 설명에서 유사한 연결점을 지니고 있는 것이다(김성국, 1983: 55). 즉 1차 노동시장과 2차 노

<그림 1> 경제부문과 노동시장구조

		경제부문	
		공식부문(F)	비공식부문(I)
노동시장	1차시장(p)	FP	IP
	2차시장(S)	FS	IS

주: 경험적 차원에서의 구분기준은 다음과 같다. **경제부문**: 사업체 규모, 자본과 기술수준, 정부통계상의 파악가능 여부, 시장지배력 등; **노동시장**: 시장능력, 임금 및 보상수준, 노동조건, 직무안정성과 자율성, 진입의 용이성 등.

동시장 혹은 대기업 노동시장과 중소기업 노동시장, 공식부문 노동시장과 비공식부문 노동시장간의 관계와 분절성은 유사한 이론적 함의를 지닐 수 있기 때문이다. 따라서 노동시장의 분절에 따른 노동조직과 공식-비공식부문의 분류를 교차시키면 다음과 같은 표를 얻을 수 있다(그러나 <그림 1>은 이론적 논의를 통해 색출적 목적을 위해 제시한 것이기 때문에 실제 분석에는 크게 적용되지 않았다).

3) 분석방향과 자료

이 글의 일차적 관심은 지역범주에 한정시켜 노동시장의 분절적 구조와 성격을 파악하는 데 있다. 이를 위해 노동력의 취업·고용구조(2장)를 살핀 후 임금격차(3장)를 검토할 것이다. 이 경우 서로 경쟁중인 개별 자본들간에 현상하는 기업규모별 노동시장구조를 분석하는 것보다는 오히려 경쟁을 사상한 개별 자본 혹은 사회적 총자본하에서 노동력 차별화에 기초하여 실현되는 성, 학력, 직종별 노동시장구조를 살필 것이다. 이와 아울러 비농(어)업부문에서 점하는 비공식부문의 규모가 크기 때문에 비공식부문의 내적 다양성과 공식-비공식부문간의 관계를 노동력 이동의 측면에서 검토할 것이다(4장). <그림 1>에서의 FP와 FS의 관계는 노동조직 또는 개별 기업 수준에서 분석될 필요가 있으나 지역적 특수성과 자료의 부족을 감안하여 실제 분석에는 제외되었다.

사용될 자료는 성격상 두 가지로 정리될 수 있다. 첫째, 노동시장에·대한 정보를 담은 각종의 공식통계자료들은 주로 전국 단위의 수준에서 제시되고 있기 때문에 부분적으로 지역정보의 활용이 가능한 「인구 및 주택센서스보고」, 「고용구조 특별조사 결과보고」, 「직종별 임금실태조사보고서」가 취업 및 고용구조, 임금실태, 노동력 이동구조를 파악하기 위해 이용되었다.

둘째, 농(어)업 이외의 경제활동에 종사하는 제주시와 서귀포시 거주자 279가구를 대상으로 1987년 7월에 질문서를 통해 면접하였다. 다단계식 표본추출 방법으로 선정된 이들 가구에서 경제활동을 하고 있는 사람은 429명인데 390명에 대한 경제활동 자료가 분석에 사용되었다. 390명 중 임금노동자가 228명, 자영업주와 고용주들이 162명이었다.

2. 노동력의 취업구조

1) 산업별 취업구조

　제주지역 산업구조는 3차, 1차, 2차산업의 순으로, 1차산업 비중이 급격히 감소하고 광공업부문이 점증하는 한국사회의 일반적 산업구조와는 달리 상이한 경제구조를 유지하고 있다.[1] 이같이 3차산업이 비대하고 2차산업이 극히 취약한 것은 60년대 이후의 국가주도의 관광개발전략과 자연적·환경적 특수성에 기인하는 바가 크다. 제주사회에서 농업이 차지하는 비중은 꾸준히 하락하고는 있지만 취업자 수에 있어서 가장 많아 농업은 여전히 사회성원들의 경제활동의 주된 영역이다. 농업의 취업인구가 높은 수준에서 유지되는 것은 상업적 농업의 지역적 독점생산을 통한 강한 경쟁력을 가질 수가 있어서 농업 자체가 그 만큼 매력 있는 유인적 요인을 많이 지니고 있기 때문이다. 그러나 이러한 유인적 요인은 육지부나 세계 상품시장으로부터의 영향을 크게 받으면 받을수록 감소하게 되어 다른 산업으로의 노동력 이동이 활발하게 일어나게 될 것이다.

　산업구조에 있어서 2차산업이 차지하는 비중은 매우 작게 나타나고 있는데, 이는 지역사회의 산업입지 여건과 관광중심의 개발전략과 깊은 관련성을 갖는다. 그 결과 3차 서비스 및 사회간접자본이 크게 성장하였다. 3차산업은 대부분 관광산업의 국가적 육성전략에 힘입어 크게 성장하기는 하였지만 취

---

[1] 1960년에 제주지역 주민총생산이 1차, 2차, 3차산업의 경우 각각 61.5%, 5.4%, 33.1%이었던 것이 1984년에는 33.1%, 3.3%, 63.6%로 변모하여 제주사회는 1차산업이 지배적인 농업사회에서 2차산업 비중이 극히 미미하고 3차산업이 기형적으로 비대한 사회로 변화하였다.

업자 구성에서는 1차산업에 미치지 못하고 있다. 그러나 3차산업은 주민 총 생산액의 면에서 지역의 대표적 산업이고 관광산업은 국가 한국경제의 개발 전략을 효과적으로 뒷받침하기 위한 방안으로 모색된 국가와 독점자본 중심의 성장산업이다. 제주지역에서의 관광산업의 발전은 한국 자본주의의 요구에 의해 외화 획득을 목표로 관광산업이 육성되고 있는 것과 깊은 연관성을 갖고 있는 것이다(이상철, 1987).

<표 1> 제주지역 산업별 취업자의 구성 변화

(단위: 명, %)

구분	1960	1966	1970	1975	1980	1985a	1985b(전국)
총취업자	123,925	111,950	135,188	151,713	170,505	174,972	14,970,000
농림어업	88.1	78.6	72.2	68.1	62.1	55.7	24.9
광공업	2.1	5.3	4.7	4.5	4.9	3.7	24.5
사회간접자본 및 기타 서비스업	9.8	16.1	23.1	27.4	33.0	40.6	50.6

자료: 경제기획원 1960, 1966, 1970, 1975, 1980, 1985a, 1985b.

<표 1>에서 보면 농림어업부문의 노동력 규모가 감소하기는 하였으나 전국과 비교할 때 상당히 높은 수준에서 유지되고 있다. 광공업부문은 산업입지 조건의 불비와 관광개발의 지속적 추진에 따른 억제효과 때문에 노동력을 흡수할 노동시장이 극히 취약한 반면, 서비스산업의 노동력은 대폭 증가하였다. 3차산업부문 취업자의 증가는 관광분야의 산업기반 확충으로 상대적 과잉인구를 구성하는 전통적 농업부문 노동력의 유입에 따른 퇴적과 신규 노동력이 유입된 데서 비롯된 것으로 여겨진다. 이렇게 농업분야가 아직도 취업자의 절반 이상을 유지하는 것은 농업부문의 유인적 요인의 유지가 가능했기 때문이기도 하지만 지역내 제조업부문의 노동력 흡수능력이 매우 제한되어 있고 타지역 노동시장으로의 노동력 유출이 상대적으로 빈번하지 않은 고립적 노동시장의 성격을 갖기 때문이다. 취업자 구성을 성별로 보면 통계적 특정화(statistical specification) 현상이 일어나고 있다. 가장 최근인 1985년의 경우 산업별로 각각 남자는 47.5%, 4.9%, 47.6%의 구성을 보이는 반면

<표 2> 남녀 취업자의 산업부문별 구성

(단위: 명, %)

구분	남자				여자			
	1970	1980	1985	1985*	1970	1980	1985	1985*
총취업자	68,027	93,425	96,917	55.4	67,130	77,080	78,055	44.6
농림어업	61.1	52.2	47.5	47.3	83.5	74.1	65.8	52.7
농림업	55.2	48.3			80.7	72.2		
어업	5.9	3.9			2.8	1.9		
광공업	6.9	6.4	4.9	73.4	2.4	3.2	2.2	26.6
광업	0.5	0.2	0.1	82.2	0.2	0.1	-	17.8
제조업	6.4	6.2	4.8	73.4	2.2	3.1	2.2	26.6
사회간접자본 및 기타 서비스업	32.0	41.4	47.6	64.9	14.1	22.7	32.0	35.1
전기, 가스, 수도	0.4	0.8	0.9	92.4	-	0.1	0.1	7.6
건설업	6.2	7.8	7.9	90.5	1.2	0.9	1.0	9.5
도매업	0.3	1.1	⎤	⎤	0.3	0.6	⎤	⎤
소매업	4.6	6.9	13.4	47.2	5.8	8.5	18.6	52.8
음식·숙박업	1.8	3.0	⎦	⎦	2.8	4.6	⎦	⎦
운수업	5.0	6.6	⎤ 8.4	⎤ 87.6	0.2	0.6	⎤ 1.5	⎤ 12.4
통신업	0.7	0.9	⎦	⎦	0.2	0.5	⎦	⎦
금융보험	0.5	0.7	⎤	⎤	0.2	0.9	⎤	⎤
부동산	0.1	0.2	2.7	61.6	-	0.0	2.1	38.4
용역업	0.4	0.4	⎦	⎦	-	0.1	⎦	⎦
공공행정 및 국제	4.0	4.0	⎤	⎤	0.5	1.0	⎤	⎤
사회서비스업	4.6	5.7	14.3	67.1	1.3	3.1	8.7	32.9
개인 및 가사서비스	3.4	3.3	⎦	⎦	1.6	1.8	⎦	⎦

주: 1985*는 남녀 구성비임.
자료: 경제기획원, 1970, 1975, 1980, 1985a.

여자는 65.8%, 2.2%, 32.0%의 모습을 나타내고 있다(<표 2> 참조). 구성변화에 있어서 남자의 경우 농민분해의 폭이 여자에 비해 두드러지게 나타나고 3차산업의 구성비가 훨씬 높다. 남자 비농취업자는 1970년에 38.9%이던 것이 1985년에는 52.5%로 변하여 절반 수준을 넘어서고 있으나 여자의 경우는 같은 기간 16.5%에서 34.2%로 늘어났지만 아직도 2/3 가량이 농업부문에 잔류하고 있다. 비농부문 취업자 중 전통적 서비스업이라 할 수 있는 도소매, 음식·숙박업에 종사하는 취업자 수가 상당 부분에 이르고 있는데, 특히 여자의 경우 비농취업자의 절반 이상에 이르러 이들 업종에 여성 노동력이 집중되어 있음을 알 수 있다. 이들 중 상당 부분이 비공식부문 종사자로 간주될 수 있다. 여성 취업자가 이렇게 집중되어 있는 것은 이 업종이 사회관습상 여성 노동력을 필요로 하는 것이긴 하지만 제조업부문의 협소한 노동시장으로 인해 이 부문에의 입직이 구조적으로 제한되기 때문인 것으로 이해된다.

 2) 직종별 취업구조

 1960년의 직종별 취업자 구성을 보면 농림어업 종사자가 88.1%로 가장 많고 생산·운수장비 관련직, 판매직, 서비스직 종사자가 3.2%, 2.6%, 1.9%의 순으로 전(前) 자본제부문인 농림어업직에 종사하는 노동력이 압도적이다(<표 3> 참조). 이 때만 해도 제주사회는 전 자본제부문이 지배적인 농업사회로서 사회분화와 직업분화의 정도가 상당히 낮은 수준에 머물러 있었다. 그러나 1985년에는 농림어업 종사자가 55.2%로 현저히 감소한 반면 생산·운수장비 관련 구성비가 13.7%, 판매직, 서비스직, 사무직 종사자가 각각 9.7%, 7.9%, 7.6%로 전통적·근대적 서비스업에 관련된 직업 종사자가 크게

<표 3> 직업별 취업구조

(단위: 명, %)

구분	1960	1970	1975	1980	1985a	1985b(전국)
총취업자	123,805	135,021	150,291	170,505	174,972	14,970,000
전문기술 및 관련직	1.7	2.8	2.9	3.8	5.2	7.3
행정·관리직	0.7	0.6	0.4	0.6	0.7	
사무직	1.8	4.0	4.7	6.0	7.6	11.5
판매직	2.6	5.6	8.0	8.4	9.7	15.5
서비스직	1.9	4.4	5.3	5.4	7.9	10.8
농림어업직	88.1	72.0	68.4	61.8	55.2	24.6
생산 및 운수장비 관련직, 단순노무자	3.2	10.6	10.3	14.0	13.7	30.3

자료: 같은 책.

증가하였다. 비교적 두드러지게 증가한 생산·운수장비 관련직(직업 분류기호 7/8/9)의 경우 제조업부문과 관련된 기능공의 수적 증가라기보다는 운전사 및 건설관련 단순노무자의 증가에서 비롯된 것이다.

<표 4> 남녀 취업자의 직업별 구성

(단위: 명, %)

구분	남자					여자				
	1960	1970	1980	1985	1985*	1960	1970	1980	1985	1985*
총취업자	55,295	67,890	93,425	96,917	55.4	68,510	67,130	77,080	78,055	44.6
전문기술 관련직	3.3	4.5	5.2	6.2	66.4	0.4	1.2	2.2	3.9	33.6
행정관리직	1.4	1.2	1.1	1.2	98.3	0.2	0.1	0.1	0.1	1.7
사무 및 관련직	3.6	6.6	7.2	8.6	62.4	0.2	1.3	4.5	6.4	37.6
판매직	2.8	4.9	7.7	8.4	48.3	2.5	6.3	9.2	11.2	51.7
서비스직	2.4	4.7	5.0	6.5	45.1	1.4	4.0	5.9	9.7	54.9
농림어업직	80.7	60.7	51.7	46.7	46.9	94.1	83.5	74.0	65.7	53.1
생산 및 운수 장비 관련직, 단순노무자	5.8	17.4	22.1	22.4	90.4	1.2	3.6	4.1	3.0	9.6

주: 1985*는 남녀구성비임.
자료: 같은 책.

직종별 구성의 변화를 성별로 보면 여자보다는 남자가 고학력을 요구하는 전문직, 행정관리직, 사무직 종사자와 일정한 기술을 요구하는 생산·운수장비 관련직 종사자의 비중이 높다(<표 4> 참조). 따라서 이 부문의 직종별 노동시장의 분절화가 성과 같은 자연적 조건을 중심으로 일정하게 일어나고 있다고 볼 수 있다. 그러나 판매직, 서비스직과 관련된 직종에는 성과 같은 자연적 조건의 차별화가 덜 나타나고 세부 직종에 따라서는 여자의 비율이 높게 나타나고 있다.

<표 5>를 보면 전체의 14%를 차지하는 생산·운수장비 운전 및 단순노무직 취업자는 거의 전부가 고졸 이하이며(한데 묶여 있어 단적으로 말할 수 없지만 중졸 이하가 대부분일 것이다) 판매·서비스직도 유사하다. 이들 직종에는 국졸 이하의 여자가 42%~62%에 이르고 있다. 사무직에는 중·고졸(실제로는 고졸)이 집중적으로 몰려 있으며 대졸도 14%를 점하고 있다.

<표 5> 학력별 직종별 취업자 구성(1980)

(단위: 명, %)

구분		계	국졸 이하	중·고졸	전문대졸 이상
전직종	계	65,170	27.7(100.0)	60.8(100.0)	11.5(100.0)
	남	45,145	22.0(54.9)	64.4(73.4)	13.6(82.4)
	여	20,025	40.8(45.1)	52.7(26.6)	6.5(17.6)
전문기술 및 행정직	계	7,647	3.7(1.5)	34.8(6.7)	61.5(63.0)
	남	5,889	2.7(0.9)	35.2(5.2)	62.1(48.9)
	여	1,758	6.7(0.6)	33.7(1.5)	59.6(14.1)
사무직	계	10,184	2.7(1.6)	83.3(21.4)	14.0(19.1)
	남	6,725	2.6(0.9)	78.4(13.3)	19.0(17.1)
	여	3,459	3.0(0.6)	92.8(8.1)	4.2(1.9)
판매직	계	14,297	39.7(31.4)	55.3(20.0)	5.0(9.5)
	남	7,215	22.3(8.9)	68.6(12.5)	9.1(8.8)
	여	7,082	57.5(22.5)	41.8(7.5)	0.7(0.7)
서비스직	계	9,246	32.8(16.8)	64.4(15.0)	2.8(3.5)
	남	4,656	23.8(6.1)	71.8(8.4)	4.4(2.7)
	여	4,590	42.0(10.7)	56.8(6.6)	1.2(0.8)
생산 및 운수 장비 관련직, 단순노무직	계	23,796	37.1(48.7)	61.4(36.9)	1.5(4.9)
	남	20,660	33.2(37.9)	65.1(33.9)	1.7(4.7)
	여	3,136	62.0(10.8)	37.5(3.0)	0.5(0.2)

주 1) ( )의 숫자는 남녀구성비임.
   2) 농림어업직은 제외시켰음.
자료: 경제기획원, 1980.

전체의 5% 미만에 불과한 전문기술직과 행정직은 대졸이 주류를 이루고 남자가 거의 대부분이다. 이들 취업자들은 종사상 지위로 볼 때 모두 임금노동자들이 아니기 때문에 노동시장에서의 차별화를 단적으로 말할 수는 없지만 대체로 고용과정과 직종 배치에서 학력에 따른 차별화가 이루어지고 있음을 알 수 있다. 남녀 모두 저학력 소유자는 하위 직종에 배치되어 상위 직종으로의 상승이동이 제한된 분절현상이 나타나는 것으로 볼 수 있다.

3) 종사상 지위별 취업구조

일반론의 관점에서 볼 때 전 자본제부문의 분해를 지속적으로 수반해 온 자본주의의 발전과정은 자본-임노동관계의 확대·심화과정이라 할 수 있다.

<표 6> 종사상 지위별 취업자 구성

(단위: 명, %)

구분		계	자영업주	무급 가족종사자	피용자	피용자 중 임시·일고
1986	계	211,000	40.8	23.2	36.0	23.7
	남	114,000	50.0	6.1	43.9	18.0
	여	97,000	29.9	43.3	26.8	34.6
1980	계	170,505	45.9	29.1	25.0	
	남	93,425	56.1	10.7	33.2	
	여	77,080	33.5	51.5	15.0	
1975	계	151,713	40.6	31.4	28.3	52.7
	남	79,077	49.1	11.5	39.4	46.0
	여	72,636	31.4	53.1	15.5	71.3
1970	계	135,166	42.4	29.3	28.3	60.6
	남	68,035	52.5	9.7	37.8	51.8
	여	67,131	32.2	49.6	18.7	78.5
1966	계	111,950	46.6	34.3	19.1	53.1
	남	60,360	59.4	14.1	26.5	46.6
	여	51,590	31.6	58.0	10.4	72.5
1960	계	124,105	43.6	46.0	10.4	
	남	55,540	60.1	22.6	17.3	
	여	68,565	30.2	64.9	4.9	

주: 자영업주 속에 고용주가 포함되어 있음.
자료: 경제기획원, 1987; 1960~1980년의 자료는 <표 1>과 같은 책.

<표 6>을 보면 1960년에 피고용자가 전체 취업자의 10.4%에 불과하던 것이 1986년에는 36%로 증가하였다. 그런데 1966~1975년의 자료를 보면 피고용자의 비중이 고용안정성이 있는 상용이 높은 것이 아니라 불안정성을 갖는 임시고·일고의 비중이 더 높게 나타나고 있다. 특히 여성 피고용자의 경우 그 규모가 남자의 절반수준에 불과하며 임시고·일고의 비중이 상용에 비해 압도적이다. 이처럼 고용형태가 불안정하게 이루어지는 것은 제주지역의 자본이 신기술을 도입하여 과잉인구를 임시고·일고의 형태로 고용함으로써 노동비용을 줄여가는 과정, 즉 자본의 유기적 구성의 고도화를 통해 과잉

인구를 흡수·배출하는 것에 기인한다기보다는 자본 자체가 고용흡수력을 갖지 못한 매우 취약한 소규모 형태이기 때문인 것이다. 광공업부문의 부재와 3차 서비스산업부문의 과도한 비중이 이를 반증하여 준다. 이들 산업에서는 영세 자영업과 소생산부문이 대다수이므로 고용효과가 작고 고용형태가 불안정하게 나타나는 것이다. 자영업주와 무급가족 종사자의 비중은 전국(1986년 현재 48.8%)과 비교할 때 상당히 높아서 전체 취업자의 64%를 차지하고 있다.

자영(고용주, 자영업자, 무급 가족종사자 포함) 중 농림어업부문의 자영비중이 1966년의 90.5%에서 1986년의 74.7%로 계속 감소하여 왔지만 그 비중은 매우 크다. 전 자본제부문인 농림어업부문을 제외한 비농부문을 보면, 자영이 1970년까지 다소 감소하는(1966년의 35.8%에서 32.7%로) 경향을 보이고 있다. 그러나 1975년(34.5%)부터는 오히려 증가하는 추세를 나타내다가 1986년(1980년의 41.8%에서 35.7%로)에는 다시 감소하고 있다.[2] 이는 비농피용의 비중이 감소하여 노동시장의 규모 성장이 일정하게 제약당하는 것을 의미한다.

제주시만 따로 분리해 보았을 때에도 비농자영 비율은 약 40%의 높은 수준에서 유지되어 지역 전체의 비율에 비해 현저하게 감소하지는 않고 있다(경제기획원, 1980). 이는 도소매, 음식·숙박업 등 서비스업이 제주시 지역에 집중되어 있기 때문이다. 성별에서는 여자(52.6%)보다 남자(63.8%)가 비농비율이 높다. 이처럼 남자(36.2%)보다 여자(47.4%)의 자영 비율이 높은 것은 무급 가족종사자 수에 있어서 여자가 압도적으로 많고(남자가 909명인데 비해 여자는 4,739명이다) 성적 요인이 시장능력 요인과 결합하여 노동시장에서 고용 차별을 더 많이 받는 데서 연유한다.

그렇다면 왜 이처럼 임노동의 확대가 제약되는 것일까. 이는 크게 볼 때 주변부 사회의 특성에서 연유한다고 할 수 있다. 주변부 사회의 산업화는 세

---

[2] 1980년 전국의 비농자영 구성비가 32.3%인 것에 비하면 제주지역의 41.8%는 상당히 높은 것이다. 서관모, 1985, 66-67쪽을 참조할 것.

계자본주의 체제의 영향하에서 신국제분업질서의 강력한 요구에 부응하면서 종속적으로 이루어지기 때문에(Wallerstein, 1979; Evans & Timberlake, 1980) 자본-임노동의 발전과정은 서구의 고전적 형태와는 다르게 나타난다. 내생적 사회변화 과정이 아닌, 세계자본주의의 중심부의 요구에 의해 불균등하게 산업화가 진행되어 프롤레타리아화는 제한된 범위에서 진전된다(조희연, 1985).

중앙에 종속된 주변으로서의 지역사회는 세계자본주의 체제와 국내의 중앙으로부터의 규정성에 의해 동시에 제약되는 특성을 지닌다. 제주지역의 관광산업은 세계자본주의 체제와 한국자본주의의 요구를 반영한 것이라 할 수 있다. 3차 서비스산업이 비대한 것은 제주지역의 산업구조와 분업적 역할의 수행을 위해 관광산업을 중심으로 편성되었기 때문이다. 따라서 산업입지 여건의 취약성으로 인해 기형적 산업구조를 갖는 제주지역은 고용흡수력이 큰 제조업부문의 규모가 극히 제한되어 있고,3) 생산구조상의 통합성을 갖지 못하기 때문에 임노동의 창출이 일정하게 제지될 수밖에 없는 것이다.

3. 임금격차의 구조

노동자 일반의 경제적 상태는 여러 요인들에 의해 차이가 날 수 있으며, 이는 노동시장에서 노동력을 차별화함으로써 나타난다. 노동력은 일차적으로 성, 인종, 연령과 같은 자연적·귀속적 요인, 학력과 같은 성취적 요인 등에 의해 서로 구분될 수 있으며 자본은 이러한 노동자의 객관적 요인을 차별화함으로써 노동에 대한 자본의 지배와 잉여가치를 최대로 추구해 나간다. 이와 더불어 해당 사회의 사회문화적 조건(관습, 남존여비, 문관우위 등)과 기술발전 수준이 차별화의 요인과 상호작용하여 중층적으로 영향을 주게 된다.

---

3) 광공업분야 전체 1,309개 사업체(제조업이 1,298개 업체) 중 종업원 5인 미만의 업체가 1,097개로 83.8%를 차지하고 있다(경제기획원, 1985c).

노동시장에 있어서 학력과 성에 의한 노동력 차별은 임금 차별에 의해 구체적으로 드러난다. 특히 학력과 성의 요인이 결합하여 나타나는 이중적 차별은 직종별 임금격차에서 집중적으로 표현된다(정성기, 1986: 140-141). 이는 저학력 노동자, 특히 여성 노동자는 판매직, 서비스직, 생산직 및 단순노무직 등의 하위 직종에 몰려 있고 고학력 노동자는 전문기술직, 관리, 사무직 등에 집중되는 직종 배치과정을 반영하는 것이다.

<표 7> 임금계층별 성별 근로자 구성(1986)

(단위: 천원, %, 명)

임금계층	계	남자	여자
~ 99.9	2.7	1.1	6.4
100.0~139.9	13.4	8.3	24.8
140.0~199.9	17.9	15.0	24.6
200.0~259.9	21.5	19.9	24.9
260.0~299.9	10.1	8.5	13.7
300.0~399.9	15.0	19.3	5.4
400.0~499.9	8.8	12.7	0.1
500.0~699.9	5.5	7.9	0.1
700.0~	5.1	7.3	-
계	100.0(16,734)	100.0(11,593)	100.0(5,141)

주: 임금=정액+초과급여+(연간 특별급여/12).
자료: 노동부, 1986.

<표 7>은 상용근로자 10인 이상 기업체의 임금구조를 나타낸 것이다. 20만 원 미만 임금노동자가 전체의 34%에 달하고 있는데, 이를 성별로 보면 남자가 24.4%인 데 비해 여자는 55.8%에 이르러 전체 여자의 절반 이상이 20만 원 미만의 저임금계층에 집중되어 있다.4) 이렇게 성별에 따라 임금수준이 차이가 나는 것은 연령 구성에 있어서 대다수 여자가 저연령층에 속하기 때문이다(29세 미만의 경우 남자는 전체의 21.7%인 데 비해 여자는

---

4) <표 7>의 임금계층별 분포는 상용근로자 10인 이상 업체의 근로자만을 대상으로 하였기 때문에 10인 미만 업체의 상용, 임시·일고와 10인 이상 사업체의 임시·일고는 제외되었다. 따라서 이들을 감안한다면 10만 원 또는 20만 원 이하의 저임금계층에 속하는 근로자 수는 훨씬 많아질 것이다.

78.1%에 이르고 있다). 임금이 노동력의 사회적 재생산비를 일정하게 반영한다고 할 때 미혼 여성이 대부분 차지하는 여자의 임금이 낮은 것은 한편으로 보면 당연하다고 할 수 있다. 그러나 위의 표에서 나타난 사실은 산업별, 직종별 특성은 물론 노동자의 개별적 특성을 고려하지 않은 것이기 때문에 임금격차의 구조를 구체적으로 분석할 수 없다. 그러면 이제 성별, 학력별, 직종별, 산업별 임금격차의 상황을 조사자료를 통해 검토해보기로 한다.

<표 8> 성별, 학력별, 직종별 임금격차

구분		빈도	월평균 임금 (만원)	지수(%)	F-ratio
성별	남	171	36.4	(100.0)	18.7*
	여	57	24.3	66.8	
	계	228	33.4		
학력별	대졸 이상	79	45.8	(100.0)	27.2*
	고졸	70	30.2	65.9	
	중졸	37	27.9	60.9	
	국졸	41	19.8	43.2	
	계	227	33.8		
직종별	전문기술직	47	47.6	(100.0)	14.5*
	사무직	58	36.8	77.3	
	판매직	17	26.7	56.1	
	서비스직	18	29.5	61.9	
	생산·운수장비	88	25.6	53.8	
	관련직, 단순노무직				
	계	228	33.4		

주: *는 p<0.001을 나타낸다.

<표 8>을 보면 성별, 학력별 노동시장에서 임금격차가 뚜렷하게 나타나고 있다. 즉 남자의 월평균 임금총액이 36.4만 원인 데 비해 여자의 그것은 24.3만 원으로 남자의 임금이 여자보다 1.5배 많다. 성별 임금격차는 일단 노동생산성의 차이와 성적 요인에 의한 차별에서 연유한다고 볼 수 있는데 한국사회에서 보편적으로 나타나는 것은 전자보다는 후자이다. 자본은 성적 요인을 기초로 임금차별을 함으로써 최대의 이윤을 추구하고자 하기 때문에 직종, 학력, 기술수준 등이 남자와 동일할지라도 여자라는 이유로 동일 노동에

대해 차별한다(<표 10>과 <표 11> 참조). 이처럼 임금구조에 있어서의 성별 노동시장의 분화는 전통적 가부장제하의 남녀차별 의식에 기초하여 자본이 자연적 속성인 성을 선발 기제(screening device)의 한 요인을 삼아 차별화함으로써 드러나게 된다.

성별 임금격차를 산업별로 다시 세분화해 보면 그 차이는 산업에 따라 증폭이 심하다(<표 9> 참조). 도소매, 음식·숙박업과 운수·창고·통신업을 제외한 전산업에서 여자의 임금수준은 남자의 그것에 비해 절반수준에도 못미치고 사회 및 개인서비스업에서는 남자가 세 배 이상의 높은 임금을 받고 있

<표 9> 산업별, 성별 평균 임금

(단위: 명, 원, %)

구분		취업자 수	평균 임금	지수(%)
합계	계 남 여	16,734 11,953 5,141	344,254 401,509 215,143	(100.0) 53.6
제조업	계 남 여	1,193 603 590	215,978 304,515 125,492	(100.0) 41.2
건설업	계 남 여	1,949 1,833 116	296,006 306,626 118,326	(100.0) 38.6
도소매, 음식·숙박업	계 남 여	1,488 859 629	311,152 361,861 241,900	(100.0) 66.8
운수·창고·통신업	계 남 여	5,391 4,637 754	274,436 284,487 212,623	(100.0) 74.7
금융·보험업	계 남 여	2,589 1,595 994	512,459 627,069 257,573	(100.0) 41.1
사회 및 개인서비스업	계 남 여	4,124 2,066 2,058	401,777 618,993 183,714	(100.0) 29.7

주: 임금=정액+초과 급여+(연간 특별급여액/12).
자료: <표 7>과 같은 책.

다. 물론 동일 산업내에서도 기업규모, 성, 학력, 직종 등 다양한 임금수준이 나타날 수 있을 것이다.

<표 10> 성별, 학력별 임금격차

(단위: 만원)

구분	남(N=171)	여(N=56)	F-ratio
국졸	21.9	11.9	7.7*
중졸	29.3	16.1	8.6*
고졸	35.0	20.2	24.0**
대졸 이상	48.2	37.8	3.1
F-ratio	19.9**	13.6**	

주: 1) 가로와 세로의 유의도는 각각 성과 학력을 통제하였을 경우를 나타낸다.
    2) *는 $p<0.01$을, **는 $p<0.001$을 각각 나타낸다.

학력은 개인의 지위 결정과 획득에 핵심적 지표로 작용하여 노동시장에서의 채용, 승진 및 임금수준 결정에 중요한 영향을 미치는 것으로 알려져 왔다. <표 8>을 보면 고졸과 대졸 사이의 임금격차가 현저하여 고졸은 대졸 이상의 임금의 65.9%에 머무르고 있다. 동일 성별내에서도 학력간에는 뚜렷한 임금격차를 보이고 있다(<표 10> 참조). 이러한 학력별 임금격차는 고학력자가 위세 높은 직종에 종사하게 되는 고용 관행상의 차별과 임금 차별에서 연유한다. 위의 자료를 통해 볼 때 지역 노동시장에서도 전국 노동시장에서와 마찬가지로 성과 학력의 조건을 기준으로 노동력 차별화가 발생하고 있으며 이는 고용과정상에서의 차별과 임금격차로 구체화되고 있는 것이다.

성과 학력이 결합된 이중적 노동력 차별은 직종별 임금격차에서 잘 나타나고 있다. 전문기술직과 같은 고위 직종의 노동자들은 다른 하위 직종의 노동자들보다 훨씬 높은 임금을 받고 있다. 판매직, 생산·운수장비 운전 및 단순노무직 노동자들은 노동과정이 이질적이긴 하지만 임금수준이 비슷한 직종들로 정신노동 위주의 직종에 비해 임금수준이 매우 낮다. 직종별 임금격차를 성별로 보면 상당한 차이가 난다(<표 11> 참조). 전문기술직을 제외한 전 직종에서 여성노동자의 임금은 남성노동자의 그것의 절반수준에 그치고 있다. 특히 사무관련직, 서비스직, 생산·운수장비 운전 및 단순노무직의 경우 그 정도의 차이가 심하다. 그런데 <표 10>과 <표 11>에서 대졸과 전문직의 경우 남녀의 임금격차는 있기는 하지만 유의미한 차이는 아닌 것으로 나타나고 있다. 이는 대졸 이상의 여성이 사회서비스업(예컨대 학교)에 고용된 전문직 종사자이기 때문인 것으로 볼 수 있다.

<표 11> 성별, 직종별 임금격차

(단위: 만원)

구분	남(N=171)	여(N=57)	F-ratio
전문기술직	52.5	40.4	3.2
사무직	43.3	19.7	26.5***
판매직	31.6	17.5	4.7*
서비스직	39.8	13.3	21.9**
생산 및 운수 장비, 단순노무직	27.1	11.8	18.9***
F-ratio	14.8***	30.1***	

주: 1) 가로와 세로의 유의도는 각각 성과 직종을 통제하였을 경우를 나타낸다.
2) *는 $p<0.05$를, **는 $p<0.005$를, 그리고 ***는 $p<0.001$을 각각 나타낸다.

결국 제주지역에 있어서 노동시장의 임금차별은 성별, 학력별, 직종별 노동시장에서 임금격차를 통해 일정한 경향을 보여주고 있다. 그러나 이러한 결론은 경력 변인을 통제하지 않은 상황하에서 얻어진 것이기 때문에 잠정적인 것으로 볼 필요가 있다.

지역 노동시장에서 임금격차 요인으로 다음과 같은 것을 들 수 있을 것이다. 첫째, 자본-임금노동관계에서 기초한 노동시장의 규모가 제한적이고 육지부로부터 고립적이기 때문에 신규 노동력과 농촌 노동력이 상대적 과잉인구를 이룰 수밖에 없다. 따라서 자본은 이러한 상대적 과잉인구를 기반으로 하여 저임금으로 저학력 노동자와 여성노동자를 최대한 차별할 수 있게 된다. 둘째, 제주지역은 자본축적에 있어서 지역적 종속성을 지니고 있어서 자본축적의 정도와 수준이 상당히 빈약하다. 영세한 자본은 자본간 경쟁에서 우위를 점하기 위해 성별, 학력별, 직종별로 임금을 최대한 차별화한다. 이는 상대적 과잉인구가 풍부하게 존재하기 때문에 가능한 것이기도 하다.

4. 부문간 이동 및 비공식부문 노동시장의 이질성

우리는 앞서 후진적 산업구조를 갖는 제주지역에서 자영비율이 높고 자본-임노동의 관계가 낮은 수준에서 유지되는 것을 보았다. 이러한 사회경제구조 하에서 광공업부문 노동시장이 협소하기 때문에 농촌으로부터 유출되는 노동력과 공식부문 노동시장에서 배제된 도시의 잔여 노동력은 3차 서비스산업으로 유입될 수밖에 없다. 이들은 도시경제의 핵심분야에 흡수되지 못하고 유통과정의 역할을 담당하는 판매, 서비스부문의 자영업, 건설업의 일용노동, 하위 개인서비스업 등의 경제활동에 참여하게 되어 비공식부문이 과도하게 증가하게 되는 것이다.

그러면 이제 공식-비공식부문 노동시장간의 노동이동을 검토하기 위해 먼저 종사상 지위의 변화를 통한 노동력의 이동상황을 살펴보자.

<표 12> 종사상 지위별 노동력 유입구조(시부)

(단위: 천명, %)

1985.11 \ 1986.11	자영자	무급 가족종사자	임시·일용	고용주	상용	실업자	비경제 활동인구	취업자 계
자영자	17(89.5)	O	O	O	O	O	O	19
무급 가족종사자	O	7(87.5)	O	-	O	-	O	8
임시·일용	O	-	6(85.7)	O	O	O	O	7
고용주	O	-	-	3(100.0)	O	O	O	3
상용	1(5.3)	O	O	O	32(88.9)	O	1(1.5)	36
실업자	O	O	O	O	1(2.8)	1(50.0)	O	-
비경제활동인구	1(5.2)	1(12.5)	1(14.3)	O	2(5.6)	1(50.0)	64(97.0)	-
계	19 (100.0)	8 (100.0)	7 (100.0)	3 (100.0)	36 (100.0)	2 (100.0)	66 (100.0)	73 (100.0)

주: 1) 단위가 1,000명이어서 총 수와 각 난의 합계가 일치하지 않고 있다.
    2) '-'는 해당 숫자 없음, 'O'는 단위 미만.
자료: 경제기획원, 1987.

<표 13> 종사상 지위별 노동력 유출구조(시부)

(단위: 천명, %)

1986.11 / 1985.11	자영자	무급 가족종사자	임시·일용	고용주	상용	실업자	비경제활동인구	계
자영자	17(94.4)	O	O	O	O	O	O	18(100.0)
무급 가족종사자	O	7(87.5)	O	-	O	-	O	8(100.0)
임시·일용	O	-	6(100.0)	O	O	O	O	6(100.0)
고용주	O	-	-	3(100.0)	O	O	O	3(100.0)
상용	1(2.9)	O	O	O	32(94.1)	O	1(3.0)	34(100.0)
실업자	1(33.3)	O	O	O	1(33.4)	1(33.3)	O	3(100.0)
비경제활동인구	1(1.4)	1(1.5)	1(1.4)	O	2(2.9)	1(1.4)	64(91.4)	70(100.0)
취업자 계	18	8	6	3	34	-		69(100.0)

주: 1) 단위가 1,000명이어서 총수와 각 난의 합계가 일치하지 않고 있다.
2) '-'는 해당 숫자 없음, 'O'은 단위 미만.
자료: 경제기획원, 1987.

<표 12>와 <표 13>은 1985년 11월부터 1986년 11월까지의 1년 동안 종사상 지위별 유출·입구조를 나타낸 것이다.5) 유입구조를 보면 임시노동자와 일용노동자의 경우 85.7%가 1년 동안 동일의 종사상 지위에서 체류하여 이들의 취업상태가 정체되어 있다는 것을 말해주고 있다. 자영자의 경우는 89.5%가 종사상 지위의 변화를 경험하지 않고 있으며 10.5%만이 다른 범주로부터 이동해 왔다. 임시·일용노동자는 비경제활동인구로부터 충원되는 비율(14.3%)이 큰 데 비해 자영자의 경우는 상용노동자와 비경제활동인구로부터 각각 5.2%씩 충원되었다. 한편 유출구조에서는 자영자의 경우는 5.6%가 다른 범주로 노동력 이동을 하고 있으나 임시·일용노동자는 100% 동일 범주에 체류하여 타 범주로의 이동이 일어나지 않고 있다. 임시·일용노동자는 타 범주로 이동하고 싶어도 이동이 가능하지 않은 정체적 과잉인구층을 형성하고 있다. 상용노동자의 유출상황을 보면 상대적으로 높은 취업 안정성을 유지하고 있으며 타 범주로 이동한 5.9% 중에서 2.9%는 자영자층으로 유출

---

5) 노동력 유입구조는 한 부문의 노동력이 다른 어떤 부문으로부터 충원되는가를 나타내는 것이고 유출구조는 한 부문의 노동력이 다른 어떤 부문으로 이동해 나가는가를 말하는 것이다(윤진호, 1986). 위의 표들은 1년 동안의 이동상황을 나타내는 것이기 때문에 당연히 제한된 범위내에서만 의미가 있을 것이다.

되고 있다. 고용주의 이동상황을 보면 1년 동안 유입·유출이 모두 자체 범주에서 일어나고 있다.6)

위의 표들을 종합적으로 검토해 볼 때 자영업자(자영자, 고용주 포함)의 프롤레타리아화 현상은 거의 나타나지 않고 있다. 이것은 노동시장 규모가 구조적으로 제한되어 있고 관광산업의 육성으로 자영업자층이 상대적으로 안정되어 있다는 점에 기인하는 바가 크다. 또 비공식부문의 주요 부분을 구성하는 임시·일용노동자는 상용노동자층으로의 진입이 상당히 어려울 뿐만 아니라 자영업으로의 상승 이동도 결코 용이하지 않다. 그러나 위의 표에서 나타난 종사상 지위상의 이동상황은 1년 동안의 짧은 기간내 변동이기 때문에 유의미한 변동상황을 파악할 수 없다. 뿐만 아니라 사업체 규모, 직종, 취업의 성격이 배제되어 있기 때문에 부문간 노동시장의 이동을 관찰할 수 없다. 이들을 고려했을 때 위의 표에서 비공식부문은 자영자, 무급 가족종사자, 임시·일용 등의 전부와 고용주, 상용 등의 일부를 포함한다.

현실의 사회에서 어떤 단위(사업체, 개인, 직종 등)가 공식·비공식부문에 들어가느냐 하는 것은 상당히 복잡한 문제를 야기한다. 공식·비공식부문을 경계짓는 경험적 기준들은 그간 많은 논자들에 의해 제시되어 왔지만 이러한 기준들을 종합적으로 적용하여 일목요연하게 제시하기가 용이하지 않다.7)

비공식부문은 자본과 기술의 제약하에서 재화와 서비스의 생산, 유통, 분배를 통해 고용과 소득을 창출하는 소규모 단위이기 때문에(Sethuramam, 1981: 17) 시장 지배력이 낮고 상대적으로 공식부문에 비해서 생산성, 임금 및 소득이 낮을 뿐만 아니라 노동집약성이 강하다. 분석적인 측면에서 보면 비공식부문은 제조업, 건설업, 도소매, 음식, 숙박업, 운수업, 개인 및 가사 서비스업 등 특정 산업에 집중되어 있다. 본 연구에서는 개별 노동자의 취업

---

6) <표 12>와 <표 13>에서 '고용주'는 1인 이상의 임금노동자를 고용하여 사업(체)을 경영하는 사람이기 때문에 여기에는 소상품 생산활동을 하는 영세업주가 상당수 포함되어 있다.
7) 공식·비공식부문의 경계 구분에 관련된 여러 기준들에 대해서는 브롬리(Bromly, 1978), 조형(1982), 윤진호(1984), 이종훈(1985), 조희연(1985), 최재현(1985) 등의 글이 유용하다.

유형과 직종의 성격, 조직 특성인 사업체 규모를 기준으로 공식·비공식부문을 분류하였다. 정기적으로 일정한 보수를 받는 5인 이상 규모의 사업체에서 경제활동을 하는 사업주와 상용노동자, 국가기구에 종사하는 공무원 그리고 3차산업내의 전기·가스·수도업, 금융, 보험, 부동산업, 사회서비스업의 경우는 규모에 관계 없이 공식부문으로 분류하고 비공식부문에는 5인 미만의 사업체 종사자(고용주와 자영자 포함)와 임시·일고노동자(5인 이상 규모일지라도 상용이 아닌 임시·일고노동자 포함)를 포함시켰다.8)

그런데 공식·비공식부문 노동시장과 관련된 입장은 두 가지로 고려될 수 있다. 하나는 노동시장 분절론에서처럼 공식·비공식 노동시장에 참여하는 노동력의 이질성을 강조함으로써 두 노동시장은 상이한 충원 기제를 갖는다는 것이다. 이 입장에 의하면 공식부문은 일정 수준의 학력과 기술을 가진 노동력으로 이루어지는 반면에 비공식부문은 낮은 수준의 학력과 기술을 갖는 노동력으로 구성된다. 다른 하나는 비공식부문에 잠정 취업한 이농 노동력은 훈련을 통하여 도시경제에 적합한 기술 습득과 직업 탐색을 함으로써 일정 시간 경과 후에 공식부문 노동시장으로 진입하게 된다는 것이다(Todaro, 1969, 1984).

<표 14>를 빌어 위의 관점들을 점검해보자. 이 표에 의하면 전체 390명 중 79.2%인 309명이 공식·비공식부문 중 어느 한 부문에만 종사해 왔다. 일생 동안 공식부문에만 종사한 사람은 31.3%인 데 비해 비공식부문에만 종사한 경우는 47.9%로 훨씬 많다. 두 부문간 직업 이동을 한 사람은 18%에 불과하다. 이 수치상에서 보면 공식부문과 비공식부문 노동시장은 분절되어 있으며 대부분의 경우 한 개인이 어느 부문에 취업·고용되면 타부문으로의 이동은 쉽게 일어나지 않는다.

---

8) 이러한 기준들을 중심으로 공식·비공식부문을 경계짓는 이전의 연구는 윤진호(1984, 1986)에서 찾아볼 수 있다. 이 기준에 의해『인구 및 주택센서스 보고서』와『사업체노동실태조사보고서』의 자료를 기초로 제주지역의 비공식부문 규모를 잠정적으로 추진하면 1985년 현재 47,641명이다(제조업 4,833명, 건설업 7,590명, 서비스업 7,523명, 도소매·음식·숙박업 23,976명, 창고·운수업 3,719명). 이는 비농어업부문 취업자(77,574명)의 61.4%에 해당한다.

<표 14> 학력별 부문간 노동 이동

(단위: %, 명)

부문이동 학력	국졸	중졸	고졸	대졸	계
F->F*	3.6	17.5	29.9	67.3	31.3(122)
F->I	5.9	8.1	17.9	9.2	11.3(44)
I->I*	79.7	62.2	41.0	19.4	47.9(187)
I->F	3.6	12.2	7.5	4.1	6.7(26)
I->A->I	3.6	-	0.7	-	1.0(4)
F->A->I	2.4	-	1.5	-	1.0(4)
I->F->I	1.2	-	1.5	-	0.8(3)
	100.0(84)	100.0(74)	100.0(134)	100.0(98)	100.0(390)

주: 1) F: 공식부문 I: 비공식부문 A: 농업부문
2) *는 처음 직업에 계속 종사하는 경우 포함.

학력별로 이동상황을 보면, 비공식부문에만 종사한 경우보다 공식부문에만 종사한 경우가 학력수준이 훨씬 높다. 이는 학력수준이 노동시장에서 선발 기제의 한 요인으로 작용한다는 것을 입증해주고 있다. 학력수준이 낮을수록 공식부문 노동시장에서 배제되어 비공식부문에 정체되어 있다고 해석할 수 있는 것이다. 학력수준이 낮을수록 비공식부문에 체류하는 경향이 있다는 것은 비공식부문에의 취업이 교육·기술수준이 낮은 사람들에게 열려있다는 것을 암시해준다. 한편 비공식부문에서 공식부문으로 이동한 경우보다는 공식부문에서 비공식부문으로 이동한 경우가 학력수준이 높게 나타나고 있는데, 그 이유는 고졸 이상의 학력자들이 정년 퇴직으로 또는 권위주의적, 관료적 노동통제가 이루어지는 공식부문의 노동과정하에 계속 남아 있기보다는 자율성과 비교적 소득수준이 높은 비공식부문내의 상위계층으로 이동하였기 때문이다.

결국 개인적 상황과 사회·경제적 구조변동이 주는 영향에 따라 일정 범위 내에서 부문간 이동이 일어나긴 하지만 전체적으로 부문간 노동시장의 분절이 관철되고 있는 것이다. 따라서 공식부문 노동시장으로의 단계적 이동을 주장하는 두번째 관점은 적용될 수가 없을 것으로 보인다.

그러면 비공식부문은 진입이 용이하고 낮은 수준의 시장능력을 갖는 노동

력으로 구성되는 노동시장인가. 이에 대한 대답은 비공식부문에의 내적 다양성에 대한 이해를 통해 얻어질 것이다. 앞서 밝힌 바와 같이 비공식부문은 통일된 단일의 집단이 아니라 내부적으로는 매우 이질적이다. 사실이 그러하다면 비공식부문은 단일의 계층으로 구성되기보다는 계층분화의 현상도 두드러질 것이다. 즉 취업조건과 소득수준은 물론이고 교육, 자본, 기술수준 등의 시장능력(market capacity)의 차이에 따라 비공식부문 내부의 계층 분화가 일어날 수 있다.

공식부문은 비공식부문에 비해서 소득수준이 높고 또 주기적으로 보수가 주어지기 때문에 더 안정적일 것으로 생각된다. 이러한 설명에 따르면 비공식부문내의 취업과 소득의 불안정성 때문에 많은 노동력이 취업정도가 높은 공식부문의 일자리를 구해 이동해 가고자 한다. 대체로 공식부문의 직종들이 비공식부문의 그것에 비해 안정적인 것은 사실이다. 그러나 제조업과 3차 서비스산업에 있어서 노동조건이 열악할 뿐만 아니라 노동과정이 권위주의적 통제에 의해 규정되는 경우가 많은데 이런 경우 오히려 공식부문을 벗어나서 작업상의 자율성이 유지되는 독립적인 자영자로 이동을 시도할 수 있다. 안정성이 확보되는 비공식부문의 일부 상위 직종인 경우에는 공식부문의 직종보다 높은 시장능력이 요구되며 진입 또한 용이하지 않다. 왜냐하면 어느 정도의 자본과 기술을 갖춘 독립적인 자영 판매나 제조·서비스업 등은 부문내의 상승 이동의 목표가 될 뿐만 아니라 공식부문 노동자들의 이동 대상이 될 수 있기 때문이다.

<표 15>는 비공식부문을 자본과 기술의 수준을 기준으로 계층 분류한 것이다. 이 표에 의하면 동일 직종이라 하더라도 업종에 따라 혹은 종사자의 시장능력에 따라 소득의 창출 효과는 다르다. 다양한 소득의 범위를 단일치인 평균으로 나타내면 계층별로 소득의 차이가 심하게 나타남을 알 수 있다. 그러므로 자본과 기술의 수준에 따라 비공식부문내에서 위치하는 계층적 지위는 달리 나타난다. 계층 C는 다른 계층보다 자본규모에 있어 우월하며 약간의 노동력을 고용하여 주로 유통, 판매, 서비스업체를 경영한다. 이들 사업에 투자된 자본은 결코 적은 것이 아니며 3차산업의 성장과 관련된 업종에서

많이 발견된다. 이 계층은 공식부문 노동자와 비공식부문내에서도 이동의 목표로 삼는 집단이지만, 일정 규모의 자본, 높은 기능기술 및 경영능력 등이 필요하기 때문에 진입이 쉽지 않다.

<표 15> 비공식부문의 계층 분화

구분	계층A	계층B	계층C	계	유의도
시장능력 (자본 및 기술)	무자본·무기술 (단순기술 포함)	영세자본 기능기술	소자본 높은 기능기술		
취업유형	개인서비스 노동자 단순노동자 판매직 노동자	건설기능노동자 운전기사, 정비기술자, 영세 자영판매	사업주 (제조업체 고용주 서비스업 관련 사업주)		
평균소득 (만원)	21.5	31.8	63.5	32.3	F=36.2 p<0.001
소득범위 (만원)	9~50	14~80	30~150		
평균 교육 연한	7.4	8.8	10.6	8.5	F=7.3 p<0.001
빈도	85	96	31	212	

계층 B는 기능기술과 영세자본 중 어느 하나를 소유한 계층으로 운전사, 정비기술자, 양복제조기술자, 기능건설 관련 노무자, 구멍가게 같은 영세 자영판매자가 이 범주에 들어간다. 이 계층의 직종들은 계층 C와 A 사이의 중간 위치에 있으며 계층 이동에 있어 상·하향 이동의 잠재성을 갖는다. 자본과 기술을 소유하지 못한 경우는 최하층인 계층 A에 들어가는데, 간혹 기술을 소유한 경우라도 짧은 시간내에 습득이 가능한 단순기술에 불과하다. 품팔이, 판매점원, 파출부 등 개인 서비스노동, 건설 관련 단순노무자, 부두 노동자 등이 여기에 포함될 수 있다.

비공식부문의 내적 다양성을 통해 우리는 비공식부문 전체가 하나의 통일된 집단이 아니며 진입하기에 용이한 것만은 아니라는 것을 알 수 있다. 계층 A와 B에의 접근은 쉬울 수 있으나 계층 C는 일정 규모 이상의 자본, 기술 및 경영능력이 요구되는 만큼 진입이 상당히 어렵고 소득수준 또한 공식부문의 1차시장에 비해 결코 낮다고 할 수 없다. 앞서의 이론적 논의와 관련해 볼 때 비공식부문은 두 개 또는 그 이상의 노동시장으로 나뉘어져 이들간에는 상당한 정도의 분절성이 현상된다고 볼 수 있다.

5. 요약 및 결론

지역 노동시장은 전국 노동시장의 원리를 반영하면서 동시에 지역사회가 갖는 고유한 특성과의 상호작용을 통하여 구체적인 성격과 모습을 드러낸다는 인식하에 이 글은 제주지역 노동시장의 구조와 특성을 살펴보고자 하였다. 논의를 통해 얻어진 결론은 다음과 같이 요약될 수 있을 것이다.

첫째, 제주지역은 전국과 비교할 때 농업부문의 취업인구는 여전히 높은 비율을 차지하는 반면에 광공업부문은 매우 취약하여 자본-임노동의 생산의 사회적 관계가 3차 서비스산업을 중심으로 일어나고 있어 노동시장의 규모가 제한적이다. 자본주의 발전에 따른 임노동화의 심화 경향은 제주지역 노동시장에서는 일정한 한계를 갖는다. 이는 제주지역 산업구조가 상업적 농업과 관광산업 중심으로 편성된 데서 기인한다. 따라서 직종별로는 농림(어)업 종사자가 여전히 과반수를 넘어서고 있고 전통적·근대적 서비스업에 관련된 직업 종사자가 큰 비중을 점하고 있다.

둘째, 임금수준의 격차를 기준으로 볼 때 성별, 학력별, 직종별 노동시장의 분절화가 일정하게 일어나고 있다. 이러한 노동시장의 분절은 노동생산성에 기초한 것이라기보다는 사회문화적(남존여비의식, 육체노동에 대한 정신노동의 우위 등) 조건 위에서 자연적, 사회적 요인을 차별화함으로써 표현된 결과이다. 지역 노동시장에서도 전국 노동시장에서처럼 성과 학력의 요인을 기준으로 노동력 차별화가 발생하고 있으며 이는 직종별 임금격차에서 분명하게 나타나고 있다. 제주지역에 있어서 노동집약적인 자본은 신규 노동력과 농촌 노동력의 상대적 과잉인구를 기반으로 노동력을 성별, 학력별, 직종별로 최대한 차별화함으로써 자본간 경쟁을 극복하고 잉여가치를 극대화하기 위한 데서 임금격차가 발생한다.

셋째, 노동력 이동을 종사상 지위의 이동상황에 기초해서 보면 자영업자의 프롤레타리아화 현상은 거의 나타나지 않고 있으며 임시·일고 노동자층은 상용으로의 이동이 매우 어렵다. 학력수준이 낮은 노동력일수록 공식부문 노동시장에서 배제되어 비공식부문의 하위 직종에 정체되어 있다. 비공식부문 취업자는 공식부문 취업자에 적합한 기술 습득과 직업 탐색을 위해 잠정적으로 취업하는 것이 아니며, 그런 만큼 노동 이동에 있어서 두 부문의 노동시장은 분절되어 있다.

마지막으로 공식부문 전체가 취업하기에 용이한 것은 아니다. 비공식부문 내적으로는 다양하게 계층이 분화되어 있고 상위 계층의 경우에는 진입이 결코 용이하지 않을 뿐만 아니라 소득수준 또한 공식부문의 1차 노동시장에 비해 낮지 않다.

이상의 논의는 몇가지 연구상의 한계 위에서 얻어진 것이다. 첫째, 공식부문의 1차 노동시장과 2차 노동시장의 분절 현상을 자료의 제한으로 밝히지 못함으로써 노동시장에서의 노동이동 기제를 포괄적으로 규명하지 못하였다. 둘째, 임금격차를 다룸에 있어서 경력변인을 통제하지 않아 임금격차의 요인을 단순화시킬 가능성을 내재하고 있다. 셋째는 공식적인 자료와 양적 자료에 크게 의존함으로써 변칙적이고 전략적인 자료를 제공해줄 수 있는 사례분석의 유용성을 소홀히 하였다. 넷째는 자본축적과 노동과정이 노동시장에 미치는 영향을 구체적으로 논의하지 못하였고 연구주제를 지역범주에 한정시켜 다룸으로써 전국 노동시장과의 관계를 상세하게 다루지 못하였다. 따라서 지역 노동시장에 대한 충분한 이해는 이러한 요인들을 총체적으로 고려함으로써 얻어질 수 있을 것이다.

참고문헌

경제기획원. 1960, 『인구주택국세조사보고』.
_____. 1966, 『인구센서스보고서』.
_____. 1970, 『총인구 및 주택조사보고서』.
_____. 1975, 1980, 1985a, 『인구 및 주택센서스보고서』.
_____. 1985b, 『경제활동인구연보』.
_____. 1985c, 『산업센서스보고서』.
_____. 1987, 『제2차 고용구조 특별조사 결과보고』.
노동부. 1986, 『직종별 임금실태 조사보고서』.
_____. 1986, 『사업체노동실태조사보고서』.
김성국. 1983, 「노동시장에 있어서의 계층과 조직의 문제: 분절론의 비판적 적용을 위하여」, ≪한국사회학≫ 제17집.
김형기. 1980, 「노동력 차별과 임금격차」, ≪노동경제논집≫ 제4권.
배무기. 1980, 「한국의 노동시장구조」, 임종철·배무기 편, 『한국의 노동경제』, 문학과지성사.
황한식. 1985, 「한국노동시장의 구조」, 박현채 외, 『한국자본주의와 노동문제』, 돌베게.
서관모. 1985, 「한국사회 계급구성의 사회통계적 연구」, 『산업사회연구』 제1집, 한울.
윤진호. 1984, 「도시비공식부문」, 이대근·정운영 편, 『한국자본주의론』, 까치.
_____. 1986, 「도시비공식부문의 노동력이동에 관한 일 연구」, ≪논문집≫ 제5집, 인하대학교 사회과학연구소.
이상철. 1987, 「제주사회변동론 서설」, ≪사회과학과 정책연구≫ 제8권 제3호.
이종훈. 1985, 「한국의 농촌-도시간 노동이동 경로에 관한 연구」, 서울대 석사학위 논문.
전기호. 1980, 「임금조건과 근로조건」, 임종철·배무기 편, 『한국의 노동경제』, 문학과지성사.
조형. 1982, 「한국의 도시비공식부문 근로자에 대한 연구」, ≪논총≫ 제41집, 이화여자대학교.

정성기. 1986, 「한국의 노동시장·임금의 구조변동과 노사관계」, 『한국사회연구』 제4집, 한길사.
조희연. 1985, 「종속적 산업화와 비공식부문」, 박현채 외, 『한국자본주의와 노동문제』, 돌베개.
최재현. 1985, 「공식부문과 비공식부문의 상호교류」, 『산업사회연구』 제1집, 한울.
탁희준 외. 1972, 『임금경제와 노동경제』, 대한상공회의소 한국경제연구센타.
Becker, Gary S. 1964, *Human Capital*, New York: National Bureau of Economic Research.
Bromley, R. 1978, "Introduction—The Urban Informal Sector: Why Is It Worth Discussing," *World Development* 6(9-10).
Clark, Kerr. 1954, "The Balkanization of Labor Markets," in W. E. Bakke, et al., *Labor Mobility and Economic Opportunity*, New York: Wiley.
Doeringer, P. & M. Piore. 1971, *Internal Labor Markets and Manpower Analysis*, Mass.: Lexington Books.
Edwards, R. C. 1979, *Contested Terrain*, New York: Basic Books.
Evans, P. & M. Timberlake. 1980, "Dependence, Inequality and the Growth of the Periphery: A Comparative Analysis of Less Developed Countries," *American Sociological Review* 45(4).
Gordon, D. M. 1972, *Theories of Poverty and Underemployment*, Mass.: Lexington Books.
Hart, K. 1973, "Informal Income Opportunities and Urban Employment in Ghana," *Journal of Modern African Studies* 11(1).
Geertz, C. 1963, *Peddlers and Princes*, Chicago: University of Chicago Press.
Mazumdar, D. 1976, "The Urban Informal Sector," *World Development* 4(8).
McGee, T. G. 1973, "Peasants in Cities: A Paradox, a Paradox, a Most Ingenious Paradox," *Human Organization* 32.

McGee, T. G. 1973, "Peasants in Cities: A Paradox, a Paradox, a Most Ingenious Paradox," *Human Organization* 32.

Oshima, H. T. 1971, "Labor Forces Explosion and the Labour Intensive Sector in Asian Growth," *Economic Development and Cultural Change* 9(2).

ILO. 1972, *Employment, Incomes and Equality*, Geneva: ILO.

Moser, C. O. N. 1978, "Informal Sector or Petty Commodity Production: Dualism or Dependence in Urban Development?," *World Development* 6(9-10).

Piore, M. J. 1975, "Notes for a Theory of Labor Market Stratification," in R. C. Edwards, M. Reich and D. M. Gordon(eds.), *Labor Market Segmentation*, Mass.: D. C. Health and Co.

Quijano, A. 1974, "The Marginal Pole of the Marginalized Labor Force," *Economy and Society* 3(4).

Sethuraman, S. V. 1975, "Urbanization and Employment: A Case Study of Djakarta," *International Labour Review* 112(2-3).

_____. 1981, *The Urban Informal Sector in Developing Countries: Employment, Poverty and Environment*, Geneva: ILO.

Todaro, M. P. 1969, "A Model of Labor Migration and Urban Unemployment in Less Developed Countries," *American Economic Review* 59.

_____. 1984, "Comment," *Regional Development Dialogue* 5(2).

Wallerstein, I. 1979, *The Capitalist World-Economy*, Cambridge University Press.

제주시 운수노동자의 노동실태와 의식구조

이상철

1. 머리말

　지역연구로서 제주도 연구는 육지부의 다른 지방보다 앞서 이루어졌으며 그 움직임 또한 활발하다. 육지부에서 격리된 화산섬이라는 지리적 조건과 독특한 역사적 배경 때문에 제주도는 육지부와 다른 사회문화적 특성을 갖고 있을 것으로 생각되어 여러 육지부 연구자들의 호기심을 자극하기에 충분했다. 도내 연구자들도 서울 중심의 한국사회구조와 연구경향에 대하여 제주도의 정체성과 독자성을 강조하고 싶어했다. 이리하여 지역연구는 활성화되었으나 육지부에 비해 특이한 것만을 강조하는 경향이 생겨 다양한 주제가 다루어지지는 못하였다. 1960년대 이후 급속한 개발과정에 따른 개발의 주체·정책·효과 등에 치중된 논의도 제주도의 폭넓은 측면을 연구하는 데 한계로 작용하였다. 바람직한 것은 제주사회의 일반적인 면과 특수한 점, 그리고 여러 개별 분야를 두루 연구함으로써 이들간에 변증법적 효과가 유발되는 것이라고 여겨진다. 이 글에서는 학계에서의 연구가 전혀 없는 노동자들의 노동상황을 취급함으로써 이러한 공백을 메우는 데 일조하고자 한다.

　한국 노동자연구는 제조업부문을 중심으로 이루어져 왔다. 그러나 제주도에서는 제조업의 비중이 3~4%에 지나지 않는다. 1차산업의 비중은 40%

내외이지만 자영업 외 5인 이상 사업체 종사자 수에서 차지하는 비중은 1할 정도이다. 3차산업은 지역주민 총생산에서는 62.2%, 5인 이상 사업체 수와 종사자 수에서는 각각 60.5%와 82.5%이다.[1] 제주도는 사회간접자본 및 기타 서비스업을 중심으로 산업화되고 노동자가 증가해 왔으므로 노동상황 일반을 이해하는 데에는 이 부문을 택하는 것이 무난하다.

3차산업 중에서는 제주도의 선도산업인 관광업과 연관되면서 도민들과도 밀접한 관계가 있는 자동차운수업을 대상으로 하는 것이 좋다고 본다. 항공·해운과 달리 자동차운수업은 지역자본으로 이루어졌으며, 자동차는 도내에서 유일한 운송수단으로서 중요성이 크다. 5인 이상 사업체 수는 93개로서 5.4%의 비중에 지나지 않는다. 그러나 기업체 규모가 상대적으로 크고 노동조합수와 조합원 수에서는 5할 가량을 점하고 있다. 그래서 자동차운수 노동자들의 연구는 자본과 노동관계의 일반성과 제주도의 특수성을 동시에 파악하고 노동자들의 상황을 이해하는 데 가장 바람직한 분야가 된다.

요컨대 이 글의 목적은 자동차운수 노동자의 노동조건·노사관계·의식·등을 연구함으로써 제주도 노동상황 일반을 이해하는 데 기초를 마련하는 것이다. 자동차운수 노동자에 관해서도 체계적인 연구가 없으므로 표본조사를 통한 개괄적인 접근을 우선하고자 한다. 운수업내에서는 화물과 특수차를 제외한 도민들의 대중교통수단인 시내외버스와 택시, 관광업과 관계가 깊은 전세버스와 렌트카로 대상을 한정하고자 한다. 지역적으로는 자료수집에 편리한 제주시만 다루고자 한다. 제주시는' 도내의 모든 측면에서 압도적인 비중을 차지하고 있어 대표성이 있다. 뿐만 아니라 시내외버스, 전세버스, 렌트카는 거의 전부가 제주시에 밀집해 있으며 다른 곳에는 지역택시만 일부 있을 정도에 지나지 않는다.

---

[1] 제주도, 『통계연보』, 1991; 1991. 4. 30 기준의 업종별·규모별 사업장 현황에 대한 내부자료 참조.

2. 연구의 방법 및 범위

이 연구에서는 질문지를 이용한 표본조사로 노동자들을 면접하고, 보완적으로 노동상황에 대한 지식이 많은 관계자들을 심층면접하는 방법을 사용하였다.

1) 조사대상

표본조사는 1991년 11월 현재 제주도 자동차운수 노동자를 대상으로 하되, 그 중 제주시 소재 시내외버스, 택시, 전세버스, 렌트카 운수업에 근무하는 기사와 예비기사를 조사모집단으로 하였다. 화물과 특수차를 제외한 이유는 이들의 비중이 적을 뿐만 아니라 자영업과 지입제 등 특별한 조건에 처한 경우도 많기 때문이다. 사무직과 정비직도 비중이 극히 적고 운수노동자의 중심이 아니므로 운전기사로 대상을 통일하였다.

심층면접은 자동차와 택시의 지역노조위원장과 간부들, 유관기관인 제주도 사회과 노정계장과 제주지방노동사무소 근로감독과장, 기독교산업개발원 산하 제주지역노동상담소 소장 등을 대상으로 하였다.

2) 표집방법 및 표본

제주도내 자동차와 택시노동자 수는 약 4천 2백 명이다.[2] 이 중 6백 명을 면접할 목표 표본수로 정하였다. 이것은 99% 신뢰도 수준에서 ±5% 이내의 표집오차를 보장하는 수치이다.

표집방법은 층화집락법을 택하였다. 자동차와 택시노동자의 비율이 38.7%와 61.3%이어서 4 : 6으로 보아 각각 240명과 360명을 배분하였다.

---

[2] 이하에서 '자동차'는 전국자동차노동조합연맹 가입 업종 중 화물·고속버스·특수차 등을 제외한 시내외버스와 전세버스·렌트카에, '택시'는 전국택시노동조합연맹 가입 업종인 회사택시에 한정된 의미로 사용한다.

자동차내에서는 전세버스와 렌트카 노동자의 비율이 낮아 비비례적 층화표집을 하였다. 시내버스 90명, 시외버스 90명, 전세버스와 렌트카는 30명씩 배분하였다. 각 업종내에서는 일부 업체를 선정하는 집락표집법을 사용하였다. 시내버스는 3개 업체 모두, 시외버스는 7개 업체 중 3개, 택시는 23개 업체 중 단위노조로 있는 6개와 지역노조로 있는 6개, 전세버스는 6개 중 1개, 렌트카는 5개 중 2개 업체를 선정하였다. 각 업체당 표본수는 30명을 기준으로 하여 규모가 큰 기업은 40명까지, 작은 기업은 20명까지 배분하였다. 렌트카의 경우에는 기사가 적어 15명씩으로 하였다. 대상 기업내에서는 계통적 표집방법을 사용하여 면접대상자를 확정하였다.

<표 1>은 이렇게 하여 선정된 업종별 대상 사업체와 표본수를 나타낸 것이다. 조사가 완료된 것은 596사례였으나 응답내용에 문제가 있는 19사례를 제외하여 577사례만 실제 분석에 활용하였다.

<표 1> 조사 사업체별 표본수

업종	업체명	목표 표본수	가용 표본수	업종	업체명	목표 표본수	가용 표본수
시내버스	대화운수	30	30	택시	성일운수	30	29
	한일여객	40	39		화신교통	35	31
	삼영교통	20	20		유일운수	25	24
시외버스	제주여객	30	29		조흥자동차	35	32
	금남여객	35	35		현대자동차	30	30
	삼화여객	25	24		세기교통	35	35
전세	제주교통	30	30		중앙교통	30	27
렌트카	한라렌트카	15	15		천일택시	25	25
	제주렌트카	15	10		평화운수	25	23
택시	대우교통	30	29		덕남운수	25	25
	동방운수	35	35				
				합계	21개 업체	600	577

3) 조사기간

조사연구는 1991년 9월 문헌자료를 수집하는 것으로부터 시작되었다. 질문지 초안은 11월 5일 사전검사하였다. 11월 12일부터 23일까지 본조사와 보완조사 및 코딩·입력을 하였다. 조사에 관해서는 노동관계자와 수시로 협의해 왔으나 본격적인 심층면접은 표본조사가 끝난 후 11월 29일부터 12월 18일에 걸쳐 실시하였다. 그 후 1992년에 들어와 SPSS/PC$^+$ 패키지 프로그램을 사용하여 자료를 분석하였다.

 4) 자료수집

 표본조사의 면접시간과 장소는 업종과 회사에 따라 차이가 있다. 시내외버스의 경우에는 주로 러쉬 아워 후 또는 운행 1회전이 끝난 소위 '탕을 긋는' 시각에 회사내 노조사무실이나 종점에서 면접하였다. 택시는 새벽 교대시간을 전후하여 노조사무실에서 많이 하였다. 전세버스와 렌트카는 기사의 출퇴근과 운행시간이 일정하지 않아 회사에서 계속 대기하면서 수시로 면접하였다. 모든 업종에서 면접이 쉽지 않을 경우에는 가정방문 등을 통해 실시하기도 했다. 심층면접은 근무시간 중에 해당 사무실을 방문하여 행하였다.
 1차 문헌자료는 관계기관에서 발행한 보고서나 단체협약서, 임금협정서, 취업규칙 및 내부서류, 신문기사 등이 활용되었다. 2차 자료로는 제주도 운수노동자에 관한 소수의 단편적인 글과 통계년보 및 한국사회 운수노동자에 관한 저서 및 논문 등이 이용되었다.

 3. 조사대상자의 특성

 노동상황에 대한 구체적인 분석에 앞서 배경이 되는 조사대상자의 인구학적·사회경제적 특성을 개괄하고자 한다.

1) 일반적 특성

제주도의 사업체 규모는 매우 영세하다. 근로기준법의 적용을 받는 5인 이상 사업체는 1,732개 소이고 종사자 수는 38,905명이다.[3] 업체당 평균 종사자 수는 22.5명에 지나지 않는다. 운수업은 다른 업종보다는 규모가 큰 편이나 절대적인 기준에서는 마찬가지로 작다.

제주시내 3개 시내버스 회사의 차량수는 249대로서 평균 83.0대이다. 7개 시외버스 회사는 평균 43.9대의 차량을 갖고 있다. 6개 전세버스 회사는 평균 66.0대, 5개 렌트카 업체는 평균 154.6대를 보유하고 있다. 제주도 전체 회사택시는 1,292대로서 평균 39.2대이다. 제주시만 보면 규모가 조금 커서 평균 43.8대이다. 시내외버스와 택시에서의 기사수는 교대근무 때문에 차량대수의 2배 남짓하다. 전세버스의 기사는 차량대수의 2배가 되지 않으며 렌트카는 대여업체이기 때문에 기사가 2개 회사에만 조금 있을 뿐이다. 따라서 모두 중소기업에 지나지 않는다.

대부분의 운수업체는 주식회사 형태를 취하고 있으나 규모가 작고 지역이 협소한 관계로 실제로는 대표이사의 영향력이 절대적이다. 소유와 경영이 미분리된 점이 전근대적인 경영 양태에 일조하고 있다.

규모가 작고, 차고지와 건물 외에는 차량만이 의미있는 고정자산이기 때문에 사무직 숫자는 극히 적다. 그래서 이들은 주로 경영층의 친인척으로 충원되고 있다. 기사가 아닌 직위로서 정비직도 있으나 이들의 숫자 역시 극히 미미하다. 고속버스 등 대규모 업체가 아닌 한 기사직 숫자가 절대적인 것이 운수업의 상태이다. 조사대상자 577명 중에서는 예비기사 27명 외에 모두 정규기사였다. 전세버스와 렌트카에는 예비기사가 전혀 없고 시외버스에 15%, 시내버스와 택시에 5% 미만씩의 예비기사가 있다.

---

3) 1991. 4. 30 기준의 제주지방노동사무소와 제주도 내부자료 참조.

2) 인구학적 특성

응답자 중 여성은 택시에서만 1명이 발견되어 기사직은 아직까지 절대적으로 남성의 영역임이 확인되었다. 연령별 분포는 업종에 따라 상이하다. 시내외버스와 택시에는 25세에서 39세까지가 82.5%로 압도적이다(<표 2> 참조). 전세버스는 나이가 가장 많아 40대 위주이다. 렌트카는 30~44세가 84%여서 시내외버스와 택시보다는 많고 전세버스보다는 적다. 50대도 없지만 20대도 없어 신규 입직자가 전무함도 알 수 있다.

<표 2> 연령별 분포

(단위: %)

업종\연령	20~24	25~29	30~34	35~39	40~44	45~49	50~54	55 이상	계
시내버스	4.5	28.1	22.5	28.1	11.2	5.6	-	-	100.0
시외버스	3.4	26.1	33.0	20.5	10.2	3.4	3.4	-	100.0
택시	1.4	26.4	35.9	22.0	6.7	6.4	1.2	-	100.0
전세버스	-	3.3	10.0	16.7	23.3	36.7	6.7	3.3	100.0
렌트카	-	-	20.0	24.0	40.0	12.0	4.0	-	100.0

응답자의 혼인상태를 보면 대부분이 기혼이다(<표 3> 참조). 연령에서와 유사하게 시내외버스와 택시는 미혼이 1/4 정도이나 전세버스와 렌트카에는 전혀 없다. 동거가족 수는 모두 4명 안팎이다.

<표 3> 혼인 상태

(단위: %)

혼인상태\업종	시내버스	시외버스	택시	전세버스	렌트카
미혼	32.6	25.0	21.7	-	-
기혼	65.2	73.9	76.8	100.0	100.0
결혼 후 독신	2.2	1.1	1.4	-	-
계	100.0	100.0	99.9	100.0	100.0

3) 사회경제적 배경

응답자의 학력은 고등학교가 2/3이다(<표 4> 참조). 다음으로 많은 것은 중학교로서 고등학교와 합치면 9할이나 된다. 나이가 많은 전세버스 기사의 경우 학력이 조금 낮기는 하지만 업종별로 큰 차이를 보이지는 않는다. 이러한 양상은 한국 생산직 노동자 일반에서 나타나는 경향과 같다.

<표 4> 교육수준

(단위: %)

업종＼학력	국졸 이하	중졸 이하	고졸 이하	초대졸 이하	대재 이상	계
시내버스	4.5	24.7	64.0	4.5	2.2	99.9
시외버스	4.5	30.7	61.4	1.1	2.3	100.0
택시	4.3	21.7	68.1	3.5	2.3	99.9
전세버스	10.0	30.0	56.7	-	3.3	100.0
렌트카	-	16.0	76.0	4.0	4.0	100.0

<표 5> 타 운수업체 종사 경험

종사 경험＼업종	시내버스	시외버스	택시	전세버스	렌트카
유경험자(%)	67.4	70.5	47.8	90.0	60.0
평균 업체수	2.4	2.0	1.9	2.4	1.4
평균 종사년수	7.0	6.9	5.5	13.6	6.9

응답자 중 운수업에 종사하기 전 다른 직업을 가진 경우는 61.4%였으며 직종은 도소매·음식·숙박업이 가장 많았다. 전직의 기간은 평균 5.9년이었다. 현재의 회사에 입사하기 전 다른 운수업체에 종사했던 적이 있는 사람은 329명으로 57%였다. <표 5>를 보면 전세버스가 90%로 가장 많고 택시가 가장 적다. 타 운수업체 종사 경험이 있는 자들의 평균 종사년수에서도 전세버스가 13.6년으로 훨씬 많다. 전체적으로 볼 때 승객수가 많은 대형차일수록 기사들의 타 운수업체 종사 경험이 많으며, 그 중에서도 숙련을 요구하는 전

세버스가 가장 높다. 329명의 타 운수업체 종사수와 기간은 평균 2개사와 6.8년이다.

현재의 회사에서 재직한 평균기간은 시내버스 4.6년, 시외버스 4.8년, 택시 4.0년, 전세버스 6.5년, 렌트카 7.6년으로서 전체 평균은 4.5년인 바 많은 편이 아니다. 이 중에서는 신규 모집이 없는 렌트카를 제외하면 타 운수업체 종사 경험과 마찬가지로 전세버스가 가장 많고 택시가 가장 적다. 요컨대 전세버스와 대형차일수록 운전경험이 많다고 할 수 있다.

4. 운수노동자의 노동실태와 의식

1) 노동조건

운수노동자의 노동조건에서는 중요성이 큰 근무형태부터 노동시간, 노동강도, 후생복지 등의 순서로 살펴보기로 하겠다. 임금협정서와 단체협약서를 기준으로 하면 근무형태에서 시내버스의 경우는 격일제 15일 만근을 하고 있다. 시외버스는 23일 만근을 실시한다. 택시의 경우에는 지부에서는 격일제 13일 만근을, 지역노조는 1일 2교대제 26일 만근을 원칙으로 하고 있다.[4] 전세버스와 렌트카는 25일 만근을 하고 있다.

그러나 실제 근무형태는 규약과 다른 경우가 많다. 시내버스에서는 기사 부족 등으로 인하여 2일 또는 3일 근무 후 1일 휴무인 것이 많다. 택시에서 지역노조도 실제로는 격일제를 실시하고 있다. 그 이유는 제주도의 지역적 조건이 서울 등 육지부와 상이하여 기사들이 이것을 선호하기 때문이다. 관

---

[4] 택시에서 '지부' 또는 '노조지부'는 사업장마다 단위노조가 결성되어 개별적으로 전국택시노동조합총연맹 제주도지부에 가입된 17개 업체를 지칭한다. '지역노조'는 개별 사업장에는 분회가 존재하고 이들이 하나의 지역적인 단위노조를 결성한 14개 업체를 가리킨다. 후자도 형식상 제주도지부에 가입되어 있으나 활동과 성격을 전자와 달리하는 경우가 많아 흔히 이렇게 구분하여 표현하고 있다. 자세한 경위와 내용은 3절 노동조합과 노사관계를 참조할 것.

광객이 차를 하루 동안 대절하거나 시외로 장거리를 뛸 경우 운행 중간에 교대를 하지 않아도 되고, 감귤 재배 등 부업을 할 경우 시간을 활용하기에도 유리하기 때문이다.5) 전세버스와 렌트카는 관광객의 요구에 따라 배차가 이루어지기 때문에 일정한 근무형태를 유지하는 것이 어렵다. 관광 성수기와 비수기에 따라서도 차이가 난다. 그래서 기사들은 실제 근무형태를 규약상 근무형태로 착각하는 경우가 많이 있다.

규약과 실제상의 차이가 택시의 경우에는 노동자들이 원해서 된 것이지만 버스는 그렇지 않은 데다가 근무일수가 늘어나기 때문에 불만이 택시보다 훨씬 많다(<표 6> 참조). 나이가 많은 전세버스의 기사들도 안정된 근무를 몹시 원하고 있다. 전반적으로 운수업의 근무형태에 대한 만족도는 낮다.

<표 6> 근무형태에 대한 만족도

(단위: %)

만족도 \ 업종	시내버스	시외버스	택시	전세버스	렌트카
만족한다	51.7	42.0	78.6	43.3	72.0
불만족스럽다	43.8	48.9	17.7	53.3	28.0
기타	4.5	9.1	3.8	3.3	-
계	100.0	100.0	100.0	99.9	100.0

모든 업종에서 노동시간은 근로기준법상의 1일 8시간 노동을 원칙으로 하고 있다. 그러나 각각 여건에 맞춰 근무시간 변경과 초과근무를 노사간에 합의하고 있다. 시내버스는 격일제 근무이므로 1일 14시간 안팎, 시외버스는 8시간, 택시는 지부에서 16시간, 지역노조에서 15시간 20분을 기준으로 한다. 1일 8시간 기준을 초과하거나 야간근무 등에는 근로기준법대로 수당을 지급하고 있다.

---

5) 1일 2교대제의 경우 수입은 격일제보다 떨어지나 사고율은 낮으므로 사용자측이 격일제를 반드시 선호하는 것은 아니다. 그래서 분규가 있을 때 사용자가 격일제로 노조측에 양보해 주면서 다른 조건을 붙여 타결하는 경우도 더러 있다. 시내버스에서도 애초 1일 2교대제로 했다가 노동자들의 선호에 따라 격일제로 바꾸었다.

그렇지만 휴식시간을 제외한 실제 노동시간은 평균적으로 시내버스가 15.4시간, 시외버스 12.4시간, 택시 15.9시간, 전세버스 8.9시간, 렌트카 9.4시간이라고 응답하고 있다. 근무시간이 일정하지 않은 전세버스와 렌트카를 제외하면, 택시는 규정대로이지만 시내외버스는 규정보다 길다. 시내버스의 배차시간은 차량이 급증하면서 시내에 신호등이 생기기 전의 것이어서 실제 운행시간보다 1.4시간 적게 잡히고 있다. 시외버스는 초과근무하기로 합의한 것과 차이가 크지는 않다.

시내외버스 모두 실제 운전에 있어서는 노선이나 시외정박 등으로 인해 노동강도가 높다. 시내버스에서 교통체증이 증가하고 안내양이 없는 점은 육지부와 마찬가지이지만 운행노선이 복잡하여 강도가 높아지는 것은 제주도 특유의 것이다. 3개 시내버스 회사 중 공항노선만을 독점적으로 운행하여 노선이 4개에 지나지 않으며 차량수도 36대에 불과한 삼영교통을 제외하면, 실질적으로는 2개 회사가 시내의 194개 전 노선을 운행하고 있다. 기사들은 10여 개 이상의 행선지판을 갖고 다니면서 종점에서마다 교환하여 다른 노선을 띈다. 노선변경에 숙달되려면 3년 정도가 걸릴 뿐 아니라 노선변경 자체도 몹시 신경이 쓰이고 피곤한 일이다. 규약과 달리 2~3일 연속근무를 하는 것도 기사들을 지치게 한다.

시외버스의 경우 교통체증은 시내버스보다 적다. 그러나 하루일과가 끝난 후 시외 종점에서 정박할 때가 한 달에 12~13일이나 되어 충분한 수면과 휴식을 취하기 힘들다. 여러 사람이 같은 잠자리를 사용하는 데다가 운행이 끝나는 시간이 다른 점도 수면을 방해하는 요인이다. 1991년 9월부터 시행된 시외버스 공동운수제도 기사의 피로를 가중시키고 있다. 애초 공동운수제는 업체간 과당경쟁 방지와 서비스 개선 등을 목표로 하였으나 기초조사를 소홀히 하는 바람에 주민들이 이용에 불편을 겪어 환원 소동도 벌어졌다.[6] 기사들도 노선이 생소하고, 실근무시간이 연장되며, 경유지를 결행하기도 하고, 도로에 익숙하지 못해 사고 위험도 높아지므로 만족보다 불만인 경우가 많

---

[6] ≪제주신문≫ 1991. 8. 1, 9. 14, 10. 8, 12. 10 참조.

다.7) 개선방안으로는 배차시간 조정과 조정시 기사가 참여해야 된다가 37.1%로 가장 많고, 종전대로 환원이 14.3%로 둘째이며, 회사별로 노선을 공평하게 배정하는 것과 도전체 운영의 일원화 등의 응답이 조금씩 있었다.

택시의 경우에는 육지부보다 형편이 양호하다. 교통체증이 대도시보다 덜 심해 회사택시의 1일 평균 주행거리는 이들보다 40~50km가 많은 475.7km이다.8) 그러나 사납금을 채우고 초과분을 획득해야 하는 점과, 4군데 정도에서 1991년에 다시 나타나 전체 기사의 4% 안팎을 차지하는 도급제는 항상적인 노동강도 강화 요인이다. 전세버스와 렌트카는 관광객의 관람시간 동안 휴식이 가능하므로 형편이 훨씬 양호하다.

노동강도의 차이는 운전으로 인한 몸의 불편함에 그대로 반영되고 있다. 응답자 중 시내외버스와 택시에서는 과반수 이상씩 평균 61.3%가 불편한 데가 있다고 했으나 전세버스와 렌트카는 1/4밖에 되지 않았다. 가장 불편을 느끼는 부위는 허리, 다리 및 관절, 위, 전반적으로 피로하다는 순이다.

운행중에 교통사고가 발생하면 기사 및 보증인에게 구상권을 행사하지 않는다고 단체협약에 명시되어 있다. 그러나 실제로 회사에서 보험으로 다 처리해 준다는 응답은 6할이고, 회사에서 기본적인 것은 보험처리해 주지만 기사 본인의 부담도 크다는 응답이 4할 가량이었다. 본인이 모두 또는 조합에서 처리한다는 응답은 4%였다. 본인의 부담도 크다는 응답의 비율은 시내버스, 시외버스, 택시, 전세버스 순으로 많아지고 있다. 렌트카는 본인 부담이 전혀 없다. 그 이유는 렌트카는 기사를 둘 수 없어 운전경력이 개인택시 면허를 획득하는 데 도움이 되지 않기 때문인 듯하다. 다시 말하면 모든 기사들의 꿈인 개인택시 면허를 획득하는 데 필요한 무사고 경력을 쌓거나 회사

---

7) 표본조사 대상자 중 매우 만족은 없고, 조금 만족 23.9%, 그저 그렇다 36.4%, 조금 불만 13.6%, 매우 불만 22.7%이다.
8) 교통안전관리공단, 「효율적인 교통안전관리를 통한 교통사고 감소 및 비용절감실태 조사연구」, 1989; 고성근, 「제주지역 택시업체 노사관계의 환경적 요인에 관한 연구」, 제주대학교 경영대학원, 『최고경영자과정 제1기 수료논문집』, 229쪽에서 재인용. 개인택시의 경우에는 회사택시와는 반대로 제주도는 관광객 승객으로 인한 수입의 증대 때문에 주행거리가 대도시보다 적다.

추천을 받기 위해서 사고처리 비용을 본인들이 부담하게 되는 것이다.9)

　후생복지를 보면 모든 회사마다 단체협약에는 다양한 휴게시설과 복지제도를 두게 되어 있다. 운수사업 면허를 취득하기 위해서도 휴게시설은 설치되어 있었다. 그러나 실제로 사용되거나 의미있는 시설은 거의 전무하다. 기껏해야 노조사무실에 소파와 텔레비전이 있거나 사용되지 않는 탁구대 정도가 마련되어 있을 정도이다. 중고등학생 자녀에 대한 장학제도도 기사들의 나이 때문에 실질적으로 해당되는 경우가 적다. 그래서 후생복지시설과 제도에 대해 불만인 응답자가 만족인 사람보다 3배 이상이나 많다. 불만은 전세버스와 렌트카에서 더욱 심하다. 불만족의 이유는 시설이 유명무실하거나 부족하다는 것이 거의 전부이다. 보완되어야 할 것으로는 대다수가 오락·체육시설과 휴게실을 들고 있다. 이처럼 제반시설이 부족한 것은 제주도 운수업 자체의 속성에 기인하는 바가 크다. 회사규모가 작아 다양한 시설을 갖추기가 쉽지 않으며, 갖추더라도 운수노동이 사업장 바깥에서 이루어지는 장외노동이기 때문에 실제로 이용하기가 어렵다는 것이 타 산업과 경우가 다른 점이다.

2) 임금 및 생활상태

　임금수준은 업종에 따라 상이하나 동일 업종내에서는 같다. 사업장마다 노동조건이 상이한 다른 산업이나 업종과는 달리 운수업은 지역별로 동일 업종내에서는 동일한 운행조건을 갖고 있다. 그래서 제주도에서도 임금교섭은 노동조합의 대표기구와 사업주들의 대표기구인 사업조합간에 업종별로 공동으로 하고 있다.10)

---

9) 이러한 점은 교통법규 위반시에 벌점·딱지 대신 기사들이 돈으로 해결하려는 경향에서도 나타나고 있다. 사고나 법규위반은 기사의 과실로 인한 개인적 요인 이외에 배차시간, 사납금 또는 과로, 피해자 과실, 도로구조, 교통시설 등 구조적 요인에 의한 경우도 많은데 책임은 기사 본인이 지게 되는 모순이 있는 것이다. 장명국·정희민, 「운수노동자의 현실과 나아갈 방향」, ≪새벽≫ 제3호, 167-168쪽; 전국자동차노동조합연맹, 「1989년도 사업보고」, 70-74쪽 참조.

협정에 의하면 시내버스의 기본급은 월 30만 원이다. 세금공제 전의 월 총 임금은 제수당을 포함하여 55만 원 수준이다. 시외버스는 노선이 상이하여 업체마다 조금 차이가 있으나 기본급 30만 원, 총임금 65만 원 수준이다. 택시는 노조지부 산하의 경우 기본급이 초임은 20만 원이고 그 다음부터는 225,241원으로 동일하다. 근속수당은 10년차까지만 연 5천 원씩 인상된다. 제수당을 포함한 총임금은 초임은 33만 원, 경력 10년 이상은 46만 원 정도이다. 지역노조인 경우는 이것보다 조금 많으나 사납금이 1천 원 많은 65,000원이므로 결과는 마찬가지이다. 전세버스와 렌트카는 총 30만 원 수준이다.11) 이와 같이 업종에 따라 차이가 나는 것은 운행의 구체적 조건이 업종별로 다르기 때문이다. 동일 업종내에서는 나이, 학력과 회사규모에 따른 차이는 없고 경력에 따른 차이도 극히 적다.

그런데 경력이 많은 전세버스의 임금이 가장 낮은 것은 협약에 나타나지 않는 비공식적인 수입이 있기 때문이다. 심층면접한 바에 의하면 시내버스는 승차권이 등장한 이후로 비공식수입(소위 삥땅)이 거의 없으므로 초과근무를 하는 것 외에는 수입이 늘어나기 힘들다. 시외버스는 부수입이 조금 있을 수 있다. 택시는 사납금 초과분에 대해서 당일 5:5로 분배하고, 합승이나 장거리 운행에서 이중요금을 받기도 하므로 공식임금 이상의 소득을 올릴 수 있다. 전세버스와 렌트카는 관광지에서 송객 및 물품판매에 대한 음성적인 수수료를 받고 승객으로부터 봉사료도 받고 있다. 전세버스는 실질소득이 150만 원 정도라는 말이 있다.12)

실제 임금제도는 모든 업종에서 임금협정서에 월급제를 원칙으로 한다고 규정해 놓은 것과 다르다. 시내외버스는 포괄역산식 일당제, 택시는 업적급제, 전세버스와 렌트카는 음성적인 수입에 크게 의존하는 형태를 취하고 있

10) 운수노보, 『운전기사와 민주노조』, 돌베개, 1989, 35-37쪽.
11) 세금공제 전의 월평균 총소득에 대한 응답은 다음과 같이 나왔다. 시내버스는 평균 68.4, 시외버스 63.7, 택시 44.0, 전세버스 30.8, 렌트카 39.0만 원이다.
12) 그래서 전세버스 기사직에 대한 권리금(소위 프리미엄)은 5백~1천만 원 정도라고 한다. 개인택시와 버스의 경우에는 차령에 따라 차이가 나지만 각각 대당 3천만 원과 1억 원 안팎이라고 한다.

다. 이것은 자본가가 생산과정을 직접 통제하지 못하는 대신 노동자가 직접 통제하면서 장외에서 개별적으로 노동하는 운수업의 노동조건과, 임금통제를 하려는 자본측의 의도가 복합적으로 작용한 결과이다.13) 이러한 점은 육지부와 동일하다.

시내외버스는 운행과정이 다른 업종보다 단순하여 배차시간제도와 운행회수를 통해서 자본이 간접통제를 하고 있다. 임금도 총액을 미리 정해 놓고 이를 제규정에 맞춰 여러 부분으로 나누고 있으므로 월급제도 업적급제도 아닌 위장된 일당제가 시행되고 있다. 택시는 사납금과 초과분에 대한 이익분배제도를 택하고 있으므로 월급제가 아닌 일당식 업적급제가 실시되고 있다고 할 수 있다. 이에 대한 노동자들의 불만은 도급제를 다시 도입하여 기사 자체를 대체해 감으로써 극복하려고 하고 있다. 도급제 기사는 임금을 받지 않는 대신 하루 5만 원씩만 회사에 납부하고 있다. 이외에도 소위 '주주기사'라고 불리는 차량을 지입해 놓은 기사도 있어 노동통제에 나름대로의 역할을 한다. 전반적으로는 일일 주행거리가 많고 관광객을 태울 수도 있으므로 육지부보다 벌이가 낫다고 한다.

운행에 소요되는 제경비는 회사가 부담하는 형태를 취하고 있다. 버스는 연료비와 잡비를 회사가 부담하고, 택시에서는 연료비와 잡비를 제한 사납금 초과분을 반반씩 나누고 있다. 때때로 세차비를 기사가 부담하게 되는 경우가 있어 분규가 발생하기도 했으나 현재는 시정되고 있다.

운수업에서는 승진과 승급이 실질적으로 없고 위의 소득이 안정된 생활을 보장하지는 않으므로 부업을 하기도 한다. 응답자 중 가족이 취업한 경우는 평균 43.7%이며 업종간 차이는 적다. 저축은 없거나 50만 원 이하가 9할 가량이다. 부채를 지고 있는 응답자는 33.6%이다. 부채액수는 거의 대부분 1백~3천만 원이다. 부채를 지게 된 원인으로는 주택구입과 집세인상이 50%였다. 그 외로는 사업실패, 질병, 자녀학비 등이며 예상과는 달리 교통사고

---

13) 김기환, 「한국 운수노동자의 노동조건에 관한 연구」, 서울대학교 사회학과 석사학위논문, 1986, 7-10, 53-68쪽; 운수노보, 앞의 책, 17-18, 38-40쪽; 장영달, 『새벽부터 새벽까지: 자동차운수 노동자 실태분석』, 풀빛, 1985, 155-157쪽.

관계는 4.1%에 지나지 않았다.

주택문제는 전국적인 현상이지만 제주도 운수노동자의 경우도 매우 심각하다. <표 7> 응답자의 주거 상태를 보면 자가는 평균 21.1%에 지나지 않는다. 평균 연령이 많은 전세버스·렌트카는 26.7%와 32.0%로 상대적으로 조금 높지만 열악한 상황이기는 마찬가지이다. 그래서 미혼자들은 부모와 동거도 하지만 대부분의 기혼자들은 전월세에서 살고 있다. 주거 상황을 서울과 비교해 보면 택시의 경우 자가는 8%, 부모집은 7% 높게 나타난 반면, 전월세는 그만큼 적어 상대적으로 조금 양호한 것으로 보인다. 그러나 서울이 전국에서 주거 상황이 가장 열악한 점을 감안하면 제주의 상황이 양호한 것은 전혀 아니다. 그래서 전국의 가족소득과 생활수준을 6등급으로 나눌 때, 응답자들은 중의 상 12.8%, 중의 하 38.5%, 하의 상 28.6%, 하의 하에 18.9%가 해당된다고 생각하고 있다.

<표 7> 주거 형태

(단위: %)

업종 주거	시내버스	시외버스	택시	전세버스	렌트카
자가	20.2	18.2	20.9	26.7	32.0
부모집	11.2	2.3	14.2	-	-
전세·월세	64.0	73.9	62.9	73.3	68.0
기타	4.5	5.7	2.0	-	-
계	99.9	100.0	100.0	100.0	100.0

3) 노동조합과 노사관계

제주도내 3개 시내버스업체 중 삼영교통은 노조가 실질적으로 해체되었고 나머지에는 노조가 설립되어 있다. 시외버스에는 모두 노조가 존재한다. 33개 택시업체에도 한 곳만 제외하고 노조가 있다. 조사대상업체에는 전부 결성되어 있다. 조사한 전세버스와 렌트카에도 모두 있다. 이처럼 운수업체의 조합 결성률은 도내에서 가장 높아 도 전체 노조 총숫자 106개 소 중 58개소나 차지하고 있다. 조합원의 조직률도 가장 높아 도내 조합원 총숫자 7,071명 중 3,266명을 점하고 있다.14)

조사대상업체 노조의 설립시기도 타업종에 비하여 빠르다. 1970년대가 4군데, 1987년 이후가 3군데이며 나머지는 모두 1980~86년 사이에 설립되었다. 노조 설립을 위한 추진은 대부분 노동자들의 자발적 의지에 의한 것이라고 답하고 있다.

응답자의 노조 가입률은 가장 낮은 택시가 89.3%, 시내버스 91.4%, 전세버스 93.3%, 시외버스 95.5%, 렌트카 100.0% 순이다. 가입하지 않은 자 전체는 8.5%인 바 대부분 실질적인 가입자격은 없는 자들이다. 예비기사는 규정상 자격이 없고, 지입차주 겸 기사와 도급제 기사, 경영층과 친인척인 자는 동료 기사들이 실질적으로 배제하기 때문이다.

조직형태는 택시의 지역노조는 분회로, 그 외에는 모두 단위노조로 되어 있다. 그리고 대부분이 조합의 가입과 탈퇴가 자유로운 오픈 숍(Open Shop) 제도를 택하며, 시외버스와 일부 시내버스에서 취업과 동시에 노조에 가입해야 하는 유니온 숍(Union Shop) 제도를 취하고 있다.

상급단체를 보면, 전국자동차노동조합연맹 제주도지부는 1963년 7월 부두노동자도 포함한 전국운수노동조합 제주도자동차지부로 창립되었다가 그 해 11월 현재의 형태로 변경되었다. 기구는 지부장, 부지부장, 사무국장, 총무·조직 등 국의 라인과 회계감사, 대의원, 운영위원 등으로 구성되어 있다. 이와 같은 구성 형태는 택시의 경우에도 유사하다. 그러나 자동차연맹은 전국 20개 산별 중 지부가 유일하게 설립신고증을 갖고 있어 협의회 체제인 택시와는 차이가 난다. 전세버스와 렌트카 등 택시를 제외한 모든 자동차 운수업이 여기에 소속되어 있다.

택시의 지부는 1988년 4월 상급단체인 자동차연맹에서 분리되었다가 그 해 9월 정식으로 설립되었다. 택시의 지역노조는, 1985년 3월 노동조합법 시

---

14) 전국 수준에서도 제주도 운수업의 조직률은 높은 편이다. 예컨대 택시노조의 경우 조직률이 전국 15개 지부 중 5위에 해당한다. 전국택시노동조합연맹, 앞의 책, 155쪽.

행령이 개정되어 동일업종 동일지역의 30인 미만 사업장이 지역노동조합으로 설립될 수 있게 됨으로써 그 해 4월에 이루어졌다. 당시 참여 사업장은 주로 타 회사에서 분리되어 나오면서 규모가 작았던 것들이었다.

자동차의 지부장과 단위노조 위원장의 임기는 3년이다. 단위노조의 위원장은 조합원 직선에 의하며, 지부장은 단위노조 위원장들로 구성된 대의원회에서 선출한다.15) 단위노조 위원장들은 임금이 적어 운전대를 잡기를 원하는 전세버스·렌트카와 규모가 작은 정비업체를 제외하고는 모두 전임이다. 전임의 임금은 해당 사업장에서 실근무에 준하여 지급한다.

택시노조 지부장의 임기는 3년이고 단위노조 위원장의 임기도 대부분 3년이다. 이들은 모두 전임이다. 이들의 임금도 해당회사에서 지급한다. 이에 비해 지역노조에서는 조합장과 부조합장만 전임이며 분회장들은 아니다. 임금은 사업장별 차량대수에 따라 회사에서 분담한다.

<표 8> 노조활동 참여정도

(단위: %)

참여정도 업종	적극 참여한다	대체로 참여하는 편이다	조금만 참여한다	참여하지 않는다	기타	계
시내버스	42.2	39.1	12.5	6.3	-	100.0
시외버스	32.1	36.9	14.3	15.5	1.2	100.0
택시	57.5	33.1	7.5	1.9	-	100.0
전세버스	35.7	28.6	32.1	3.6	-	100.0
렌트카	72.0	24.0	4.0	-	-	100.0

조직률이 높은 것과 마찬가지로 응답자들의 노조활동에의 참여정도도 높게 나타났다(<표 8> 참조). 특히 렌트카에서는 적극적으로 참여한다는 자가 72%나 되어 가장 높다. 그리고 회사내의 문제로 고민이 생겼을 경우 가장 먼저 의논하는 사람으로서는 가까운 동료나 선배라고 응답한 자가 40.0%이고, 노조간부라고 응답한 사람은 36.2%였다. 그 다음으로는 10%도 되지 않는

---

15) 단, 사업장 규모가 1백 명 이상인 대화운수와 한일여객에서는 부조합장도 지부의 대의원을 겸직한다.

비율로 상사 내지 회사 상담원, 가족 순으로 꼽았다. 개인의 문제는 가까운 이들과 상의하는 것이 인지상정이라고 생각하면, 위와 같은 응답은 노조가 조합원들에게 상당히 가깝게 위치하고 있다고 판단할 수 있는 근거가 된다.

<표 9>는 노조의 민주성에 대한 응답 결과이다. 조합원의 의견이 민주적으로 잘 반영된다는 반응이 과반수를 넘는다. 렌트카에서는 100%가 나왔다. 다음으로는 파벌에 좌우되거나 집행부 몇사람이 독단적으로 운영한다는 것이 전체 14.9%와 12.2%로 나왔다. 노조위원장 선거에서 낙선한 자가 퇴직하는 경우도 있다. 노동조합의 운영과 법규에 관한 지식도 위원장 수준에서만 알고 있는 형편이어서 위원장의 의도가 노조활동에서 강하게 작용하는 것이 실상이기도 하다.

<표 9> 노조운영의 민주성

(단위: %)

민주성 업종	집행부 몇사람의 독단적 운영	노조내 파벌에 의해 좌우	조합원 의견 민주적 반영	기타	무응답	계
시내버스	14.3	11.4	58.6	4.3	11.4	100.0
시외버스	21.6	9.1	53.4	6.8	9.1	100.0
택시	9.9	16.5	64.6	3.2	5.8	100.0
전세버스	16.7	33.3	40.0	3.3	6.7	100.0
렌트카	-	-	100.0	-	-	100.0

<표 10>은 노조의 자주성에 대한 것이다. 시외버스를 제외하고는 모든 업종에서 과반수 이상이 사용자에 대하여 노동자의 이익을 무리없이 잘 대변한다고 본다. 여기에서도 렌트카는 96%나 동의하였다. 시외버스에서는 사용자의 이익만 대변하거나 그들의 눈치를 너무 많이 보거나 어용적이지는 않지만 유명무실하다는 부정적인 평가가 가장 많아 50%에 이른다. 시외버스는 노조의 민주성도 상대적으로 낮게 평가하고 있다. 전세버스는 자주적이라는 응답이 70%로서 높은 반면에 다른 업종과는 달리 너무 정치지향적이고 과격하다는 반응도 16.7%로 나왔다.

<표 10> 노조의 자주성

(단위: %)

자주성 \ 업종	시내버스	시외버스	택시	전세버스	렌트카
사용자의 이익만 대변	5.7	2.3	2.6	3.3	4.0
사용자의 눈치 많이 봄	5.7	14.8	19.7	-	-
어용이진 않지만 유명무실	22.9	33.0	19.1	6.7	-
근로자의 이익 잘 대변	54.3	38.6	51.6	70.0	96.0
너무 정치지향적이고 과격	2.9	2.3	1.4	16.7	-
무응답	8.6	9.1	5.5	3.3	-
계	100.0	100.0	100.0	100.0	100.0

노조에 대한 조합원들의 인식과 응집력을 전반적으로 평가하면 대체로 무난한 편이라고 할 수 있겠다. 렌트카의 경우 노조 설립시의 추진의지와 노조활동에의 참여가 매우 높고, 노조의 민주성과 자주성에 대한 평가가 월등한 것은 현재 렌트카 기사들의 불안정한 지위 탓으로 보인다. 렌트카는 대여업체이므로 기사를 둘 수 없다는 교통부의 유권해석이 1987년에 있었다. 그러나 10년 이상된 관행을 하루 아침에 바꾸거나 영업사원이라는 형식으로 고용되어 있던 기사들을 해직시키기가 쉽지 않아 당국에서는 묵인해 오고 있었다. 그렇지만 마냥 묵인할 수 없고, 1989년 이후 설립된 신생업체들이 형평에 어긋난다고 항의하는 것을 무시할 수도 없어 과징금을 부과하게 되었다.[16] 결국 해당업체는 기사들을 해고하려는 태도를 보여 기사들은 노조를 중심으로 단결하게 된 것이다.

전세버스에서 노조활동에의 참여정도가 낮은 것은 조합원들의 연령과 작업조건 탓이 큰 듯하다. 민주성에 대한 평가가 타 업종에 비해 낮으면서 자주성과 과격성에 대한 평가가 높은 것은 조사 직전 세차비 때문에 야기된 현 집행부와 회사간의 충돌에 기인한 것으로 여겨진다. 택시에서 조합활동에 적극적인 것은 전세버스와는 반대로 나이가 젊은 층이 많기 때문이다.

노조의 일상활동은 매우 미약하다. 조직활동이나 교육·홍보활동이 거의

---

16) 《제민일보》 1991. 11. 19, 12. 17; 《제주신문》 1991. 12. 13 참조.

없다. 노보는 단위노조 차원에서는 없고 택시지부에서 1991년 10월에야 창간되었을 정도이다. 노조활동이 주로 교섭과 쟁의에 치중되어 있는 셈이다.

교섭에서 자동차연맹 제주도지부는 사업장별로 하는 것을 원칙으로 하고 위임받았을 경우에만 지부에서 한다. 시외버스의 경우에는 임금협상과 단체협약 교섭을 공동으로 하는 경우가 많다. 전세버스와 렌트카는 임금협상과 단체협약 체결을 기업별로 하고 있다. 택시의 경우 지부에서는 임금협상은 공동으로 하고 단체협약은 기업별로 한다. 지역노조는 그 자체가 하나의 노조이므로 모두 공동으로 하고 있다.

시내외버스와 택시조합원들은 공동교섭을 가장 바람직하다고 생각한다. <표 11>을 보면 공동교섭의 지지율이 60% 수준이다. 그러나 전세버스와 렌트카에서는 기업별 교섭이 50% 수준의 지지를 받고 있다. 이러한 경향은 후자의 경우 현재 기업별로 교섭이 이루어지고 있고 기업별로 조건이 상이하며 기사들의 나이도 많기 때문에 생긴 것으로 보인다.

<표 11> 이상적인 교섭방법

(단위: %)

교섭방법 \ 업종	시내버스	시외버스	택시	전세버스	렌트카
기업별로	19.1	19.3	20.0	53.3	52.0
공동으로	60.7	59.1	60.0	36.7	36.0
공동 후 기업별 추가	20.2	20.5	19.1	10.0	12.0
무응답	-	1.1	0.9	-	-
계	100.0	100.0	100.0	100.0	100.0

노사관계를 알기 위해 회사의 노조에 대한 태도를 보면, 노조를 어느 정도 인정한다와 상호관계를 존중한다는 응답이 가장 많다. 그 다음은 못마땅하게 여긴다인데, 조사 당시 문제가 발생했던 전세버스에서는 이 응답이 가장 많았다. 노조를 대수롭지 않게 생각하는 경우는 드물어 노조에 대해 신경을 계속 쓰고 있음을 드러내 주었다.

<표 12>는 사용자와 노동자의 접촉이 회사내에서 주로 어떤 경로를 통해

서 이루어지는가를 본 것이다. 전체적으로 노조와 노사협의회를 통한 것이 많기는 하지만 정기간담회를 통하거나 개별적으로 이루어지는 경우와 전혀 없는 경우도 적지는 않다. 이것은 노동자의 공식적인 대표기구가 충분히 활용되지 않거나 제 기능을 다하지 못하는 것을 뜻한다. 다른 통로로 접촉이 상당히 이루어지는 점을 미루어 볼 때 사용자측이 공식대표기구에 부담을 갖고 있기 때문인 듯하다. 노사협의회의 운영 상태에 대한 질문에, 별다른 마찰은 없지만 분쟁의 소지가 다소 있다는 응답이 노사간에 원활하게 잘 운영되고 있다는 응답보다 많은 것도 이를 뒷받침한다. 업종별로 보면 대표기구를 통한 비율은 렌트카가 70% 수준으로 가장 높고 시내버스와 전세버스가 30% 수준으로 가장 낮다.

<표 12> 경영자와 노동자의 접촉경로

(단위: %)

접촉경로 \ 업종	시내버스	시외버스	택시	전세버스	렌트카
정기간담회	33.7	17.0	20.9	6.7	12.0
체육대회 등 친목모임	4.5	-	8.1	3.3	-
노동조합	14.6	15.9	16.8	16.7	28.0
노사협의회	14.6	26.1	27.2	13.3	44.0
개별적으로	6.7	23.9	14.2	33.3	8.0
비정기간담회	3.4	-	1.2	3.3	-
전혀 없다	18.0	15.9	11.0	23.3	8.0
기타	4.4	1.1	0.6	-	-
계	99.9	99.9	100.0	99.9	100.0

노사분규가 발생했던 경우의 원인으로는 대다수가 임금수준과 제도, 그리고 근무형태 때문이라는 응답이 나왔다. 이러한 응답은 한편 자동차 운수업의 열악한 노동조건을 반영하면서, 다른 한편 제주도내 노조나 노동운동의 성격이 육지부와는 다소 차이가 있음을 뜻하는 것이다. 렌트카의 경우는 해고문제 때문에 부당노동행위라는 응답이 압도적이었다. 분규 해결과정은 노동위원회 등 유관기관에 제소한 경우가 가장 많아 아직 노사간에 갈등을 자

율적으로 해소하는 관행이 정립되지 않았음을 드러내었다. 그러나 일반적으로는 분규가 발생할 때 정부가 개입하기보다는 자율적으로 해결하는 것이 더 바람직하다는 생각이 조금 많다. 다음으로 사업장내에서 대화로 해결한다는 응답이 있었으나, 시내외버스와 택시에서는 상급단체 및 타 노조와 연대해서 해결하였다는 비율도 만만하지 않았다. 이것은 버스와 택시의 운행조건이 지역적으로 동일하고 공동교섭의 관행 탓도 있지만 도내 노조의 교섭력 자체도 낮기 때문이라고 짐작된다. 분규 해결결과에 대해서는 불만족이 만족보다 조금 많아 분규원인이 근본적으로 해결되지는 않았음을 드러내 주었다.

4) 의식구조

조사대상자들의 현 직업에 대한 만족도는 높다. 전체적으로 만족은 61.2%이고 불만족은 35.0%인 바 만족이 불만족의 2배 가량이다(<표 13> 참조). 매우 불만인 경우는 4.2%에 지나지 않는다. 업종별로는 전세버스에서 매우 만족이 20.0%, 만족하는 편이 53.3%이며, 렌트카의 만족도는 88.0%이다. 이 두 업종에서의 만족도가 시내외버스와 택시보다 훨씬 높게 나타나는 이유는, 노동조건이 상대적으로 양호한 영향도 있으나 이들이 나이가 많아 기사 이외의 타 직업에 종사할 수 있는 가능성이 거의 없기 때문에 현실에 순응하고자 하는 태도가 반영된 것으로도 보인다. 현실에 순응할 수밖에 없다는 태도는 전 업종에서 만족도가 높아진 주된 이유인 듯하다. 불만족 이유는 전반적으로 임금과 노동조건, 그리고 전망이 없다는 것이다. 임금과 노동조건은 분규발생의 주된 원인이라고도 지적하였으므로 일관성을 보인다. 전망이 없다는 것은 기사직의 경우 승진이 불가능하고 실질적인 호봉 증가도 없기 때문인 듯하다. 그래서 자신이 사회에 기여하는 정도에 비해 사회적 지위가 낮다는 응답이 61.5%로서, 높다는 6.0%보다 10배가 많다. 만족도가 높으면서도 사회적 지위가 낮다는 것은, 어쩔 수 없이 운전을 계속해야 하는 상황을 받아들이기는 하지만 타 직업보다 낮은 대우는 못마땅하다는 이중적인 태도를 드러내는 것으로 보인다.

<표 13> 직업 만족도

(단위: %)

만족도＼업종	시내버스	시외버스	택시	전세버스	렌트카
매우 만족한다	11.2	4.5	4.9	20.0	16.0
만족하는 편이다	41.6	64.8	53.3	53.3	72.0
그저 그렇다	5.6	2.2	4.4	-	-
불만인 편이다	36.0	21.6	33.0	20.0	-
매우 불만이다	5.6	6.8	4.3	6.7	12.0
계	100.0	99.9	99.9	100.0	100.0

현실을 받아들이면서도 한편으로 비판적인 이중적인 태도는 이들의 사회관에서도 드러나고 있다. 오늘날 우리 사회에서 출세하기 위해서 가장 필요한 조건이 무엇이냐는 물음에 개인의 능력과 노력이라는 응답이 7할 정도이고 혈연 등 연줄관계라는 반응이 16.8%이다. 이것은 현실을 상당히 긍정적으로 보는 태도라고 할 수 있다. 그러나 가난의 이유로는 개인의 능력 부족이 21.7%인 바, 노력 부족과 교육을 받지 못한 탓 등 개인적 요인을 모두 합해도 26.9%에 불과하다. 이에 비해 경제정책이 잘못되거나 재벌의 경제적 독점 또는 부정부패 탓이라는 구조적 요인은 75.0%였다. 이러한 비판적 태도는 상대적으로 택시에서 가장 높고 전세버스에서 가장 낮다. 우리나라 민주정치의 발전가능성에 대해서도 비교적 낮다고 보는 응답이 5할 가량이다. 다음이 비교적 높다와 매우 낮다는 순이고 매우 높다는 3%도 되지 않는다. 낮다는 비율은 택시가 가장 높다. 이러한 태도는 운수노동의 노동조건에 기인하는 바가 크다고 본다.

운수노동에서는 노동자가 노동과정을 직접 통제하고 비용과 수입을 직접 취급하므로 이윤의 정도를 명확히 파악할 수 있다. 이것은 나아가 잉여가치 또는 부불노동에 대한 인식도 가능하게 한다. 뿐만 아니라 다양한 사람들과 여러 사회현상을 접할 기회가 많기 때문에 상대적 박탈감을 느끼거나 사회의식이 제고될 가능성이 커진다. 그래서 한편으로는 비판적 인식을 갖기가 쉽지만 다른 한편으로는 개인주의적 성향도 늘어나게 된다. 개별적으로 장외노동을 하는 데다가 어느 정도까지는 본인이 열심히 뛰는 만큼 수입이 늘어날 수 있기 때문이다. 문제가 생겨도 집단적으로 풀기보다는 개인적으로 해결하려는 성향이 커지게 된다. 나이가 젊은 요인도 작용하지만 이러한 노동조건이 버스보다 택시에 더 강하게 작용하기 때문에 이중적인 태도도 택시기사에게 더 많이 나타난다. 즉 비판적 인식이 가장 강하면서도 개인주의적인 성향도 가장 높은 것이다. 이러한 경향은 개인택시제도가 강화시키는 측면도 있다.17) 운수노동자, 그 중에서도 택시기사의 경우 개인택시 면허를 취득함으로써 개인적으로 계층이동을 할 수 있는 가능성이 제조업 등보다 높고 가시적이기 때문이다.

<표 14> 개인택시면허 발급제도에 대한 만족도

(단위: %)

업종 만족도	시내버스	시외버스	택시	전세버스	렌트카
매우 만족	-	-	4.3	6.7	12.0
조금 만족	-	-	14.2	13.3	-
그저 그렇다	5.6	4.5	25.8	6.7	8.0
조금 불만	15.7	14.8	32.2	20.0	8.0
매우 불만	77.5	78.4	21.7	50.0	64.0
무응답	1.1	2.3	1.7	3.3	8.0
계	99.9	100.0	99.9	100.0	100.0

운수노동자에게 있어서 개인택시는 가장 큰 현실적 소망이다. 개인택시를 취급하면 수입이 늘어나며, 사용자의 노동통제로부터 완전히 벗어나고, 작업도 본인의 의사에 따라 편리한 대로 할 수 있다.18) 현재의 개인택시 면허 발급제도에 대해서는 모든 업종에서 불만이 많다. 그 중에서 상대적으로 조건

---
17) 장경옥·최양규, 『운전기사의 임금과 세금』, 풀빛, 1990, 15-16쪽.
18) 특히 제주도의 경우 관광객을 승차시키면 수입이 증대하고, 새벽이나 야간운행을 하지 않고, 러쉬 아워도 피할 수 있으므로 매우 편하다. 실제 일일 주행거리도 회사택시는 전국 최고이지만 개인택시는 오히려 저조하다. 회사택시 숫자의 85%가 되어 승객운송의 비율이 큰 개인택시가 일상생활을 영위하는 제주도내 손님이 많은 시간에 오히려 운행을 하지 않아 비판의 대상이 되기도 했다.

이 유리한 택시의 불만은 다른 업종보다 적다. 렌트카의 경우는 어차피 경력 산정이 되지 않기 때문에 매우 만족이라는 자포자기적 응답 비율이 가장 높다. 택시기사에게는 무사고 경력 7년을 요구하면서 보다 힘든 대형차를 운전하는 버스기사에게는 11년 무사고 경력을 요구하기 때문에 후자의 불만이 가장 높다. 이들은 버스기사가 개인택시로 빠져나갈 경우 부족한 버스기사가 더욱 부족해질 것을 우려한 당국이 더 많은 경과기간을 설정했다는 피해의식도 갖고 있다.

상대적 박탈감과 구체적 조건의 상이함 때문에 불만족의 이유는 택시와 나머지간에 큰 차이가 난다. 택시는 7년의 무사고 기간이 길다는 이유가 33.3%로 가장 높다. 그러나 다른 업종에서는 발급기준을 택시와 달리한다는 응답이 절대적이다. 이번 조사의 모든 항목에서 가장 뚜렷하게 의견이 갈라진 것이 바로 이 점이다. 그런데 발급기준이 차별적인 것은 무사고 기간 때문이므로 전체적으로 보면 기간의 조정이 문제가 된다고 하겠소. 이러한 점들은 모든 기사들이 개인택시 면허를 얼마나 소망하고 있는가를 드러내며, 각자는 자기의 입장에서, 이 문제를 파악하고 있다는 것도 나타낸다.

<표 15> 개인택시 발급제도 불만족의 이유

(단위: %)

불만 \ 업종	시내버스	시외버스	택시	전세버스	렌트카
발급기준을 차별적으로 적용	83.1	72.0	8.6	85.7	100.0
사고시 기사에게 책임전가	2.4	2.4	9.1	-	-
발급기준이 까다롭다	-	-	14.5	9.5	-
(무사고) 기간이 길다	12.0	25.6	33.3	-	-
부정발급이 많다	1.2	-	4.3	-	-
발급대수가 너무 적다	-	-	8.1	-	-
제도의 일관성이 없다	-	-	15.1	-	-
기타	1.2	-	7.0	4.8	-
계	99.9	100.0	100.0	100.0	100.0

노동조합과 노동운동에 대한 인식을 파악하기 위해 노동법 개정, 분규 및

상급단체와의 관계에 대한 의견을 물어보았다. 1990년 4월 상공부에서 노동법 개정 요구안을 제시한 이래 사용자측의 개정 움직임이 계속되고 노동부에서도 개정의 내용을 언급해 왔다. 그러나 육지부와는 달리 응답자의 절대 다수는 개정에 대해서 전혀 모르고 있었다. 노조위원장 수준에서만 이를 제대로 파악하고 있었다. 응답자 본인의 사업장 또는 타 사업장에서 발생한 노사분규 기간중의 조합원들의 행동에 대한 질문에는 적당하였다가 40% 안팎으로 가장 많고, 조금 과격하였다가 그 다음이며, 온건하였다는 10% 수준이다. 과격하다는 평가는 전세버스가 가장 많고 온건하다는 택시가 가장 많다. 현재의 상급단체와의 관계에 대한 의견에서는 전적으로 협조해야 된다가 44.5%, 적당한 관계를 유지해야 된다가 33.1%, 새로운 조직 구성이 필요하다는 16.6%이다. 이것은 전노협 등 새로운 노동운동에 대한 인식도가 낮은 것을 뜻한다. 이 점에서도 전세버스가 가장 낮다. 전반적으로 평가할 때 응답자들은 노동조합과 노동운동에 관한 구체적 지식과 인식이 낮은 수준이며, 그 중에서는 택시가 상대적으로 가장 높고 전세버스가 가장 낮다고 할 수 있다.

요컨대 제주시 운수노동자는 계급으로서의 노동자의식은 극히 미약하다고 평가할 수 있다. 먼저 노동자로서의 정체감이나 타 노동자와의 연대의식이 크지 않다. 부업을 많이 하는 점과, 개인택시를 취득하여 개인적으로 계층이동을 할 수 있다는 인식은 쁘띠 부르주아지 의식을 일정하게 갖게 한다. 사회규모가 육지부보다 훨씬 작아 대부분의 사람들이 서로 직간접으로 연관을 맺고 있는 점은 적대적 존재로서의 자본가에 대한 인식을 갖기 어렵게 한다. 친분과 연줄이 입사경로인 것도 이러한 경향에 일조하고 있다. 심한 노사분규도 이러한 통로를 통해 의외로 쉽게 타결되기도 한다. 그러나 다른 한편 운수노동의 노동과정이 전체 사회상황을 파악할 수 있는 기회를 많이 주기 때문에 비판적 사회의식이 상당 수준이기도 하다. 그러나 노동조합이나 노동운동에 관한 인식수준이 낮은 점 등은 대안적 사회상에 대한 의식이 거의 전무함을 드러내고 있다. 결국 제주도 운수노동자는 생산직 노동자보다는 중간층과 유사한 의식구조를 갖고 있다고 할 수 있다.[19]

5. 맺음말

한국사회의 급격한 산업화는 변방에 위치한 제주사회에 그 영향을 직접적으로 미쳤다. 자족적인 농업 위주의 경제단위가 역외에 의존하는 관광산업 위주로 재편되고 주민들의 생활양식과 의식도 변하고 있다. 이러한 변화는 한편으로는 한국사회 변동의 일반적 성격이 주변사회로서의 제주도에 일방적으로 강요해 온 것이지만, 다른 한편으로는 제주도 자체의 내적 요인에 의해 그 영향이 일정하게 굴절되어 나타난 것이다. 따라서 주변사회로서 제주도를 연구할 때 유의할 점은 한국사회의 일반성 속에서의 제주사회라는 인식을 갖는 것이다.

1960년대 이래 한국사회의 경제개발과정에 따라 제주도도 자본주의적 산업화과정을 밟고 있다. 그러나 자연환경적 특성 때문에 2차산업은 제자리인 채 3차산업만 1차산업을 잠식하면서 급팽창하고 있다. 따라서 제주도에서 자본주의적 제관계를 연구하려면 3차산업을 중심으로 보는 것이 유리하다.

이 글에서는 3차산업 중 비중이 크면서 한국의 일반성과 제주의 특수성을 동시에 파악할 수 있는 운수업 부문을 택하였다. 운수업의 노동상황에서는 예상한 바와 같이 두 가지 성격이 혼합되어 나타났다. 먼저 운수업내에서도 관광산업의 영향이 강하다. 운수업의 도내 비중이 크기는 하나 도세가 워낙 약해서 업체규모가 작다. 또 2차 집단적 인간관계의 외형 속에서 1차 집단적 특성이 강하게 작용하고 있다. 그래서 운수업 노동조건의 일반성이 그대로 관철되면서도 구체적으로는 조금씩 변형된 형태로 나타나고 있다.

노동실태를 보면, 회사택시 기사들이 육지부와는 달리 격일제 근무를 선호한다. 회사택시의 일일 주행거리는 전국 최고이지만 개인택시의 주행거리는 타 지역보다 짧다. 관광산업의 영향은 전세버스와 렌트카의 비중이 큰 것에서도 드러난다.

---

19) Michael Mann, *Consciousness and Action among the Western Working Class*, London: Macmillan, 1973.

임금 수준은 육지부보다 낮지 않지만 음성적인 수입에의 의존이 크다. 감귤 등 부업도 많이 한다. 그러나 인구가 급격히 유입된 제주시에서 운수노동자의 주거사정이 열악하기는 육지부 대도시와 동일하다.

단위노조와 제주도지부의 결성 시기와 내부구성은 전국적 경향을 그대로 따르고 있다. 노조 결성률과 노동자의 조직률도 육지부보다 높으면 높았지 낮지는 않다. 이처럼 외형에서는 차이가 없으나 노조의 내용에서는 상당히 뒤떨어진다. 대부분의 노조가 위원장 중심으로 운영됨으로써 교육이나 일상 활동이 미약하다. 노조의 역할은 단체교섭만이 주된 것이다. 그럼에도 불구하고 일반조합원들의 노조에 대한 기대수준이 높거나 불만이 많은 것은 아니다. 진보적 노동운동의 성격은 전혀 보이지 않고, 자본가의 부당노동행위에 대해 최소한의 근로조건을 확보하려는 자위적 성격의 운동이 이루어지고 있다.

사업체의 소유와 경영이 미분리된 것은 당연하며, 사용자와 노동자들이 서로 직간접인 사적인 인간관계를 갖고 있다. 이러한 점은 노동자들의 부업, 육체노동의 경시 풍조 등과 맞물려 전근대적인 노사관계 형성에 이바지하고 있다.

요컨대 운수노동자의 노동실태와 의식을 통해서 본 제주도의 노동상황은 자본주의적 관계의 제형식이 확산된 것이면서도 그 내용은 제주사회의 특수성이 강하게 반영된 것이라고 평가할 수 있다.

제5부

문화

- 제주사람들의 문화적 정체감
- 제주도의 사회문화적 특성과 환경
  －도전·적응·초월의 메커니즘

제주사람들의 문화적 정체감

유철인

1. 사회접합과 문화접변

　제주도는 최근 10여 년간 급속한 도시화와 교육 및 대중매체의 보급에 따라 빠르게 육지문화에 편입, 동화되어 가고 있다. 감귤이라는 현금작물의 소개로 수입은 증가되었지만, 외부시장 의존도의 심화와 외부자본의 침입으로 제주경제는 전체 국가경제에 종속되어 갔다(김준희, 1984; 조혜정, 1985). 대규모의 관광은 관광지역에 대한 중앙정부의 역할을 필요로 한다는 점에서 (Smith, 1977: 5), 국가개발정책에 따른 제주도의 관광지역화는 중앙에의 의존도를 더욱 높여주고 있다. 또한 교육기회의 확대에 따른 제주사회내의 취업난과 교통의 편리는 제주사람들의 교육·직업상의 영구적 육지로의 이동과 잦은 육지왕래를 가져왔다. 이러한 변화양상은 제주사회의 문화주제 (Opler, 1945)를 '도서환경에 대한 적응'에서 '육지문화에 대한 반응'이라는 측면으로 바꾸어 놓고 있다.

　최근 일련의 제주문화에 관한 논의들(고창훈, 1984; 전경수, 1985; 조혜정, 1985; 현길언, 1985)은 제3세계의 상황에 대한 관심을 보이면서 내부 식민주의[1] 또는 문화적 제국주의에 대한 우려를 나타내고 있다. 따라서 이를 극

---

[1] 내부 식민주의란 한 국가의 소수민족이나 소수집단에 대한 문화적·정치적 지배

복하기 위한 제주문화의 '탈식민지화' 내지 '재활력화'라는 과제를 다루면서 제주문화의 뿌리라 일컬어지는 공동체의식을 살려야 한다든지(고창훈, 1984), 과거 제주도의 자치성의 근본적 성격을 규명해야 한다든지(조혜정, 1985), 또는 이미 제주사람들은 외부의 압제적 힘에 대응하는 내면적인 독자적 삶의 양식을 전설로 형상화시켰다는 사실을 환기시키고 있다(현길언, 1985). 이러한 논의들은 최근의 제주사회가 육지와 교류하는 정도가 더욱 심화됨에 따라 앞서 말한 여러 분야에서 "밭농사적인 체제에서 바로 산업화 체제로 건너뛰는"(조혜정, 1985) 변환을 가져왔다는 사실에 대한 반응들인 것이다. 즉 외부세계와의 문화접변(acculturation) 상황 속에서의 엄청난 변화의 물결은 제주도와 같은 소위 '주변'으로 하여금 외부에 의한 착취의 정도를 인식하게 하고, 주변사회의 전통적인 정체감(identity)에 영향을 주는 이러한 역사적 변환의 과정에 대한 반응으로 주변사회는 그들의 문화적 자주성만을 한정해서 강조하는 것이다(Bianco, 1980: 153).

　본 논문에서는 제주도가 보다 큰 사회인 육지와 교류하는 과정을 사회접합(social articulation)과 문화접변이라는 현상으로 파악하고자 한다. 사회과학에서 접합이란 말은 사회체계의 부분들간의 결합, 즉 서로 다른 층위들 또는 수준들 사이의 연결을 의미하는 것이다(Foster-Carter, 1984: 258). 예를 들어 농촌사회와 보다 더 큰 국가사회간의 접합은 농촌사회가 그 정체감을 유지하면서 보다 더 큰 사회 속으로 결합되는 것이다. 따라서 동화(assimilation)나 구분이 되지 않을 정도의 통합을 의미하는 것이 아니라, 외재하는 사회단위와 연결되고 관계지워지는 것을 말한다(Sanders, 1977: 6). 육지와 제주도의 관계를 사회접합이라는 현상으로 파악하고자 하는 것은 농촌사회를 고립된 폐쇄사회로 보는 종래의 시각보다 전체 국가사회와의 연결관계에 초점을 두는 도시와 농촌간의 공생적 접근(Sanders, 1977: 147-152)이 현대 산업사회에 더 적합한 것과 같은 논리에서 출발한다.

　문화접변이란 서로 다른 문화를 가진 집단들이 비교적 장기간에 걸친 직

　　및 경제적 착취를 의미한다(Keesing, 1985: 559).

접적 접촉관계로 인하여 어느 한쪽 또는 양쪽 사회의 문화에 변동이 일어나는 현상을 가리킨다(Redfield, et al., 1936: 149). 빌스(Beals, 1951)는 미국내 이민집단들의 적응과정뿐만 아니라 농촌주민들에 대한 도시의 영향이라는 도시화과정을 이러한 문화접변의 상황으로 보고 있다. 따라서 최근 나타나고 있는 제주도에 대한 육지의 광범위한 영향을 문화접변의 현상으로 파악하면, 앞서 말한 제주문화의 재활력화나 뒤에서 살펴볼 몇몇 제주사람들의 이야기는 문화접변으로 주어진 혹은 가정된 열등감을 회복하려는 반동현상(Redfield, et al., 1936: 152)으로 볼 수 있다. 또한 이러한 노력은 문화접변의 상황 속에서 지방엘리트나 배운 사람들의 움직임으로2) 설명될 수 있다.

본 논문에서는 제주도와 육지간의 사회접합 속에서 제주사람들의 문화적 정체감(cultural identity)이 갖는 의미와 내용을 육지와 육지사람들에 대한 그들의 인식을 바탕으로 살펴 보려고 한다.

2. 외부세계에 대한 양면성: 전통과 문화적 정체감

일상생활의 실체는 다른 사람들을 인식하는 데 필요한 전형적인 틀을 가지고 있다(Berger & Luckmann, 1966). 제주도 사람들의 생활세계에서 이러한 전형화의 하나는, 이주자라는 필자의 입장에서 관찰할 때, 향토문화 혹은 민속문화(folk culture)에서 공통적으로 나타나는 외부인과 원주민의 구분이라 하겠다(유철인, 1984). 고향에 기초한 이러한 친소(親疎) 구분의식은 한국인의 사회적 성격(최재석, 1976)이기 때문에 제주도에만 특이하게 나타나는 것은 아니지만, 외부세계에 대한 통속적인 용어(folk term)가 갖는 의미는 제주도 사람들의 정체감을 이해하는 데 매우 중요하다. 하와이 원주민에 대한 연구(Linnekin, 1983)를 예로 들어 내외(內外) 집단의 구별에 대한

---

2) 본 논문에서 파악하려는 기본적인 제주문화의 주제나 제시된 제주사람들의 이야기가 지방엘리트나 배운 사람들의 움직임이라는 사실을 깨닫게 된 것은 김석준, 조혜정 두 교수의 논평에 힘입은 바 크다.

통속적인 용어의 중요성을 살펴보면, 농촌지역사회에 사는 하와이 원주민들은 농촌의 생활과 도시세계를 '내부'와 '외부'로 구분하여 표현하고 있다. 이는 사회적 관계의 대조적인 부분을 나타내는 은유(metaphor)인데, 외부는 백인과 동양인이 주도하는 세계이며, 내부는 하와이 원주민들이 아직도 지배적인 친구와 가족이 사는 영역인 것이다.

제주사회에서 중요한 외부세계는 바로 '육지부'로 표현되는데, 육지부는 제주도를 제외한 한국사회를 가리킨다.[3] 육지에 살고 있는 사람은 제주도를 제외한 지역에 대해 적절한 일상용어를 갖고 있지 않다는 것은 카테고리가 매우 중요한 의식적인 문화적 산물이라는 점을 말해준다. '육지'라는 말에 대한 제주사람들의 통속적인 개념을 보면, "학교에서는 바다의 반대 개념, 집에서는 제주도를 제외한 지역"으로 사용하여, "문명지" "제주도에서 먼 거리" "보다 더 넓은 세계"로 인식되면서 "배타적인 태도"로 말하는 뜻이 숨어 있다. 따라서 외부세계인 육지에 대해서 선망을 하면서도 내집단(內集團) 의식을 바탕으로 거부하는 것이다. 한국사회구조를 이해하는 기본적인 요소의 하나로 여겨지는 집단위주주의는 집단이 외부에의 명분을 뚜렷이 하며, 시간의 경과와 아울러 전통을 이룩하여, 그 성원이 사회적인 개체에 집착하게 하는 기저(基底)를 이루며, 따라서 자랑이나 전통 또는 프라이드로부터의 이탈이나 도전을 용납하지 않게 한다(장윤식, 1982: 135-136)는 점에서 제주사회를 집단위주주의의 한 단위인 집단의 하나로 생각할 수 있다. 그러나 중요한 것은 이러한 내외 집단의 구별의식은 특정사회가 외부로부터 고립되는 정도가 높을수록 일반적으로 강화되어 고립된 주변문화의 특이성으로 나타난다(박재환, 1977: 632)는 점이다. 즉 육지에 대한 배타성은 사회적으로 고립된 주변사회에서 나타나는 자기 사회에 대한 정체감으로 파악될 수 있다. 그러나 육지로부터의 문화전파의 결과, 외부세계로 표현되는 육지문화 혹은 유교문화에 대한 선망의식은 가족구조, 남녀관계, 민간신앙 등에도 나타나고 있

---

3) "제주인은 반도(半島)를 육지라 하고 반도인(半島人)을 육지인이라고 한다"(석주명, 1968: 120).

어(현용준, 1979; 조혜정, 1982) 제주사람들의 육지에 대한 의식은 양면적이라 하겠다. 민속자료를 분석하여 제주도민의 사회의식을 살핀 한 연구에서는 "제주도 특유의 내집단 의식이 외지인 및 그 문물에 대한 강한 거부반응으로 나타나면서도 외부에 대한 선망 역시 그에 못지않게 잠재되어 있다"(박재환, 1977: 633)고 그 양면성을 설명하고 있다.

외부에 대한 양면성은 접합되어 있는 사회에서 공통적으로 나타나고 있어 제주사회에서 정체감이 강조되는 것을 고립된 사회에서 나타나는 현상으로 파악하는 것보다 사회접합과 문화접변의 상황에서 나타나는 현상으로 설명하는 것이 현재의 제주문화의 주제에 대한 올바른 파악이 된다 하겠다. 예를 들어, 싱가포르시와 주변사회라 할 수 있는 한 도서와의 관계를 밝힌 연구(Walter & Hassan, 1977)를 보면, 싱가포르시에 전적으로 의존하고 있는 플라우 수동(Pulau Sudong)섬 사람들은 시(市)와 격리되는 것을 원하지 않으면서 동시에 시에 의해 방해받는 것 또한 원하지도 않는 것이다. 이것은 도시와 농촌간의 전형적인 관계와 흡사한 것이다. 미국의 농촌 소읍에 대한 연구(Vidich & Bensman, 1968)에서 보면, 농촌사회와 외부세계와의 연결은 정치적·경제적 정책이나 문화의 전파 등으로 인한 복잡하고 광범위한 외부의 영향으로 요약될 수 있는데, 외부세계에 대한 농촌주민의 태도는 양면성을 띠게 된다. 즉 외부세계로 대표되는 각종 제도가 농촌주민들에 대해 힘을 가지고 있고, 외부세계의 규범이 전체 사회에서 폭넓게 받아들여지기 때문에 선망하고 존경하지만 동시에 바로 이러한 극심한 의존으로 인해 농촌생활이 낮게 평가된다는 것 때문에 반발하고, 도시와 농촌의 두 세계 속에서 그들의 농촌세계가 더 낫다고 믿는 것이다.

제주도에서 육지문화의 규범이 받아들여져 육지의 생활방식과 비슷해져 가는 상황은 다음의 두 사례에서 엿볼 수 있다.

<사례 1>
육지며느리라고 해서 시집와서 구박도 많이 받았다는 사람도 있었다. 육지부에 있는 여자들은 제주도 여자보다 생활력이 약한 데서 육지부 며느리는 꺼리

는 것 같다. 하지만 이런 지역적 차도 이제는 조금씩 좁혀져서 육지여성들이 부모님을 잘 모신다고 해서 좋아하는 분들도 있었다. 생활방식이 거의 비슷해지는 데 많은 아쉬움을 느낀다. 독특한 지방색이 그대로 유지되었으면 하는 바람이다.

<사례 2>
…그러나 점차 육지의 문화가 쉽게 들어오고 있고 또한 우리 세대들은[4] 쉽게 받아들이고 있다는 점을 감안할 때….

육지와 제주의 구분이 사라져가는 데에 대해서 제주사람들이 갖고 있는 태도를 보면, 제주사회에서 전통을 중요한 상징으로 여기고 있다는 사실을 알 수 있다. 또한 제주도에 대한 지금까지의 연구들이 대부분 제주문화의 특징적인 면에 초점을 두고 있으며, '탐라(耽羅)정신' '삼무(三無)정신' 'ᄌᆞ냥정신' 등 전통에 대한 관심이 제주사회에서 매우 높다 하겠다. 전통으로 여겨지는 이러한 정신에 대한 강조는 도서환경의 한계를 극복하기 위한 도서성(島嶼性)에 대한 인지적 측면에서의 적응(유철인, 1984)인 동시에 문화접변의 결과로 나타나는 제주문화의 재생운동(revitalization movement: Wallace, 1956)의 일종인 것이다. 전통은 정체감을 형성하는 데 사용하는 과거의 생활양식에 대한 의식적인 모델로서(Linnekin, 1983: 241) 사람들은 전통을 해석하며 전통에다 역동적인 측면을 불어넣는다는 점에서 전통은 창조(Wagner, 1981)되어 진다. 또한 전통은 곧 '뿌리'라는 의식과 연관되고, 뿌리라고 하는 것은 대개 '인간적'이라는 의미를 가지므로 정체감을 확립한다는 것은 과거를 바탕으로 인간성을 회복하려는 노력이라 하겠다(Bianco, 1980: 155). 따라서 제주와 육지간의 사회접합의 정도가 점차 증대되는 가운데, 제주사람들은 주변사회의 한 적응전략으로 전통에 대한 강조를 통해 문화적 정체감을 강화하고 있는 것이다. 이때 전통은 제주사회의 통합을 위한 상징으로서도 그 의미를 갖는다.

사회적 정체감(social identity)이 특정 사회적 상황에서 기대되는 역할을

---

[4] 이 글을 쓴 사람은 20대의 여대생이다. 따라서 젊은 세대 혹은 배운 젊은 세대를 가리킨다.

배우는 과정에서 생겨나는 것과는 달리, 문화적 정체감은 문화적으로나 민족적으로 구분하는 근거가 되는 집단과 개인과의 일치를 가져오는 어느 정도 고정된 정체감이다(Fitzgerald, 1974: 3). 양문화적(bicultural) 상황인 뉴질랜드의 경우를 살펴보면 사회적 정체감과 문화적 정체감의 차이를 잘 알 수 있다. 원주민인 마오리족은 사회적 상황에 따른 정체감이라는 측면에서 전체 국가의 사회와 문화에 적응하고 있으면서, 동시에 문화적인 측면에서 마오리족이라는 생각을 간직하고 있다. 이러한 문화적 정체감은 개인의 행위에 공유된 의미를 부여하면서 지속되는 것이다(Fitzgerald, 1974: 3). 따라서 마오리족의 사회와 뉴질랜드라는 국가사회는 마오리족이 문화적 정체감을 유지하면서 사회적으로 더 큰 사회와 연결되므로 접합되어 있다고 할 수 있다. 즉 마오리족 사람들은 여러 종류의 사회문화적 영역 속에 참여하면서 청중에 따라 언어의 사용도 달라지는 등의 여러 정체감을 가지고 있다 하겠다. 제주도에서도 표준어와 방언을 상황에 따라 달리 쓰면서, 필자가 있을 경우에 방언으로만 의미를 정확히 전달할 수 있다고 판단될 때는 "제주도 말로는 …인데"라는 단서를 자주 붙이고 있다. 언어와 문화적 정체감의 관계에 대해서 현길언(1985)은 "제주의 독자적인 의식을 구축하고 어떤 문화에도 압제되지 않은 독자적인 문화를 보유하기 위해선 언어의 문제가 중요하다"고 말하고 있다.

사회접합의 상황에서 전통과 문화적 정체감의 관계는 미국에 살고 있는 포르투갈 이주민에 대한 연구(Smith, 1974)에 잘 나타나고 있다. 미국내 포르투갈 이주민 사회를 보면, 포르투갈 사람들과 외부 사람들간에는 공간적·사회적 경계가 뚜렷이 나타나고 있다. 두 집단간의 접합이 이루어지는 거의 유일한 부분은 경제적인 관계망이라 하겠다. 따라서 두 집단 모두 접합의 부족을 느끼며, 그 원인은 포르투갈 사람들의 전통주의(traditionalism) 때문이라고 두 집단 모두 생각하고 있다. 즉 포르투갈 이주민들이 미국식 생활방식을 따르려고 하지 않는다는 것이 이주민 사회와 외부세계의 관계가 부족한 이유로 인식되고 있는 것이다. 그러나 스미스(Smith, 1974: 83)의 조사자료에 나타난 포르투갈 사람들의 대화나 관찰된 실제의 행위를 보면, 포르투갈 사람들이나 다른 사람들 모두가 생각하고 있는 바와는 정반대로 포르투갈 사람들도 다른 이주민 집단과 마찬가지로 미국화의 길을 걷고 있다. 게다가 싫어하는 사람이나 조소를 당하는 사람을 가리켜 포르투갈 이주민 사회내에서 우둔한 '포르투갈놈'이라고 말하고 있기까지 하다. 이러한 믿음과 실제 행위와의 차이에 대해서 스미스(Smith, 1974: 89)는 "포르투갈 이주민 자신들도 그들의 정체감의 중요한 부분으로 생각하는 전통주의는 실제로는 거의 나타나지 않고, 단지 포르투갈 사람을 나타내고 포르투갈 사람과 다른 사람의 경계를 지속화하는 데 기여하는 장치"라고 결론짓고 있다. 하와이 원주민들의 농촌에서의 전통에 대한 집착과 다민족사회(plural society)에 해당하는 도시에서의 하와이인들의 전통에의 복귀운동도 정체감의 확립을 위한 노력이며, 이러한 정체감의 확립은 사회적인 범주를 통해 우리 자신들을 만들어 간다는 것을 잘 나타내주고 있다(Linnekin, 1983: 250).

　육지문화와 제주문화의 차이가 위에서 예를 든 민족문화간의 차이는 물론 아닐 것이다. 그러나 문화가 환경적응의 메커니즘이라는 측면에서 제주문화를 한국문화 안에서의 도서문화라는 독특한 하위문화(subculture)로 볼 수 있다. 또한 제주도의 전통문화는 중앙체제에의 정치적 예속과 경제적 수탈과 사회적 타율의 구조적 상황을 극복해 보려는 노력이라는(고창훈, 1984: 36) 점에서 주변이라 할 수 있는 지역에서의 문화적 자주성에 대한 노력이 제주문화의 중요한 주제 중의 하나라 하겠다. 따라서 제주도 사람이라는 정체감의 확립은 육지/제주의 이분법적 카테고리 속에서 인지된 다름(perceived otherness)의 기초가 되는 전통을 강조함으로써, 즉 제주문화의 특수성을 강조함으로써 이루어지는 것이다. 그렇다면 현재 왜 제주사람임을 강조해야 되는가, 즉 왜 정체감을 중요시하는가가 밝혀져야 할 것이다. 다시 말해 왜 제주사람과 육지사람의 경계가 지속화되어야 하는가에 대한 대답이 이루어질 때, 그에 대한 배경으로 육지와 제주가 접합되어 있어 광범위한 문화접변의 현상이 나타나고 있다는 사실이 중요한 의미를 갖게 될 것이다. 이런 점에서 제주사람의 생활세계에서 육지사람은 어떤 부류의 사람으로 규정되는가와 관광으로 잠시 머물든지 제주도에 살고 있든지 간에 육지사람들은 현재 제주사회에 어떠한 영향을 주고 있는지 살펴 보려는 것이다.

3. 육지사람들에 대한 인식과 제주문화의 정체감

1) 제주사람의 생활세계에서의 육지사람의 의미

제주사람의 생활세계에서 중요한 타자(他者)이면서 항상 외부인으로 받아 들여지는 '육지사람'은 비록 고향에 기초한 구분이지만 상황에 따라 규정된 다. 게다가 제주사람들이 개인적으로 대면관계(對面關係, face-to-face encounter)한 육지사람이 어떠한 사람이냐에 따라 추상화된 전형적인 육지 사람의 이미지는 다르다. 따라서 육지사람에 대한 배타성의 문제는 논란의 여지가 많은 것이 사실이다. 역사적으로 볼 때 이조시대에 유배온 선비들이 문화접변 과정에서 육지사회에서 차지한 위치로 말미암아 제주도에서 환영 받고 이들의 영향이 매우 컸었다(양순필, 1985)는 논의도 있다. 그러나 다음 에 인용한, 이조 말기에 제주도에서 발생했던 방성칠란(房星七亂)과 이재수 난(李在守亂)을 다룬 현기영의 소설에 나온 몇몇 주민들의 대화를 보면, 과 거 제주사람들의 생각을 현재적 관점에서 서술하고 있다고 해석될 수 있으면 서도, 아울러 외부 사람에 대한 제주사람들의 태도는 어느 정도 뿌리깊은 것 (Merrill, 1980)임을 또한 알 수 있다.

"그런디… 장두 하르방이 육지사람이라, 정의골 백성들이 수이 모다들지 어 떨지 모를로고…."
"어따, 벨 걱정을 다 해염고. 저 하르방들이 입도헌 지 댓해나 되었는디, 그 만허민 이 섬 백성 다 된 거쥬. 여기 계신 동장 어른같이 고·양·부 세 성씨 말 고 이 섬 백성 종자가 따로 있는가? 이 섬에 살면 다 제주 백성이라…"(현기영, 1983: 69).

"저 화전것들, 노망한 육지 늙은이한티 장두를 맡기더니 꼴 좋다! 육지놈을

믿느니, 썩은 도끼 자루를 믿쥬, 원"(현기영, 1983: 135).

"…어디서 뭣사 해먹다 들어온지 모르는 그 육지것한티 회장을 맽겼으니…" (현기영, 1983: 194).

결국 제주사람은 신화에서 규정한 사람들과 입도조(入島祖) 몇대 후손들로 구성된 셈인데, 육지사람이 어떻게 제주사람이 된다고 사회적으로 인식되고 있는지 현재로선 필자가 정확히 추론할 수는 없다.5) 다만 정체감이란 고정된 실체가 아니고, 정체감을 형성하는 사회적 과정만이 있을 뿐이기 때문에 다른 제주사람들로부터 제주사람이라는 정체감을 인정받아야 하는 것이다. 어떤 사람이 육지사람이라는 명확한 규정은 없고 상황에 따른 인식만 존재한다는 사실을 생각할 때 더더욱 육지사람이라고 하는 말이 갖는 함축성은 제주문화의 정체감을 이해하는 데 중요하다. 제주도내에서 잘못된 것은 보통 육지사람들의 행동으로 돌리는(유철인, 1984: 130) 경향이 인용한 소설에도 나타나듯이, 과거로부터 현재까지 이어져 온 경험에서 육지사람은 좋은 이미지보다는 좋지 않은 이미지로 더 강하게 부각된다. 더군다나 육지에 나가 있는 제주사람을 보고 "육지사람 다 되었구나"라고 말할 때의 감정은 정도의 차이는 있지만, 마치 미국사회에서 흑인이 백인의 흉내를 낼 때 흑인사회에서 비난을 받는 것과 흡사하다. 사회에서의 잘못을 외부 사람에게 돌리는 것은 대면관계의 사회, 즉 '알음으로' 일이 되는 사회에서 사회구성원들간의 관계를 더욱 원활하게 하기 위한 전략일 수 있는데,6) 그러한 전략이나 다른 사회에 동화된 사람에 대한 태도는 제주사람들의 생활세계에서 정체감의 형성은 다른 사람, 즉 '외부사람'이어야 하는 육지사람과의 경계를 지속화하면서

---

5) 일상생활에서 육지사람이 제주사람으로 되었는지 판단하는 근거를 언어생활에서 찾아볼 수 있다. 즉 제주도 방언이 통용어가 되었는지가 하나의 지표인데, 현재의 제주도는 도시화와 교육의 보급으로 표준어가 일상화된 사회영역이 많으므로 해서 언어사용에 의한 인정보다는 제주사회나 제주문화에 대한 시각 혹은 애정의 정도에 따라 무의식적으로 인정될 수 있다.

6) 대면관계의 사회에서의 잘못이 어떻게 처리되며 그 처리되는 과정이 그 사회의 존속을 위해 어떤 기능을 하는가는 이문열의 소설(1983)에 잘 그려져 있다.

이루어진다는 사실을 명확하게 해준다.

2) 육지사람들이 제주사람에 대해 가지고 있다고 믿는 관점

　제주사람들이 문화적 정체감을 강하게 표현하고 지역 엘리트들이 민족주의자의 속성을 보이는 배경은 제주사회의 구조적 요인에 있다. 나아가서 제주사회의 구조는 전체 국가사회 혹은 육지사회의 구조와 연결된 것이므로 두 사회간의 접합양상이 정체감의 형성배경이 된다. 그러나 본 논문에서는 제주사람들의 문화적 정체감의 의미와 내용만을 다루고 있기 때문에 육지사람들이 제주사람들에게 어떠한 영향을 주고 있는지를 관광과 이주민의 계층적 의미에 초점을 두어 파악하고자 한다.
　제주사람들이 과연 외부 사람들에 대해 배타성을 가지고 있다고 생각하느냐에 대한 다음의 답변은 관광에 대한 제주사람들의 생각을 엿볼 수 있다 하겠다.

　　<사례 3>
　　제주도가 관광지로 개발되면서 상당수의 인원이 육지부에서 이주해 와 살고 있는데, 이들의 배타적인 행동, 범죄의 격증 등으로 이 고장 인심이 사나워지고 있으며 특히 관광객의 무분별한 행동에 청소년의 풍기문란 등 사회문제가 우려되고, 일부 인사들이 지적 우월감을 내세울 때 배타적 감정이 살아난다.

　　<사례 4>
　　배타성이 강하게 작용하고 있는 데는 외부인의 제주도민에 대한 태도가 매우 큰 영향을 미쳤다고 생각된다. (중략) 과거에 육지부 사람들은 제주도민을 마치 미개인으로 생각하고 관광지의 부속물처럼 보아서 제주도민을 천시하고 신기한 눈초리로 보는 경향이 있었다.

　잠시 머물다 가는 외부인으로서의 관광객(Greenblat & Gagnon, 1983)과 지역주민간의 관계에 대해서 맥카넬(MacCannell, 1976: 5)은 "관광객과 사회과학자는 미개인, 가난한 사람들 또는 소수집단에 대한 호기심이라는 측

면에서 공통점이 있다"고 하면서, 관광객들은 관광지 주민을 깔본다고 주장하였다. 이에 비해 듀몽(Dumont, 1984: 140)은 차라리 반대의 시각, 즉 관광지 주민이 관광객을 "우러러본다"고 파악하는 것이 더 타당하다고 하면서도, "어떤 사람이 다른 사람을 바라보는 것이다"라고 하는 것이 가장 적절하다고 주장하였다. 이러한 관광객과 지역주민간의 상호작용에 대한 시각은 원주민들의 관광객에 대한 반응[7]까지도 포함시킬 수 있다는 점에서 설명력이 크다 하겠다. 따라서 관광객과 지역주민의 관계는 지역적으로 떨어져 있는 사람들간의 만남으로 파악해야 하는 것이다.

제주도의 관광은 관광객, 관광산업 종사자, 지역주민간의 관계가 주로 육지사람과 제주사람의 관계로 볼 수 있다는 점에서 그 의미가 크다 하겠다. 관광객과 주민의 관계는 서로의 행동양식이 다르기 때문에 갈등이 생기는 것은 당연하지만, 현재의 제주사람들이 가장 먼저 육지사람으로 떠올리는 사람들이 관광에 직접·간접으로 연관된 사람이라는 점에서 관광에 대한 이와 같은 반응은 육지사람이라는 말이 갖는 함축된 의미의 중요한 색깔 중의 하나이다. 그렇기 때문에 제주사람 자신들은 '창경원 동물원의 원숭이가 된 기분'도 드는 것이며 서로가 배타적이라고 생각하는 것이다.

육지사람에 대한 배타성이 육지사람들 먼저 문화간의 차이를 느끼고[8] 나아가서 육지의 생활방식의 우위를 강조할 때 그에 대한 반응으로 나타난다는 사실(<사례 3>)은 제주문화의 정체감을 이해하는 데 매우 중요하다. 즉 한 집단의 정체감은 다른 집단 사람들이 자기 자신들에 대해 갖고 있다고 믿는 관점에서도 검토될 수 있기 때문이다. 또한 현재 육지사람들이 자기 자신들을 보는 관점이 주로 관광에서 비롯된다고 제주사람들은 생각하고 있다. 따

---

[7] 원주민들이 관광객을 향하여 '엿먹어라' 하는 식의 반응은 관광객이 깔보고 있다고 생각할 때 나올 수 있는 것으로 원주민들이 관광객을 보는 시각의 하나이다. 이러한 사실을 깨닫게 된 것은 전경수 교수의 논평에 힘입은 바 크다.

[8] 삼무(三無)의 양속(良俗)도 제주인이 스스로 자화자찬하기 위해 만들어 놓은 말이 아니라 외부인이 상호비교의 견지에서 객관적으로 제주인의 생활양식과 제주문화의 특성을 집약시킨 표현이라 한다(현용준, 1983). 육지사람들이 먼저 차이를 느꼈다는 사실을 깨닫게 된 것은 김석준 교수와의 대화에 힘입은 바 크다.

라서 "제주도를 아름다운 관광지로만 인식하는 육지사람은 제주도를 이해하지 못할 것이다"(유철인, 1984: 38)라고 판단하며 "아직도 제주를 미개지역으로 알고 있는 육지사람이 많다"고 불평하는 것이다.

사회과학자와 관광객의 공통성을 입증하는 예로서는 필자가 학생으로부터 "연구만 하는 교수"라는 불만을 들었던 사실을 들 수 있다. 제주사람이 연구의 대상이 되고 있다는 점, 그것도 육지사람이 와서 한다는 점이 관광객이 지역주민을 보는 관점과 같은 관점일 것이라고 느낀 것 같다. 이러한 문제는 인류학 현지조사에서 연구의 대상들이 조사자의 하위문화에 대한 지식을 갖고 있을 때 정보제공자들이 조사자의 문화의 틀 속에서 해석하여 말한다는 사실(Spradley, 1972; Wagner, 1981)과 관련된다.

관광이 지역주민의 생활과 세계관에 미치는 영향은 매우 미묘한데, 중요한 것은 여러가지 내적 갈등과 긴장을 수반하는 변화에 대처하기 위해서 지역주민들은 집단의 통합을 유지하려 한다는 것이다(Smith, 1977: 6). 집단의 통합과 유지는 정체감의 확립이라는 과정을 통해 이루어진다. 이는 몇몇 연구에서 관광이 지역주민의 정체감에 영향을 끼친다는 사실로 알 수 있다. 린네킨(Linnekin, 1983)의 하와이 원주민에 대한 연구에서는 지난 30년간의 관광객들의 유입은 민족주의와 더불어 하와이 원주민들이 전통의 창조를 통해 자기 자신을 확립하는 데 많은 영향을 끼쳤다는 것이다. 또한 인도네시아의 한 지역의 문화적 정체감에 대한 연구(Volkman, 1984)를 보면, 토라자(Toraja) 주민들의 정체감의 변화와 정체감을 나타내주는 상징의 의미 변화는 중요한 타자와의 만남과 토라자 사람들간의 새로운 관계에 의해서 이루어지고 있다는 것이다. 즉 청소년들의 이출과 잠시 머물다 가는 서구 관광객들의 이입으로 인한 외부세계와의 접촉이 문화적 정체감을 확립하는 데 영향을 끼친다. 관광에 국한시켜 그러한 영향을 살펴보면, 경계를 짓기 위한 정체감의 의미보다는 정체감의 내용, 즉 전통의 재발견 및 확대에 있다는 것이다.

관광객과 지역주민의 관계는 사회적 거리의 정도와 이웃이나 지역주민간에는 존재하지 않는 전형화의 내용에 따라 달라진다(Nuñez, 1977: 212). 또한 관광의 성격이나 종류(Smith, 1977: 2-3)에 따라 두 집단간의 관계는 다른 양상을 보이므로 제주도 관광이 위에서 예를 든 지역과 같은 모습으로 정체감의 확립에 영향을 끼치지는 않을 것이다. 즉 제주도 관광은 문화를 상품화하는 정도가 적은 '보는 관광'으로, 서구인과 원주민의 관계가 주종이 아니고 한 국가사회 안에서의 육지사람과 제주사람의 만남이다. 따라서 관광객으로서의 육지사람이 제주사람을 보는 관점에 대한 반응으로 정체감이 형성되고, 또한 관광이 주민과 별개의 현상으로 진행되어 간다고 믿기 때문에 제주도에서는 인도네시아의 토라자와는 달리 관광이 경계를 짓기 위한 정체감에만 주로 영향을 미친다 하겠다. 이는 관광지역이 관광객의 욕구나 태도 및 가치관에 적응하는 과정에서 관광객의 문화와 점점 비슷해져 가기 때문이다.[9] 물론 지역 엘리트들은 민족주의와 유사한 신념에서 전통의 재발견 및 확대라는 전통의 창조, 즉 제주문화의 창조에 관심이 있기 때문에 정체감의 내용을 제시해주고 있다. 그러나 이들이 관광을 보는 입장은 다양하므로 전통에 대한 관심을 관광의 영향으로 인한 문화접변에 대한 반응이라고 단정지을 수는 없다. 다만 관광객과 지역주민의 비대칭성(전경수, 1985)과[10] 관광이 제주도를 나타내고, 익숙한 생활공간이 관광으로 심하게 바뀌었다는 사실 등이 지역주민인 제주사람들의 정체감에 영향을 준다고 말할 수 있을 뿐이다.

3) 이주민에 대한 제주사람의 인식과 반응

섬에 살기 때문에 느끼는 불편이나 콤플렉스가 있느냐에 대한 답변이 "육

---

9) 관광에 대한 대부분의 인류학적 연구가 취하고 있는 이론적 전망은 문화접변 현상으로 관광이 지역사회에 미치는 영향을 파악하고자 한다(Nuñez, 1977: 207). 따라서 제주도를 찾는 관광객의 욕구나 태도 및 가치관에 대한 실증적 연구는 변동을 가져오는 사람에 대한 연구라는 점에서 지역주민의 반응에 대한 연구와 함께 논의되어야 할 것이다.
10) 관광객과 지역주민 사이에서 나타나는 비대칭성은 언어에서도 찾아볼 수 있다. 즉 관광객은 지역언어를 배우려 하지 않고, 지역주민은 관광객의 언어와 지역언어라는 두 개의 언어를 구사하게 되는 것이다. 일반적으로 제주도 언어가 가장 표준어와 차이가 많이 나타나는 것으로 인식되고 있다.

지인과의 빈번한 접촉이 없었기 때문에 느낄 수 없었다"라는 것은 육지사람과의 접촉이, 제주사람들의 생활세계가 육지사람들의 생활세계에 접합되어 있다는 사실을 상기시켜 주면서, 그들의 정체감 확립에 중요한 영향을 끼친다는 것으로 해석된다. 따라서 관광객에 대한 태도와 구별해서 제주도에 살고 있는 육지사람에 대한 생각은 다음의 글에서 볼 수 있다.

> 본교가 육지부 행정직원들의 휴양지는 아닐텐데 요즘 그런 인상을 주고 있는 듯하오. 어떤 분은 본교 발전을 위해 행정 일선에서 열심히 뛰다가도 잠깐 잠깐 스쳐가는 육지부 행정직원의 인사내용만 들으면 김이 꽉 샌다고(≪제대신보≫ 1985. 3. 25).

제주도에 살고 있는 육지사람들은 공식부문에 종사하고 있느냐 혹은 비공식부문에 종사하고 있느냐에 따라 제주도에서의 거주기간이 다를 것으로 예상된다. 공식부문에 속하는 사람들은 대개 육지와의 사회적 관계망이 잘 연결된 기관에 근무함으로써 거주기간이 행상이나 노동에 의존하는 비공식부문에 속하는 육지사람보다 짧으며, 제주사회내에서 비교적 상층에 속한다고 하겠다. 따라서 잦은 육지사람들의 공식부문에서의 이동은 정도의 차이는 있을지라도 관광객과 마찬가지로 잠시 머물다 가는 외부인으로서 육지사람을 인식하게 만든다. 이는 도서환경의 한계이면서 또한 한국사회가 서울 중심의 생활세계를 형성하고 있기 때문에 불가피한 현상일 것이다. 이러한 육지사람들은 "제주도의 한계를 알고 있으면서도 인정하려 들지 않는" 제주사람과는 제주사회를 받아들이는 자세가 다른 것이다. 지금 "이 땅에 매여 사는 한 사람"(고창훈, 1984: 45)으로서의 제주사람들에게는 이러한 육지사람의 잦은 이동이 더욱 더 이 땅에 매여 살도록 만드는 것이다. 육지사람과의 접촉이 별로 없는 사람에게는 제주도가 충분한 그리고 익숙한 생활공간으로 남아 있지만, 항상 접촉해야 하고 매번 다른 육지사람의 움직임을 받아들여야 하는 사람은 이러한 접촉이 제주사람이라는 정체감을 강화시켜 나가는 것이다.

시기적으로 볼 때도 제주도와 육지간의 사회접합의 정도가 점점 강해진다고 했을 때, 과거에는 비공식부문에 속하는 사람들이 많을 것이고, 현재에 와서는 그 수가 여전히 적다 할지라도 과거에 비해 공식부문에 속하는 사람들의 비중이 증가되는 추세라고 여겨진다. "옛날에는 육지사람을 저 밑으로 봤다"는 이야기나 "과거로부터 육지인이라면 걸인(乞人)쯤으로 생각하여 도대체 상대를 잘 하지 않았다. 도적(盜賊)도 자작자급(自作自給)되는 섬이니 만큼 별로 없었고 약간이 있다면 보통 '육짓놈'이란 엿장수들의 작난[장난]이었다"(석주명, 1968: 102, 188)고 하는 것이 이러한 경향을 뒷받침해 준다. 육지에서 '밀려온' 비공식부문의 사람들이 초기에 적응하는 과정에서 가져온 제주사회에 대한 부정적인 영향은11) 세대간 사회화 과정을 통해서 육지사람에 대한 이미지를 형성하는 것이다.

공식부문에 속하든지 비공식부문에 속하든지 간에 육지사람은 제주의 생활세계 속에서 외부인으로 항상 인식되고, 따라서 대면관계에 기초한 익숙함이 자연스러운 사회의 특성을 더욱 드러나 보이게 한다. 또한 급격히 산업사회와 도시사회로 변모되는 과정에서 과거 전통적인 제주사회의 질서를 가져온 문화주제를 바탕으로 이주민 집단을 평가한 것이라고 보여진다.12) 이러한 예는 미국 중산층이 살고 있는 교외지역에 대한 연구에서도 찾아볼 수 있다. 즉 한 사회에서 외부인으로 만드는 것은 그 문화의 논리(cultural logic)인데, 사회에 대한 그들의 관념을 다르게 느끼는 사람들은 그들 사회의 질서를 위협할 가능성이 있기 때문이다. 미국 중산층이 살고 있는 교외지역에서 "'새로 이주해 온 사람들(newcomers)'이라는 집합적 표현은 긴장과 비난의 의미를 함축하고 있다"(Greenhouse, 1985: 263).

더군다나 대개의 이주민들은 이동의 종착지인 생활근거지의 생활양식에

---

11) 고향을 떠나 온 사람들이기 때문에 그들의 행동은 친구와 가족이 사는 영역 속에 살고 있는 제주사람들의 눈에는 지나치게 보일 것이다.
12) 관광과 감귤농사로 본격적인 산업사회 체제로 들어가기 전 제주사회에서 질서를 부여했던 기준이 무엇이었는가는 본 논문이 이야기하고자 하는 범위를 넘어서는 내용이지만 매우 중요한 앞으로의 과제라 하겠다. 제주사회에서 전통적인 문화주제의 하나는 동질성과 '분산된 사회단위'에서의 통합의 강조라 할 수 있다. 이에 대한 조사연구는 현재의 제주사회의 또다른 측면을 제시해 줄 것이다.

적응해야 하는데, 제주도에 오는 이주민들은 특히 공식부문에 속하는 사람들 일수록 이동의 출발지의 생활양식을 제주도에 은연 중 퍼뜨리는 양상이 되어 제주사회내에서 반감을 일으키는 것이라 생각된다. 이러한 현상은 다른 지역에 비해 제주사회의 크기가 그리 크지도 않고 작지도 않기 때문에 나타나는 현상이며, 이주민들이 동화하려는 생각이 없이 잠시 머물다 갈 생각으로 제주도에 오기 때문에 떠나온 지역의 생활양식을 제주도에서 요구하고 있는 것이다. 특히 잠시 머물다 가는 공식부문의 이주자들은 그들이 차지하는 사회계층내에서의 위치가 상층이고, 다른 지방에서의 공식부문의 이동보다 제주사회의 한정된 크기 때문에 지역사회에 끼치는 영향은 더 클 것이다. 이러한 해석은 육지문화가 더 우월하다는 입장이 아니라 산업화·도시화 과정의 선봉으로 또는 거기에 편승해서 육지사람들이 들어오므로 교육과 대중매체와 더불어 전통적인 제주문화의 정체감을 위협하고 따라서 새로운 정체감의 확립을 요구하고 있다는 입장에서 나온 것이다.

  제주사회를 이해하기 위해서는 제주도 고유의 생태학적 특성뿐만 아니라 육지와의 역사적 관계도[13] 살펴볼 필요가 있다(조혜정, 1985; 유철인, 1984). 이러한 관점에서 과거로부터 이주민인 육지사람에 대한 제주사람이라는 정체감이 대면사회에 어떠한 영향을 끼쳤는지를 살펴보면, 전통사회거나 갑작스런 산업사회로의 전환된 모습을 보여주는 현재의 제주사회나 그 영향력은 비슷할 것이다. 육지사람이라는 말과 연결되는 '피해의식'이 바로 그것이다. 이런 점에서 현기영(1983)의 소설 한 부분을 보면, 육지사람에 대한 태도는 뿌리가 깊은 것임을 알 수 있다.

> 제주출신이 고을 원을 하는 것은 섬백성에게 퍽 소망스런 일이 아닐 수 없었다. 이병휘 같이 일년 과객(過客)이나 다름없는 육지인이라면 맘놓고 토색질하

---

[13] 제주사람들의 정체감을 가져오게 한 사회문화적 배경을 이해하기 위해서도 제주도와 육지와의 교류사에 대한 이해가 필요하다. 스미스(Smith, 1974)도 미국내의 포르투갈 사람들의 정체감에 대한 사회문화적 배경을 이해하기 위해서 미국과 포르투갈의 접촉의 역사를 통해 만남의 맥락을 살펴 보았다. 그에 의하면, 문화적 정체감을 형성하게 하는 역사적 존재를 살펴 보아야 한다는 것이다.

다 떠나버리면 그만이지만, 섬 출신 수령은 벼슬이 갈려도 이 고장에 붙박혀 살아갈 신세인데 입 큰 대로 욕심을 채웠다간 두고두고 백성의 원성을 듣게 마련이었다(현기영, 1983: 51).

과거의 행정적인 이동이거나 현재의 직장이동이거나 간에 머물다 가는 육지사람에 대한 인식은 비슷한 것이며, 비록 제주도에 계속 살더라도 초기의 적응과정에서 제주사람에게 비추어진 육지사람은 좋지 않은 것이며, 이러한 이주민들과 관광객들이 제주사람을 어떻게 보리라는 판단에서 어느 정도 고립성을 유지하던 사회에서 나타날 수 있는 배타성을 바탕으로 제주문화의 정체감이 형성된다 하겠다. 이러한 정체감이 제주사람과 육지사람을 구분지어 주면서 제주사람들을 제주사회에 묶어두는 기능을 하는 것이다. 따라서 광범위한 문화접변의 상황에서 가정된 피해의식과 도서환경이라는 주어진 조건에 적응하는 전략으로서 정체감이 강조되는 것이다. 물론 정체감이 형성되는 사회적 과정은 육지사람과의 만남과 그에 따른 육지사람에 대한 이미지를 형성하는 과정으로 요약될 수 있다.

4. 육지와의 접촉과 제주사회

제주사람의 생활방식은 실제적으로 상당한 영역에서 육지식으로 또는 산업사회의 생활방식으로 변화해 가고 있다. 제주사람의 생활방식이 산업사회의 생활방식으로 바뀌는 과정을 제주사람 자신들은 '육지식'으로 바뀌고 있다고 해석하는 경향이 있다. 산업사회의 생활방식과 육지식의 생활방식이 같다 하더라도 이러한 변화를 어떻게 인식하고 있는가는 육지에 대한 양면적인 생각과 육지사람에 대한 이미지와 더불어 제주사람의 문화적 정체감을 형성하는 데 중요한 의미를 지닌다. 즉 지역 엘리트일수록 쉽게 육지식으로 변하고 있으면서 그러한 변화에 대해 깊은 우려를 나타내고, 그에 대한 대안으로 전통에 대한 역동적인 해석을 통해 제주사람이라는 문화적 정체감을 강조한다. 따라서 이러한 정체감은 제주사람임을 나타내고 육지사람인 외부인과 경계를 지속화하는 데 기여하는 장치가 된다.

제주도와 육지의 관계에서 중앙과 지방이라는 관계로까지 확대하면, 지역문화의 정체감이 어떤 방식으로 앞으로의 지역문화에 의미를 부여할 수 있는지는 다음의 글을 보면 어느 정도 그 방향성을 찾을 수 있다.

> 제주사람이 주인(主人)이 된다는 말은, 제주의 모든 사업이나 경제력을 제주사람만이 주도해야 된다는 식의 폐쇄성을 뜻하지는 않는다. 사람은 더불어 살아가기 마련이다. 제주와 서울이 따로 존재하는 것이 아니다. 그런데 더불어 살아가는 데 있어 중요한 것은 대등한 평등함이다. 그 평등함은 오직 문화적인 평등만을 통해서 가능하다(≪제대신보≫ 1985. 11. 27 사설 중에서).

문화적 정체감의 확립과 그 내용은 결국 구조적 종속 특히 경제적 착취라는 박탈감 속에서 나올 수 있는 전략이라는 점을 이 글에서도 강조하고 있다. 제주도와 육지의 관계가 더 크게는 한국 전체 사회와 서구사회의 관계와 유사하다는 점에서 제주문화라는 지역문화의 정체감에 대한 연구는 한국문화의 앞으로의 방향에 시사하는 바가 크다 하겠다.[14]

본 논문에서는 제주사람의 정체감을 경계짓는 육지사람에 대한 인식과 육지사람들이 제주사람을 보고 있다고 제주사람들이 믿는 관점만을 통해 살펴보았다. 한 집단의 정체감에 대해서는 집단구성원이 자기 자신을 보는 관점과 다른 집단 사람들이 자기 자신들에 대해 갖고 있다고 믿는 관점과 실제로 다른 집단 사람들이 그들을 보는 관점에서 검토할 수 있기 때문에 제주사람이 제주사람을 보는 관점과 실제로 육지사람이 제주사람을 인식하는 측면을 앞으로 살펴보아야 할 것이다. 즉 제주도에 살고 있는 육지사람과 제주사람들이 같은 주거공간 속에서 서로를 어떻게 인식하면서 살아가는가를 보다 구

---

14) 이와 같은 시각은 조혜정(1985)의 연구에서도 보이며, 특히 현길언(1985)은 "제주문화에 대한 새로운 인식을 환기하는 것은 바로 제3세계에 대한 관심과 통한다. (중략) 이러한 문제는 우리의 민족문화에 대한 관심을 성찰하는 데도 유익한 것이다"라고 이야기하고 있다.

체적으로 살펴볼 때, 육지사람에 대한 배타성과 이를 바탕으로 한 제주사람이란 정체감이 일상생활에 어떻게 반영되어 나타나는가 또는 어떤 결과를 가져오는가를 알 수 있다.

제주사회가 육지사람과 제주사람의 전형화에 바탕을 두면서 제주사람의 문화적 정체감을 강조한다고 할 때, 육지에 산 경험이 있는 제주사람에 대한 현지 제주사람의 태도 또는 그러한 사람이 제주사회에서 차지하는 위치도 검토되어야 할 것이다. 즉 기존의 사회질서 속에 어떻게 편입되며 그 적응의 과정이 어떤 의미를 갖는가에 대한 것이다. 이는 이주자로서의 육지사람이 어떻게 제주사회에 적응하면서 어떤 위치를 갖게 되는가와 비교·검토되어야 할 것이다. "외부세계에 대한 선망이 제주도 내부적 상황이 주는 압력에 더 크게 의존하고 있었던 것이며, 제주사회내에서 기득권이 보장될 경우 이러한 선망도 굴절되어 내집단 의식의 강화로 외현화(外現化)될 가능성이 높다"(박재환, 1977: 633)는 연구결과는 제주사람들간의 사회적 관계망에 귀환이동(return migration)이 어떻게 작용하는가에 대한 검토를 요구하는 것이다. 제주사회구조에 대한 이러한 연구와 육지와의 교류에 대한 역사적 연구가 이루어질 때,15) 제주사람들의 문화적 정체감의 의미와 내용 그리고 형성배경이 어떠한 사회적 과정으로 이루어지는지 보다 명확해질 것이다.

---

15) 위와 같은 연구에 덧붙여 다양한 제주사람들의 생활세계에 대한 현지조사가 필요하다. 왜냐하면 본 논문이 육지사람, 외부인, 이주자, 대학교수, 인류학자로서의 필자의 일상생활을 바탕으로 제주사람의 정체감의 의미를 살펴본 시론적인 글이기 때문에 제주사회의 극히 일부분만을 반영했을지 모르기 때문이다.

▌참고문헌

고창훈. 1984, 「제주문화의 사회과학적 이해에 관한 연구: 공동체의식을 중심으로」, 《제주도연구》 1.
김준희. 1984, 「감귤재배에 따른 농촌의 경제적 변화: 제주도 위미리의 사례」, 《인류학논집》 7.
박재환. 1977, 「인간상호작용에 관한 제주도민의 사회의식: 민속자료를 중심으로」, 《제주대학논문집》 9.
석주명. 1968, 『제주도 수필』, 보진재.
양순필. 1985, 「제주문화의 재조명: 제주도와 유배문학」, 《제대신보》 5. 13.
유철인. 1984, 「일상생활과 도서성: 제주도 문화에 대한 인지인류학적 접근」, 《제주도연구》 1.
이문열. 1983, 「익명의 섬」, 『금시조』, 동서문화사.
장윤식. 1982, 「한국사회구조론 시도」, 국제문화재단 편, 『한국의 사회』, 시사영어사.
전경수. 1985, 「제주도의 관광개발과 지역문화보전을 위한 제언: 관광인류학적 입장」, 《제주신문》 창간 40주년 기념 심포지엄 및 제주도연구회 제1차 전국학술대회 발표논문.
조혜정. 1982, 「제주도 해녀사회 연구」, 한상복 편, 『한국인과 한국문화』, 심설당.
_____. 1985, 「근대화에 따른 성역할 구조의 변화: 제주도 사례를 중심으로」, 제17회 한국문화인류학회 전국대회 발표논문.
최재석. 1976, 『한국인의 사회적 성격』, 개문사.
현기영. 1983, 『변방에 우짖는 새』, 창작과비평사.
현길언. 1985, 「제주전설과 제주사람의 삶의 양식: 제주문화와 제3세계에 대한 예비적 고찰」, 사단법인 세계평화교수협의회 제주지회 제5회 학술세미나 발표논문.
현용준. 1979, 「민속을 통해서 본 탐라정신」, 제주대학 탐라연구소 주최 탐라정신탐구 세미나 발표논문.
_____. 1983, 「삼무정신의 연구」, 『제주도민의 삼무정신』, 제주: 제주도.
Beals, Ralph L. 1951, "Urbanism, Urbanization and Acculturation,"

American Anthropologist 53.
Berger, Peter L. & Thomas Luckmann. 1966, *The Social Construction of Reality*, Garden City: Doubleday.
Bianco, Carla. 1980, "Ethnicism and Culturology: The Cultural Identity of Regional and Immigrant Groups," *Sociologia Ruralis* 20(3).
Dumont, Jean-Paul. 1984, "A Matter of Touristic 'Indifférance'," *American Ethnologist* 11.
Fitzgerald, Thomas K. 1974, *Social and Cultural Identity*(Introduction), Southern Anthropological Society.
Foster-Carter, Aidan. 1984, 「접합의 의미」, 『제3세계의 경제와 사회 II: 경제인류학을 향하여』, John Clammer 편, 양희왕·허석렬 공역, 풀빛.
Greenblat, Cathy Stein & John H. Gagnon. 1983, "Temporary Strangers: Travel and Tourism from a Sociological Perspective," *Sociological Perspectives* 26.
Greenhouse, Carol J. 1985, "Anthropology at Home: Whose Home?" *Human Organization* 44.
Keesing, Roger. 1981, *Cultural Anthropology*, New York: Holt, Rinehart and Winston, 전경수 역, 1985, 『현대 문화인류학』, 현음사.
Linnekin, Jocelyn S. 1983, "Defining Tradition: Variations on the Hawaiian Identity," *American Ethnologist* 10.
MacCannell, Dean. 1976, *The Tourist: A New Theory of the Leisure Class*, New York: Schocken Books.
Merrill, John. 1980, "The Cheju-do Rebellion," *The Journal of Korean Studies* 2.
Nuñez, Theron. 1977, "Touristic Studies in Anthropological Perspective," in Valene L. Smith(ed.), *Hosts and Guests: The Anthropology of Tourism*, Philadelphia: The University of Pennsylvania Press.
Opler, Morris. 1945, "Themes as Dynamic Forces in Culture,"

American Journal of Sociology 51(3).

Redfield, Robert, Ralph Linton & Melville J. Herskovits. 1936, "Memorandum for the Study of Acculturation," *American Anthropologist* 38.

Sanders, Irwin T. 1977, *Rural Society*, Englewood Cliffs: Prentice-Hall.

Smith, M. Estellie. 1974, "Portuguese Enclaves: The Invisible Minority," in Thomas K. Fitzgerald(ed.), *Social and Cultural Identity*, Southern Anthropological Society.

Smith, Valene L. 1977, *Hosts and Guests: The Anthropology of Tourism*(Introduction), Philadelphia: The University of Pennsylvania Press.

Spradley, James P. 1972, "Adaptive Strategies of Urban Nomads," *Culture and Cognition: Rules, Maps, and Plans*, San Francisco: Chandler Publishing Co.

Vidich, Arthur J. & Joseph Bensman. 1968, *Small Town in Mass Society*, Princeton: Princeton University Press.

Volkman, Toby Alice. 1984, "Great Performances: Toraja Cultural Identity in the 1970s," *American Ethnologist* 11.

Wagner, Roy. 1981, *The Invention of Culture*, Chicago: The University of Chicago Press.

Wallace, Anthony. 1956, "Revitalization Movements," *American Anthropologist* 58.

Walter, Michael A.H.B. & Riaz Hassan. 1977, "An Island Community in Singapore: A Characterization of a Marginal Society," Sociology Working Paper 61, Department of Sociology, University of Singapore.

제주도의 사회문화적 특성과 환경
―도전·적응·초월의 메커니즘―

이창기

1. 제주문화를 보는 시각

　제주문화를 어떤 관점에서 파악할 것인가 하는 문제는 연구의 대상과 방법에 따라, 또는 연구자가 취하는 입장에 따라 매우 다르게 나타날 수 있을 것이다. 지금까지 제주도의 사회구조와 문화현상에 대해 관심을 가지고 있는 학자들의 관점을 종합해 보면 제주문화의 위상을 바라보는 그들의 견해가 크게 세 가지 경향으로 나누어지는 듯하다.
　첫째는 제주도를 하나의 완결된 생활공동체로 보고 제주문화를 독자적인 하나의 문화체계로 간주하는 입장이다. 완결된 생활공동체란 일정한 지역적 영역을 확보하고 그 속에서 주민들의 욕구를 스스로 충족시켜 나가는 자족적 단위를 의미하기 때문에 문화도 자족적인 공동생활의 결과 형성된 것으로 파악하는 것이다. 그러므로 이러한 입장에 서는 사람들은 외부사회와의 문화적 접촉에 관심을 기울이기보다는 독자적인 문화를 형성시킨 제주도 사회의 생활조건과 제주인의 생활과정에 보다 큰 관심을 가지고 제주문화를 설명하려고 한다. 따라서 이들은 현상적인 제주문화에 직접적인 영향을 미쳤을 자연환경을 제주문화의 일차적인 형성요인으로 중시하며, 나아가서는 오랜 세월에 걸쳐 열악한 환경조건과 맞서 스스로 형성시켜 온 고유의 문화적 특성과

정신적 핵심을 찾아 제주도민의 정체성을 확립시키려고 노력하는 교훈적 의도까지 엿보이기도 한다.
　둘째는 제주도를 한반도의 한 부분으로 간주하고 제주문화를 한국문화의 하위체계로 파악하는 입장이다. 삼국시대에도 이미 백제나 신라와 교류가 빈번하였지만, 여조(麗朝)에 이르러 정치적 독립성을 상실하고 고려에 복속된 이래 제주도는 문화적으로도 한반도 문화권에 편입된 것으로 보는 것이다. 이러한 입장에 서는 사람들은 제주문화의 특수성을 인정하면서도 그것을 독자적인 문화체계로 인정하지 않고 한반도 문화의 부문화(副文化) 혹은 주변문화(周邊文化)로 간주하는 것이다. 그러므로 이들은 한국문화의 일반적 특성들과 비교하여 제주문화가 어떠한 특징을 지니고 있는가를 밝히는 데 관심이 많으며, 한반도문화와 제주문화의 상관관계를 규명함으로써 한국문화의 원형을 제주문화에서 찾으려고 시도하기도 한다.
　셋째는 한반도뿐만 아니라 제주도를 둘러싸고 있는 일본, 오키나와, 동남아 및 중국대륙에까지 시야를 넓혀 제주문화가 이들 지역과 어떻게 접맥되는지를 밝히려고 노력하는 경향이다. 제주문화는 근본적으로 남방문화인가 북방문화인가, 탐라의 원주민은 어디서부터 유래된 것인가, 삼성신화를 어떻게 해석할 것인가 등등 제주문화의 원류를 찾으려는 시도들에서 많이 찾아볼 수 있다. 최근 고고학적 자료들이 많이 발굴되면서 이러한 논의가 더욱 활발하게 전개되고 있다.[1]
　이와 같이 제주문화를 제주도, 한국사회, 동아시아라고 하는 각기 차원을 달리하는 지역적 범주와 관련지어 조명한다면 제주문화의 형성배경에 대해서도 각기 다르게 설명될 수 있을 것이다. 제주도를 하나의 완결된 생활공동체로 보고 제주문화를 독자적인 문화체계로 간주한다면 제주문화의 형성배경이나 형성요인도 제주도의 내적 조건에서 찾게 될 것이고, 제주문화를 한국문화의 하위문화로 파악한다면 한국사회의 중심문화 혹은 보편문화와의

---

[1] 각자 약간씩 관점을 달리하고 있기는 하지만 제주도 연구를 위한 분석단위로서의 지역구분을 제주도, 한반도, 동아시아로 범주화하는 것은 전경수(1987: 13)를 비롯해서 여러 학자들에게서 나타나고 있다.

상관성을 중시하게 될 것이다. 지역적 범주를 더욱 넓혀서 동아시아 문화권의 한 부분으로 제주도를 조망한다면 제주도와 연관될 수 있는 보다 큰 문화 전파경로에 주목하여 제주문화의 근원적인 뿌리를 밝히려고 시도할 것이다. 이런 점에서 제주문화의 형성배경에 대한 견해들도 제주문화의 위상을 어떤 차원으로 파악하느냐에 따라 환경적응론(環境適應論), 주변부문화이론(周邊部文化理論), 외래문화유입설(外來文化流入說) 등으로 요약될 수 있다.

환경적응론은 생태학적 관점의 대표적인 견해로서 문화의 생성과 변용과정에 환경조건이 중요한 영향을 미치는 것으로 간주하고, 문화를 인간이 생태계에 적응하는 과정에서 생성시킨 결과물로 파악한다. 이러한 입장에서 제주문화를 설명하는 사람들은 제주도가 갖는 자연환경을 문화형성의 중요한 요인으로 지적한다. 열악한 자연환경에 합리적으로 적응하기 위한 생존전략으로서 제주문화를 설명하려고 하는 것이다. 이러한 논리를 극단적으로 강조하게 되면 환경결정론에 빠지게 되지만, 현존 생활문화의 일차적인 형성배경을 설명하는 데는 강한 설득력을 지니기 때문에 많은 사람들이 즐겨 채택하는 관점이다. 제주문화의 형성배경을 다룬 대부분의 학자들의 논의는 넓게 보면 이 범주에서 크게 벗어나지 못한다. 외래문화와의 접촉이나 역사적 경험을 중시하는 학자들도 기본적으로는 삶의 터전인 환경조건의 영향력을 결코 부정하지는 않는다.[2]

주변부문화이론은 특정 지역의 문화적 특성을 동일한 문화권내의 문화적 중심부와 주변부 사이의 문화격차로 설명하려는 견해라 할 수 있다. 이들은 제주도를 한반도의 문화권에 부속된 변방지대 혹은 주변부로 간주한다. 한반도의 중심문화가 지리적으로 고립된 주변지역에까지 충분히 확산되지 못하였거나 일단 전파된 문화요소가 중심문화의 변화에 상응하여 변화하지 못함

---

[2] 환경적응론이라 명확하게 밝히지는 않았다고 하더라도 제주인의 의식구조와 생활양식을 열악한 환경조건을 극복하고 생존을 확보하기 위한 전략으로 해석하는 대부분의 연구들이 이 범주에 해당된다고 볼 수 있을 것이다(송성대, 1986; 제주도, 1983). 한편 이기욱은 제주문화의 연구에 환경결정론적인 사고의 극복이 필요함을 강조한 바 있다(이기욱, 1989a).

으로써 제주문화의 특성이 나타나는 것으로 해석한다. 그러므로 이들은 제주문화를 한국전통문화의 하위문화 혹은 선행문화의 잔존형태로 파악하는 경향이 있다.3) 이러한 견해는 현존의 제주문화를 시간적·공간적으로 근접된 문화와 접맥시켜 해석하려는 입장이며, 외래문화유입설에 비해 제주문화를 보는 시각을 훨씬 좁혀 놓은 것이라 할 수 있다.

외래문화유입설은 문화의 형성과 변용과정에 선진 문화집단과의 접촉이 중요한 계기가 된다는 점을 강조한다. 이들은 제주문화의 형성배경을 제주도나 한반도라는 좁은 영역에 국한해서 보지 않고 보다 거시적인 문화전파의 경로를 추적하여 제주문화의 원류를 찾으려고 한다. 남방의 해양문화가 해로를 따라 전래되었거나, 북방의 대륙문화가 중국대륙 혹은 한반도를 거쳐 제주도에 유입되었을 가능성을 탐색한다. 이러한 관점은 제주도의 고대사회나 기층문화의 원류를 찾으려는 시도 속에서 공통적으로 나타난다.4) 장기간에 걸친 몽고의 지배를 중시하여 몽고문화의 영향을 강조하는 견해도, 비록 일부의 언어현상과 민속분야에 한정된 논의이기는 하지만, 이러한 경향에 포함시킬 수 있을 것이다.

이러한 세 가지 견해와 깊이 관련되어 있으면서 최근에 몇몇 학자들이 관심을 보이고 있는 관점으로서 도서성이론과 역사적 경험을 중시하는 관점이 있다.

도서성이론(島嶼性理論)은 바다에 의한 고립과 한정된 토지라는 두 가지 특성을 중심으로 하는 도서성(島嶼性, insularity)의 개념으로 제주문화를

---

3) 제주문화의 특성을 한국사회의 보편적 현상이나 한국의 전통문화와 비교해서 설명하는 대부분의 논의들은 기본적으로 제주문화를 한국문화의 하위문화 혹은 주변문화로 이해하는 시각이 저변에 깔려 있다. 제주도 가족제도의 특수성을 육지의 유교문화가 침투하지 못한 데 원인이 있는 것으로 보거나(최재석, 1979), 조선시대 가족제도의 잔존형태로 파악하는 견해(이창기, 1991, 1992)들은 이러한 시각을 강하게 지니고 있다.
4) 제주도 무속이나 설화의 계통을 추적하는 연구(현용준, 1983, 1986; 현승환, 1991), 탐라고대사회에 관한 논문(전경수, 1987) 등이 이러한 입장을 견지하고 있다.

설명하고자 하는 이론적 지향을 말한다.5) 바다에 의한 고립은 물자의 유통과 정보의 교환에 장애를 가져오며, 한정된 토지는 제한된 자원에 인간이 적응하도록 함으로써 도서지역의 독특한 문화를 형성시키게 된다는 것이다(Vayda & Rappaport, 1963). 이러한 관점은 넓게 보면 환경적응론의 일종으로 볼 수 있지만 환경적응론이 기후풍토나 자연환경의 직접적 영향을 강조하는 데 비해 도서성이론은 지리적 고립성을 일차적인 요인으로 보고 있다는 차이점이 있다.

역사적 경험을 중시하는 관점은 제주인의 소외된 삶과 심층심리 속에 자리잡고 있는 한(恨)의 정서를 해명하고 극복하여 제주인의 정체성을 확립하려는 시도 속에서 나타난다. 열악한 환경조건에 더하여 오랜 세월 동안 거듭된 피지배와 수탈의 역사적 과정이 제주인의 소외된 삶과 한의 정서를 더욱 뿌리깊게 하였다고 보는 것이다. 이러한 제주인의 소외의식와 한의 정서는 한편으로는 지배이데올로기에 대한 저항의식 혹은 분리주의 의식으로 나타날 수 있으며, 다른 한편으로는 강렬한 중심부 지향의식으로 나타날 수도 있다(현길언, 1992). 그래서 이러한 관점에 서는 사람들은 제주인의 소외의식과 한의 정서가 함의된 문학작품과 설화, 민요 등을 중시하며, 각종 민란과 역사적 사건 등에서 지배이데올로기에 대항하는 제주민의 의식을 찾으려고 노력한다.6)

---

5) 유철인과 이기욱은 최근 도서성이론으로 제주문화를 설명하고자 하는 일련의 논문들을 발표하고 있으며(유철인, 1984, 1984b, 1986; 이기욱, 1984a, 1984b, 1989a), 강경선은 제주도에의 적용 여부를 명확하게 밝히지는 않았지만 고전적 도서성이론을 소개함으로써 제주도의 경제적 제약요인을 설명하려는 의도를 암시하고 있다(강경선, 1981). 특히 이기욱은 한국문화의 하위문화로서, 그리고 하위문화의 특성을 이루는 도서적 상황에 적응하는 기제로서 제주문화를 설명하고자 한다(이기욱, 1989a). 그러나 도서성이론이 고립된 도서지역으로 이주한 문화가 원래의 문화와 상이한 형태로 분화·변용되는 현상을 설명하려는 이론적 틀(이기욱, 1984a: 2)이었음을 상기한다면 제주도의 문화적 특성을 도서성으로 설명하는 데는 한계가 있을 것으로 생각된다.
6) 이러한 관점은 제주인의 삶을 다룬 많은 문학작품들이나 제주도의 역사를 통해서 제주문화의 특성을 이해하려고 하는 시도 속에서 공통적으로 나타나고 있지만 현

2. 환경에 대한 인간의 대응양식과 의식구조

제주문화의 위상과 형성배경에 관한 이러한 여러가지 견해들은 하나 하나가 모두 제주문화를 설명하고 이해하는 데 매우 유용한 이론적 틀로서 가치를 지니고 있다. 그러나 그 어느 것도 그 자체만으로 제주문화를 전부 설명해 줄 수는 없다. 그들이 갖는 설명력은 논의의 관점이나 차원에 따라 각기 다르게 나타날 수밖에 없기 때문이다.

고대 탐라인의 계보를 규명하고 그들이 이식하였을 제주문화의 원초적 형태나 계통을 밝히려고 하는 경우에는 거시적인 문화전파의 경로를 추적하는 외래문화유입설이 설득력을 가질 것이다. 한국문화 속에서 제주문화가 갖는 특성이나 변이성을 규명하고자 할 경우에는 한반도와의 관련성 위에서 제주문화를 설명하는 주변부 문화이론이 보다 유용한 설명도구가 될 수 있을 것이다.

그러나 어느 경우에 있어서도 제주문화의 생성·유지·발전의 바탕을 이루고 있는 제주도 내부의 환경조건을 도외시하고서는 제주문화를 설명할 수 없다. 특히 주민들의 일상적인 생활과 관련된 문화영역에 있어서는 더욱 그러하다. 문화는 생활양식의 총체이며, 인간의 삶은 환경을 떠나서는 존재할 수 없기 때문이다.

외부사회와의 문화적 접촉이 제주문화에 적지 않은 영향을 미쳤다는 사실을 결코 부정할 수는 없다. 제주도의 지정학적 위치를 고려할 때 바다를 통해서 남방의 해양문화와 만나거나, 한반도를 거쳐서 북방의 대륙문화와 접촉하는 일이 매우 빈번했을 것으로 짐작된다. 그러나 문화접촉이 있었다고 해서 그 문화가 모두 수용되는 것은 아니다. 일부는 수용되더라도 또 많은 부분은 거부되기도 한다. 일단 수용된 문화라고 하더라도 고정불변의 형태로 존속되는 것은 아니다. 전파된 문화가 수용되거나 거부되는 배후에는 이미

길언(1986, 1992)과 김영화(1980, 1992)의 글에서 그 대표적인 사례를 찾아볼 수 있다.

제주도의 내적 환경조건이 크게 영향을 미치고 있으며, 수용된 문화가 그 사회의 삶의 조건에 맞도록 변용되어 가는 과정에도 환경의 영향은 지대한 것이다.

더구나 제주도는 육지로부터 멀리 떨어져 있으면서 상당한 규모의 면적을 확보하고 그 속에서 자족적인 생활을 영위할 수 있는 하나의 완결된 생활공동체를 형성하고 있기 때문에 독자적인 문화를 형성하기가 쉬울 뿐만 아니라 문화의 형성에 미치는 환경조건의 영향도 훨씬 직접적이었을 것이다.

그러므로 제주문화를 이해하고 설명하는 데에는 먼저 그 문화가 자리잡고 있는 제주사회의 내적 환경조건부터 검토하지 않으면 안된다.

환경은 삶의 터전이며, 생활양식으로서의 문화는 인간과 환경과의 끊임없는 상호작용을 통해서 형성된다. 동시에 환경은 인간의 삶을 강하게 제약하는 외적 조건이 되기도 한다. 그러므로 인간은 주어진 환경조건에 합리적으로 적응함으로써 생존을 보장받을 수 있다. 그러나 인간은 환경에 수동적으로 적응하기만 하는 존재는 아니다. 주체적 의지를 가지고 능동적인 작용을 보내며, 지혜롭게 환경을 이용하고 개척할 수 있는 창조적 능력도 동시에 지니고 있다. 이러한 과정 속에서 인간의 삶의 방식은 다양한 모습으로 나타나게 된다.

인간이 환경에 대응하는 방식은 크게 세 가지로 나타난다. 도전(挑戰)과 적응(適應)과 초월(超越)의 메커니즘이 그것이다.[7] 환경이 인간의 삶을 기름

---

7) 원래 생물생태학에서 사용하던 적응(adaptation)의 개념은 "생물유기체가 생존을 위해 주어진 환경조건에 적합하도록 자신을 변용시켜 나가는 일련의 과정"을 의미하는 것이었다(Charlotte Seymour-Smith, 1986: 3). 이러한 적응개념 속에는 "환경은 유기체로부터 독립적으로 존재하며, 유기체는 환경조건에 일방적으로 순응할 뿐"이라는 관념이 저변에 깔려 있다(Amos H. Hawley, 1950: 16). 그러나 생물생태학에서 사용하는 수동적인 적응개념으로는 주체적 의지를 가지고 능동적으로 환경에 대처하는 인간의 다양한 활동양상을 적절하게 설명하는 데 한계가 있다. 오늘날 많은 학자들은 적응의 개념을 이보다 훨씬 넓은 의미로 확대해서 사용하고 있다. 외적 환경에 수동적으로 적응하는 활동양식뿐만 아니라 주체적 의지를 가지고 환경조건을 개변시키고자 하는 적극적인 활동까지도 적응으로 본다. 더 나아가서는 초자연적인 힘에 의존하여 현실로부터 벗어나고자 하는 활동양식

지게 하는 터전이 되지 못하고, 삶을 고달프게 하거나 강하게 제약하는 열악한 조건이 될 때 이러한 대응방식은 더욱 선명하게 부각된다.

인간이 열악한 환경에 직면하게 되면 인간은 자신의 생존을 확보하기 위해 열악한 환경조건과 맞서 싸우지 않으면 안된다. 자신의 삶을 위협하는 외적 힘에 대항하여 그것을 파괴하거나 개변하고자 하는 도전의 메커니즘이 표출된다. 도전의 메커니즘은 삶을 제약하는 외적 힘을 격파하고 현실의 고통에서 벗어나고자 하는 주체적 의지의 표현이라 할 수 있다.

삶을 위협하는 외적 존재가 자연환경이라면 이러한 의지는 자연에 도전하여 그 위협을 극복하고자 하는 개척자적인 삶의 자세로 나타난다. 적극적이고 진취적이며 강인한 제주인의 생활의지는 바로 도전의 메커니즘이 표출된 것이다. 자립심이나 독립심이 매우 강한 제주인의 의식구조도 열악한 환경조건을 극복하고자 하는 도전의 메커니즘으로 설명할 수 있다.

위협의 대상이 인간 혹은 인간집단인 경우, 그러므로 그 위협이 역사적인 상황으로 현실화되는 경우에는 도전의 메커니즘은 저항과 반항의 형태로 나타난다. 도전과 저항을 통해서 현실을 개혁하고자 하는 간절한 염원은 가공의 비범한 인물에 의탁하여 대리 성취시키고자 하는 설화의 형태로 나타날 수도 있다. 지배세력에 대한 저항의식과 그로 인한 분리주의적 성향(현길언, 1992)은 종속과 수탈의 역사과정에서 형성된 도전 메커니즘의 표출이라 할 수 있으며, 비록 좌절된 삶의 형태로 종결되지만 많은 장수설화(현길언, 1981) 속에서도 도전과 저항의지를 읽을 수 있다. 외부로부터 가해지는 수난

까지도 적응으로 보는 경향이 있다. 적응의 개념을 이와 같이 넓은 의미로 사용한다면 환경에 대응하는 인간의 모든 활동양식을 전부 적응이라는 개념 속에 포괄시키는 결과가 되며, 필자가 말하는 도전, 적응, 초월도 모두 광의의 적응개념에 포함되는 것으로 볼 수 있다. 그러나 적응의 개념을 너무 확대하여 과도하게 포괄적인 의미로 사용하게 된다면 다양한 인간의 활동양식을 분석하고 이해하는 설명도구로서의 기능을 제대로 수행할 수가 없다. 그래서 필자는 환경에 대처하는 인간의 작용양식을 도전, 적응, 초월의 세 측면으로 나누어서 살펴 보고자 한다. 여기에서 필자가 사용하는 적응의 개념은 주어진 환경조건에 적절히 순응하여 환경에 적합하도록 자신의 삶의 방식을 질서지워 가는 소극적인 대응양식을 의미하는 것으로 한정하고자 한다.

의 역사적 경험이 반복될 때 이러한 저항의식은 배타의식으로 고착될 수도 있다.

그러나 삶을 위협하는 외적 힘이 너무 강력하여 극복불가능한 것으로 판단되거나 도전이 철저하게 좌절된다면 인간은 스스로의 생존을 위해 두 가지 방향으로의 선택에 직면하게 된다. 하나는 도전을 포기하고 현실에 철저하게 순응하는 적응의 메커니즘이며, 또 하나는 현실조건으로부터 탈출하거나 그것을 뛰어넘으려는 초월의 메커니즘이다.

적응의 메커니즘은 주어진 환경조건에 적절히 순응하여 환경에 적합하도록 삶의 방식을 질서지워 가는 소극적인 대응양식이다. 한정된 자원의 소비를 최소한으로 억제하고 노동생산성을 최고도로 높이기 위해서는 문화요소들을 재구성하지 않으면 안된다. 여기에서 환경에의 적합성이 강조되는 합리적인 적응이 요구된다. 제주인의 정신적 특징으로 지적되는 '조냥정신'과 검소한 생활태도, 실용주의와 합리주의, 형식과 명분에 얽매이지 않고 실질을 앞세우는 규범체계 등은 열악한 환경에 합리적으로 적응하기 위한 생존전략으로서의 적응 메커니즘의 표출이라 할 수 있다.

초월의 메커니즘은 삶을 위협하는 외적 강제력의 거대한 힘 앞에서 인간의 한계를 절감하고 현실로부터 탈출하거나 초자연적인 힘에 의탁하여 현실을 극복하고자 하는 의지의 표현이다.

현실로부터 탈출하고자 하는 의지는 새로운 삶의 터전을 찾아 고통의 현장을 떠나는 모습으로 구체화될 수 있다. 과도한 공납과 부역을 피해 육지로 도피했던 조선시대의 출륙현상(出陸現象)이나 일제시대의 도외이출(島外移出)은 이러한 현실탈출 의지가 저변의 동기로 작용한 것이라 해석할 수 있다. 이러한 탈출의지는 육지에 대한 동경과 이상향을 그리는 정서로 형상화되어 제주민의 의식 속에 혹은 신화나 설화 속에 내재되기도 한다.

그러나 현실로부터 탈출하여 미지의 세계를 찾아 나선다는 것은 많은 위험부담과 모험을 수반하기 때문에 많은 사람들은 현실의 고통을 벗어나고자 하는 욕구와 불확실한 미래에 대한 불안심리를 종교적으로 승화시켜 절대적인 존재에 의지하고자 하는 신앙의 형태로 표출시키게 된다. 생태조건이 열악하고 그것을 극복할 수 있는 수단을 갖지 못한 지역사회에서 종교적 의례가 발달하는 현상은 바로 초월의 메커니즘이 표출된 것이다. 제주도에서 각종 민간신앙이나 무속이 성행하고 있고, 조상을 숭배하고 제사를 중히 여기는 의식이 매우 강렬한 것도 절대적인 존재에 의지하여 현실의 고통을 벗어나고자 하는 초월의 메커니즘으로 설명할 수 있다.

고통을 수반하고 생존을 위협하는 열악한 환경에 대응하는 인간의 대응양식은 이와 같이 도전의 메커니즘, 적응의 메커니즘, 초월의 메커니즘으로 유형화할 수 있다. 이러한 세 가지 메커니즘은 제주인의 의식구조와 생활태도를 설명하는 데뿐만 아니라 물질문화나 관습, 제도 등을 설명하는 데도 매우 유용한 설명틀이 될 수 있으리라 생각한다. 제주문화는 제주인이 오랜 세월에 걸쳐 제주도가 지닌 환경조건에 대응하여 살아 온 흔적이기 때문이다.

3. 가족제도에 나타난 제주문화의 특성

1) 전통적 한국가족의 구성원리

결혼과 더불어 부모가족과 독립된 생활을 영위하는 서구의 핵가족과는 달리 전통적인 한국가족에서는 장남이 부모가족과 동거함으로써 가족의 창설, 확대, 축소, 해체의 과정이 분명하지 않고, 장남에서 장남으로 이어지면서 영구히 존속된다. 여기에서 한국가족의 특징적인 모습이 나타난다.

일단 창설된 가족이 결코 해체되지 아니하고 출생과 사망에 의해 끊임없이 성원만 교체하면서 영구히 존속되기 때문에 한국의 가족은 가계의 계승을 지상(至上)의 가치로 의식하고, 가계의 계승을 위해 최선을 다해 노력할 도덕적 의무를 지닌다. 가계의 계승은 '부계의 원리' '직계의 원리' '장남의 원리'에 의해 수행되며, 이것이 가족관계, 가족제도, 친족제도의 기본원리가 된다. 이런 점에서 한국의 가족은 '먼 조상에서부터 자손만대에 이르는 부계의 초시간적인 제도체'라 규정할 수 있는 것이다(최재석, 1966: 653-666).

조선중기 이후 부계친족집단의 결속이 강화되고 조직화되면서 한국사회에 이념적인 전형으로서 보편화된 이러한 가족구성원리는 현실 가족생활 속에서 개인에 대한 집의 우위성, 문중조직의 강화, 가장의 권위, 장남우대상속과 부녀자의 낮은 지위, 정조관념의 강화와 이혼·재혼의 금기, 조상숭배와 제사중시, 장남봉사, 양자의 성행 등의 특성으로 나타나게 되었다.

2) 제주도 가족제도의 비부계적 원리와 부계적 원리

이러한 한국가족의 구성원리에 비추어 보면 제주도의 가족제도에는 상호 모순되는 듯한 두 가지 원리가 공존하고 있음을 발견할 수 있다. 한편에는 부계의 가계계승을 강조하는 한국의 전통적인 가족원리와는 배치되는 비부계적(非父系的) 요소가 강하게 자리잡고 있는가 하면, 다른 한편에는 한국의 전통적인 부계계승원리와 동일한-어떤 면에서는 더욱 강화된-모습도 뚜렷이 존재하고 있는 것이다.

제주도 가족의 가장 두드러진 특징으로 지적되고 있는 장남분가와 균분상속의 전통, 부계혈연집단의 결속 약화, 조상제사의 분할 등은 한국의 전통적인 가족과는 매우 상이한 모습들이다. 또한 제주도에는 부녀자의 지위가 상대적으로 높고 남녀의 사회적 접촉이 비교적 자유로우며 이혼과 재혼에 대한 금기의식이 대단히 미약한 것이 사실이다. 장례나 혼례과정에 출가한 딸이나 사돈댁 또는 외가친족이 적극적으로 참여하고 있는 것도 육지의 전통적인 가족과는 다르다(최재석, 1979; 김혜숙, 1982; 이창기, 1991, 1992). 이러한 현상들은 다분히 비부계적인 요소들이며 부계의 가계계승을 지상의 가치로 인식하는 한국가족의 구성원리로서는 충분히 설명할 수 없는 부분들이다.

반면에 제주도 가족에서도 전통적인 한국가족에서와 마찬가지로 아들을 중시하는 남아선호의식이 매우 강하며, 조상을 숭배하고 조상제사를 중시하였다. 조상을 명당에 안장하기 위하여 지극한 정성을 쏟았을 뿐만 아니라 아들을 얻기 위한 축첩이 사회적으로 용인되고 실제로 많이 행해졌다. 문중조직이 발달되지 않았음에도 불구하고 조상제사를 장남이 전담하는 곳에서는 종손의식도 뚜렷이 나타나고, 아들이 없을 때는 반드시 양자를 들이려고 노력한다(최재석, 1979). 이러한 관행들은 다분히 부계적인 요소들이 강하게 반영된 것들이며, 부계의 가계계승을 강조하는 한국가족의 구성원리로서 충분히 설명이 가능한 부분들이다.

이와 같이 제주도는 오랫동안 한반도의 문화권에 속해 있었으면서도 가족제도와 친족제도에 관한 한 한국의 전통가족과 맥을 같이하는 부분이 있는가 하면 전혀 원리를 달리하는 부분도 동시에 내포하고 있다. 다시 말하면 부계적 요소를 지니고 있으면서도 동시에 비부계적 특성도 강하게 지니고 있는 것이다. 이러한 상반된 두 가지 모습은 일견 양립할 수 없는 상호모순으로 비춰질 수 있다. 전통적인 한국가족을 설명하는 부계의 가계계승원리로서는 일관된 설명이 불가능하기 때문이다.

3) 이원적 구성원리의 공존논리

제주도를 한반도와 동일한 문화권으로 보고, 한국의 전통가족을 보는 시각으로 제주도의 가족제도와 친족제도를 바라보게 되면 분명 제주도 가족에는 상호모순되는 두 가지 원리가 공존하고 있는 것으로 보인다. 부계적이면서도 동시에 비부계적인 것이다. 그렇다면 제주도의 가족 및 친족제도에 상호 양립하기 어려운 두 가지 요소, 즉 부계적 요소와 비부계적 요소가 공존하고 있는 현상을 어떻게 설명할 수 있는가?

문화전파론적 입장에서 제주도문화를 거시적으로 설명하고자 하는 사람들은 제주도의 지리적 입지를 고려하여 여러 유형의 문화가 복합된 이중구조로 설명할는지 모른다. 또 제주문화를 한국문화의 하위문화로 보고 문화전파과정의 문화격차나 문화변용과정의 문화지체현상으로 설명하고자 할 수도 있을 것이다. 이러한 설명이 부분적으로는 매우 유용한 설명이 될 수 있음에 틀림이 없다. 그러나 이러한 설명은 문화를 구성하는 극히 작은 부분, 예를 들면 특정한 친족 용어나 특정한 의례절차의 한 부분 또는 특정 생활도구 등의 상이성과 유사성을 설명하는 데는 설득력을 지닐 수 있을지 모르지만 전체적인 문화체계를 설명하는 데는 충분한 논리가 되지 못한다. 왜냐하면 문화는 '하나의 전체'로서 체계를 이루고 있고, 모순된 원리가 하나의 체계 속에서 장시간 공존할 수는 없기 때문이다.

가족제도나 가족생활의 양식도 문화의 일부분으로서 일차적으로는 그를 둘러싸고 있는 환경조건과의 상호작용을 통해서 형성된다. 환경에 대응하여 스스로의 삶을 영위해 가고자 하는 일종의 생존전략으로 이해될 수 있는 것이다. 그런 점에서 필자는 제주도 가족에 두 가지 원리가 공존하고 있는 현상을 환경에 대한 제주인의 두 가지 대응양식으로 설명하고자 한다.

한국의 전통가족과 상이한, 그래서 보다 더 제주도적이라 인식되어 온 소위 비부계적 특성들은 열악한 환경에 합리적으로 적응하기 위한 제주인의 생존전략, 즉 적응의 메커니즘으로 이해될 수 있다. 빈약한 자원과 매우 열악한 기후풍토 속에서 가족노동을 효율적으로 조직화하여 최대한으로 투입하기 위해서는 가족구조가 단순하지 않으면 안된다. 현대 산업사회는 물론 자원이 극히 빈약한 사회에서 핵가족이 많이 발견되는 것은 환경에 대한 합리적 적응의 소산인 것이다. 한국의 전통사회에서도 삶의 여건이 열악한 지역이나 신분계층에서 핵가족적인 전통을 유지하고 있었음은 이를 반증하는 것이다. 특히 제주도의 농업생산방식은 수리시설의 공동이용과 집약적인 노동투입을 필요로 하는 수도작농업이 아니라 개별적인 노동투입이 용이한 전작농업이 중심이 되고 있으며, 전작농업과 나잠어업에 여성이 중심적인 역할을 수행하고 있기 때문에 가족성원의 수가 많고 구성이 복잡한 친자중심의 가부장적 직계가족보다는 남녀의 지위가 비교적 평등한 부부중심의 핵가족적 형태를 유지하기가 더욱 쉬운 것이다. 제주도의 장남분가와 핵가족화도 근본적으로는 이런 관점에서 설명되어야 한다.

합리적 적응이 강조되는 사회에서는 형식과 명분을 중시하기보다는 능률과 실질을 추구하게 된다. 따라서 규범체계도 형식적 의례에 충실하기보다는 실질과 능률을 좇아 형성되기 마련이며, 주민들의 사회관계도 부계친만의 폐쇄적인 결속을 고집하는 것이 아니라 친가, 외가, 처가를 구분하지 않고 다양한 사람들과 긴밀히 협동하고 결합한다. 이와 같이 실질과 능률을 추구하고 합리적 적응을 강조하지 않을 수 없는 제주인의 생활여건이 의식구조에 있어서는 합리주의·실용주의·개인주의를, 생활태도에 있어서는 소박하고 근검절약하는 태도를 형성시키게 하였으며, 가족제도에 있어서도 전통적인 한국가족과 상이한 소위 비부계적 특성들을 유지하게 된 것으로 보인다.

그러면 전통적인 한국가족과 매우 흡사한, 어떤 점에서는 오히려 더욱 강화된 소위 부계적 특성들은 어떻게 설명할 수 있는가? 필자는 인간의 힘으로 극복할 수 없는 거대한 자연의 힘 앞에서 무력한 인간의 한계를 절감하고 초자연적인 힘에 의존하여 현실을 극복하고자 하는 초월의식의 발로로 해석하고자 한다. 초자연적인 힘에 의존하고자 하는 인간의 의지는 신앙의 형태로 표출된다. 자원이 빈약하고 토질이 척박하며 기후의 변화가 매우 심한 제주도의 환경조건은 인간으로 하여금 적응의 한계를 절감케 하였을 뿐만 아니라 삶의 고통을 한층 가중시키게 한다. 제주도가 안고 있는 이러한 환경조건은 한편으로는 합리적인 적응을 강요하는 조건이 되면서 다른 한편으로는 절대자에 의탁하여 현실의 고통으로부터 벗어나고자 하는 원초적 동기를 자극시키게 된다. 제주도에 각종 민간신앙이나 무속이 성행하는 것은 바로 이러한 인간의지가 바탕이 되는 것이며, 조상신을 숭경하고 제사를 중시하는 것도 같은 맥락에서 이해될 수 있다. 조상은 단순히 '먼저 살다간 자'가 아니라 자손의 길흉화복을 주재할 수 있는 절대자로서 신격화된다. 명당을 찾아 조상을 안장하고 후히 제사 지냄으로써 조상의 음덕이 자손의 현실생활에까지 미치기를 간절히 바라는 것이다. 그러므로 조상제사를 담당할 아들의 획득이 중요시되지 않을 수 없고, 그를 위한 축첩, 양자, 사혼 등의 관행이 널리 행해지게 되었다. 그럼에도 봉사손을 확보하지 못했을 때는 '외손봉사'나 '까마귀 모른 식개'를 통해서라도 제사를 거르지 않으려고 노력한다.

조상을 숭배하고 제사를 중시하는 관행은 한국사회의 공통적인 문화현상으로 볼 수도 있다. 그러나 한국의 전통가족에서 행해지는 조상제사가 부계의 가계계승의지를 핵심원리로 하는 것이라면 제주도의 조상제사는 초자연적인 힘(조상신)에 의존하고자 하는 신앙적 동기가 핵심을 이루고 있다는 점에서 구별될 수 있다. 통과의례 중에서 출생과 관련된 돌, 생일, 회갑 등이 별로 중요시되지 않고 혼인의례가 매우 간소화되어 있는 데 비해 유독 장례와 제사만이 중시되고 있는 것도 그 때문이며, 형식적인 유교문화가 쉽게 수용되지 않으면서도 장제례의 의례절차에 있어서만은 유교적인 형식이 쉽게 수용될 수 있었던 것도 이런 맥락에서 해석해 줄 수 있는 것이다.

이런 점에서 제주도 가족제도에서 나타나는 두 가지 상이한 원리는 열악한 환경에 대한 인간의 두 가지 대응양식—적응의 메커니즘과 초월의 메커니즘—으로 설명할 수 있다. 그것은 모순된 원리의 양립이 아니라 상호보완적인 두 가지 원리의 공존인 것이다. 그것이 모순으로 비춰지는 것은 부계의 가계계승을 핵심원리로 하는 한국의 전통가족을 보는 시각으로 제주도 가족을 이해하려고 하기 때문이다.

4. 맺는 말

제주도문화를 제주인의 삶의 바탕, 즉 내적인 환경조건에서부터 이해하고 제주인의 의식구조와 제주도의 가족제도를 도전의 메커니즘, 적응의 메커니즘, 초월의 메커니즘으로 설명하고자 한다고 해서 외부사회와의 문화적 접촉이나 그를 통한 문화전파의 영향을 부정하는 것은 아니다. 또한 한반도의 문화중심지로부터 멀리 떨어져 있고 바다를 사이에 두고 고립되어 있는 지리적 특수성으로 인해서 문화격차가 발생할 수 있다거나, 일단 전파된 문화가 쉽게 변화하지 않아 한반도의 선행문화가 제주도에 잔존해 있을 가능성도 배제하지 않는다. 그러한 가능성에 대한 검토와 인과관계의 규명은 제주도문화를 연구하는 데 매우 필요하고도 유용한 방법이라는 데 전적으로 동의한다.

그러나 짧은 기간에 걸쳐 형성되는 과도적인 문화현상이나 부분적인 문화요소를 다루는 것이 아니라 한 사회의 전체적인 문화체계 혹은 오랜 세월에 걸쳐 형성되고 유지되어 온 문화의 기본구조를 밝히는 데 있어서는 외적인 영향보다도 그 문화가 터잡을 수 있는 내적인 조건부터 검토해야 한다는 점을 강조하지 않을 수 없다. 문화전파나 문화격차 혹은 문화지체현상이 있었다고 하더라도 그러한 요소들은 전파된 문화를 수용 또는 거부하고 변화를 지체시킨 내적 조건부터 검토한 바탕 위에서만이 올바른 이해에 도달할 수 있는 것이다.

■ 참고문헌

강경선. 1981,「고전적 도서성에 대한 고찰」,《제주대논문집》(사회과학편) 13.
고남욱·고창훈·유철인. 1986,「한국사회에서의 도서와 육지간의 접합에 관한 연구」,《제주대논문집》(인문·사회과학편) 23.
고창훈. 1984,「제주문화의 사회과학적 이해에 관한 연구: 공동체의식을 중심으로」,《제주도연구》 1, 제주도연구회.
김영화. 1992,「문학작품 속에 비친 제주인의 삶과 환경」,《제주도연구》 9, 제주도연구회.
김영화·현길언. 1980,「제주설화를 통한 제주도정신 고구(考究)」,《제주대논문집》(인문학편) 12.
김항원. 1990,「제주도주민의 정체성에 관한 연구」, 서울대대학원 박사학위논문.
김혜숙. 1982,「부부간 의사결정에 관한 연구 Ⅰ: 제주도 농·어촌 가정을 중심으로」,《대한가정학회지》 20-3, 대한가정학회.
_____. 1983,「제주시 가정의 부부간 의사결정에 관한 연구: 농어촌 가정과의 비교를 중심으로」,《한국가정관리학회지》 창간호, 한국가정관리학회.
송성대. 1984,「삼무정신 형성에 대한 지리학적 조명」,『제주문화의 재조명』, 도서출판 일념.
신행철. 1980,「제주도민의 사회·문화의식상의 전통성」,《제주대논문집》 11.
양영웅·김종태·김병택·이기욱. 1990,「한국문화 속의 제주지역문화의 특수성과 발전방향」,《사회발전연구》 6, 제주대 사회발전연구소.
유철인. 1984a,「일상생활과 도서성: 제주도문화에 대한 인지인류학적 접근」,《제주도연구》 1, 제주도연구회.
_____. 1984b,「제주도와 육지부간의 사회접합: 제주사회구조와 문화적 정체성」,『제주문화의 재조명』, 도서출판 일념.
_____. 1986,「제주사람들의 문화적 정체감: 주변사회에 있어서의 적응방식」,《탐라문화》 5, 제주대 탐라문화연구소.
이기욱. 1984a,「도서문화의 생태학적 연구: 제주도 인근 K도를 중심으로」,《인류학논집》 제7집, 서울대 인류학연구회.

_____. 1984b, 「도서와 도서민: 마라도」, ≪제주도연구≫ 1, 제주도연구회.
_____. 1989a, 「제주문화의 정체성에 관한 연구」, ≪한국문화인류학≫ 21, 한국문화인류학회.
_____. 1989b, 「제주도 사신숭배의 생태학」, ≪제주도연구≫ 6, 제주도연구회.
이창기. 1991, 「제주도의 제사분할」, 『한국의 사회와 역사』(최재석교수정년퇴임기념논총), 일지사.
_____. 1992, 「제주도 제사분할의 사례연구」, ≪민족문화논총≫ 13, 영남대 민족문화연구소.
_____. 1993, 「가족과 친족」, ≪제주도지≫ 제2권, 제주도.
제주도. 1983, 『제주도민의 삼무정신』, 제주: 일신사.
전경수. 1987, 「상고 탐라사회의 기본구조와 운동방향」, ≪제주도연구≫ 4, 제주도연구회.
조혜정. 1982, 「제주도 해녀사회 연구」, 『한국인과 한국문화』, 심설당.
_____. 1992, 「제주 잠녀사회의 성체계와 근대화」, 『한국어촌의 저발전과 적응』, 전경수 편, 집문당.
최재석. 1967, 『한국가족연구』, 민중서관.
_____. 1979, 『제주도의 친족조직』, 일지사.
현길언. 1981, 『제주도의 장수설화』, 홍성사.
_____. 1986, 「제주전설과 제주사람들의 삶의 양식」, 『제주문화의 재조명』, 도서출판 일념.
_____. 1992, 「제주문화와 그 의식의 저류」, 『전환기의 제주』, 제주국제협의회.
현승환. 1991, 「비양도 설화의 양상과 국토부동관」, ≪탐라문화≫ 11, 제주대 탐라문화연구소.
현용준. 1978, 「제주도의 기층문화」, ≪한국문화인류학≫ 7, 한국문화인류학회.
_____. 1986, 『제주도 무속연구』, 집문당.
현평효 외 7인. 1979, 「탐라정신탐구」, ≪제주대논문집≫ 11.
Hawley, A. H. 1950, *Human Ecology: A Theory of Community Structure*, The Ronald Press Company.
Seymour-Smith, C. 1986, *MacMillan Dictonary of Anthropology*,

MacMillan Press Ltd.
Vayda, A. P. & R. A. Rappaport. 1963, "Ialand Cultures," in F. R. Fosberg(ed.), *Mans Place in the Island Ecosystem*, Bishop Museum Press.

제6부

사회운동

- 제주도 근대사회운동의 재조명
- 개발과 환경, 그리고 농촌공동체의 붕괴
  －제주도의 골프장 건설 반대운동을 중심으로

제주도 근대사회운동의 재조명

조성윤

1. 머리말

　우리는 평소 생활하는 과정에서 또는 직접 사회운동에 참여하면서 이전까지는 경험해 본 적이 없는 수많은 문제에 부딪혀 고민하게 된다. 그럴 때 지난날의 역사적 경험을 과학적으로 분석하고 체계화함으로써 이를 통해 삶의 지혜를 발견하고 오늘의 우리 사회운동의 자양분으로 삼아야 함은 당연한 일이다. 뜻밖의 문제 해결을 위한 결정적인 지혜를 과거의 경험을 통해서 얻는 경우가 많기 때문이다. 최근 들어 제주도 사회 각 부문에서는 민주화 추세에 발맞추어 활발한 사회운동이 일어나고 있다. 이러한 운동의 확대과정을 지켜보면서 이것이 한국사회 전체 운동의 맥락에서 볼 때 어떤 의미를 갖는가 하는 점과 과연 제주도 사회운동의 전통은 어떤 것인가 그리고 그 전통 속에서 오늘의 제주도 사회운동을 어떻게 자리매김할 수 있을까를 차분히 검토하는 작업은 매우 중요하다고 본다. 제주도 사회운동의 전통을 재음미하는 과정에서 오늘의 운동의 의미도 다시 평가해낼 수 있지 않을까 하는 것이 나의 생각이다.

　이 글은 지금까지의 연구성과를 기초로 삼아 제주도 근대사에 나타난 사회운동이 어떠한 역사적 의의를 갖는가를 개괄적으로 정리하기 위한 것이다. 제주도에서 근대에 발생한 사회운동 가운데 대표적인 것으로는 조선후기의 양제해난, 임술민란, 한말에는 방성칠난, 이재수난, 일본 어업침탈 반대운동

등 많이 있다. 일제시대로 들어서면 3·1운동, 보천교 사건, 해녀 투쟁과 다양한 사회주의자들의 활동을 들 수 있다. 이러한 근대사회 형성기의 제주도 지역사회운동을 올바로 이해할 때, 비로소 그 연장선상에서 4·3은 물론 최근의 주민운동도 제대로 볼 수 있지 않을까 생각한다. 이러한 일련의 사건의 흐름을 체계적으로 정리하고 나름대로의 방향을 제시해 보려는 것이 나의 욕심이지만, 현재까지 축적되어 있는 연구성과를 감안한다면 그것은 아무래도 무리인 듯싶다. 그러므로 이 글에서는 가능한 수준에서 제주도 근대사회운동의 흐름을 정리하는 것으로 만족할 수밖에 없을 듯하다.

지금까지 제주도 사회운동을 연구했던 사람들의 연구 시각 또는 방법은 크게 세 가지로 나눌 수 있다. 첫번째는 향토사 연구가들의 시각이다. 이들은 제주도 역사 연구를 이끌어 온 선구자들이다. 그 가운데서는 김태능이 가장 대표적이다. 전문적인 훈련을 거치지 않았기 때문에 여러가지 결함을 안고 있음을 인정하더라도, 제주도 역사를 그래도 이만큼 이해할 수 있게 사료를 발굴하고 정리한 공은 그들에게 돌려야 옳을 것이다. 그런데 향토사학자들은 사회운동을 민중적 입장에서 정리하기보다는 정치적 사건의 하나로 가볍게 취급하는 경향이 있으며, 대부분의 글이 아주 짧은 분량으로 이루어져 있고, 깊이있는 분석에 들어가지 못한 채 사건이 담고 있는 역사적 의의를 평가하기보다는 사료에 나타난 그대로를 옮겨 오는 경향이 있다. 그리고 이들의 시각은 지방주의적 한계 안에 머물러 있다고 할 수 있다. 즉 제주도의 역사를 조선사회 전체의 발전과정과의 유기적 관련 속에서 설명하지 못하거나 무시하여 마치 제주도 사회에서만 발생한 특유의 사실인 것처럼 설명하는 경우가 많다.

둘째로는 전문연구자들의 실증적인 접근이 있다. 이들의 연구는 비교적 엄격한 사료비판을 거쳐 사건사를 재구성하여 체계적인 설명을 제공해주는 장점을 갖고 있다. 그러나 정치사 또는 사건사 중심의 연구가 주류를 이루고 있다는 점이 결과적으로 민중들의 삶을 중심으로 한 연구, 민중의 입장을 올바로 파악한 연구가 아닌 지배층 중심의 역사 서술로 흐르는 결과를 가져오고 있다는 점이 중요한 한계로 지적될 수 있겠다.

셋째는 사회경제사적 입장이다. 이런 연구자로는 김봉현과 강창일을 들 수 있다. 그 중 김봉현은 4·3 전후의 시기까지 제주도에서 살다가 일본에 건너간 재일교포학자인데, 사회경제사적 입장에서 최초로 제주도의 역사를 체계화한 통사를 썼다는 점에서 매우 중요하게 평가하게 된다. 그러나 이론이 지나치게 앞서고 근거가 부족한 경우 억측이 많아 피상적인 이해에 그친 경우가 자주 나타난다. 이에 비하면 강창일은 한 걸음 나아간 발전적인 모습을 보여준다.

이상 간략히 소개한 세 가지 입장에서 나와 있는 제주도사 연구 성과는 나름대로 장단점을 갖고 있지만, 그럼에도 불구하고 우리가 제주도 근대사회운동을 이해하는 데 없어서는 안될 귀중한 재산이라 하겠다. 제주도 근대사회운동을 올바로 이해하기 위해서는 몇가지 기본적인 관점을 확인한 다음, 그러한 바탕 위에서 기존의 연구 결과물을 읽어 나가야 할 것이다. 기본적인 관점 가운데 우선 중요한 것은 민중을 역사의 주체로 파악하는 민중사적 관점일 것이다. 사회경제사적 관점을 제외하고는 지금까지의 대부분의 연구가 양반 지배층의 활동·관료 행정조직의 변천을 중심으로 진행되어 왔기 때문에 사회운동 역시 민중들이 주체적으로 역사발전을 위해 행했던 노력으로 파악하는 시각이 결여되어 있었다. 따라서 우리는 역사 속에서 계속되어 온 사회운동을 검토하면서 그 가운데에서 과연 민중의 고통은 무엇이었고, 민중들이 자신들이 당하는 고통을 어떤 식으로 극복하려 했는가를 주의깊게 살펴야 할 것이다. 둘째로는 도식주의에 빠지지 않고 철저히 사료를 근거로 하는 실증적 작업의 보완이 필요하다. 현재로서는 전문 연구자들의 연구가 이런 점에서는 가장 참고할 만하다. 민중적 관점에 섰다고 무조건 좋은 것은 아니다. 그런데 문제가 되는 것은 운동사를 올바로 정리하기에는 현재 남아있는 사료가 너무 적다는 점이다. 특히 제주도는 4·3사건을 겪으면서 대부분의 문헌자료들이 불타고 없어졌다. 그나마 남아있던 자료들도 관심 부족으로 점차 사라져 가고 있는 실정이다. 우리는 지금까지 밝혀지지 않은 많은 문헌자료를 발굴해야 함은 물론 주위의 노인들로부터 전해 내려오는 구전 설화도 채집·정리해야 할 것이다. 특히 일제시대 이후의 현대사 부분에서는 인터뷰 자료가 결정적으로 중요하다고 본다. 셋째로는 '제주도적인 것'을 지나치게 강조하는 특수주의적 관점을 버려야 할 것이다. 제주도 민중의 사회운동의 역사는 어디까지나 한국사회 전체적인 발전과정과의 유기적인 연관 속에서 설명되어야 하며, 보편성의 바탕 위에서 특수한 성격을 분석해야 한다.

2. 조선후기의 사회운동

사회운동이란 대부분 자신들의 삶의 조건을 악화시키는 요인들을 제거하고 보다 자유롭고 평등한 사회를 이루려는 집단적인 움직임을 가리킨다. 사회운동을 이해하려면 먼저 사회운동이 발생하게 되는 주객관적 조건을 검토해야 한다. 사회구조의 기본적인 특성, 그 시대의 성격, 그리고 계급 편성 등에 관한 올바른 이해가 전제될 때 사회운동의 목표, 주도세력, 참가층, 운동조직의 원리 등을 분명하게 설명할 수 있을 것이다. 조선후기에서 한말에 이르는 시기는 봉건사회가 점차 무너져 가던 시기에 해당된다. 중세의 봉건사회 체제가 조선후기 이래 농업생산력의 발전, 상공업의 성장, 농민층 분해를 바탕으로 점차 무너지면서 새로운 사회관계로서 자본제적 관계가 발생·발전하고 있었는데, 이는 새로운 사회사상을 형성시키고 중세의 신분제를 붕괴시키며, 계급구조를 재편성하는 결과를 가져왔다. 이러한 사회변동의 근원적인 힘은 기층 민중들의 사회발전을 바라는 강렬한 욕구에 있었다. 이들의 욕구가 농업생산력을 발전시키고 신분상승운동을 전개하며 지배층의 수탈에 맞서는 힘으로 작용하여 민중봉기로 폭발하고 있었다.

이 시기 제주도 사회경제구조의 변동과정에 관해서는 아직 과학적인 규명이 이루어지지 않은 상태이기 때문에 정확한 이해는 불가능하다. 다만 몇가지 최근에 이루어진 연구 성과에 의해서 윤곽을 더듬어 볼 수 있을 따름이다. 강창일은 1901년 민란의 배경을 설명하기 위해 경제구조에 관해 간략한 분석을 시도하고 있다. 또한 권인혁은 1862년 민란을 설명하기 위한 전초작업으로 수령교체의 실상, 수취체제 운영문제, 수공업 등에 관해 강창일보다는 비교적 상세하게 분석하고 있다. 두 글을 중심으로 간단히 정리해 보자.

　제주도는 섬이라는 조건 때문에 역사적으로 육지부와는 매우 다른 특유의 정치·경제·문화구조를 형성해 왔다. 제주도에는 한라산을 중심으로 초지가 넓게 분포되어 있고, 경지 이용률이 전국 평균의 절반밖에 되지 않는데, 그나마 대부분의 경지가 밭이고 논은 아주 일부 지역에만 분포되어 있었다. 그리고 대부분의 전답이 궁방전, 각 아문둔전 등의 공토(公土)로 되어 있고 민유지는 극히 적었다. 따라서 조선사회의 일반적 특징인 지주전호제가 별로 발달하지 못하여 대지주는 없었고 소수의 중소 지주를 제외하면 농민은 대부분 자작농 겸 둔전 소작인으로 존재하면서 밭을 일구어 보리, 조, 콩 등의 작물을 경작하는 한편 목축업, 수산업, 특수작물 재배, 그리고 약간의 수공업 활동을 통해 생계를 꾸려 나갔다.

　조선후기 봉건사회의 전반적인 해체과정, 말하자면 상공업이 발달하고 계급이 분해되면서 신분제가 해체되던 육지부의 상황으로부터 계속 영향을 받으면서도 제주도는 나름대로 독특한 사회경제적 상황 속에 있었다. 이러한 사회경제적 특징과 함께 정치적으로 볼 때도 제주도에서는 중앙에서 멀리 떨어져 있고 교통이 불편했기 때문에 공물 상납을 제외하고는 행정과 재정 운영이 거의 독자적으로 이루어져 왔다. 때문에 지방관이 향리층 및 토호세력과 결탁하여 자의적으로 통치할 수 있었다. 중앙정부는 제주도의 경제적 상황을 고려하여 전세보다는 귤, 전복 등 각종 특산물과 말의 공납(貢納)을 훨씬 중요시했었다. 목사를 비롯한 지방관리들은 특산물 공납과 말 사육, 그리고 변방 수비의 책임을 지고 있었고, 따라서 자연스럽게 토지소유보다는 소와 말을 기르는 축산업과 공물 상납과정에서의 중간 착취 및 각종 잡세의 징수과정이 토호와 향리층의 부의 축적 통로가 되고 있었다. 또한 생활이 곤궁한 농민들이 원칙적으로 법으로 금지되어 있던 국유지(특히 목장초지)를 화전으로 개간하여 무단 경작하는 경향이 늘어갔는데, 관리들은 이를 금지하기보다는 오히려 묵인하면서 여기서 막대한 세금을 거두어 들이기에 바빴다.

　이상 제주도 사회경제의 기본틀을 정리해 보았는데, 이는 어디까지나 토지소유구조, 신분구조(계급편성), 인구 및 가족구조, 지방행정체계, 이데올로기 등 중요한 기초 연구가 거의 없는 상태에서 나온 일종의 가설에 지나지 않는다. 앞으로 이러한 기초분야에 관한 연구가 활발히 진행되어야 좀 더 분명한 당시의 상황을 알 수 있게 되리라 본다.

조선후기 민중들은 봉건사회 속에 살면서 지주계급과의 오랜 대결과정을 거치면서 점차 성장하고 있었다. 특히 19세기로 들어서면 민중들은 끊임없이 전국적으로 존재하던 화적활동, 항조투쟁, 거납투쟁, 민란 등을 통해 도시와 농촌 모든 곳에서 다양한 운동을 전개하였다. 이러한 경향은 사회경제적 조건이 상당히 차이가 나는 제주도 지방이라고 해서 결코 예외는 아니었다. 제주도의 경우도 19세기에 들어서면 사회적 모순의 심화와 민중의식의 성장에 힘입어 민중운동이 활발해지게 된다. 당시 제주도의 민란 발생은 물론 제주도의 열악한 사회경제적 상황과 지방관리 및 토호세력의 착취가 직접적이고 객관적인 요인이었지만, 육지부에서의 민란의 빈발 또한 제주도 주민 의식의 성장에 중대한 영향을 미치고 있었다.

19세기 들어 가장 먼저 발생한 것은 1813년 양제해난이다. 1812년 발생한 평안도 농민전쟁은 이전에 간헐적으로 군현 단위로 제각기 발생하던 민란의 수준을 한 차원 뛰어 넘어 몰락 지식인, 상인, 향촌 유력자들이 세력을 규합하여 직접 정권에 도전한 것이었으며, 전국적으로 커다란 영향을 미쳤다. 당시 제주도 토착 지배세력 중에는 이에 영향을 받아 비슷한 성격의 봉기를 제주도내에서 일으키려는 세력이 있었다. 이들은 토착 지배세력 중에서는 비교적 소외된 자들이었는데, 풍헌을 지낸 양제해가 중심이 되어 군기를 확보하고 약 9백 명 정도의 군대를 비밀리에 모집하여 제주성을 공격, 목사·판관·현감 등 지방관을 모두 제거하고 육지와의 선박 왕래를 금지시켜 자신들이 도내의 권력을 장악하여 독자적인 정치를 하려 하였다. 이들이 거사를 계획하고 준비를 진행하다가 봉기 직전에 가담자 한 사람의 밀고로 탄로가 나서 실패하고 말았지만, 이 사건은 조세 수취구조에 대한 농민들의 강한 불만을 등에 업고 정치권력으로부터 소외되고 있던 토호세력이 조선정부를 거부하고 나섬으로써 분리주의적 성격을 강하게 보여주고 있다.

이 사건에 대해서는 종래 향토사가인 김태능의 간략한 글과 한동구, 김봉현 등의 개설적인 소개 및 평가가 있었다. 이들은 양제해난의 직접적 원인은 삼정문란과 부패한 지방관리의 폐정이었지만, 더 뿌리깊은 원인은 오랫동안 계속되어 온 지방 차별이었다고 보고, 제주민들의 가슴 속에 감추어져 있던 분노가 행동으로 옮겨진 자주독립 기도였다는 주장을 하였다.

  최근에 발표된 권인혁의 글은 이들보다는 훨씬 치밀한 사료분석을 바탕으로 사회경제적 배경, 전개과정, 역사적 의의를 새롭게 정리해주고 있다. 그는 운동주체가 일반 농민이 아닌 토착 지배세력임에 주목하여 과거를 통한 중앙 관직 진출이 어려운 제주도 현실에서 지방관직 또는 향임직을 둘러싼 치열한 경쟁, 그리고 소수 집단에 의한 관직 독점과 이에 반발하는 소외된 세력간의 갈등이 조세 수취과정의 폐해문제와 연관되면서 표출된 것으로 파악하였다. 또한 양제해 집단의 궁극적 목표는 지방관 타살을 통한 별국(別國) 건설이었는데, 이때 별국은 중앙정부로부터 독립한 별개의 국가로서 양제해가 도주(島主)가 되고 그 외의 인물들이 권력을 장악하는 왕조국가였다. 그렇지만 사회경제적 모순을 완전히 제거한 새로운 사회의 건설이 아니라 권력층만이 양제해 집단으로 교체되는 단순한 권력구조의 재편성에 지나지 않는 것이라고 보았다. 따라서 이 사건은 제주도 특유의 분리주의적 성향을 보여주는 것이기는 하지만, 민중들의 이해와는 상당한 거리가 있는 토착 지배층이 자신들의 권력 장악만을 노린 거변계획이었다는 점에서 기본적인 한계를 갖고 있었다고 보고 있다.

  그 뒤 약 50년이 지난 철종 13년(1862년)에 전국적으로 농민항쟁이 봇물 터지듯 터져 나왔는데, 이때 제주도에서도 대규모의 농민항쟁이 일어났다. 1862년의 농민항쟁은 당시 파탄상태로 치닫고 있던 중세사회의 모순을 극복하기 위해서 전국 70여 개 지역에서 농민들이 주체적으로 참여하여 전개한 반봉건운동이었다. 이에 관해서는 얼마 전까지만 해도 별다른 연구가 없었으나 최근 본격적인 연구가 진행되고 있다. 당시 제주도에서 발생한 농민항쟁은 흔히 '강제검의 난'이라고 불리운다. 이 용어는 강제검이라는 인물이 항쟁의 중심이라는 점에서 지배층이 사용하던 용어를 그대로 사용한 것이다. 이 농민항쟁은 당시 전국적으로 일어났던 항쟁 가운데에서도 특히 유명한 진주민란과 쌍벽을 이룰 만큼 규모도 크고 치열했던 운동이었다.

이 항쟁에 관해서는 김진봉의 연구가 선구적인 것으로 『조선왕조실록』의 기사를 주로 이용하여 사건의 전개과정을 정리해주고 있다. 곧 이어 나온 김태능의 글은 앞의 연구보다 오히려 간략하다. 최근 권인혁이 『제주목 안핵장계등록』을 주자료로 이용하여 분석한 글이 발표되었는데, 이는 앞선 두 연구에 비해 훨씬 깊이있는 분석과 평가를 제시해주고 있다. 당시 9월, 10월, 11월 세 차례에 걸친 항쟁에 전도적으로 수만 명의 농민이 참여하였는데, 특히 통문을 돌려 사람들을 모으고 돌을 돌려 맹서하는 방법을 써서 항쟁의 중심세력을 형성한 것은 이전의 제주도 농민항쟁에서는 좀처럼 볼 수 없었던 조직적인 운동의 전개방식이었다. 그리고 목표로 제시된 것은 화장세(火場稅)를 중심으로 한 조세 수취구조의 개혁이었고, 특히 과다한 조세 징수를 통해 막대한 부를 중간착취하는 감관(監官), 색리(色吏) 등의 향리와 향임층이 주요 타도 대상이었다. 처음에는 합법적인 통로인 등소(等訴)로 자신들의 의사를 전달하려 하였지만, 그러한 방법이 그동안 거의 받아들여지지 않았고 실현가능성이 없다는 점 때문에 집복문서(執卜文書)를 탈취해 불태우고 색리의 집을 부수는 폭력적인 행동으로 방향을 전환하게 된다. 대정지방의 화전민이 선봉에 서서 항쟁을 이끌었으며 대부분 지역의 주민들이 참가하였다.

1차 항쟁은 소규모의 파괴활동과 등소를 병행하는 형태로 진행되었고, 목사가 화전세 감면을 제시하여 비교적 간단히 끝났다. 반면 2차 항쟁은 향리들 가운데 착취가 심한 5명의 처단을 주장하면서 훨씬 강력한 형태로 진행되어 제주성내에서 향리들의 집을 포함하여 항쟁 불참자의 집까지 141채나 불사르고 많은 재물을 파괴하면서 5명의 처단을 직접 실행하려 하는 등 대단히 강력한 형태로 확산되어 갔다. 이에 놀란 목사는 향리 5명의 처단과 각종 조세의 감면을 약속했는데, 농민군은 해산하는 과정에서도 부민가를 파괴하고 부민 소유의 배에 불을 지르는 등 격렬한 투쟁의식을 나타냈다. 2차 항쟁이 일단 가라앉자, 안심한 목사는 농민들과의 약속을 어기고 향리들을 처단하기는커녕, 거꾸로 항쟁 주동인물 수십 명을 조사·구금하는 탄압책을 썼다. 이러한 목사의 태도에 분노한 농민들은 다시 3차 항쟁을 일으키게 된다. 목사는 농민군이 제주성으로 몰려오자 성문을 닫았다가, 성내로 진입한 농민군에 의해 화북포로 쫓겨 나갔다. 제주성을 장악한 강제검을 선두로 한 농민군은 집회를 열고 5죄인 처단을 실천에 옮기는 한편, 각종 문서를 조사하여 교폐절목을 완성하고 약 20일 가량 성을 장악하고 있다가 해산하였다.

이러한 농민군의 행동은 전례 없는 과격한 파괴활동을 동반하는 것이었기 때문에, 이 소식을 뒤늦게 접한 중앙정부는 목사를 파직시키고 안핵사를 파견하여 농민을 진압하는 한편 선무공작을 펴면서 뒷수습을 하였다. 물론 농민들이 요구했던 폐단을 부분적으로 해결해주기는 했지만, 이는 일시적인 미봉책이었으며 얼마 지나지 않아 착취는 다시 심해질 뿐이었다. 그러나 농민들은 이전에는 없었던 이같은 대규모 항쟁을 겪으면서 점차 의식의 성장을 경험했다는 점을 주목할 필요가 있다.

3. 한말의 사회운동

1876년 개항은 조선사회를 급격한 사회변동의 소용돌이 속으로 몰아 넣었다. 일본을 앞세운 서구 자본주의 세력은 군사력을 바탕으로 조선사회를 자본주의세계 체제의 일부로 만들고 식민지로 종속시키려고 압력을 가해 왔다. 따라서 조선사회는 이전부터 계속 진행되어 온 사회내적 모순, 즉 봉건적 모순을 해결하면서 동시에 외세의 압력에 맞서 싸워야 하는 매우 어려운 상황에 처하게 되었는데, 봉건정부와 지배층은 외세에 대해 굴종적인 태도를 취하고 있었기 때문에 결국 사회 변혁의 가능성은 민중세력에게만 주어져 있었다. 봉건적 착취는 오히려 심화되고 있었고 여기에 외세의 각종 수탈이 가세하였으므로 민중의 봉건정부에 대한 신뢰는 완전히 무너지고 저항의식은 한층 높아질 수밖에 없었다.

1813년과 1862년의 사회운동을 경험한 바 있는 제주도에도 개항 이후 일정한 기간이 흐른 다음 전국적인 사회변동의 여파가 서서히 밀려 들어 왔고, 농민들의 고통은 심해지기만 하였다. 한말 제주도에서의 사회운동은 어떤 때는 유생들이, 어떤 때는 특정 종교집단이 주도하였으며, 민중 가운데에서 지도자가 나오는 경우도 있었다. 그러나 어떤 경우이든 운동의 주체는 민중세력이었다. 조선후기와는 달리 여러 차례 운동이 발생하였는데 그 중 비교적 규모가 크고 중요했던 것으로는 1886년의 신제개혁 반대운동, 1898년과 1901년의 농민항쟁, 그리고 어민반대투쟁과 1908년의 의병거사계획 등이 있다. 앞의 세 차례의 항쟁과 의병거사계획에 관해서는 개설서에 간략한 사건 설명이 나와 있을 뿐 상세하고 깊이 있는 연구는 아직 이루어지지 않고 있다.

　1898년 항쟁과 1901년 항쟁에 관해서는 여러가지 다른 시각에서 비교적 깊이있는 연구가 여러 차례 발표된 바 있다. 구체적인 것은 내용을 살펴 보면서 설명하도록 하자. 고종 27년(1890년) 12월 하귀사람 김지가 중심이 된 농민항쟁이 일어났다. 1888년부터 2년간 재임하며 착취를 일삼던 송구호 목사가 가고 1890년 초 새로 조균하 목사가 왔는데, 그 역시 농민의 비참한 실정을 돌아보지 않고 향리들과 결탁하여 착취에만 혈안이 되어 있었다. 목사들의 계속되는 착취에 분노한 농민들은 김지라는 자가 앞장서자 적극적으로 호응하여 수천 명이 제주성을 점령하고 관아를 파괴하는 한편, 표적이 되었던 향리들을 응징하였다. 향리 응징을 직접 행동에 옮기고 조세 개혁을 요구하면서 10여 일간 성을 장악하고 있던 농민들에게 목사는 계속 해산을 종용하였다. 농민들이 이에 응하지 않자, 목사는 주동자인 김지에게 뇌물을 주며 회유하였고, 이에 넘어간 김지가 농민들을 해산시키고 말았다.

　사건은 일단 아무런 요구도 관철시키지 못한 채 여기서 그쳤지만, 뒤늦게 김지가 목사의 회유에 넘어간 사실을 알게 된 농민들은 이듬해인 고종 28년(1891년) 2월 다시 한 번 일어났다. 이번에는 구좌·성산 일대의 정의현에서 시작되었는데, 이완평·현계환이 중심이 되었고 수천 명의 농민이 참여하였다. 탐관오리의 처단을 주장하며 항쟁을 전개한 농민들은 또 다른 착취세력인 토호와 부민에 대한 투쟁을 동시에 진행시켜 부민가를 집중적으로 공격하여 이들을 구타하고 재물을 빼앗아 빈민들에게 분배하였다. 하지만 이에 맞선 목사 조균하는 지난해 농민항쟁을 겪은 다음 정비해 두었던 관군을 동원하여 무력으로 농민들을 진압하고 말았다. 첫번째는 지도부의 회유로, 두번째는 철저한 탄압으로 농민항쟁이 실패한 것이다. 이 사건으로 주동자 이완평은 참형을 당했고, 현계환 등 8명이 유배되었으며, 목사 조균하는 경질되고 말았다.

건양 1년(1896년)에는 이른바 '신제개혁 반대운동'이 일어났다. 이것은 유생들이 선두에 서고 농민들이 합세하면서 확대되었던 사건이다. 1894년 갑오개혁 이후 전국적으로 지방제도의 개편, 조세의 전면 금납화가 실시되기 시작하였고 단발령이 내려졌다. 그리고 고종 32년(1895년) 8월에 민비가 일본 낭인들에 의하여 시해되자 양반 지주층은 물론 민중들의 민족감정은 급격히 끓어오르고 있었다. 당시 제주도에도 목(牧) 대신 관찰부가 들어서고 경무청이 신설되었으며, 이에 따라 목사 대신 관찰사가 파견되었다.

1896년 3월 유생 이연보가 단발령의 부당함을 대중 앞에서 말하다가 잡혀가는 사건이 발생하였다. 강유석을 비롯한 유생들 몇몇이 이연보 석방을 요구하러 경무청으로 갔으나 오히려 순검들에게 저지당하고 말았다. 이와 같은 사실이 알려지자 평소 각종 제도 개혁과 단발령이 일제의 압력에 의한 것으로 이해하고 있던 유생과 민중들의 분노가 폭발하여 이를 전면 거부하고 나선 것이다. 송계홍 등 유생들이 앞장서자 수천의 민중들이 뒤를 따르며 '제도개혁 반대' '단발 반대' '왜양축척(倭洋逐斥)' 등의 구호를 외쳤고, 경무청을 습격하였다. 이들은 경무청의 집기를 부수고 공문서를 불태우는 한편, 갇혀 있던 이연보를 구출하였다. 사태가 진전되면서 이들은 전에 민란을 주도하다가 뇌물을 받고 관에 야합했던 김지를 성토하였고 그를 끌어내다가 죽였다. 사건이 발생하자 진압에 나선 것은 토착 지배세력이었다. 전부사 김윤병과 대정군수 채구석은 관군을 정비하고 창의군(彰義軍)을 편성하여 민중을 진압하였다.

1862년 농민항쟁 이래로 제주도 민중들은 여러 차례에 걸쳐 계속 지방 통치권력의 자의적 수탈로 표현되는 지극히 열악한 봉건 경제구조의 누적된 구조적 모순에 저항하는 항쟁을 전개하였고, 이러한 항쟁과정에서 점차 민중의 사회의식은 성장하고 있었다. 말하자면 주어진 사회현실에 대한 자신들의 요구를 집단적으로 제기하고 해결을 주장하는 농민항쟁이 계속적으로 발생하면서, 민중들 사이에는 운동의 경험이 축적되었고 점차 조직적인 항쟁의 가능성이 높아지고 있었다. 그러나 사회의식의 체계화 정도와 농민을 동원하고 하나로 결집시키는 조직역량은 비교적 낮은 수준에 머물러 있었다. 우리는 이러한 한계가 1898년과 1901년의 농민항쟁에서 어느 정도까지 극복되고 있음을 보게 된다.

1898년 농민항쟁은 흔히 '방성칠난(房星七亂)'이라고 부른다. 이 항쟁은 출구를 찾지 못한 채 비조직적이고 단기적인 형태로만 발생하던 민중의 에너지를 하나로 엮어 조직적인 운동의 차원으로 끌어올렸다는 점에서 매우 중요한 의미를 갖는다. 운동과정에서 지도부를 형성하여 결정적으로 중요한 역할을 담당한 집단은 육지로부터 흘러 들어 온 사람들로 구성된 남학당(南學黨)이라는 종교집단이었다. 방성칠을 지도자로 하는 남학당은 본래 전라도 일대에 퍼져 있던 남학이라는 종교의 신도들로서 갑오농민전쟁 당시인 1894년에 제주도로 집단 이주하여 다른 농민들과 마찬가지로 대정현 광청리 일대 화전지대에 정착하여 농사를 지으며 살고 있었고, 각종 봉건적 수탈을 당하고 있었다. 농민들이 내세운 운동의 목표는 화장세와 호포의 과다 징수, 그리고 환곡을 관에서 멋대로 조종하는 폐단을 시정하는 것이었으며, 이를 소장(訴狀) 제출을 통해 해결하려는 비교적 온건한 방식을 채택하고 있었다. 이때 장두(狀頭)가 방성칠이었다. 그러나 목사는 오히려 화전민의 장두인 방성칠을 잡아들임으로써 묵살하려 하였고 이에 분노한 농민들이 조직적으로 항쟁을 전개하게 됨에 따라 운동이 확대되었다.

남학교도 수백 명이 친군을 구성하여 핵심세력으로 등장하면서 3군 각 마을에 통문을 돌리자, 개항 이후 일본 어민들의 침투와 관리들의 중간수탈 심화 등 봉건적 모순과 외세 침투로 인한 피해에 시달리며 불만을 품고 있던 민중들은 방성칠을 적극 지지하면서 호응하였다. 1898년 2월 26일 3대로 나뉘어 진군을 시작한 농민군은 28일 성 밖에 도착하여 진을 쳤고, 3월 1일 성 안으로 몰려 들어가 관아를 점령하고 목사와 채구석 대정군수, 그리고 이방들을 구타하여 죽이거나 성 밖으로 내쫓았다. 또한 토호세력이 제주성에서 도망친 적객들과 손을 잡고 조천 신촌 일대의 주민을 동원하여 진압군을 구성하였지만, 농민군이 선제 공격하여 이를 괴멸시키고 조천 일대의 토호가를 파괴하였다.

일단 항쟁을 성공적으로 이끌어 목사를 내쫓고 토호세력까지 무너뜨린 방성칠은 중앙정부로부터 벗어난 독립된 왕조를 건설하는 방향으로 구상을 발전시켰다. 내용은 물론 근대적인 국가체계가 아닌 왕조의 건설이었지만, 이는 어디까지나 농민들의 바람, 곧 사회경제적 모순이 해결되어 각종 조세의 납부와 부역이 없는 이상낙원을 건설하고 싶다는 희망을 종교적인 사상을 통해 표현한 것으로 막연하고 추상적인 것이었다.

이러한 구상을 바탕으로 지도부는 장기전을 모색하고 있었다. 농민군은 모든 배를 끌어 올려 육지와의 연락을 금지시키는 한편, 성 무너진 곳을 고치고 성벽 위에 수만 개의 돌을 날라다 놓고 무기를 수리하면서 중앙에서 군병을 파견해 올 경우의 전투에 대비하였으며, 유배인인 최형순과 김낙영을 끌어들여 지도부를 강화하려 하였다. 그러나 지도부에 적객을 끌어들인 것은 커다란 실수였다. 방성칠은 적객의 '일본복속설'에 넘어가 배를 타고 일본에 가려 하였고, 그동안 토호세력과 적객들이 다시 반동군을 형성하는 데 성공함으로써 13일 농민군은 일시에 무너지고 말았다.

농민들은 방성칠을 자신들의 항쟁의 구심점으로 생각하여 적극 지지하고 있었다. 반면 방성칠은 농민들을 지지기반으로 하면서도, 여전히 봉건적인 사고방식을 크게 벗어나지는 못하는 한계를 안고 있었다. 이 때문에 유배자들의 계급적 본질을 깨닫지 못한 채 적객들의 힘을 빌리려고 하였고, 여기서 농민 중심적 입장과는 멀어지게 되었다. 농민들의 지지를 잃게 되면 남학당은 설 자리가 없어지는 것이며, 동시에 농민들이 거꾸로 토호세력에 의해 역동원될 수 있는 여건을 만들어 주는 것이다. 방성칠 등 남학당 지도부는 적객의 사회적 한계와 일본 제국주의의 침투논리를 깨닫지 못한 채 적객을 지도부를 끌어들였고 그들이 제시한 일본복속설에 넘어갔고, 결국 항쟁은 실패로 막을 내리게 된 것이다.

3년이 지난 1901년 또 다시 대규모의 농민항쟁이 일어나는데, 이 항쟁은 흔히 '이재수난(李在守亂)' 또는 '성교난(聖敎難)'으로 불리우고 있듯이, 보는 이에 따라서 전혀 다른 방향에서 설명되고 있는데, 천주교도들과 제주도 민중 사이의 충돌이 전쟁으로까지 발전하면서 수백 명의 인명 피해를 가져온 제주도 역사상 매우 중요한 사건이다. 천주교측의 입장을 옹호하는 연구로는 유홍렬과 김옥희의 것이 있다. 특히 김옥희의 연구는 당시 제주도에 와 있던 프랑스 신부들이 본국에 보낸 편지와 보고서, 기타 각종 문서를 발굴·이용하고 있다는 점에서 중요한데, 그 성과물을 천주교 제주교구가 공식 발간하고 있음을 감안한다면 이를 제주교구의 공식 입장으로 간주해도 좋을 듯하다. 이들의 연구는 당시 천주교도들의 희생을 강조하면서 비극의 원인을 제주도 내의 토착세력들이 일본 상인들과 결탁하여 농민들을 사주·선동한 데서 찾으면서, 이것을 한국사회의 후진성을 온 세계에 폭로한 수치스러운 사건이라고 규정하고 있다.

이와는 달리 향토사가인 김태능은 일반 농민들의 입장을 중심으로 평가하고 있다. 그는 이 사건이 프랑스 신부의 교회권력과 봉세관의 위세를 이용하면서 온갖 횡포를 부린 교도들의 소행 때문에 일어난 사건으로 보면서, 이에 맞서 일어난 이재수와 농민군은 도민의 민생과 인권을 싸움으로 지킨 제주도민의 자랑스러운 존재로 평가하고 있다. 이러한 시각은 그간 유림들과 일반 농민들 사이에 계속 퍼져 있었으며, 대정에 세워져 있는 '삼의사비(三義士碑)'가 이를 웅변한다. 소설가 오성찬과 현기영도 기본적으로는 같은 입장이다. 이 두 가지 입장은 아직도 팽팽히 맞서 있다. 결국 올바른 평가는 어떤 주장이 더 사실에 가까운가 하는 점과 민중적 시각에서 파악한다면 어떤 평가를 해야 하는가에 달려 있다 하겠다.

최근 강창일은 이에 관해 새로운 연구를 내놓았다. 이 연구는 기본적으로는 후자의 입장에 서면서 다른 어떤 연구보다도 다양한 사료를 동원하여 깊이있게 분석해 들어가고 있다. 특히 한말 천주교의 성격에 대한 치밀한 분석은 그동안 계속되어 온 천주교측의 연구가 설 자리를 크게 줄여 놓은 것이다. 당시 천주교는 제주도에 유입된 때부터 치외법권적인 특권을 내세우면서 그의 원조와 보호를 바라는 사람들을 신도로 집중적으로 받아들였고, 이렇게 해서 형성된 천주교 세력은 일반 농민들은 물론 관청과도 충돌을 일으키고 있었다. 이러한 현상은 전국적으로 비슷한 형태로 일어나고 있었다. 지방관과 선교사, 지방통치기구와 교회, 일반 민중과 천주교도 사이에서 발생한 주요 충돌만 보더라도 1897, 1898년에 일어났던 전라도 태인, 장성, 광양에서의 교안, 1900년의 경기도 이천, 1901년의 전라도 지도, 1903년 황해도 장연, 충청도 아산의 교안 등 헤아릴 수 없을 정도로 많았다. 당시 제주도에는 광무개혁 이후 수탈을 가중시키기 위해 조세 징수담당 관리로 봉세관 강봉헌이 파견되어 있었다. 그동안 주로 지방관이 대행해 온 조세 징수업무를 개혁 이후 직접 담당할 전문관리를 중앙정부가 파견한 것이다. 그는 제주도에서 조세징수가 가능한 자원을 모두 찾아내고 기존 자원을 전면적으로 재평가하여 장부를 작성하면서 가혹한 수탈에 나서고 있었다.

현재 서울대학교 부속도서관으로 되어 있는 규장각에 소장된 조선시대 제주도 관계 사료들을 검토하다 보면 당시 강봉헌이 조세 징수를 위해 작성한 문서들이 많이 남아 있음을 볼 수 있다. 강봉헌은 수백 년 동안 조세 징수실무를 맡아 보았던 향리와 향임층을 제끼고 선교사들의 비호를 받으며 기세를 올리고 있던 천주교도들을 조세 징수실무자로 임명하여 천주교와 손을 잡게 된다. 때문에 다른 지역과는 달리 제주도에서는 천주교도들이 봉세관과 결탁하여 중간 수탈자로 등장하였다. 그러자 천주교도들은 결과적으로 토속신앙이 강한 부녀자들과 유림들에게는 종교적 침략자로, 일반 농민들에게는 봉건적 수탈자로, 향리와 토호들에게는 조세 징수권을 가로챈 신흥세력으로 인식되었다. 특히 당시 천주교도들은 프랑스와 밀접하게 연결되어 있는 것으로 인식되어 있어 이에 대한 반발 또한 심하였다. 따라서 천주교세력과 봉세관은 일반 민중 입장에서 볼 때 다 함께 극복해야 할 세력이 되었고, 자연스럽게 반천주교운동과 봉건적 수탈에 반대하는 반봉건운동이 결합되었다.

농민항쟁의 전개과정을 검토해 보면, 지방 지배세력과 민중세력이 상무사라는 반천주교 조직을 결성·참여하고, 이 조직이 천주교측과의 싸움을 주도한다. 참가층은 농민은 물론 어민, 상인, 향리층, 향임층 등 초계층적으로 확산된 형태로 나타났다. 강창일은 전개과정을 3단계로 나누어 설명하고 있는데 1단계는 합법적인 의사소통 통로인 등소를 하는 단계이다. 이에 대해 천주교측이 성전(聖戰)을 선포하고 반격을 가해왔다. 2단계는 전 도민이 들고 일어나 무장항쟁을 전개하는 확산단계이다. 제주성을 사이에 두고 오랫동안 공방전을 거듭하다가 농민군이 승리하고 5백여 명의 천주교도가 죽임을 당한다. 3단계는 관군과 프랑스군이 들어온 단계로서 농민군은 반제 반봉건 변혁운동의 성격을 띠고 관군에 적극적인 항쟁을 벌리려 하였고, 토호세력과 상인층은 체제긍정적·존왕적 반제운동으로 일관하여 관군에 굴복하려 하였다. 이러한 내분 때문에 결국 연합은 붕괴되고 항쟁은 더 이상 계속될 수 없었다.

이상 살펴 보았듯이 1901년 농민항쟁은 특히 천주교문제가 중요한 계기로 작용하면서 발생한 반제·반봉건 투쟁으로서 당시 조선사회에 들어와 활동한 천주교의 정치적 성격을 보여준 사건이기도 하였다.

4. 일제 침략기의 사회운동

일본 제국주의에 의해 식민지 체제로의 재편성이 진행되면서 조선사회는 농민적 자립적 발전의 길과 위로부터의 개혁의 길 모두를 차단당하고 반봉건적 지주제가 그대로 유지되면서 식량 및 원료의 공급기지로 전락해 갔다. 제주도 주변 어장은 일본 어민들에게 개방되어 소농적 발전통로인 수산업 발전의 길 또한 차단당하였다. 그리고 산림지역의 개발이 제한되고 일반 농민들에 대한 조세 수탈이 한층 혹심해졌다. 이에 따라 많은 제주도 민중들은 살 길을 찾아 일본으로 건너가 결국 일제의 노동력 수탈구조에 편입되어 끝없는 착취의 수레바퀴를 굴리게 된다.

일제 침략기 제주도 사회운동에 관해서는 거의 연구가 이루어지지 않았다. 한말 사회운동에 관해서 여러가지 다양한 연구가 진행된 것과 비교한다면 거의 황무지라고 해도 좋을 정도이다. 다만 고창석의 간단한 소개글과 제주도에서 펴낸 ≪제주도지≫의 역사 부분과 강용삼 등의 『대하실록 제주백년』, 그리고 몇몇 개설서, 통사에 나타난 간략하고 피상적인 서술이 그동안의 성과였고, 최근 들어 박찬식, 염인호 등 일부 연구자에 의해 깊이있는 분석이 나타나기 시작했다.

지금까지 알려진 중요한 사례로는 1908년의 의병거사계획, 1919년 3·1운동에 호응한 만세시위사건, 독립군자금모금운동 등과 신흥종교인 보천교 신자들의 일본경찰습격사건, 새로운 이념을 받아들인 지식층을 중심으로 한 사회주의 계열의 활동, 그리고 유명한 해녀투쟁을 들 수 있다. 이 가운데 현재까지 가장 알려져 있지 않으면서도 주목할 만한 것은 사회주의 계열의 활동이라고 할 수 있겠다. 1921년 '반역자 구락부'라는 민족주의 계열의 개량주의 운동단체가 생겨났고, 이어 제주도 전역에 면·리 단위로 청년동맹, 소년단, 소녀단 등이 결성되어 활동을 전개하였다. 독서회도 여럿이 조직되어 사회주의 사상을 폭넓게 확산시켰다. 1923년에는 '반역자 구락부'가 해체되면서 '신인회' 활동으로 넘어간다. ML계로 생각되는 이 사상단체는 1928년까지 대중적 기반은 별로 없었지만 청소년을 대상으로 사회주의 사상을 보급하는 데 주력하다가 1930년에는 '혁우동맹'이 결성된다. 이러한 단체들은 당시 제주도에서 발생한 많은 사회운동의 모체 또는 지도부로 중요한 역할을 담당하였다. 이 시기 우리가 주목할 만한 것은 1925년 중문면 적색 농조 시위사건, 제주농고 학생들의 반일 동맹휴학, 1929년 산지항 노동자들의 임금 인상투쟁, 1931년의 해녀 투쟁 등이다. 이 시기를 이해할 때 고려할 것은 당시의 사상 조류 가운데 무정부주의 계열의 노선과 공산주의 계열의 대립 또는 협력관계가 어떤 식으로 이루어지면서 진행되었는가 하는 점이다. 이것들은 모두 앞으로의 연구과제로 남아있다 하겠다.

5. 맺는 말

조선후기 이래로 끊임없이 이어져 온 제주도의 사회운동의 역사를 추적해 보면 이는 기본적으로 한국사회의 전체적인 발전 방향, 즉 봉건사회 체제를 개혁하여 근대 민족국가를 수립함으로써 인간 해방, 사회적 해방을 쟁취하는 운동의 연장선상에 놓여져 있었다. 물론 부분적으로는 제주도 특유의 분리주의적 전통, 말하자면 제주도를 독립된 국가로 만들려는 노력도 계속 있었지만, 그것은 결코 주된 경향은 아니었다. 조선후기에서 한말로 넘어오면서, 그리고 한말에서 다시 일제시대로 넘어오면서 제주도의 근대사회운동은 점차적으로 민중의 이해관계를 대변하면서 미래사회상을 체계적으로 제시하는 방향으로 이념적 성장을 계속하고 있었을 뿐만 아니라, 운동조직의 측면에서도 계속 조직수준이 높아져 오고 있음을 볼 수 있다. 물론 아직 일제 침략기의 사회운동에 관한 연구가 크게 부족하여 올바른 이해가 불가능하기는 하지만 이러한 기본추세는 별로 틀림이 없을 것이다.

이러한 제주도 근대사회운동의 역사적 전통은 해방 이후에 4·3민중항쟁으로 수렴되어 커다란 분수령을 이루게 된다. 4·3의 이념은 당시 구호나 선전물에서 나타나는 바와 같이 '사회주의'였음이 분명하다. 새로운 국가를 사회주의 이념에 따라 세우려던 조직이 해방 직후 급속히 결성되었다. 이러한 이념과 조직은 4·3민중항쟁의 지도부가 일제 침략기에 대중 속에서 줄기차게 활동을 전개해 온 투쟁의 성과와 조직기반이 있었고 그것이 계속 대중의 지지를 받고 있었기 때문에 가능한 것이었다. 따라서 우리가 앞으로 4·3민중항쟁에 관해 연구를 할 때는 좀 더 일제 침략기 제주도 사회운동의 전통을 바탕에 두고 연구를 해야 하리라고 본다.

오늘날 진행되고 있는 사회운동의 흐름을 보면 과연 지난날의 역사적 전통에 얼마나 바탕을 두고 진행되고 있는지 의문이 생긴다. 이는 물론 4·3 이후 제주도민들이 당한 엄청난 피해 때문에 생겨난 피해의식이 전통을 애써 잊도록 민중에게 강요해 왔기 때문이었다. 그러나 이제 서서히 민중들은 자신의 삶의 권리를 찾으며 자신감을 회복해 가고 있다. 이럴 때일수록 좀 더 역사 속에서 선조들이 자신의 주체적인 삶을 위해 당당히 싸워 온 전통을 바로 읽어내고 배워야 할 것이다.

참고문헌

강만생. 1986, 「한말 일본의 제주어업 침탈과 도민의 대응」, ≪제주도연구≫ 제3집, 제주도연구회.
강창일. 1991, 「1901년의 제주도민 항쟁에 대하여: 한말 천주교의 성격과 관련하여」, ≪제주도사연구≫ 창간호, 제주도사연구회.
고창석. 1985, 「3·1절에 되돌아 보는 제주도 항일운동사」, ≪제대신문≫ 1985. 3. 7.
권인혁. 1985, 「철종조 제주민란의 검토-제주목안핵장계등록을 중심으로」, 『변태섭박사화갑기념사학논총』, 삼영사.
_____. 1986, 「19세기 전반 제주지방의 사회경제구조와 그 변동-철종조 제주민란과 관련하여」, 『이원순교수화갑기념사학논총』, 삼영사.
_____. 1986, 「조선후기 제주도사 연구현황과 과제」, ≪제주도연구≫ 제3집.
_____. 1988, 「19세기 초 양제해의 모변 실상과 그 성격」, ≪탐라문화≫ 제7호, 제주대학교 탐라문화연구소.
김봉옥. 1987, 『제주통사』, 제주: 도서출판 제주문화.
김봉현. 1960, 『제주도 역사지』, 大阪.
김옥희. 1980, 『제주도 신축년(1901년) 교난사』, 천주교 제주교구.
김종업. 1986, 『탐라문화사』, 제주: 도서출판 조약돌.
김진봉. 1969, 「철종조의 제주민란에 대하여」, ≪사학연구≫ 제21호, 한국사학회.
_____. 1972, 「철종시대의 제주농민폭동」, ≪제주신문≫ 1972. 6. 22.
김태능. 1968, 「양제해난과 제주민의 자주기도」, ≪제주도≫ 34, 제주도.
망원 한국사연구실 19세기 농민항쟁분과. 1988, 『1862년 농민항쟁-중세말기 전국 농민들의 반봉건 투쟁』, 동녘.
박광성. 1967, 「1901년 제주도 민란의 원인에 대하여: 신축 천주교 박해사건」, ≪인천교대 논문집≫ 제2집.
박찬식. 1991, 「일제하 제주도 민족해방운동의 주도세력의 성격」, ≪제주항쟁≫ 창간호, 제주4·3연구소.
신용하. 1986, 「새로운 향토사의 연구대상과 방법」, ≪제주도연구≫ 제3집.
염인호. 1990, 「일제하 제주지방의 사회주의운동의 방향 전환과 '제주 야체이카' 사건」, ≪한국사연구≫ 70, 한국사연구회.
_____. 1991, 「농촌진흥운동기 제주지방의 혁명적 농민조합운동」, ≪제주도사연구≫ 창간호, 제주도사연구회.
유홍렬. 1962, 「제주도에 있어서의 천주교 박해」, 『고종치하 서학 수난의 연구』, 을유문화사.
이원순. 1967, 「한말 제주도 통어문제 일고」, ≪역사교육≫ 제10집, 역사교육연구회.
정진옥. 1983, 「1901년 제주민란에 관한 일고」, ≪한국학논집≫ 제3집, 한양대 한국학연구소.
제주도. 1992, 『제주도지』(상).
조성윤. 1986, 「1898년 제주도 민란의 구조와 성격-남학당의 활동과 관련하여」, 『한국 전통사회의 구조와 변동-한국사회사연구회 논문집』 제4집, 문학과지성사.
한동구. 1975, 『제주도-삼다의 통곡사』, 東京: 國書刊行會.
현기영. 1983, 『변방에 우짖는 새』, 창작과비평사.

개발과 환경, 그리고 농촌공동체의 붕괴
　-제주도의 골프장 건설 반대운동을 중심으로-

조성윤

1. 머리말

　이 글은 제주도 관광개발 과정에서 발생한 주민들의 개발 반대운동, 특히 1990년대로 들어서면서 불어닥친 골프장 건설사업 열풍에 대한 주민들의 반대 움직임을 추적·정리하고 그 의미를 생각하려는 목적에서 작성된 것이다. 특히 골프장이 만들어지기 이전에 그 땅에서 농사짓거나 축산에 종사하면서 살아가던 농민들의 삶의 공동체가 골프장이 건설되면서 어떻게 바뀌고 있으며, 이러한 변화가 전체 사회구조의 변화와 관련해 어떤 의미를 갖는지를 따져 보려는 것이다.
　제주도에 골프장이 본격적으로 들어서기 시작한 것은 아주 최근의 일이다. 물론 그 전부터 골프장이 있기는 했지만 3개뿐이었다. 그러나 1989년 이후부터 2개의 골프장이 공사를 하고 있고, 2개의 골프장이 허가를 받고 준비중에 있으며, 앞으로도 더 많은 골프장이 들어설 것으로 예상된다. 제주도 당국은 골프장 건설을 '보는 관광'으로부터 '즐기는 관광'으로 관광정책을 전환해 나가기 위한 중요한 사업으로 판단하고 있으며 세금 수입이 크게 늘어난다는 점과 허가를 내줄 때 상당한 액수의 기부금을 받아낼 수 있다는 점 때문에 아주 매력적인 사업으로 여기고 있다. 반면 농촌주민들은 이를 받아들이지 않고 있다. 골프장 예정지역마다 예외없이 골프장 건설 반대운동이 일어났으며 지금도 심각한 갈등을 빚고 있다. 그렇다면 국가와 자본가들은 왜 골프장을 건설하려 하고 있으며, 지역주민들은 어떤 이유로 골프장 건설을 반대하는가?

작년에 골프장 건설이 지역주민에게 미치는 영향과 각 지역주민의 골프장 건설 반대운동을 다룬 글이 두 편 나왔다. 두 글 모두 골프장 건설정책과 반대운동을 환경문제와 환경운동이라는 차원에서 상당히 짜임새 있게 접근하고 있다.[1]

그러나 골프장 건설 반대운동에 참여하는 주민들과 환경단체가 내세우는 이슈로서의 환경문제가 과연 제주도는 물론 전국에서 일어나고 있는 골프장 반대운동을 이해하는 데 가장 중요한지는 아직 밝혀져 있지 않다. 골프장 건설이 인간의 환경을 파괴하는 방향으로 진행되고 있고, 또 해당 지역 주민들의 반대운동 과정에서 골프장이 공해를 유발하는 산업이기 때문에 반대한다는 주장이 강하게 나오고 있는 것은 사실이지만, 나는 이 주장이 주민들을 움직이게 만드는 가장 중요한 요인이라고는 생각하지 않는다. 주민들의 마음 속에는 그보다는 오히려 자본주의적 지역개발 과정에 주체로 참여하는 통로가 봉쇄당하고 소외되고 밀려나 있는 자신들의 처지에 대한 좌절감이 강하며, 국가와 자본가들이 주민들의 이해관계에 부정적인 방향으로 개발을 추진하고 있는 데 대한 저항이라는 측면이 훨씬 더 중요한 요인이라고 생각한다.

따라서 이 글에서는 제주도의 골프장 건설 반대운동을 분석하면서 이를 단순히 환경운동의 한 유형으로 설명하기보다는 자신들의 삶의 터전인 농촌공동체를 파괴해 들어오는 거대한 세력에 맞서 싸우려는 주민들의 생존권 수호운동으로 보려고 하며, 동시에 환경문제에 대한 주민들의 인식이 아직 피상적인 수준에 머물러 있음을 밝혀 한국사회에서의 환경운동의 현주소를 좀

---

1) 윤종한, 「환경문제에 대한 국가대응 양식에 관한 연구—골프장 건설정책을 통해 본 국가·자본·신사회운동간 역학관계」, 고려대학교 대학원 행정학과 석사학위논문, 1992; 한미라, 「주민환경운동에 관한 사례 연구—골프장 건설 반대운동을 중심으로」, 이화여자대학교 대학원 사회학과 석사학위논문, 1992.

더 솔직하게 살필 수 있는 계기를 마련하고자 한다.

2. 골프대중화정책

골프장과 관련된 국가의 정책은 대통령이 골프대중화를 지시하면서 1988년을 기점으로 크게 바뀌었다. 그 전까지 골프장은 어디까지나 일반 내국인을 위한 체육시설이 아니라 관광휴양시설로 간주되었으며, 관광산업을 총괄하는 부처인 교통부가 관리를 맡고 있었다. 그런데 골프장 건설은 대규모, 적어도 30만 평 이상되는 토지와 1백억 원 이상의 자금을 투자해야만 가능한 사업이었기 때문에 아무나 쉽게 하겠다고 나설 수 없는 사업이었고, 동시에 임야나 목초지를 아주 싼 값에 사들여 합법적으로 소유할 수 있는 방법이었기 때문에 재벌기업들의 중요한 토지투기의 대상이었고 특별한 이권이 걸린 사업이었다.[2]

먼저 1988년 6월에 교통부 장관이 갖고 있던 '골프장 조성사업계획 승인권'을 시·도지사에게 넘겨주는 방침이 정해졌다. 명분은 빈약한 지방재정 확충을 위해 골프장사업을 적극 유치·활용한다는 것이었다. 그리고 같은 해 9월 용도지역을 확대해서 농경지와 산림보전지역에도 골프장을 건설할 수 있도록 법령이 바뀌었다. 그런 다음 1989년 5월 대통령의 '대중골프장 건설 방안 검토' 지시가 있었다. 주된 내용은 골프가 중요한 체육종목 가운데 하나인데도 골프장이 지나치게 부유층 중심으로 운영되고 있으므로 대중들이 즐길 수 있는 방향으로 바꾸어 보라는 것이었다. 대통령 지시를 바탕으로 체육부가 나서서 이른바 '골프대중화정책'을 본격적으로 그리고 구체적으로 추진하

---

[2] 국가가 골프장을 허가한다는 것은 곧 토지투기를 합법적으로 인정해주는 예외적인 특혜조치로 생각되었으므로, 대통령의 '내인가'를 따내는 것이 바로 실질적인 승인이었고 교통부의 허가는 확인절차에 지나지 않았다. 말하자면 국가는 자본가에게 부동산 소유를 통한 자본축적을 보장해주고 그에 상응하는 정치자금과 뇌물을 받는 형태로 골프장 승인이 이루어진 것이다. 윤종한, 앞의 글, 64쪽 참조.

였다. 이러한 정책 변화는 결국 대규모 자본가들이 골프장 건설사업을 쉽게 할 수 있도록 각종 법적 규제를 최대한 풀어주고, 아울러 행정적 지원체제는 물론 정당성까지 갖추도록 해주는 것이었다. 그렇지 않아도 골프장 건설사업에 뛰어들고 싶었던 자본가들에게는 이보다 더 큰 희소식은 없었을 것이다. 이를 뒷받침하는 조치로 1990년 5월, 국가는 재벌그룹이 경영하는 골프장을 일정한 요건만 갖추면 모두 업무용으로 인정해 주기에 이른다.

<표 1> 골프장 운영 및 건설 현황

(1993. 8. 31 현재 기준)

구분	합계	서울	직할시*	경기	강원	충북	충남	전북	전남	경북	경남	제주
합계	193	3	7	101	14	10	13	7	8	12	11	7
운영	83	3	7	44	4	3	2	1	3	7	6	3
건설	110	-	-	57	10	7	11	6	5	5	5	4

주 1) '건설'은 건설중인 경우와 미착공을 포함한 숫자임.
   2) '직할시'는 부산, 인천, 대구, 대전을 합친 것임.
자료: 사단법인 한국골프장사업협회, 《골프장회보》 제8호, 1993.

그 결과 짧은 기간 동안 골프장은 급속히 늘어났다. 1988년 이후 전체의 80%에 해당하는 허가가 집중적으로 이루어졌다. <표 1>을 보면 1993년 현재 전국 골프장은 모두 193군데로 이 가운데 83군데가 운영되고 있으며, 공사가 진행중인 곳과 허가가 났지만 아직 공사가 시작되지 않은 곳을 합치면 앞으로 새로 생길 곳이 110군데나 된다.

2백 개에 가까운 골프장이 허가되고 건설중인 오늘의 상황은 1988년 이전에는 전혀 생각할 수도 없었던 엄청난 것이다. 그렇다면 왜 국가가 이 시기에 이렇듯 대량으로 골프장 건설을 허가했고, 골프대중화정책을 내세우며 적극적으로 장려하고 유도했는가? 그리고 국가가 골프장 건설과 관련된 각종 규제조치를 풀자마자 자본가들이 마치 봇물 터진 듯 골프장 허가를 받고 공사에 착수하게 되었는가?

가장 먼저 생각할 것은 30만 평 이상의 넓은 땅을 합법적으로 획득·유지하려 할 때 골프장을 운영하는 것이 가장 좋은 방법이라는 점이다. 당시 자본가들은 아주 많은 땅을 소유하고 있었다. 토지공개념연구위원회가 발표한 자료에 따르면 5만 평 이상의 토지를 소유한 대토지소유자 42,880명이 전체 개인소유 토지 73,139km^{2}의 23.3%에 달하는 17.079km^2(약 52억 평)을, 특히 전국 목장용지 43.5%, 임야 35.5%를 각각 소유하고 있었다. 그리고 이미 개발이 완료된 땅보다도 미개발 상태이지만 앞으로 각종 개발로 지가가 상승할 가능성이 높은 도시 외곽의 임야 및 대지를 소유한 채 땅값이 폭등하기만을 기다리고 있었다.

이런 상황에서 1970년대부터 주기적으로 뛰어 오르기 시작한 땅값은 자본가들에게 더욱 많은 부동산을 소유하도록 부추겨 왔다. 땅값은 특히 1987년 대통령 선거부터 시작해서 계속 오르고 있었다. 1988년과 1989년 전국의 땅값은 28%와 24%씩 계속 뛰었으며, 이러한 땅값 상승은 곧바로 주택가격 상승으로 이어지고 있었다. 전국적으로 진행된 땅값 폭등은 당시 최대의 이슈가 되어 버렸고, 재벌들의 부동산 소유에 대해 여론의 비난이 거세졌다. 그러자 이를 무마하기 위해 국가가 나서서 토지공개념 도입을 발표하고 각종 법안을 마련하기 시작했으며, 대통령이 재벌들을 불러 모아 토지 집중을 자제하도록 당부하는 등 여론을 무마하려는 각종 조치가 취해졌다. 때문에 국가는 기업소유 부동산의 상당 부분을 비업무용으로 판정하여 매각을 강요하고 있었고, 기업들이 자신들이 갖고 있던 땅 일부를 매각하면서 비업무용 부동산을 줄이는 노력을 할 수밖에 없었다. 전체적으로 이 시기는 자본가들이 여론에 밀려 수세의 위치에 놓여 있었다.

이런 상황은 여론의 비난을 피하면서 부동산을 합법적으로 소유할 수 있는 방법이 그 어느 때보다도 절실하게 필요한 때였다. 바로 이때 골프대중화 정책이 추진되었으므로 재벌들은 자신들의 땅을 합법적으로 감출 수 있는 아주 좋은 방법으로 골프장 건설사업에 뛰어 들게 된 것이다. 골프장 건설은 그 자체만으로도 이권을 챙길 수 있는 사업일 뿐만 아니라 수십만 평에 달하는 자신들 소유의 임야, 전답, 잡종지를 골프장으로 만들어 비업무용 부동산이라는 법적 제한을 빠져 나갈 수 있는 기회였다. 아니 어쩌면 국가가 바로 이러한 시기에 골프대중화정책을 펴 나감으로써 자본가들이 대규모 부동산을 합법적으로 소유할 수 있는 길을 터준 것이라고도 말할 수 있을 것이다.

골프장은 말 그대로 골프라는 체육활동을 위해 필요한 공간이다. 그런데 기존의 골프장은 대부분 회원제 골프장이었다. 회원제 골프장은 회원권을 구입해 특정 골프장 회원으로 가입한 사람에게 이용의 우선권과 각종 특전을 주는 곳이다. 회원권은 아주 비싸 회원권 한 장에 수천만 원씩하며, 1천만 원대부터 1억 원이 넘는 것까지 다양하다. 일반인들이 사기에는 물론 불가능했다. 따라서 골프를 대중적인 체육종목으로 만들려면 회원제 골프장을 줄이고 대중 골프장을 주로 늘려야 옳다.

<표 2> 종류별 전국 골프장 현황

	합계				회원				대중			
	운영	건설	미착	합	운영	건설	미착	합	운영	건설	미착	합
개소	84	37	72	193	68	29	49	146	16	8	23	47

자료: 《골프장회보》 제8호, 1993.

<표 2>를 보면 1993년 현재 회원제 골프장과 대중골프장이 각각 146개소(76%)와 47개소(24%)로 회원제 골프장이 압도적으로 많은 비중을 차지하고 있다. 말하자면 1988년 골프대중화정책 발표 이후에 허가를 받은 골프장이 151개소로 전체의 80% 정도를 차지하는데도 이 가운데 대중 골프장은 23%밖에 안된다.

회원제 골프장이 많고 대중 골프장은 적은 이유는 무엇인가? 허가받기는 대중 골프장이 좀 더 유리하다. 그렇지만 대중 골프장은 공사가 완공될 때까지 총공사비를 그대로 쏟아부어야 한다. 반면 회원제 골프장은 일단 허가만 받으면 미리 회원권을 판매해 그 돈으로 골프장 건설자금을 쉽게 조달할 수 있으므로 큰 돈 들이지 않고 골프장 건설이 가능하다. 허가를 신청한 사업주들은 대부분 회원제 골프장을 건설하겠다고 신청했는데, 이는 자본의 속성상 당연한 논리적 귀결이다.

그렇더라도 국가가 애초의 골프를 대중이 즐길 수 있는 체육시설로 만들겠다고 발표했던 방침을 그대로 지키려면 회원제 골프장은 최대한 억제하고 대중 골프장이 주로 건설되도록 정책방향을 설정했어야 이치에 맞는다. 그런데도 실제로는 전혀 반대의 방향으로 갔다. 각 지방정부는 사업주들이 신청한 대로 회원제 골프장 허가를 내주면서 부대조건으로 약간의 대중 골프장을 함께 건설하도록 유도하는 정도에 그쳤다. 왜 이런 결과가 나타난 것일까? 이것이야말로 중앙정부나 지방정부 모두가 골프대중화정책을 내걸었으면서도 그들 스스로 내건 '골프대중화'에는 별 관심이 없었고 오히려 자본가들의 이익을 극대화시켜 주는 방편으로 정책을 추진했음을 드러내 보여주는 것이다.

3. 제주도의 관광개발정책과 골프장 건설

중앙정부가 주도하는 골프장 건설에 관한 전격적인 정책 변화는 전국적으로 지방정부에 의해 구체적으로 추진되었다. 이러한 사정은 제주도도 예외는 아니었다. 특히 제주도에서는 국내 최대의 관광지로서 관광객 유치를 위한 골프장 건설이 필요하다는 명분까지 덧붙여지면서 진행되었다.

교통부가 1988년에 제주도 골프장 필요 개수를 17개소로 산출한 다음, 연도별 골프장 시설 확충계획을 세우고 이미 설치된 오라골프장 2개소(36홀), 제주골프장 1개소(18홀), 중문골프장 1개소(18홀) 등 4개소와 합쳐 1989년에 5개소, 1990년에 3개소, 1991년에 3개소, 1992년에 2개소를 각각 설치하도록 제주도에 지시했다. 이에 따라 제주도는 1989년에 5개소를 설치하기로 하고 사업희망자를 공개 모집했다. 1989년 3월 16일 마감한 골프장 건설 희망자 공개 모집에는 모두 7개 업체가 신청했다.[3]

주목할 것은 신청한 업체 가운데 대부분이 이미 초지 조성이 되어 있는 기업 목장용지를 갖고 있었다는 점이다. 제주도에는 이미 많은 자본가들이 땅

---

3) 상세한 것은 ≪제민일보≫(1991. 7. 8)를 참고할 것.

을 확보해 놓고 있었다. 제주도 관광개발은 1970년대부터 주로 해안지대를 중심으로 진행되고 있었다. 그러나 자본가들은 앞으로의 개발가능성을 염두에 두고 해안지대만이 아니라 해발 200m 이상 중산간 지대의 목초지와 잡종지들을 헐값에 닥치는 대로 사들여 확보해 두고 이 지역이 개발되기를 기다리고 있었다. 그런 상황에서 골프대중화정책이 추진되었고 골프장 사업 허가의 일차적 조건이 바로 부지 확보였기 때문에 제주도 곳곳에 이미 중산간 목장지대나 임야를 확보하고 있던 사업자들에게는 기다리던 때가 온 것이었고, 따라서 이들이 우선적으로 사업 신청을 하게 된 것은 당연하였다.

그런데 이들 대부분이 목장용지를 골프장으로 전환하겠다고 신청한 것이었기 때문에 그대로 시행된다면 많은 목장이 폐쇄될 것이고, 그동안 국가가 보조금을 주면서 애써 초지를 조성했던 대규모 목장용지가 사라질 위기에 처하게 되었다. 이는 그동안 도당국이 내세웠던 '축산업진흥정책'을 스스로 뒤엎는 결과를 가져오는 것이었다. 바로 이 시기에 제주대학교 농과대학 교수들이 나서서 축산업 발전의 입장에서 골프장 허가의 문제점을 지적하는 성명을 발표하고 도지사를 방문하여 항의한 바 있었는데,[4] 이는 도민들의 여론을 전문지식을 바탕으로 대변한 매우 시기적절한 대응이었다. 이처럼 예상치 못했던 전문가집단의 반격을 받은 제주도는 적절한 대응책을 찾지 못한 채, 결국 초지 조성비율을 감안하여 목장용지가 가장 적게 포함되었다는 이유를 달아 원래 예정보다 훨씬 적은 한라레저관광주식회사와 신성주식회사 2개 업체만 선정할 수밖에 없었다.

한라레저관광주식회사가 골프장 예정부지로 확보하고 있던 땅은 원래 명월리 마을 공동목장이었다. 이 사업체는 목장을 1988년 초 명월리의 조합장과 이장, 그리고 개발위원장을 통해 사들였다.[5] 당시 골프장 부지를 확보하

---

[4] 김규일, 「기업목장의 골프장 전업을 왜 반대하는가」, 《월간제주》 1989년 6월호, 26-29쪽.
[5] 당시 개발위원장은 직업이 부동산거래업으로 현지브로커로서 토지매매를 주도한 것으로 보인다. 서울대학교 제주학우회, 「제주도지역개발의 문제점」, 《월간제주》 1989년 11월호, 20-24쪽.

려는 사업주들은 주민들에게는 정확한 개발내용을 알리지 않은 채 현지 브로커를 통해 토지를 매입하는 방법을 주로 쓰고 있었는데 이 지역도 그러한 방법으로 매입이 이루어진 것이다. 이때 사업주들은 현지 브로커에게 거액의 수수료를 제공하기 때문에 이들이 토지를 팔아 넘기는 데 적극적으로 앞장서고는 했는데 명월리의 경우도 마찬가지였을 것이다.

한편 신성주식회사가 확보한 조천읍 북촌리의 30여만 평의 땅은 이미 1976년에 사들인 곳이었다. 당시 신성주식회사는 도로 건설에 필요한 아스콘을 생산할 공장부지를 조성한다는 명목으로 북촌리 주민 소유였던 마을공동목장을 필요로 했다. 그런데 북촌주민들이 팔지 않자, 도당국에게 협조를 요청하였다. 도당국자들은 요청을 받아들여 비슷한 규모의 군유지를 내놓고 대신 마을 공동목장을 신성주식회사에게 주는 교환방식을 제시하면서 북촌주민들을 설득했다. 당시 관이 민에게 지니던 위세를 감안하면 북촌주민들이 도당국자들의 설득을 무시하기는 상당히 어려웠을 것이다. 도당국이 제주도 개발에 협조해 달라고 반강제로 종용하고 사업자가 자매결연을 맺고 20여억 원 상당의 각종 지원사업을 통해 지역발전에 기여하겠다고 약속하고 나서는 바람에 주민들은 공장이 들어서면 마을이 발전할지도 모른다는 막연한 기대 속에 마을에서 상당히 떨어져 있는 군유지와 바꾸지 않을 수 없었다. 신성주식회사는 얼마 동안 아스콘 공장을 설치하여 경영하다가 다른 곳으로 옮기고는 바로 그 땅에 골프장을 설치하겠다고 나선 것이다.6)

두 지역 모두 전통적으로 축산업에 이용되어 온 마을 공동목장부지였다. 위에서 보았듯이 주민들이 골프장 건설에 처음부터 동의해서 이 땅을 넘겨준 것이 아니라, 마을 유지들 또는 도당국자들의 감언이설에 속아 넘어가 이 땅을 내준 것이며, 이 과정에 마을 유지들과 도당국자들이 자본가의 협조세력으로 기능하고 있음을 볼 수 있다.

---

6) 신성주식회사는 이 땅을 공장부지로 사들일 때 북촌리 주민들에게 약속했던 마을 발전을 위한 기여를 전혀 하지 않았고, 오히려 그동안 아스콘공장에서 나오는 각종 분진, 폐수 등의 공해로 주민들을 괴롭혀 왔다. 이 점이 막상 골프장을 건설하려 하자 주민들의 반대를 불러일으키는 중요한 걸림돌이 되었다.

두번째 골프장 시설 사업자 공개모집은 1991년에 있었다. 4월부터 한 달 간 골프장 희망사업자를 공모하였는데 모두 8개 업체 또는 개인이 신청하였다. 제주도는 이 가운데 지역 자본 참여업체인 제주개발공사, 재일동포인 김화수씨, 제주도종합개발계획에 이미 골프장 시설 예정지구로 지정되어 있는 대유산업, 지역 균형을 감안한 동부지역의 제주리조트 등 4개 업체를 선정했다. 그러나 일본인과 합작으로 골프장을 조성하려던 대유산업은 일본인들이 우리나라의 외자도입법에 의해 더 이상 투자가 안될 경우 자신들의 자본비율이 계속 낮아질 것을 우려, 포기의사를 밝힘으로써 골프장 조성업체는 제주개발공사, 재일동포 김화수씨, 제주리조트 등 3개 업체로 최종 결정되었다.

3개 업체가 신청한 예정지도 모두 마을 공동목장 자리였다. 마을 공동목장은 축산업에 종사하는 제주도민들이 대대로 마을 단위로 공유하고 있던 땅이다. 따라서 해안 마을 주민들이 어장을 중심으로 공동체를 형성하듯이 공동목장은 중산간 마을 주민의 경제생활을 하나로 묶어 주는 중요한 역할을 담당해 왔다. 그런데 이 공동목장들이 1960년대부터, 특히 1980년대에 집중적으로 팔려 나갔다. 자본가들이 마을 공동목장을 사들일 때는 결코 이 땅에다 축산업을 하겠다는 것은 아니었다. 그보다는 제주도 공동목장 부지를 장기적인 투자 전망 속에서 앞으로 관광관련 시설을 설치할 땅으로 생각하고 투자한 것이다. 축산 진흥 명목으로 일찌감치 마을 공동목장을 사들여 기업목장으로 만든 다음, 때를 기다리고 있다가 국가의 정책 전환을 계기로 골프장을 만들겠다고 나선 것이었다.

만일 축산업 전망이 밝고 계속 발전하는 추세였다면 주민들은 구태여 땅을 팔지 않았을 것이다. 축산업이 사양길이고 전망도 어둡고 국가의 지원도 거의 없는 상태였기 때문에 팔아 버린 것이다. 공동목장이 팔려 나가면 주민공동체의 경제적 기반이 사라진다. 그리고 개별적이고 고립적인 의식을 조장하게 되어 농민의 단결력을 와해시키고 농민과 토지를 분리시킴으로써 농민층 분해를 가속화시키는 결과를 초래한다. 자본가들이 대규모 토지를 사유화하면서, 그리고 골프장을 건설하면서 이런 결과를 염두에 둔 것인지는 알 수 없지만, 농촌공동체의 붕괴라는 중요한 결과를 초래하는 구조적 조건을 마련하고 있는 것이었다.

4. 골프장 건설 반대운동의 전개

제주도에서 골프장 반대운동은 1990년에 발생했다. <표 3>을 보면 7군데에서 골프장 건설 반대운동이 일어났는데, 1·2차 공개모집에서 적격업체로 선정된 5개 사업체가 신청했던 지역이 모두 포함되어 있다. 주민들의 거센 반대에 부딪혀 격렬한 싸움을 치룬 끝에 2군데는 건설중에 있고, 1군데는 사업을 포기했고, 2군데가 아직 주민들의 반대라는 산을 넘어서지 못한 채 사업 자체가 연기되고 있다. 그밖에 2군데는 사업자가 주민들이 현재 소유하고 있는 마을 공동목장을 매입해 골프장을 건설하려고 시도하다 주민들의 반대에 부딪혀 신청도 해보지 못하고 포기한 경우이다.

<표 3> 제주도 골프장 반대운동 현황

사업자	운동발생마을	허가시기	발생연도	결과
한라레저관광주식회사	한림읍 금악리	1차(1989)	1990	건설
신성주식회사	조천읍 북촌리	1차(1989)	1990	건설
김화수(재일동포)	안덕면 상천리	2차(1991)	1991	연기
제주개발공사	안덕면 광평리	2차(1991)	1991	연기
제주리조트	성산읍 성읍1리	2차(1991)	1991	포기
제주개발공사	한경면 청수리	×	1990	포기
제주개발공사	한림읍 금악리	×	1990	포기

1898년에 있었던 1차 골프장 건설사업체 공개모집에서 선정된 한라레저관광주식회사와 신성주식회사 2개 업체는 금악리와 북촌리 주민들의 반대에 부딪혔고 격렬한 집행행동 때문에 위기를 맞기도 했지만, 어쨌든 건설이 진행되어 이제 개장을 눈앞에 두고 있다. 1989년 허가 당시만 해도 제주도민들은 골프장 건설에 대한 별다른 지식을 갖고 있지 못했다. 따라서 골프장을 건설하겠다는 사업자의 개발계획에 대한 막연한 반대는 가능했지만 자신들

의 입장을 분명히 정리할 수가 없었다. 그러나 점차 주민들 사이에서 골프장 건설이 자신들에게 별다른 이익이 되지 않을 뿐만 아니라 골프장이 건설되면 경제활동과 생활에 막대한 지장을 주는 것은 물론 공해문제가 심각해진다는 주장이 나오고 홍보가 이루어지면서 뒤늦게 반대운동이 시작되었다.

그런데 이 두 지역의 반대운동을 활성화시킨 운동이 1990년 봄에 있었다. 그것은 제주개발공사가 한경면 청수리와 한림읍 금악리에서 주민들이 소유하고 있는 마을 공동목장을 매입해 골프장을 건설하려고 시도하다 주민들의 반대에 부딪힌 사건이었다. 먼저 이 두 경우를 정리해 보자.

1) 제주개발공사와 골프장 부지 확보의 실패

도내 중소기업 제주개발공사가 뒤늦게 골프장 건설사업계획을 세우고 뛰어든 것은 1989년 1차 골프장 건설 사업자 공개모집이 있은 지 약 1년쯤 지난 다음이었다. 이들은 2차 공개모집을 목표로 부지를 확보하는 작업부터 착수했으며, 청수리와 금악리의 마을 공동목장을 대상으로 선정하였다. 부지 확보방법은 회사 자본금을 3백억 원으로 증자하면서 공동목장을 내놓는 대가로 마을 주민들을 주주로 영입하는 것이었다. 그러나 마을의 전 주민에게 사업내용을 공개적으로 알리고 동의를 얻는 방식을 취하지 않았다. 오히려 비공개적이고 은밀한 방법, 말하자면 마을에서 영향력 있는 유지들을 접촉해서 먼저 사업계획을 설명하고 동의를 얻은 다음, 이들이 마을 주민들의 도장을 받아내는 방법을 택하였다.

청수리에서는 현직 이장, 개발위원장, 일부 개발위원과 청년회원을 접촉해 내세운 반면, 금악리에서는 금악리 출신 공직자이면서 이 회사의 이사인 인물과 지방신문사 서울지사장으로 있던 인물, 곧 명망가를 통해 작업을 추진하였다. 두 마을에서는 1990년 4~5월부터 거의 동시에 주민들의 동의를 얻기 위한 활동을 벌였다. 이들이 마을 주민들에게 내세운 공통된 주장은 "마을 재산을 외지인에게 팔아 버리는 것이 아니고 주주로 참여하는 것이기 때문에 지역이 개발되며 고용기회도 확대되므로 골프장을 유치해야 한다"는 것과 "쓸모없는 목장땅을 무작정 소유하고 있는 것보다 마을 발전을 위해 골프장으로 사용하는 것이 바람직하며 다른 마땅한 사용방법은 없다"는 것이었다. 이들의 설명논리와 접근방법은 골프장 건설 주체는 교묘히 묻어둔 채 마을 공동목장 조합원들의 동의를 구하는 것으로 회사측이 마련한 내용을 주민들에게 전달하는 것에 지나지 않았지만, 회사가 직접 나섰을 때보다 면식관계가 중요하고 마을 유지의 사회적 위세가 상당히 강한 영향력을 갖는 농촌사회의 특성을 감안하면7) 동의를 얻는 데 대단히 효과적으로 작용할 가능성이 높았다.

주민들의 반대는 처음에는 아주 약했다. 특히 청수리에서는 단 1명만이 반대했을 뿐이다. 반면 금악리에서는 청년들의 움직임으로 시작되었다. 마을 청년 중 몇몇이 골프장문제를 놓고 자료를 수집하고 토론을 반복하면서 반대의견을 모아 나갔다. 그러자 반대세력이 조금씩 커졌다. 반대의견이 커지면서 골프장 건설문제를 놓고 찬성과 반대가 엇갈렸고 주민들 사이에 분열과 반목이 심해져 갔다. 이런 상황에서 두 마을 추진세력들은 모두 마을총회를 돌파구로 생각했다. 그러나 막상 마을총회를 치룬 결과 청수리에서는 대부분이 찬성했고, 금악리에서는 대부분 반대하는 것으로 결정이 났다. 총회 결과가 대조적으로 나타난 이유는 총회 소집을 요구한 주체가 청수리에서는 골프장 유치추진 세력들이었고 반대세력이 조직적으로 대응하지 못한 반면, 금악리에서는 청년회원들이 중심이 되어 총회 소집을 요구했고 조직적으로 대응했기 때문이었다.

금악리에서는 청년회원들이 중심이 되어 반대의견을 알리기 위해 소식지를 발간하는 한편, 총회 소집을 먼저 요구하고 나섰으며, 총회가 열리자 조직적이고 활발한 의견 제시와 토론으로 회의 분위기를 역전시켜 명망가들이 주민들의 비난 속에 총회장을 빠져 나가거나 자신의 잘못을 인정하고 사업 자체를 포기하는 선언을 하도록 만들었다.

---

7) 제주지역 농촌사회의 특성을 설명한 신행철, 『제주 농촌지역사회의 권력구조』, 서울: 일지사, 1989를 참고할 수 있다.

청수리에서는 처음에 주민들은 낙후된 지역이 개발되어야 한다는 점과 개발이익에 대한 막연한 기대감 속에 골프장 유치에 선뜻 찬성하고 서명했지만, 점차 반대이유를 들어 보고는 뒤늦게 동의하는 사람들이 늘어 갔다. 이렇게 되자, 사업 추진을 낙관하던 당시 골프장 건설 추진세력들로서는 생각지도 못한 벽에 부딪혔고, 10여 명의 서명을 더 받아야 법적 절차를 받을 수 있는 상황이었기 때문에 아직 서명하지 않은 사람들에게 서명을 무리하게 강요하고 다녔다. 그러다 마을 안에서 반대서명 중심인물을 구타하는 사건까지 발생하였다. 추진세력들의 서명 강제와 구타사건은 주민 여론을 극도로 악화시켰다. 그 뒤부터는 반대하는 이들이 늘어갈 뿐 사태를 되돌이키는 것이 불가능상황으로 치달았다. 때문에 제주개발공사는 결국 사업 자체를 포기하고 말았다.8)

2) 금악리 골프장 반대운동의 전개와 좌절

(1) 금악리 주민의 반대운동

금악리 공동목장은 바로 이웃에 있는 구명월목장에서는 이미 1년 전부터 한라레저관광주식회사에 의한 골프장 건설사업이 추진되고 있었다. 전에는 그저 자신들과는 별로 관계가 없는 것으로 보고 넘겼는데 자신들 소유 목장에 대한 골프장 건설을 저지하고 나자, 비로소 이웃 목장에 건설되는 골프장도 자신들과 상당히 깊은 관련이 있다는 점을 깨닫게 되었다.

청년회원들이 중심이 되어 한라골프장 건설 반대운동을 벌이기로 의견을 모은 다음 곧바로 서명운동에 들어갔다. 서명이 순조롭게 이루어지자, 주변 마을로 서명운동을 확대하여 8월 25일 303명 연명으로 진정서를 작성하고 제주도를 비롯한 각급 기관에 발송하여 골프장 허가 취소를 요구하는 한편, 청년회가 주도하여 상명리와 대림리의 청년회 조직을 참가시켜 '골프장 결사

---

8) 양동윤, 「정든 삶의 터전 빼앗는 골프장이 웬말: 끝내 마을공동목장 지켜낸 청수리 주민들」, 《제주화보》 1990년 9월호, 30-34쪽.

반대 공동대책위원회'를 결성하였다. 그 뒤 이들은 9월 6일 다시 주민 485명 연명으로 2차 진정서를 작성하여 제주도 당국에 발송하였다.

이 과정에서 주민들은 중요한 연대세력을 발견하였다. 그것은 바로 해당 목장지대 안에 있는 수백기에 달하는 묘지의 주인들을 투쟁의 주체로 만들어 이들과 힘을 합치는 것이었다. 청년회 조직이 중심이 되어 연락가능한 묘주들을 불러 모으는 한편, 마침 추석을 앞두고 묘지를 찾는 묘주들과의 연락을 위해 편지를 목장 일대 묘소에 뿌려 놓는 등의 활동을 폈다. 그 결과 '조상의 묘를 지키려는 후손들의 모임'이 결성되었고, 이들이 '골프장 건설 반대 이유서'를 통해 공사 중단을 요구하고 나서는 형태로 운동이 확산되었다.

사업자는 공동목장 전·현조합장 등 몇몇 유지들을 포섭해 이들을 통해 회유작업을 펴기도 했지만,9) 운동이 오히려 점점 확대되어 가자 9월 27일 골프장 건설공사 기공식을 전격적으로 치루고는 다음날부터 공사에 들어갔다. 이왕 싸움이 쉽게 수그러들지 않는다면 공사를 시작하는 편이 오히려 더 유리하다고 판단한 것이다. 금악리 주민들은 자신들의 반대운동에도 불구하고 공사가 시작되자, 청년회 소식지 ≪검은 오름≫을 통해 골프장 건설 승인 취소와 한라레저관광주식회사의 공사 중지를 요구했다. 그리고는 10월 26일 마을 대표자들이 공개질의서를 채택하고 마을방송을 통해 주민들에게 알림과 동시에 리사무소에서 기자회견을 통해 제주도당국에 골프장 승인조건 및 환경영향평가서의 공개를 요구하고 나섰다.

11월 들어서면서 도당국과 사업자가 변명에 급급할 뿐 해결하려는 생각이 전혀 없다고 판단한 대책위원회는 집단시위방식을 채택하기로 결정했다. 금악리 주민들이 운동방식을 바꾸어 시위를 벌일 것이라고 알려지자, 도당국은 일이 확대되는 것을 막기 위해 강온 양면작전을 폈다. 제주경찰서장이 사복

---

9) 9월 중순경 한라레저주식회사는 전·현 조합장 등 몇명에게 수천만 원을 주고는 이들이 마을 주민들 가운데 일부를 개별적으로 동원해 공사현장 주변에 나무를 심는 일에 고용하려 하였다. 만일 이 작업에 주민들 상당수가 고용된다면 이해관계가 얽히면서 반대운동이 수그러들 가능성이 높아질 것이라는 점을 감안했을 것이다. ≪검은 오름≫ 4호(1990. 10. 2), 금악리 청년회.

경찰 20여 명을 대동하고 마을에 나타나 시위를 벌일 경우 주동자를 구속시키겠다고 위협하는 한편, 북제주군이 한라레저관광주식회사측에게 공사를 일시 중단하도록 요구하고 행정당국, 사업자, 주민대표가 협상하는 3자회의 자리를 만들었다. 협상자리에서는 주로 주민들이 행정당국을 공격했다. 12월 10일 다시 한 번 합법적인 항의로 주민대책위원회와 주민 30여 명이 도지사를 찾아가 면담을 요구했지만 아무런 성과가 없었다. 결국 대책위원회는 집단시위방식이 마지막 남은 방법이라는 데 의견을 같이 했다.

주민 대부분이 참가한 시위는 12월 24일, 25일 이틀에 걸쳐 진행되었는데, 골프장 건설 반대운동의 절정을 이루었다.[10] 25일의 시위와 점거농성은 곧 무기한 농성으로 이어져 40일 가까이 계속되었다. 그동안 여러 차례 3자회의를 가졌지만 역시 아무런 성과가 없었다. 그러자 초조해진 행정당국은 결국 무력을 통한 진압을 결정하였다. 경찰이 1월 31일 건설현장을 기습하여 반대농성을 하고 있던 주민 19명을 연행한 뒤, 이를 항의하며 공사현장으로 몰려가던 주민 107명도 집단 연행하고 말았다. 경찰은 이 가운데 대책위원회 위원장과 총무를 구속시키고 7명을 즉심에 넘기는 한편, 나머지 주민들은 훈방했다. 훈방된 주민들은 곧바로 북군청 민원실로 몰려가 구속자 즉각 석방 등을 요구하며 2시간 동안 항의농성을 벌이다 자진 해산했다.

---

10) 금악리 주민 150여 명은 24일 오전 10시 리민회관에 집결, 골프장 건설 관련 '성명서' 및 '한림읍 주민 여러분께 드리는 긴급 호소문'을 채택하고 마을 안길 시위에 이어 한림읍 동광 육거리에 집결, 한라레저관광주식회사 골프장 건설 현장사무소까지 가두행진을 했다. 오전 11시 30분에는 골프장 건설 현장사무소에 도착하여 농성을 벌였다. 이들은 또 사물놀이패를 동원, '어멍아방 지켜 온 땅 자식들이 지켜낸다' '축산농가 다 죽이는 골프장 건설 결사반대' 등의 구호를 외치면서 건설중인 한라 골프장 부지 일대를 돌았다. 대책위는 건설중인 골프장 배수로가 지난 87년 여름 집중호우로 인해 큰 피해를 본 상명리, 월림리에도 설치되고 있다고 주장, 이의 해명을 요구하고 나섰는데, 흥분한 일부 주민들은 토관들을 돌로 내리쳐 부수는가 하면 토관 입구를 피킷으로 막는 등 극한상황을 연출하기도 했다. 한편 대책위 및 주민 2백여 명은 25일 오전에도 리민회관에 집결, 경운기 20여 대에 분승하고 재차 현장사무소 점거에 들어갔고, '도농민회 결성준비위원회'가 지지성명서를 채택, 연대투쟁을 선언하고 나섰다. ≪제민일보≫ 1990. 12. 24, 25; ≪제주신문≫ 1990. 12. 25.

운동이 진행되는 시기 내내 주민들 가운데 극히 일부를 제외하고는 거의 모든 주민들이 골프장 건설 반대운동에 적극 참여했으며, 따라서 내적 결속력이 아주 강했을 뿐만 아니라 상명리 등 주변 마을 주민들과의 연대, 묘주들과의 연대, 그리고 학생 및 재야단체와의 연대를 통해서 가능한 자원을 최대한 동원하는 매우 적극적인 활동을 전개했다. 때문에 금악리 주민들의 반대운동은 다른 지역의 반대운동과는 달리 사업주와 행정당국에 미치는 영향이 매우 강력하고 위협적인 것이었다.

그러나 이러한 강력하게 원칙을 고수하는 주민들의 운동 방침도 경찰로 대표되는 공권력의 강경 탄압을 넘어서지는 못했다. 또한 운동이 주로 특정 인물, 또는 소수집단의 지도에 의존하면서 진행되었기 때문에 막상 경찰에 대책위원회 위원장과 총무가 구속당하고 대부분의 주민들이 경찰에 끌려 들어가 위협적인 상황을 경험하고 나자, 운동은 수그러들게 된다. 도당국의 강경책이 성과를 거둔 것이다. 제주도 농민회 준비위원회 제주민족민주운동협의회 등 도내 12개 사회단체는 한라 골프장 건설 반대 주민 농성 현장에 공권력이 투입된 것과 관련, 규탄성명서를 발표했지만 그 이상의 지원활동은 하지 못했다. 고립되고 공권력 앞에서 무력감을 느낀 주민들은 돌파구를 찾지 못한 채 결국 더 이상의 활동을 포기하고 말았다.

(2) 북촌리 주민의 반대운동

북촌리 주민들은 골프장 건설 신청 초기부터 반대입장을 분명히 밝히고 있었다. 그러나 이는 어디까지나 군 또는 읍사무소에서 의견서를 제출하라는 지시에 따라 반대입장을 서면으로 제출하는 수준에서 크게 벗어난 것이 아니었다. 1990년 들어와 3월 13일 신성주식회사가 공청회와 설명회를 개최한 자리에서도 마을주민들이 반대의사를 표명하였고, 6월 16일 마을개발위원회에서 '주민 반대의견서'를 행정당국에 제출했다.

그러나 사업자로서는 사업 추진을 이미 기정사실로 했고, 도당국의 사업 승인을 얻은 마당에 사업을 그만둔다는 것은 생각할 수도 없는 일이었다. 사업주는 반대 결의를 무시하고 주민들의 동의를 얻어내기 위한 본격적인 활동을 전개하기 시작했다. 우선 리장과 개발위원들과 접촉을 갖고 술접대 및 선물 공세를 취하는 한편, 마을청년회 간부들에게 골프장 건설 동의를 받아내 주면 앞으로 골프장 직원으로 고용해 주겠다는 약속을 미끼로 던지고 계속 접촉해 실제로 상당수의 유지와 청년들을 포섭하는 데 성공하였다.

제주도당국은 주민 반대를 알면서도 신성주식회사에 환경영향평가서와 주민총회 회의록과 주민동의서 등 주민 의견을 반영할 것을 조건으로 붙여 6월 28일 사업을 승인해 주었다. 조건부이기는 하지만 일단 도당국이 사업을 승인해 주었다는 사실은 주민들에게 상당한 충격이었다. 때문에 8월 13일 열린 리민총회에서 다시 한 번 정식으로 골프장 설치 반대를 결의하였다.

금악리와 비교해 보면 북촌리에서는 마을 내부에서 골프장 건설에 찬성하는 세력이 상당한 정도로 형성되었고, 이들이 이장 직책과 개발위원회라는 실질적인 마을 권력구조의 핵심부를 장악하고 있었기 때문에 마을 주민 절대다수가 골프장 건설을 반대했고, 골프장 건설 반대 진정서를 여러 차례 도 또는 군 당국에 제출했어도 사실 그리 위협적이지는 않았다. 도당국이 사업을 승인하게 된 배경에는 사업자는 물론 행정당국자들도 이 점을 알고 있었기 때문이 아니었을까 생각된다.

1991년이 되었는데도 계속 시간만 흘러가자, 사업자측에서는 주민 동의를 받아내기 위해 더욱 적극적인 활동을 폈다. 그 가운데 하나가 리장이 '골프장 건설에 동의해주고 대신 마을의 개발과 복리 증진을 위한 대가를 받아내자'는 안을 작성하여 각 가정에 배포한 것이었다. 이에 대해 주민들은 각 동별로 긴급총회를 열어 리장이 제시한 안을 토론한 결과 거부하기로 결정했다. 리장과 개발위원들의 주장이 꺾인 것이다.

그 다음에 나타난 사업자측의 대안이 바로 '주민의견서'였다.[11] 이는 더 이상 리민총회를 통해 동의를 얻는 과정이 불가능하다고 판단했기 때문에 사업자측에 포섭된 주민들을 통해 비밀리에 '주민의견서'에 동의하는 도장을

---

11) 주민의견서는 공유수면 1만 평을 매립해 주겠다는 등 11개항의 약속을 받아들이면서 동의해주는 형식으로 작성되어 있었다.

한 사람씩 개별적으로 받아 리민총회 회의록과 주민동의서를 대신하려 한 것이다. 이 작업은 5월에 비밀리에 진행되었다. 이 사실이 알려지자 많은 주민들이 위기의식을 갖게 되었고 리장에게 대책을 요구했다. 그러나 리장과 개발위원들은 매우 소극적인 자세를 취하고 있었다. 그러자 리장과 개발위원 중심으로 진행되어 온 반대운동이 더 이상 불가능하다고 생각하는 사람들이 모여 '골프장 건설반대 대책위원회'를 따로 구성하여 활동을 시작했다. 이들은 '주민의견서'에 도장을 받으러 비밀리에 돌아다니는 것을 적발하려고 마을을 순찰하는 활동을 폈고, 이어 반대서명을 받아 도당국을 포함한 관계기관에 제출하는 동시에 마을총회 소집을 요구했다. 6월 4일 열린 임시리민총회에서 골프장 유치 찬반투표를 실시했는데, 2명의 기권을 제외한 마을 구성원 전원이 반대의사를 표시했다. 주민들은 이어 효율적인 반대운동을 위해 '골프장 건설반대 대책위원회'를 구성키로 결의하여 비공식기구인 '대책위원회' 대표를 위원장으로 정식 선출하고 반대의사가 확실한 사람만을 대책위원으로 뽑도록 위임하였다. 리장은 고문으로 추대하여 실질적인 운동 중심에서 밀어내 버렸다.12)

사태가 이렇게 발전하자 청년회장 등 30여 명이 제주도에 골프장 유치를 찬성하는 진정서를 제출했다. 물밑에서 활동해 오던 찬성세력이 본격적으로 공개적인 활동을 하게 된 것이다. 이때부터 마을 내부의 찬반세력이 본격적으로 대립하게 되었다. 물론 찬성세력은 반대세력보다 수적으로 크게 열세였다. 하지만 이들은 사업자측의 지원을 받고 있었고, 읍사무소나 군, 또는 도당국의 간접적인 지원을 받고 있었다.

총회를 통해 선출된 대책위원회는 반대운동을 적극적인 방식으로 전환하기로 결정하고, 6월 25일 1백여 명과 함께 제주도청을 방문하여 도지사 면담을 하려고 출발했으나 경찰에 의해 함덕지서 앞 도로에서 저지당했다. 주민들과 대책위원회는 이에 항의하며 경찰과 대치, 농성을 벌였지만 더 이상의 진출은 불가능했다. 경찰 저지로 도청 집단방문이 무산된 다음 대책위원회가

---

12) 「리민총회 회의록」, 1991. 6. 4.

다시 총회를 열려고 했지만, 이미 찬성세력으로 분명히 자신을 드러내 보인 리장은 총회를 소집하지 않을 뿐 아니라 회의장소인 복지회관도 사용하지 못하도록 막았다. 때문에 어촌계, 청년회, 부녀회 등 자발적인 단체대표들 이름으로 7월 16일 복지회관 마당에서 총회를 소집하였다. 총회에는 전체 298세대 중 225세대가 참석하여 높은 관심과 열기를 나타냈다. 회의 결과 리장과 개발위원 불신을 결정하고 앞으로의 투쟁계획을 의논하였다.

그런 가운데 7월 22일 신성주식회사는 산림훼손 허가는 주민총회 동의서 첨부 의무 이행 근거가 없다는 이유를 들어 북제주군에 행정심판 청구서를 제출하는 동시에 도당국에 골프장 착공 신고서를 냈다. 그러나 행정 심판이 받아들여지지 않고 사업 착공 신고서도 반려되자, 9월에는 신성주식회사가 제주도지사의 골프장 사업착공 신고서 반려처분에 불복하여 체육청소년부에 도지사의 처분 취소를 구하는 행정심판을 청구했고, 여기서 12월에 승소판정을 받음으로써 착공이 가능해졌다. 그러자 도당국도 이를 인정하고 말았다.[13]

한편 강경투쟁을 앞장서 끌고 나가던 대책위원장을 다른 명목을 붙여 구속시켰는데, 이는 투쟁을 약화시키는 데 역시 중요한 역할을 했다. 그 뒤 투쟁은 상당히 약화되었고, 마을 내부의 찬반세력의 계속되는 갈등으로 투쟁의 방향을 잡아 나가기가 무척 어려워졌기 때문에 점차 소강상태로 빠져들게 되었다. 현재는 1993년 4월 감사원과 청와대에 진정서를 제출하는 수준 이상의 운동을 전개하지 못하고 있다.

3) 안덕면의 골프장 반대운동

1989년에 허가를 받은 골프장 건설공사가 주민들의 반대에 부딪히면서도

---

13) 이 과정에서 사업자가 신청한 서류 가운데 바로 '주민의견서'가 붙어 있었는데, 여기에는 전체의 절반을 넘어서는 주민의 도장이 찍혀 있었다. 이 사실을 알게 된 주민들이 확인해 본 결과 상당수의 도장이 본인 몰래, 또는 허위로 찍혀 있었다. 때문에 주민 18명이 1992년 7월 31일 신성주식회사를 '인장 도용으로 인한 명예훼손, 사문서 위조' 혐의로 제주지검에 고소했다.

결국은 공사를 진행할 수 있었지만, 그 운동이 제주 지역사회에 미친 영향은 상당히 큰 것이었다. 늦게 시작된 사업은 앞서 발생한 사업의 결과에 영향을 받기 마련이다. 따라서 1991년에 허가를 받은 업체들은 훨씬 어려운 조건에 놓일 수밖에 없었다. 1991년 2차 사업자 공개모집 때 선정된 3개 사업체가 예정하고 있는 지역말고도 일단 신청한 사업체들이 확보한 땅 관련지역 주민들은 대부분 큰 관심을 가지고 신청 단계에서부터 마을에서 찬반 논쟁을 격렬하게 벌였다.

제주리조트는 남영목장에 골프장 건설을 신청해 적격 사업체로 선정되었는데, 사업 신청 이전에 마을사업 지원 및 환경오염 피해 방지대책 등을 약속하며 70% 가량의 긍정의견을 받아 놓고 있었다. 그러나 막상 선정작업이 시작되면서 찬반에 대한 주민의견이 엇갈려 첨예한 의견 대립을 보였고, 마을총회에서도 심한 의견 차이로 별다른 결론을 내리지 못해 어려움을 겪었다. 그러다 청년층을 중심으로 구성된 반대대책위를 중심으로 강하게 일어나기 시작한 성읍1리 주민들의 반대운동에 부딪혀 아예 사업 자체를 포기하고 말았다.14)

재일동포 김화수씨와 제주개발공사는 사업을 시작하는 단계에서부터 시작된 안덕면 주민들의 반대 때문에 계속 공사 자체를 연기하고 있다. 특히 안덕면에서는 해당 마을인 상천리와 광평리 주민들이 마을 단위로 고립적으로 운동을 전개하는 것이 아니라 안덕면 12개 마을 리장들과 개발위원들로 이루어진 '골프장 건설반대 대책위원회'가 결성되어 면단위로 공동대처하고 나섰기 때문에 사업주로서도 쉽게 접근해 들어가기 어려웠다. 특히 앞선 반대운동의 경험을 알고 있는 주민대책위원들은 환경영향평가가 공정하게 이루어지는가를 계속 따지고 들었고, 주민 동의 자체를 불가능하게 만들고 있다. 사업주도 강한 반발을 불러일으키는 방식을 되도록 피하면서 주민들의 반대운동이 누그러들 때를 기다리고 있는 듯하다. 때문에 현재로서는 이 운동이 어떤 방향으로 진행될 것인지를 예측하기 힘들다.

---

14) 《제민일보》 1991. 6. 14.

5. 환경의식과 농촌공동체의 붕괴

골프장 건설 반대운동 과정에서 가장 자주 등장하는 구호와 반대이유는 골프장 건설이 자연환경을 파괴하므로 건설을 중지시켜야 한다는 것이었다. 제주도 골프장 반대운동에서도 이러한 경향은 마찬가지였다. 골프장 건설과정에서 산림이 파괴되고 먼지와 소음 공해가 발생할 뿐만 아니라 골프장에서 사용하는 농약이 수질을 오염시킬 것이며, 골프장을 이용하는 과정에서 대량의 지하수를 뽑아 쓰기 때문에 수자원 고갈현상을 불러일으킬 것이라는 주장이 계속 나왔다.

금악리 주민들이 1990년 8월 25일 제주도를 비롯한 각 기관에 발송한 진정서를 보면 "① 골프장에서 사용하는 맹독성 농약은 인근 마을 공동목장 등에 치명적인 영향을 미치고 수질을 오염시켜 축산에 의지하고 살아가는 주민들의 생존권을 위협할 것이다. ② 골프장이 들어서면 주변 땅값이 떨어지고 골프장 지하 관정 개발에 따른 수자원 고갈, 주민과의 위화감 조성이 우려된다. ③ 지역개발은 골프장 건설이 아니라 주민의 의사에 부합되고 지역주민에게 실질적인 이득이 올 수 있는 방향으로 추진되어야 한다"라고 하여 환경이슈를 맨 앞에 내세우고 있다.

그러나 10월 26일 도당국과 사업자에게 보내는 공개질의서에서는 7개 항 가운데 세번째 항에서만 환경문제를 지적하고 있으며, 그것도 환경영향평가가 검사장비도 제대로 갖추지 못한 채 형식적으로 실시되었음을 지적하면서 관련자료를 공개하라고 촉구하는 내용을 담고 있었다. 한편 그 뒤 10여 차례에 걸친 행정당국자, 사업자와의 3자회담에서 주민들은 주로 행정당국자들이 사업자의 골프장 건설 허가를 내준 과정을 따지면서 부분적으로 환경문제를 거론하고 있다. 이러한 상황은 다른 지역도 크게 다르지 않았다. 운동과정에서 환경관련 주장이 처음에는 강하게 나오다가 점차 뒤로 갈수록 줄어들고 몇가지 주장 가운데 하나로 바뀐 이유는 무엇인가?

먼저 생각할 것은 주민들 중에는 환경전문가가 없다는 점이다. 주민들이 환경 관련지식을 얻는 것은 주로 신문, 방송을 통해서였다. 당시 골프장 건설 반대운동은 제주도만이 아니라 전국적으로 일어나고 있었고, 따라서 주요 일간지와 잡지에서 골프장 건설이 환경에 미치는 영향이 심각하다는 보도가 집중적으로 나가고 있었는데, 이러한 보도는 주민들이 경계심을 갖도록 만들었다. 비록 비전문가 수준이었지만, 운동을 주도하는 세력들은 관련자료를 열심히 모아들이고 이를 자신들의 경우에 맞게 재구성해 사용하였다. 또한 환경영향평가서의 내용을 검토하고, 또 환경 관련법규를 찾아 보면서 사업자들이 사업 추진과정에서 관련 법규정을 어긴 부분을 발견하려고 노력하였다. 하지만 언론 보도를 통해 얻은 지식에 의존한 주민들의 대응은 생각만큼 큰 힘을 발휘하기 어려웠다. 왜냐하면 주민들은 반대운동이 있기 전까지는 생태계 균형과 환경 파괴에 관한 문제에는 별로 관심이 없었으며, 이것이 하루 아침에 주민들의 주요 관심사가 될 수는 없었다. 반대운동이 시작되면서 운동지도자들이 환경문제에 관심을 갖기 시작했고, 신문, 잡지의 주장을 그대로 가져와 자신들의 논리를 보강하는 데 사용한 정도에서 크게 벗어나지 못했다. 말하자면 환경관련 주장은 골프장 건설 반대운동의 논리를 다듬기 위해 외부로부터 받아들인 것이었을 뿐 주민들 스스로의 자각에 의한 주장으로 성숙되지는 못했던 것이다.

뿐만 아니라 행정당국자들과 사업자들이 갖고 있는 환경에 대한 논리와 주장이 만만치 않았다. 그들은 기본적으로 골프장 건설이 환경오염을 유발할 가능성이 있음을 인정하지만, 충분히 예방할 수 있다는 입장을 갖고 있었다. 게다가 그들은 환경영향평가를 거쳐 환경처 장관으로부터 승인을 얻어냈다는 점에서 법적으로 유리한 입장에 서 있었고, 전문가들을 동원하여 자신들의 입장을 정당화할 수 있는 능력이 있었다. 따라서 주민들과 사업자가 환경문제를 이슈로 걸고 토론을 벌였을 때 반드시 주민들에게만 유리한 결과가 나타나는 것은 아니었다. 오히려 사업자측이 자신들의 주장과 일치하는 학자들을 초청해서 설명회를 개최하고 주민들을 설득한 반면, 주민들은 그들 주장의 대부분이 구체적인 자료 제시보다는 막연한 추측에 기댄 점들이 많았고, 자신들의 입장을 대변해 줄 전문가를 불러 올 능력이 없었다. 여기에는 골프장 반대운동이 고립분산적으로 일어나면서 공동대처할 수 있는 협의체를 전혀 구성하지 못했고, 제주도에는 전문가집단의 환경운동이 아직 활성화 되지 않고 있었다는 점도 중요한 요인으로 작용하고 있었다.

때문에 주민들은 운동 초기에는 환경관련 주장을 강하게 내세우다가도 점차 초점을 이동하지 않을 수 없었으며, 환경관련 주장도 환경영향평가가 과연 법절차에 따라 실수없이 이루어졌는가 여부에만 집중될 수밖에 없었다. 환경관련 이슈만을 중심으로 운동을 밀고 나가기에는 운동 전망이 불투명했으며, 동시에 운동에 참여하는 주민들로부터도 환경관련 이슈보다는 지역개발에서 소외된 존재로서의 자신들의 불안감을 이슈로 내세울 때 오히려 더 큰 호응을 얻을 수 있었다.

이와 같은 문제점은 제주도에서 발생한 골프장 반대운동에서만 나타난 것은 아니었다. 골프장 건설이 대량으로 이루어지고 있었던 경기도 지역의 골프장 반대운동도 처음에는 자연환경과 생활환경의 파괴를 주로 거론하면서 환경운동으로 시작되었지만, 점차 환경 이외의 관심, 곧 주민들의 의견이 계획 수립 단계에서부터 원천적으로 무시되었다는 점, 그리고 주민들에게 돌아오는 이익은 없고 피해만 주어진다는 점 등이 오히려 중요한 이슈가 되면서 환경운동으로서의 의미가 감소되었다. 때문에 반대운동이 주로 피해보상을 요구하는 방향으로 진행되었고 일단 피해보상이 이루어지면 운동이 소멸되는 양상을 보였다.15)

제주도의 반대운동도 경기도의 경우와 비슷한 양상을 보였지만, 적어도 피해보상을 요구하는 형태의 운동은 없었다. 물론 사업자들이 부분적인 피해보상을 하겠다고 제의했지만 이를 받아들여 타협한 경우는 한 군데도 나타나지 않았다. 운동과정에서 주민대표와 사업자대표, 그리고 행정당국자가 참여하는 3자협상회의는 여러 차례 있었다. 이 회의는 모두 행정당국자들이 주민대표와 사업자대표를 불러들여 양자 사이를 중재하는 방식으로 이루어졌다. 이때 행정당국자들은 주로 사업자대표가 주민들에게 피해를 보상하는 — 이를테

---

15) 경기도 지역의 골프장 건설 반대운동에 관해서는 한미라, 앞의 글, 3쪽을 참고할 것.

면 개발 및 복지기금을 마을에 내놓는다든가, 마을이 필요로 하는 건물을 지어준다든가-안을 제시하여 주민들이 이를 받아들이는 선에서 타협을 이루도록 유도했다. 사업자는 기본적으로 이러한 행정당국의 입장을 따랐다. 그러나 회의가 시작되면 주민대표들은 사업자대표보다는 행정당국자를 상대로 사업을 승인한 과정을 집중적으로 따지고 환경 파괴에 대한 대책을 추궁하는 행동을 계속하였다. 만일 주민들이 피해보상을 두둑히 받아내는 것으로 목표를 낮추어 잡았다거나 아니면 애초부터 피해보상만을 목표로 하는 것이었다면 협상은 비교적 쉽게 마무리될 수 있었을 것이다. 그러나 주민대표들은 골프장 건설사업 자체를 막겠다는 입장을 계속 지키고 있었고, 행정당국자들의 편파적인 행정 집행에 대한 불만을 터뜨리면서 사업자에게 내준 허가 자체를 취소할 것을 요구하고 있었기 때문에 협상은 더 이상의 진전이 불가능했다.

지역주민들의 골프장 건설 반대운동의 실제 공격목표는 주로 행정당국자들이었으며, 공정한 행정 집행을 요구하는 방향으로 운동이 진행되었다. 때문에 운동은 보상을 통한 해결이라는 일반적인 방향으로 나가지 않았고, 공사현장을 점거하고 농성투쟁을 하면서도 주로 행정당국에 대한 비난성명을 발표하는 등 행정당국에 대한 공격으로 일관했다. 그러나 행정당국자들은 주민들보다는 사업자들과 훨씬 밀접한 관계를 유지하고 있었고, 일단 내준 골프장 건설 허가를 취소할 생각은 처음부터 없었다. 결국 경찰병력을 통한 강제진압과 주동자 구속이라는 공권력에 의존한 통제방식에 의해 운동이 꺾이는 길만이 남아있을 뿐이었다.

환경의식보다 실제로 더 중요한 것은 자본의 횡포에 대한 농민공동체의 자기방어 의식이었다. 골프장 건설사업은 한국사회의 지속적인 자본주의화 과정의 한 부분이다. 제주도에서의 골프장 건설사업 역시 관광산업 중심지로서 관광산업이 필요로 하는 시설을 자본의 힘으로 건설하는 과정이다. 골프장을 건설하는 과정에서 해당 지역의 공간구조를 크게 바꾸어 놓게 되는데 그 대상은 농촌지역의 임야, 목장지대, 그리고 일부 농지가 된다. 농업과 축산업은 자본의 입장에서는 더 이상 투자가치가 없는 산업이며, 따라서 목장과 농지를 자본이 필요로 하는 다른 용도로 전환하는 것은 당연시된다. 따라서 오랫동안 임야, 목장, 일부 농지를 생활무대로 농업, 축산업에 종사해 오던 농민들은 자신들의 생업을 잃게 되며, 삶의 터전을 내주고 자꾸만 축소재생산의 길을 걷게 되었다. 지금 제주도에서는 자본의 힘으로 자본이 땅을 사들여 독점하고 관광 개발의 이름으로 골프장을 건설하는 행위가 점점 확대되고 있는 반면, 농민들의 경제활동인 농업과 축산업은 오히려 쇠퇴 일로에 있다. 국가는 농업과 축산업을 진흥시키면서 농촌을 발전시키기보다는 농업인구와 축산인구를 줄이고, 농업과 축산업에 이용되던 토지를 다른 형태의 산업에 이용하도록 장려하고 있다. 때문에 농민들은 축산업에 더 이상 기대를 걸기 어렵다. 목장을 이용해 목축을 하려 해도 기본적인 투자 비용조차 마련하기 어렵다. 그래서 마을마다 수십만 평에 달하는 공동목장을 제대로 이용하지 못하고 황폐화되어 가는 것을 바라만 보고 있는 것이다.

제주도 골프장 건설과 이에 맞서는 주민들의 반대운동은 환경 파괴에 대한 반대만을 목표로 삼는 것이 아니다. 이는 어디까지나 겉으로 드러난 이유일 뿐 실제로는 자신들의 농민으로서의 삶 자체가 파괴되어 가는 데 대한 전면적인 불안을 반영하는 것이며, 삶의 조건이 송두리째 사라지려 할 때 갖게 되는 위기의식을 강하게 드러내고 있는 것이다. 다시 말해서 농민들은 자본주의화 과정에서 그들의 삶을 노동자로 바꾸거나 아니면 개발에 희생되고 소외된 채 그늘 속에서 살도록 강요하는 자본의 힘에 맞서 지금까지 지켜 온 삶의 자리, 즉 농토와 목장, 그리고 농촌공동체를 지키려고 싸우고 있는 것이다.

주민들은 자본가들이 마을 공동목장을 사들이고, 이를 골프장으로 건설하는 과정에 저항하면서 전에는 결코 알지 못하던 많은 사실―이를테면, 자본가들이 목표를 달성하기 위해서는 얼마나 집요하게 온갖 수단을 동원하는지, 그리고 자본가들과 행정당국자들이 얼마나 긴밀하게 협조체제를 구축하고 있는지―을 경험했다. 동시에 이들과의 싸움과정에서 피해보상이라는 단기적 이익을 취하고 싶어하는 주민들과 끝까지 싸우려는 주민들 사이에 갈등과 대립이 심화되어 엄청난 내분도 경험했다. 전국 어느 농촌공동체 못지 않게 강한 결합을 보여주었던 마을들이 반대운동이 잠잠해진 지금도 심각한 후유증을 겪고 있다. 그리고 그들은 자신들의 공동체를 파괴하고 자신들을 농촌에서 밀어내는 세력이 자본가뿐만 아니라 바로 국가임을 잘 알게 되었다. 이제 농민들은 자본가도 국가도 자신들과 함께 살 수 없는 존재로 믿고 있다.

그러나 농민들은 지금 어떤 방향으로 세상이 바뀌어갈지, 그리고 자신들이 어떻게 대응해야 할지를 알지 못하고 있다. 따라서 그들이 벌인 싸움은 적극적이고 능동적인 싸움은 아니었다. 단지 닥쳐오는 위기를 본능적으로 감지하고 맞선 것뿐이다. 그들에게는 농촌공동체를 지키겠다는 생각말고는 다른 분명한 대안은 없었다. 그렇다고 해서 쉽게 물러설 것 같이 생각되지도 않는다. 이것이 골프장의 화려한 모습 뒤에 가려진 농민들의 세계의 현실이다.

오늘날 시민운동 또는 새로운 사회운동의 흐름은 환경이슈를 전면에 내세우는 녹색평화운동으로 가고 있다. 제주지역 주민들의 골프장 반대운동도 크게 보면 이러한 흐름의 한 귀퉁이를 차지하는 것일는지도 모른다. 그러나 아직 주민의 생존권을 지키는 차원에서 분노를 터뜨릴 뿐 분명한 미래에 대한 전망을 갖지 못한 채 움직이고 있다. 그렇다면 농민들의 강한 적대감을 미래에 대한 전망을 바탕으로 활기차게 움직이는 새로운 운동으로 승화시키기 위해서는 우리는 무엇을 어떻게 해야 할 것인가? 환경운동은 이들에게 어떤 미래의 전망을 제시해 주고 있는가? 진지한 고민과 성찰이 필요한 때이다.

■ 게재논문 출처

신행철, 「서장—제주사회의 기본적 성격」
《제주관광문화》 제1집, 제주발전연구소, 1991.

제1장 인구 및 가족

이창기, 「제주도의 인구성장」
《탐라문화》 창간호, 제주대 탐라문화연구소, 1982.
이창기, 「제주도 가족제도의 특징」
《사회문화논총》 제8집, 사회문화 영남학회, 1993.

제2장 농촌과 도시

조성윤, 「제주도 도시개발의 기본구조」
《사회학연구》 넷째책, 한국사회학연구소, 1986.
신행철, 「제주마을의 공동생활권으로서의 성격과 그 변화」
《농촌사회》 제4집, 농촌사회학회, 1994.
김석준, 「제주도 농촌의 계—사회통합의 기제인가, 갈등의 기제인가?」
《사회발전연구》 제9집, 제주대학교 사회발전연구소, 1993.

제3장 계급과 권력

정대연, 「제주시의 계급구조」
《논문집》(인문사회과학편) 제37집, 제주대학교, 1993.
정대연, 「제주시민의 정치참여와 투표성향」(新稿)

신행철, 「제주 농촌지역사회의 권력구조」(新稿)
신행철, 「제주도민의 지방자치의식」(新稿)

제4장 산업 및 노동

이상철, 「제주사회변동론 서설-제주도 개발정책과 산업구조의 변화를 중심으로」
≪사회과학과 정책연구≫ 제8권 제3호, 서울대 사회과학연구소, 1987.
김진영, 「제주지역 노동시장의 구조와 특성」
≪논문집≫(인문사회과학편) 제28집, 제주대학교, 1989.
이상철, 「제주시 운수노동자의 노동실태와 의식구조」
『한국사회사연구회논문집』 제37집, 문학과지성사, 1992.

제5장 문화

유철인, 「제주사람들의 문화적 정체감」
≪탐라문화≫ 제5집, 제주대학교 탐라문화연구소, 1986.
이창기, 「제주도의 사회문화적 특성과 환경-도전·적응·초월의 메커니즘」
≪제주도연구≫ 제9집, 제주도연구회, 1992.

제6장 사회운동

조성윤, 「제주도 근대사회운동의 재조명」
≪한라산≫ 제29집, 제주대학교 총학생회, 1989.
조성윤, 「개발과 환경, 그리고 농촌공동체의 붕괴
 -제주도의 골프장 건설 반대운동을 중심으로」
≪현상과인식≫ 제17권 4호 통권 59호, 1993년 겨울호.

▍지은이 소개

김석준   고려대학교 사회학과
          고려대학교 대학원 사회학과 졸업(문학박사)
          제주대학교 사회학과 부교수

김진영   고려대학교 사회학과
          고려대학교 대학원 사회학과 졸업(문학박사)
          제주대학교 사회학과 부교수

신행철   서울대학교 사회학과
          연세대학교 대학원 사회학과 졸업(문학박사)
          제주대학교 사회학과 교수

유철인   서울대학교 인류학과
          미국 일리노이 대학교(Urbana-Champaign) 대학원 졸업
          (인류학 박사)

이상철   서울대학교 사회학과
          서울대학교 대학원 사회학과 졸업(문학박사)
          제주대학교 사회학과 부교수

이창기   고려대학교 사회학과
          고려대학교 대학원 사회학과 졸업(문학석사)
          영남대학교 사회학과 교수

정대연   고려대학교 사회학과
          호주 퀸스랜드 대학교 대학원 졸업(사회학 박사)
          제주대학교 사회학과 교수

조성윤   연세대학교 사회학과
          연세대학교 대학원 사회학과 졸업(문학박사)
          제주대학교 사회학과 부교수

한울아카데미 143
제주사회론

ⓒ 신행철 외, 1995

지은이/신행철 외
펴낸이/김종수
펴낸곳/도서출판 한울

편집/홍지나

초판 1쇄 인쇄/1995년 6월 8일
초판 1쇄 발행/1995년 6월 15일

주소/120-180 서울시 서대문구 창천동 503-24 휴암빌딩 201호
전화/326-0091~5
팩스/333-7543
등록/1980년 3월 13일, 제14-19호

Printed in Korea.
ISBN 89-460-2225-6 94330(양장)
ISBN 89-460-2226-4 94330(반양장)

* 가격은 겉표지에 있습니다.